Discricionariedade Administrativa
na Constituição de 1988

Maria Sylvia Zanella Di Pietro

Discricionariedade Administrativa

na Constituição de 1988

3ª Edição

SÃO PAULO
EDITORA ATLAS S.A. – 2012

© 1991 by Editora Atlas S.A.

1. ed. 1991; 2. ed. 2001; 3. ed. 2012

Capa: Zenário A. de Oliveira
Composição: Set-up Time Artes Gráficas

Dados Internacionais de Catalogação na Publicação (CIP)
(Câmara Brasileira do Livro, SP, Brasil)

Di Pietro, Maria Sylvia Zanella.
   Discricionariedade administrativa na Constituição de 1988 / Maria Sylvia Zanella Di Pietro. – 3. ed. – São Paulo: Atlas, 2012.

   Bibliografia.
   ISBN 978-85-224-7140-9

   1. Brasil – Constituição (1988)   2. Discrição administrativa – Leis e legislação – Brasil   I. Título.

91-2144   CDU-342.4(81)"1988":35.077
                                                    -35.077(81)(094)

Índices para catálogo sistemático:

1. Brasil : Constituição de 1988 e discricionariedade administrativa   342.4(81)"1988":35.077
2. Brasil : Leis : Discricionariedade administrativa : Direito administrativo   35.077(81)(094)
3. Leis : discricionariedade administrativa : Brasil : Direito administrativo   35.077(81)(094)

TODOS OS DIREITOS RESERVADOS – É proibida a reprodução total ou parcial, de qualquer forma ou por qualquer meio. A violação dos direitos de autor (Lei nº 9.610/98) é crime estabelecido pelo artigo 184 do Código Penal.

Depósito legal na Biblioteca Nacional conforme Decreto nº 1.825, de 20 de dezembro de 1907.

Impresso no Brasil/*Printed in Brazil*

Editora Atlas S.A.
Rua Conselheiro Nébias, 1384 (Campos Elísios)
01203-904 São Paulo (SP)
Tel.: (011) 3357-9144
www.EditoraAtlas.com.br

*Aos meus pais, Alcides e Maria do Carmo,
e ao Walter, esposo, amigo e companheiro,
com amor e gratidão.*

OBRAS DA AUTORA

Livros

1. *Servidão administrativa.* São Paulo: Revista dos Tribunais, 1978.
2. *Uso privativo de bem público por particular.* 2. ed. São Paulo: Atlas, 2010.
3. *Do direito privado na administração pública.* São Paulo: Atlas, 1989.
4. *Direito administrativo.* 25. ed. São Paulo: Atlas, 2012.
5. *Discricionariedade administrativa na Constituição de 1988.* 3. ed. São Paulo: Atlas, 2012.
6. *Temas polêmicos sobre licitações e contratos.* 5. ed. São Paulo: Malheiros, 2001 (em coautoria).
7. *Parcerias na administração pública: concessão, permissão, franquia, terceirização e outras formas.* 8. ed. São Paulo: Atlas, 2010.
8. *Supremacia do interesse público e outros temas relevantes do direito administrativo* (Coordenação). São Paulo: Atlas, 2010.
9. *Servidores públicos na Constituição de 1988.* São Paulo: Atlas, 2011 (em coautoria com Fabrício Motta e Luciano de Araújo Ferraz).

Artigos e Pareceres

1. Cremação de cadáveres. *Revista da Procuradoria Geral do Estado*, São Paulo, v. 7, p. 213-302, dez. 1975.
2. Autarquias. Regime de dedicação exclusiva. Ilegalidade. *Revista da Procuradoria Geral do Estado*, São Paulo, v. 11, p. 535-543, dez. 1977.
3. Tribunal de Contas. Fundações públicas. *Revista da Procuradoria Geral do Estado*, São Paulo, v. 12, p. 619-629, jun. 1978.
4. As competências no Estado Federal. *Revista da Procuradoria Geral do Estado*, v. 13/15, p. 237-262, dez. 1978-1979.
5. Isenção de tarifas relativas às travessias por balsas. Preço público. *Boletim da Procuradoria Geral do Estado*, São Paulo, v. 3, p. 659-661, ago. 1979.
6. Natureza dos bens das empresas estatais. *Revista da Procuradoria Geral do Estado*, São Paulo, v. 30, p. 173-186.
7. Fundações públicas. *Revista de Informação Legislativa*, ano 26, nº 101, p. 173-182, jun./mar. 1989.
8. Conceito e princípios da licitação. *Boletim de Licitação e Contratos*, p. 73-80, dez. 1988.
9. A gestão do patrimônio imobiliário do Estado. *Cadernos Fundap*, ano 9, nº 17, p. 55-65, dez. 1989.
10. Concurso público. Natureza jurídica da importância paga para fins de inscrição. *Boletim da Procuradoria Geral do Estado*, v. 12, p. 198-200, jun. 1988.
11. Da exigência de concurso público na Administração Indireta. *RDP* nº 93, p. 129-132.
12. Sociedade de economia mista. Incorporação. Necessidade de autorização legislativa. *Boletim de Direito Administrativo*, ano 6, nº 11, p. 599-603, nov. 1990.
13. Contratação de professores estrangeiros perante a Constituição Federal de 1988. *RDP* nº 97, p. 76-80, 1991.
14. Fundação. Personalidade de direito privado. Admissão de pessoal. *Boletim de Direito Administrativo*, ano 7, nº 10, p. 561-564, out. 1991.
15. Funcionário público. Acumulação de cargos e funções. Proventos. *Boletim de Direito Administrativo*, nº 10, p. 561-564, out. 1991.
16. Polícia do meio ambiente. *Revista Forense*, v. 317, p. 179-187, 1992.
17. Participação popular na Administração Pública. *Revista Trimestral de Direito Público*, v. 1, p. 127-139.
18. Processo administrativo. Garantia do administrado. *Revista de Direito Tributário*, nº 58, p. 113-139, out./dez. 1991.
19. Servidor público. Incompetência da Justiça do Trabalho para julgar dissídios de servidores públicos estatutários. Comentários a acórdão do STF. *Revista de Direito do Trabalho*, nº 4, p. 379-385, abr. 1993.
20. Responsabilidade administrativa do servidor público. *Revista de Direito Administrativo Aplicado*, v. 4, p. 29-36, mar. 1995.
21. Fundação governamental. Personalidade de direito privado. *Revista de Direito Administrativo Aplicado*, v. 3, p. 784-794, mar. 1994.
22. Da franquia na Administração Pública. *Boletim de Direito Administrativo*, nº 3, p. 131-151, mar. 1995, e *Revista de Direito Administrativo*, v. 199, p. 131-140, jan./mar. 1995.
23. Responsabilidade do Estado por ato jurisdicional. *Revista de Direito Administrativo*, v. 198, p. 85-96, out./dez. 1994.
24. Mandado de segurança: ato coator e autoridade coatora. In: GONÇALVES, Aroldo Pínio (Coord.). *Mandado de segurança*. Belo Horizonte: Livraria Del Rey Editora, 1996.
25. Coisa julgada. Aplicabilidade a decisões do Tribunal de Contas da União. *Revista do Tribunal de Contas da União*, v. 27, nº 70, p. 23-36, out./dez. 1996.
26. As carreiras jurídicas e o controle da Administração Pública. *Revista Jurídica de Osasco*, v. 3, p. 59-68, 1996.
27. Contratos de gestão. Contratualização do controle administrativo sobre a administração indireta e sobre as organizações sociais. *Revista da Procuradoria Geral do Estado de São Paulo*, v. 45-46, p. 173-194, jan./dez. 1996.
28. Advocacia pública. *Revista Jurídica da Procuradoria Geral do Município de São Paulo*, v. 3, p. 11-30, dez. 1996.
29. Necessidade de motivação do ato de dispensa de servidor celetista. *Revista Trimestral de Direito Público*, v. 13, p. 74-76, 1996.
30. O sistema de parceria entre os setores público e privado. *Boletim de Direito Administrativo*, São Paulo: NDJ, nº 9, p. 586-590, set. 1997.
31. A Reforma Administrativa e os contratos de gestão. *Revista Licitar*, ano 1, nº 4, p. 10-19, out. 1997.
32. O que muda na remuneração dos servidores? (subsídios). *Boletim de Direito Administrativo*, São Paulo: NDJ, nº 7, p. 421-428, jul. 1998.
33. A defesa do cidadão e da res publica. *Revista do Serviço Público*, Fundação Nacional Escola Nacional de Administração Pública, ano 49, nº 2, p. 127-132, abr./jun. 1998.
34. 500 anos de direito administrativo. *Cadernos de Direito e Cidadania II* – Instituto de Estudos de Direito e Cidadania. São Paulo: Artchip, 2000. p. 39-69.
35. *Reforma administrativa.* ANAIS DA XVII CONFERÊNCIA NACIONAL DA OAB. Rio de Janeiro, v. 1, p. 579-587.
36. Teto salarial posterior à Emenda Constitucional nº 19/98. *Boletim de Direito Administrativo*, São Paulo: NDJ, nº 12, p. 893-903, dez. 2000.
37. Previdência Social do servidor público. *Revista Trimestral de Direito Público*, São Paulo, v. 26, p. 168-185, 1999.

38. Agências executivas, agências reguladoras e organizações sociais. *Boletim de Direito Municipal*, São Paulo: NDJ, nº 12, p. 745-767, dez. 2000.
39. Atos administrativos. Elementos. Poder discricionário face ao princípio da legalidade. *Boletim de Direito Municipal*, São Paulo: NDJ, nº 11, p. 669-691, 2000.
40. Comentários à Lei de Responsabilidade Fiscal (arts. 18 a 28). In: MARTINS, Ives Gandra da Silva; NASCIMENTO, Carlos Valder do (Org.). São Paulo: Saraiva, 2001. p. 128-137.
41. As inovações constitucionais no regime previdenciário do servidor público. *Fórum Administrativo*, Belo Horizonte, ano 1, nº 2, p. 163-175, abr. 2001.
42. As novas regras para os servidores públicos. In: *Cadernos FUNDAP/Fundação do Desenvolvimento Administrativo*. São Paulo: FUNDAP, 2002, nº 22. Reforma Administrativa.
43. Compartilhamento de infraestrutura por concessionárias de serviços públicos. *Fórum Administrativo – Direito Público*, Belo Horizonte: Editora Fórum, ano 2, nº 11, p. 43-52, jan. 2002.
44. Aspectos jurídicos envolvendo o uso de bens públicos para implantação e instalação do serviço de telefonia. *Fórum de Contratação e Gestão Pública*, Belo Horizonte: Editora Fórum, ano 1, nº 1, p. 38-48, jan. 2002.
45. Concessão de uso especial para fins de moradia (Medida Provisória nº 2.220, de 4-9-2001). *Estatuto da cidade*: comentários à Lei Federal 10.257/2001. São Paulo: Malheiros, 2002. p. 152-170.
46. Direito de superfície. *Estatuto da cidade*: comentários à Lei Federal 10.257/2002. São Paulo: Malheiros, 2002. p. 172-190.
47. Terceirização municipal em face da Lei de Responsabilidade Fiscal. *Revista de Direito Municipal*. Belo Horizonte: Fórum, nº 1, ano 4, nº 7, p. 40-50, jan./fev./mar. 2003.
48. Limites da função reguladora das agências diante do princípio da legalidade. *Direito Regulatório. Temas Polêmicos*. Belo Horizonte: Fórum, 2003. p. 27-60.
49. O equilíbrio econômico-financeiro e o controle das agências reguladoras. *O controle externo da regulação de serviços públicos*. Brasília: Tribunal de Contas da União, 2002. p. 55-65.
50. Transporte alternativo de passageiros por "perueiros". Poder de polícia do Município. *Direito Público Moderno*. Org. por Luciano Ferraz e Fabrício Motta. Belo Horizonte: Del Rey, 2003. p. 3.
51. Função social da propriedade pública. *Direito Público. Estudos em homenagem ao Prof. Adilson Abreu Dallari*. Org. por Luiz Guilherme da Costa Wagner Júnior. Belo Horizonte: Del Rey, 2004.
52. Inovações no direito administrativo brasileiro. *Revista Interesse Público*. Porto Alegre: Notadez, ano 6, nº 30, 2005. p. 39-55.
53. Regulação, poder estatal e controle social. *Revista de Direito Público da Economia*. Belo Horizonte: Fórum, nº 11, jul./set. 2005. p. 163-172.
54. Bens públicos e trespasse de uso. *Boletim de Direito Administrativo*. São Paulo: NDJ, nº 4, abr. 2005. p. 403-412.
55. Concessões de serviços públicos. *Boletim de Licitações e Contratos*. São Paulo: NDJ, nº 3, mar. 2006. p. 210-219.
56. Discricionariedade técnica e discricionariedade administrativa. *Estudos de direito público em homenagem a Celso Antônio Bandeira de Mello*. São Paulo: Malheiros, 2006. p. 480-504.
57. Omissões na atividade regulatória do Estado e responsabilidade civil das agências reguladoras. In: FREITAS, Juarez (Org.). *Responsabilidade civil do Estado*. São Paulo: Malheiros, 2006. p. 249-267.
58. O consórcio público na Lei nº 11.107, de 6-4-05. *Boletim de Direito Administrativo*. São Paulo: NDJ, nº 11, nov. 2005. p. 1220-1228.
59. Os princípios da proteção à confiança, da segurança jurídica e da boa-fé na anulação do ato administrativo. In: MOTTA, Fabrício (Org.). *Estudos em homenagem ao Professor Nélson Figueiredo*. Belo Horizonte: Fórum, 2008. p. 295-315.
60. O princípio da supremacia do interesse público: sobrevivência diante dos ideais do neoliberalismo. *Revista Trimestral de Direito Público*. São Paulo: Malheiros, v. 48, p. 63-76, 2004; e *Jam-Jurídica*, ano XIII, nº 9, set. 2008. p. 32-45.
61. Parecer sobre a exclusividade das atribuições da carreira de Advogado da União. *Revista de Direito dos Advogados da União*, ano 7, nº 7, out. 2008. p. 11-35.
62. Direito adquirido: comentário a acórdão do STF. *Fórum Administrativo – Direito Público*. Belo Horizonte: Fórum, 2007, nº 81, ano 6, p. 7-16.
63. O princípio da supremacia do interesse público. *Revista Interesse Público*. Belo Horizonte: Fórum, jul./ago. 2009, ano 11, nº 56, p. 35-54.
64. Gestão de florestas públicas por meio de contratos de concessão. *Revista do Advogado*. São Paulo: AASP – Associação dos Advogados de São Paulo, dez. 2009, nº 107, p. 140-149.
65. O Ministério Público como função essencial à justiça. *Ministério Público – Reflexões sobre princípios e funções institucionais*. Org. por Carlos Vinícius Alves Ribeiro. São Paulo: Atlas, 2010. p. 3-12.
66. Servidores temporários. Lei nº 500/1974. Inclusão no regime próprio de previdência do servidor público. In: *Revista da Procuradoria Geral do Estado de São Paulo*, nº 69-70, jan./dez. 2009. p. 221-237.
67. Transformações da organização administrativa. Diretrizes, relevância e amplitude do anteprojeto. In: MODESTO, Paulo (Coord.). *Nova organização administrativa brasileira*. 2. ed. Belo Horizonte: Fórum, 2010. p. 21-33.
68. Das entidades paraestatais e das entidades de colaboração. In: MODESTO, Paulo (Coord.). *Nova organização administrativa brasileira*. 2. ed. Belo Horizonte: Fórum, 2010. p. 239-255.
69. Existe um novo direito administrativo? In: *Supremacia do interesse público e outros temas relevantes do direito administrativo*. São Paulo: Atlas, 2010. p. 1-9.
70. O princípio da supremacia do interesse público: sobrevivência diante dos ideais do neoliberalismo. In: *Supremacia do interesse público e outros temas relevantes do direito administrativo*. São Paulo: Atlas, 2010. p. 85-102.
71. Da constitucionalização do direito administrativo: reflexos sobre o princípio da legalidade e a discricionariedade administrativa. In: *Supremacia do interesse público e outros temas relevantes do direito administrativo*. São Paulo: Atlas, 2010. p. 175-196.
72. Ainda existem os contratos administrativos? In: *Supremacia do interesse público e outros temas relevantes do direito administrativo*. São Paulo: Atlas, 2010. p. 398-410.
73. Responsabilidade civil das entidades paraestatais. In: GUERRA, Alexandre Dartanhan de Mello; BRASIL, Luis Manuel; BENACCHIO, Marcelo (Org.). *Responsabilidade civil do Estado*: desafios contemporâneos. São Paulo: Quartier Latin, 2010. p. 824-842.
74. A lei de processo administrativo federal: sua ideia matriz e âmbito de aplicação. In: NOHARA, Irene Patricia; MORAES FILHO, Marco Antonio Praxedes de (Org.). *Processo administrativo*. Temas polêmicas da Lei nº 9.784/99. São Paulo: Atlas, 2010. p. 185-201.
75. O princípio da segurança jurídica diante do princípio da legalidade. In MARRARA, Thiago (Org.). *Princípios de direito administrativo*. São Paulo: Atlas, 2012. p. 3-29.

Sumário

Prefácio, xiii

Nota à 3ª edição, xv

Introdução, 1

1 Princípio da legalidade administrativa, 5
   1 A Administração pública no estado de polícia, 5
      1.1 Características, 5
      1.2 Legalidade e discricionariedade, 7
   2 A administração pública no estado de direito, 8
      2.1 Período do Estado Liberal de Direito, 8
         2.1.1 Princípios fundamentais, 8
         2.1.2 O direito administrativo no Estado liberal, 10
         2.1.3 Legalidade e discricionariedade, 13
      2.2 Período do Estado Social de Direito, 15
         2.2.1 Princípios fundamentais, 15
         2.2.2 O direito administrativo no Estado Social de Direito, 20
         2.2.3 Legalidade e discricionariedade, 23
      2.3 Período do Estado Democrático de Direito, 26
         2.3.1 Princípios fundamentais, 26
         2.3.2 O direito administrativo no Estado Democrático de Direito, 31
         2.3.3 Legalidade e discricionariedade: influência da constitucionalização do direito administrativo, 37

2.3.4 Reflexos da constitucionalização do direito administrativo sobre o controle judicial, 43
2.4 Período atual, 47
    2.4.1 Princípios fundamentais, 47
    2.4.2 O direito administrativo atual, 50
    2.4.3 Legalidade e discricionariedade, 52

2 Discricionariedade administrativa, 61

1 Conceito, 61
2 Justificação, 62
3 A discricionariedade nas três funções do Estado, 66
4 Localização da discricionariedade, 69
    4.1 Discricionariedade nas etapas de formação do ato administrativo, 70
    4.2 Discricionariedade na norma jurídica, 72
    4.3 Discricionariedade no momento da prática do ato, 73
    4.4 Discricionariedade nos elementos do ato administrativo, 73
        4.4.1 Sujeito, 74
        4.4.2 Objeto ou conteúdo, 74
        4.4.3 Forma, 75
        4.4.4 Motivo, 77
        4.4.5 Finalidade, 78
5 Diferentes maneiras de considerar a discricionariedade administrativa, 80
    5.1 Colocações introdutórias, 80
    5.2 Evolução no direito francês, 81
        5.2.1 Matérias graciosas e contenciosas, 81
        5.2.2 Atos de governo e atos discricionários, 81
        5.2.3 Poder discricionário, 82
        5.2.4 Apreciação crítica, 89
    5.3 Discricionariedade nos conceitos jurídicos indeterminados, 90
        5.3.1 Noção de conceito jurídico indeterminado, 90
        5.3.2 Direito germânico, 91
            5.3.2.1 Doutrina, 92
            5.3.2.2 Jurisprudência, 99
        5.3.3 Direito francês, 101
        5.3.4 Direito espanhol, 104
        5.3.5 Direito italiano: discricionariedade administrativa e discricionariedade técnica, 106
        5.3.6 Direito português, 108
        5.3.7 Direito norte-americano: a discricionariedade técnica das agências, 110
        5.3.8 Direito brasileiro, 113
        5.3.9 Apreciação crítica, 117
    5.4 Discricionariedade técnica no direito brasileiro, 119
    5.5 Discricionariedade e interpretação, 124

5.6 Discricionariedade e mérito, 127
   5.6.1 Direito italiano, 127
   5.6.2 Direito brasileiro, 130
6 Discricionariedade na definição de políticas públicas e o princípio da reserva do possível, 137
7 Limitações à discricionariedade administrativa, 147

3 O papel dos princípios no direito administrativo, 153
1 Noções preliminares, 153
2 Princípios informadores do direito administrativo, 156
3 O papel dos princípios na limitação à discricionariedade administrativa, 160

4 Princípio da moralidade administrativa, 163
1 Introdução, 163
   1.1 Separação entre Direito e Moral, 163
   1.2 Relações entre Direito e Moral, 165
2 Significado, 170
   2.1 Direito e moral, 170
   2.2 A moral vista em relação aos fins, 174
      2.2.1 No direito privado, 174
      2.2.2 No direito administrativo, 176
   2.3 A moral em relação ao objeto do ato administrativo, 177
   2.4 A importância da moral na interpretação e na integração da lei, 180
   2.5 A moralidade como limite à discricionariedade administrativa, 184

5 Princípio da razoabilidade, 191
1 Noções gerais, 191
2 Direito argentino, 192
3 Direito francês, 197
4 Direito norte-americano, 201
5 Direito brasileiro, 207
6 Princípio da razoabilidade como limite à discricionariedade do legislador, 214
7 Princípio da razoabilidade como limite à discricionariedade da administração pública, 218
8 Razoabilidade e motivação do ato administrativo, 226

6 Princípio da supremacia do interesse público, 229
1 Noção de interesse público, 229
2 Interesse público como princípio político, 233
   2.1 A ideia de bem comum na Idade Média, 233
   2.2 As teses contratualistas e o triunfo do individualismo, 235
   2.3 A luta pelo bem comum no Estado Social de Direito, 238
3 O interesse público como princípio jurídico, 241
4 A ideia de interesse público no direito administrativo, 243

5 Delimitação do princípio da supremacia do interesse público no direito administrativo, 246
    5.1 Da inaceitável generalização de seu conteúdo, 246
    5.2 Da indeterminação do conceito de interesse público, 249
    5.3 A supremacia do interesse público em confronto com os direitos fundamentais: a ponderação de interesses, 251
6 Distinções necessárias, 252
    6.1 Interesse público e interesse da Administração Pública, 252
    6.2 Interesse público e interesse comum, 254
    6.3 Interesse público, interesse coletivo e interesse difuso, 254
7 Controle judicial do interesse público, 257
8 Interesse público e impessoalidade, 259
9 O interesse público como limite à discricionariedade administrativa, 260

Conclusões, 263

Bibliografia, 267

Prefácio

Defendendo a tese *Discricionariedade Administrativa*, em arguição, na qual obteve nota 10, com os cinco examinadores, sagrando-se conceituada administrativista da Faculdade de Direito do Largo de São Francisco, a legendária Casa Jurídica das Arcadas, Maria Sylvia Zanella Di Pietro pode ser colocada ao lado dos seis Catedráticos que a antecederam, nestes 135 anos:

Furtado de Mendonça (de 1856 a 1882),
Rubino de Oliveira (de 1882 a 1891),
Manoel Pedro Villaboim (de 1891 a 1917),
J. J. Cardozo de Mello Neto (de 1917 a 1927),
Mário Masagão (de 1927 a 1969) e
José Cretella Júnior (de 1969 a 1990).

O trabalho foi de tal forma elogiado pela Comissão Examinadora, que um dos arguentes, em determinado momento, declarou que a tese da candidata é o que ele próprio gostaria de ter escrito e que assinaria o trabalho sem reservas.

Com efeito, em português modelar, a dissertação inscreve-se como ponto fundamental do Direito Administrativo, universal e brasileiro, já que, do início ao fim, enfrenta o assunto, sem divagações de qualquer natureza, mas, ao contrário, atendo-se ao tema, de modo técnico, científico, jurídico, dando soluções definitivas para os cultores deste ramo relevante do direito público.

A professora de Direito Administrativo da Faculdade de Direito da Universidade de São Paulo pertence à Escola de Direito Administrativo, formada por especialistas, entre os quais se encontram os seguintes juristas: Odete Medauar, Edmir Netto de Araújo, Eduardo Lobo Botelho Gualazzi, Antônio Carlos de Araújo Cintra, Álvaro Lazzarini, Régis Fernandes de Oliveira, Cid Tomanik Pompeu, Clóvis de Carvalho Júnior, Augusto de Queiroz Telles, Massami Uyeda, Ana Maria Martins, Sandra Julien Miranda, Nelson Schiesari, Welman de França Rangel, Carlos Borges de Castro e Sérgio Lazzarini.

À minha constante colaboradora na Cátedra de Direito Administrativo, na tradicional Casa de Ensino Jurídico das Arcadas, desejo o maior êxito em sua carreira docente, continuando a participar da Escola Administrativa de São Paulo, à qual, com suas colocações originais e profundas, sempre emprestou o brilho de seu invulgar talento.

J. Cretella Júnior

Nota à 3ª edição

O livro *Discricionariedade Administrativa na Constituição de 1988*, em sua redação original, publicada em 1991, reproduziu a tese defendida pela autora no concurso público em que obteve o título (e o cargo) de Professor Titular de Direito Administrativo da Faculdade de Direito da Universidade de São Paulo.

Por isso mesmo, tenho hesitado em atualizá-la. Ela simboliza, para mim, uma conquista, um dos momentos mais importantes de minha vida. No entanto, a evolução do tema nos últimos tempos acabou com as dúvidas e me levou à sua atualização. O cerne do tema continua o mesmo: o papel que os princípios de direito administrativo representam na restrição à discricionariedade administrativa.

Trata-se de obra essencialmente teórica, cujo objetivo principal foi o de demonstrar como evoluiu o tema da discricionariedade administrativa nas várias fases do Estado de Direito, caminhando sempre no sentido da ampliação da área de abrangência da legalidade, com a consequente redução da discricionariedade. Com essa evolução, houve a crescente ampliação do controle jurisdicional sobre os atos administrativos. O Judiciário passou a apreciar aspectos que anteriormente eram considerados matéria de mérito, reservada ao Poder Executivo, até em decorrência do princípio da separação de poderes. Ampliaram-se os aspectos de legalidade (e, portanto, de competência vinculada da Administração Pública) e reduziram-se os aspectos de mérito (e, portanto, de competência discricionária).

Foram apontados na tese os vários fatores que contribuíram para essa evolução, dentre eles: (a) a elaboração das *teorias do desvio de poder e dos motivos determinantes*, pelo trabalho pretoriano do Conselho de Estado francês, com repercussão nos vários países que aderiram ao sistema do direito administrativo europeu continental, inclusive o Brasil e os vários países da América Latina; (b) a teoria dos *conceitos jurídicos indeterminados*, construída especialmente no direito alemão e acolhida, ainda que tardiamente, no direito brasileiro, por influência mais direta do direito espanhol e do direito português; (c) a ampliação do princípio da legalidade, para abranger os *valores e princípios* consagrados implícita ou explicitamente na Constituição, com a consequente redução da discricionariedade administrativa; essa ampliação, também feita originariamente no direito alemão, foi acolhida no direito espanhol e português; no direito brasileiro, a mesma recepção ocorreu por força principalmente da Constituição de 1988, com a previsão de inúmeros valores e princípios, já a partir do preâmbulo e em dispositivos esparsos no texto constitucional.

Daí a tese defendida pela autora em 1990: a redução da discricionariedade administrativa por força da aplicação dos princípios constitucionais. Especificamente, a tese tratou dos princípios da moralidade (Capítulo 3), da razoabilidade (Capítulo 5) e da supremacia do interesse público (Capítulo 6), além dos princípios gerais de direito (Capítulo 4). Todos esses princípios, incorporados ao da legalidade, foram tratados como instrumentos de redução da discricionariedade da Administração Pública. Esta passou a sujeitar-se à lei e ao Direito. O princípio da legalidade assumiu dupla feição: em sentido restrito, passou a corresponder ao princípio da reserva de lei, abrangendo aquelas hipóteses em que a Constituição exige ato legislativo propriamente dito para disciplina legal da matéria; e, em sentido amplo, passou a significar a sujeição aos atos normativos de variadas modalidades, bem como aos valores e princípios consagrados de forma expressa ou implícita na Constituição. Daí a expressão *sujeição à lei e ao direito*.

Em cada um dos três capítulos pertinentes aos princípios da moralidade, da razoabilidade e da supremacia do interesse público, foi inserido um item para tratar de cada um deles como limites à discricionariedade administrativa. Esse tema, referente à limitação da discricionariedade administrativa pelos princípios constitucionais, é hoje tratado pela doutrina como resultado da chamada *constitucionalização do direito administrativo*; melhor se diria *constitucionalização dos princípios do direito administrativo*, já que vem de longa data a inclusão de institutos do direito administrativo nas Constituições brasileiras, desde a de 1824.

Paralelamente, foram analisados na tese os princípios do devido processo legal substantivo e da motivação (dentro do capítulo da razoabilidade), bem como a evolução do conceito de mérito, a teoria dos conceitos jurídicos indeterminados, a distinção entre discricionariedade e interpretação (Capítulo 2).

Na 2ª edição do livro, publicada em 2001, foi incluído um item no Capítulo 1, para apontar as tendências atuais do direito administrativo, especialmente quanto aos aspectos da legalidade e discricionariedade.

Surge agora a necessidade de nova atualização. Evidentemente, em se tratando de obra teórica, o grande objetivo é o de demonstrar como evoluiu, ainda uma vez, o pensamento doutrinário e também o jurisprudencial a respeito de um dos temas mais complexos do direito administrativo, como é o da discricionariedade. A menção ao direito positivo (com a devida atualização) será feita na medida necessária para demonstrar que o mesmo influenciou ou foi influenciado pela evolução da doutrina e da jurisprudência.

Para a adequada revisão da obra, foram gastas muitas horas de pesquisa e de leitura de doutrina e de jurisprudência mais recentes sobre o tema. Desse trabalho preliminar resultaram algumas conclusões no que diz respeito à necessidade de revisão ou complementação:

a) quanto ao tema dos *valores e princípios constitucionais como limites à discricionariedade administrativa* (hoje tratado pela doutrina sob o título de constitucionalização do direito administrativo), já foram analisados desde a primeira edição deste livro, já que constituíram o próprio cerne da tese então defendida; no entanto, o capítulo será ampliado para melhor análise da constitucionalização do direito administrativo e seu reflexo sobre a legalidade e a discricionariedade; e merece ser complementado o princípio da supremacia do interesse público, já que o tema tem sido objeto de inúmeras controvérsias doutrinárias que resultaram na publicação de vários artigos, obras coletivas e livros específicos sobre o tema;

b) outro aspecto a ser tratado, não incluído na tese original por não ser objeto de preocupação à época, é o que diz respeito ao *controle judicial das políticas públicas*, com a consequente redução da discricionariedade administrativa e, em alguns casos, da própria discricionariedade do legislador; tema conexo a esse (sem com ele se confundir inteiramente) é o da garantia, pelo Judiciário, dos direitos fundamentais na ordem social, limitando a discricionariedade administrativa por meio da imposição de obrigações de fazer; em contrapartida, deve ser analisado o *princípio da reserva do possível*, invocado reiteradamente pelo poder público contra os avanços do Poder Judiciário sobre o exame das políticas públicas;

c) também o item pertinente ao *mérito* do ato administrativo deve ser complementado para demonstrar que, ao contrário do que afirma parte da doutrina, esse aspecto do ato administrativo não deixou de existir, embora tenha atualmente um alcance bem mais reduzido como instrumento de limitação ao controle judicial;

d) o tema dos conceitos jurídicos indeterminados, ainda pouco tratado no direito brasileiro à época da redação original deste livro, será complementado para inclusão de doutrina mais recente e maior aprofundamento do pensamento da autora;

e) a questão da discricionariedade técnica, somente tratada no Capítulo 2, com relação ao direito italiano (item 5.3.5), será analisada também no direito norte-americano (item 5.3.7) e no direito brasileiro (item 5.4).

Introdução

Dentro da organização estatal é a Administração Pública que aparece como sujeito de direitos porque é ela que aplica a lei aos casos concretos para consecução imediata das necessidades coletivas. Ela é que presta serviços, incentiva, fiscaliza e intervém e, para essas finalidades, edita atos e celebra contratos, criando relações jurídicas com outras pessoas, públicas ou privadas, e com os cidadãos.

Esse seu papel de sujeito de direitos lhe confere posição de superioridade, não só perante os outros Poderes, como também frente aos administrados, em relação aos quais exerce prerrogativas de que estes não dispõem; por outro lado, sua atividade é *subordinada*, quer no sentido de que se submete à lei (cuja superioridade decorre do fato de ser considerada como ato da própria coletividade representada no Poder Legislativo), quer no sentido de que se submete a controle pelos demais Poderes do Estado. Ademais de subordinada, a função administrativa é *parcial*, no sentido de que a Administração Pública é *parte* interessada em todas as decisões que adota, razão pela qual os seus atos sempre são passíveis de controle jurisdicional, exercido por órgão *imparcial*, que assume a posição de terceiro perante os litígios que decide.

Assim, tem-se, de um lado, a Administração Pública que personifica o poder, dotada de prerrogativas de autoridade e, de outro lado, a Administração Pública que personifica um sujeito de direitos subordinado à lei e ao controle judicial.

Ora, sendo a Administração Pública, em seus vários aspectos, objeto central do direito administrativo, este se caracteriza, essencialmente, pela busca de um equilíbrio entre as prerrogativas da autoridade e os direitos individuais.

Sempre que a atividade administrativa interfere, de algum modo, na esfera dos direitos do cidadão, colocam-se em tensão esses dois aspectos; enquanto na prestação de serviços públicos e no fomento essa tensão é menor, porque se trata de atividades que ampliam os benefícios dos administrados, no caso do poder de polícia e da intervenção o equilíbrio torna-se mais problemático, uma vez que, no exercício dessas atividades, a Administração Pública reduz a esfera de liberdade individual.

Poder-se-ia argumentar que não é a Administração Pública que restringe, porque ela só pode fazer o que a lei permite.

Ocorre, no entanto, que o legislador, não tendo condições de prever e avaliar todas as situações possíveis, é obrigado a deixar certa margem de liberdade para a Administração apreciar os casos concretos segundo critérios próprios e escolher, entre várias alternativas, aquela que lhe pareça mais adequada para a proteção do interesse público que a lei lhe atribui.

Por isso mesmo, a discricionariedade constitui a chave do equilíbrio entre as prerrogativas públicas e os direitos individuais. Quanto maior a extensão da discricionariedade, mais risco correm as liberdades do cidadão.

Estudando-se a evolução da Administração Pública a partir do Estado de Polícia, verifica-se que se partiu de uma ideia de discricionariedade ampla – sinônimo de arbítrio e própria das monarquias absolutas, em que os atos da Administração não eram sindicáveis perante o Judiciário – para passar-se a uma fase, já no Estado de Direito, em que a discricionariedade, assim entendida, ficou reduzida a certo tipo de atos; e chegou-se a uma terceira fase em que praticamente desapareceu essa ideia de discricionariedade e esta surgiu como *poder jurídico*, ou seja, limitado pela lei.

Por tal razão, o estudo da discricionariedade tem que ser paralelo ao do princípio da legalidade; a maneira como este é encarado influirá sobre a extensão da discricionariedade. Quando a lei é vista dentro de um sistema lógico-jurídico, despido de qualquer conteúdo axiológico – como ocorreu com Kelsen e seus adeptos –, a discricionariedade administrativa resultará mais forte, porque a Administração Pública só tem que observar a lei em seu sentido *formal*, único aspecto também a ser considerado pelo Poder Judiciário.

Quando, porém, à lei formal se acrescentam considerações axiológicas, amplia-se a possibilidade de controle judicial, porque, por essa via, poderão ser corrigidos os atos administrativos praticados com inobservância de certos valores adotados como dogmas em cada ordenamento jurídico.

O controle fica mais difícil porque, em se tratando de valores, são delimitados com muito menos clareza os confins da atuação discricionária. A tarefa do juiz fica muito mais complexa, uma vez que ele passará a perquirir zonas de maior incerteza. Além da maior dificuldade, sua tarefa aumenta, à medida que novos limites se impõem à discricionariedade administrativa.

Quando se estuda a evolução desses limites, verifica-se que eles foram, de início, essencialmente formais, pois diziam respeito apenas à competência e à forma; começaram depois a adquirir um sentido material, à medida que começaram a ser examinados os *fins* e, depois, os *fatos determinantes* do ato administrativo. Hoje, esses dados são insuficientes para delimitar a discricionariedade. À medida que a lei foi adquirindo seu sentido axiológico perdido na época do Estado liberal, novos princípios foram sendo elaborados como formas de limitar a discricionariedade administrativa e, paralelamente, ampliar a esfera de controle pelo Poder Judiciário. Ao lado do princípio da legalidade – em sua nova feição – colocam-se os princípios gerais de direito e os princípios da moralidade, da razoabilidade, do interesse público, da motivação, como essenciais na delimitação do âmbito da discricionariedade que a lei confere à Administração Pública.

O significado e a forma como atuam esses princípios, sempre em relação com a discricionariedade, constituem o tema central deste trabalho.

1 Princípio da legalidade administrativa

1 A Administração pública no estado de polícia

1.1 Características

A Administração, como hoje a entendemos, quer em sentido subjetivo (conjunto de pessoas e órgãos que exercem a função administrativa do Estado), quer em sentido objetivo (atividade concreta e imediata que o Estado desenvolve para a consecução dos interesses coletivos), somente se estruturou a partir da formação do Estado de Direito que, trazendo em seu bojo o princípio da separação de poderes, tornou bem nítida a distinção entre as três funções do Estado, limitou o exercício do poder e proclamou e garantiu os direitos fundamentais do homem, dentre os quais a igualdade e a liberdade.

Isto não quer dizer que, em épocas anteriores, não houvesse Administração Pública, já que, onde existe Estado, existem também órgãos incumbidos do exercício de funções administrativas.

Porém, para o objetivo deste trabalho, interessa estudar o tema no Estado Moderno, iniciado na Europa após o Renascimento, pois foi nele que se concebeu a ideia de submissão da Administração Pública à lei, como garantia das liberdades do cidadão.

Os tempos modernos trouxeram a perda do prestígio de que a Igreja desfrutava na Idade Média e, em consequência, geraram a concentração do poder nas mãos do príncipe. É dessa época o surgimento das monarquias absolutas como única solução possível para conduzir à unidade do Estado perdida no período feudal.

A primeira etapa do Estado moderno é conhecida como Estado de Polícia, em que a forma de Governo adotada é a monarquia absoluta. A segunda etapa corresponde ao surgimento do Estado de Direito. Segundo Merkl,[1] "a oposição, mais corrente, entre *Estado de Polícia* e *Estado de Direito* representa, igualmente, dois tipos de administração, cuja diferença reside na relação que guarda a administração com o campo funcional que dela se destaca". Para ele, "o *Estado de Polícia* se apresenta como aquele Estado cuja *administração se acha legalmente incondicionada*, enquanto o *Estado de Direito* oferece uma *administração condicionada legalmente*".

O Estado de Polícia foi um período da história em que o direito público ficou na penumbra, pois se esgotava "em um único preceito jurídico, que estabelece um *direito ilimitado para administrar*",[2] estruturado sobre princípios como o da *regis voluntas suprema lex* (a vontade do rei é a lei suprema), do *quod principi placuit legis habet vigorem* (aquilo que agrada ao príncipe tem força de lei), *the king can do no wrong* (o rei não pode errar).

Duas ideias fundamentais caracterizaram as monarquias absolutas dessa época: a de *soberania* e a de *polícia*, ambas chegando a seu apogeu com o Iluminismo. Nas palavras de Vinício Ribeiro,[3] "os príncipes passam a ser agora os soberanos esclarecidos – daí a designação por volta da segunda metade do século XVIII de despotismo esclarecido – que não prestam contas a ninguém a não ser a Deus. A polícia é a preocupação de desenvolvimento, de elevação de nível, de brilho, de grandeza. Há para os homens do século XVIII uma preocupação enorme de civilização. O príncipe vai utilizar a sua ausência de limites não para o seu engrandecimento pessoal, mas com a intenção de se tornar possesso da ideia de progresso do seu país; torna-se o primeiro funcionário; ele é o único portador dessa ideia de racionalidade; é capaz de definir a organização racional do Estado e realizar uma nação culta".

Ocorre que os súditos ficavam à mercê do príncipe, não dispondo de qualquer medida judicial a ele oponível.

Para combater esse poder absoluto do príncipe, elaborou-se, em especial por doutrinadores alemães, a teoria do fisco, em consonância com a qual o patrimônio público não pertence ao príncipe nem ao Estado, mas ao fisco, que teria personalidade de direito privado, diversa da personalidade do Estado, associação política, pessoa jurídica de direito público, com poderes de mando, de império. O primeiro submetia-se ao direito privado e, em consequência, aos tribunais; o segundo regia-se por normas editadas pelo príncipe, fora da apreciação dos tribunais.

---

[1] *Teoría general del derecho administrativo*, 1980:92-93.

[2] Adolfo Merkl. Teoría general del derecho administrativo, 1980:96.

[3] *O Estado de direito e o princípio da legalidade da administração*, 1981:21.

Com isso, muitas das relações jurídicas em que a Administração era parte passaram a ser regidas pelo *direito civil* e a submeter-se a tribunais independentes, sem qualquer vinculação ao príncipe. Esses tribunais passaram a reconhecer, em favor do indivíduo, a titularidade de direitos adquiridos contra o fisco, todos eles fundamentados no direito privado.

Mas o Estado, pessoa jurídica, enquanto poder público, continuava sem limitações estabelecidas pela lei e indemandável judicialmente pelos súditos na defesa de seus direitos. A bifurcação da personalidade do Estado apenas abrandou o sistema então vigente, mas não o extinguiu.

1.2 Legalidade e discricionariedade

Nesse período, "a fonte de todo Direito é a pessoa subjetiva do rei na sua condição de representante de Deus na comunidade, o que significa que pode atuar tanto por normas gerais como por atos singulares ou por sentenças contrárias àquelas".[4]

À bifurcação da personalidade jurídica do Estado correspondeu uma bifurcação de regimes jurídicos: de um lado, o *jus politiae* (direito de polícia), que, partindo da ideia de poder sobre a vida religiosa e espiritual do povo, concentrou em mãos do príncipe poderes de interferir na vida privada dos cidadãos, sob o pretexto de alcançar a segurança e o bem-estar coletivos; de outro lado, o *direito civil*, que regia as relações do Fisco com os súditos e que ficavam fora do alcance do príncipe, gerando direitos subjetivos que podiam ser assegurados por meio de controle judicial.

Esse sistema teve o mérito de submeter uma parte da atividade do Estado à lei e aos Tribunais.

A Administração Pública, em especial na fase inicial, não estava vinculada a qualquer tipo de norma que limitasse sua atividade, senão àquela que proviesse do monarca. Era o império do arbítrio, não no sentido de injusto, mas no sentido de ausência de limitações legais.

Segundo Fiorini,[5] só nessa forma de Estado pode-se aceitar como denominação exata a qualificação de "ato discricionário", que tanto podia significar um ato *arbitrário* como um ato oportuno e justo.

Garrido Falla,[6] citando o ensinamento de Legaz, chama a atenção para esse aspecto ao dizer que "o Direito pode ser negado em suas exigências de fundo ou em sua forma. Desses dois momentos, justamente o momento típico da arbitrariedade

---

[4] Cf. García de Enterria e Tomas Ramón Fernandes. *Curso de derecho administrativo*, 1988:410.
[5] *La discrecionalidad en la administración pública*, 1952:47-48.
[6] *Las transformaciones del regimen administrativo*, 1962:223.

é o segundo, quer dizer, a negação do Direito quanto à sua forma. Deduz-se, daí, que a arbitrariedade, em princípio, não há porque igualá-la à injustiça. São conceitos distintos. A arbitrariedade pode ser justa e pode ser injusta".

Não há dúvida, no entanto, de que o controle judicial exercido sobre os atos privados da Administração veio representar um avanço, pois limitou a quantidade de atos arbitrários e injustos; como diz Fiorini,[7] "a anulação desta espécie de atos demonstrou que, apesar da pretensão de que satisfazem ao interesse público, podiam manifestar-se arbitrariamente".

2 A administração pública no estado de direito

2.1 Período do Estado Liberal de Direito

2.1.1 Princípios fundamentais

Na segunda etapa do Estado Moderno, instaurou-se o chamado Estado de Direito, estruturado sobre os princípios da legalidade, igualdade e separação de poderes, todos objetivando assegurar a proteção dos direitos individuais, não apenas nas relações entre particulares, mas também entre estes e o Estado. É da mesma época o constitucionalismo, que vê na Constituição um instrumento de garantia da liberdade do homem, na medida em que impõe limites às prerrogativas dos governantes.

O ideal do Estado de Polícia de tudo fazer pela glória do Estado, pela grandeza e brilho da nação, foi substituído pelos ideais do liberalismo, voltados para as garantias de liberdade dos cidadãos, seriamente comprometidos pelo despotismo esclarecido. Como consequência dessa preocupação com a liberdade do homem, ao Estado foi atribuída a missão apenas de proteger a propriedade e a liberdade dos indivíduos, como se verifica pelos artigos 2º e 17 da Declaração dos Direitos do Homem e do Cidadão. A posição do Estado era fundamentalmente negativa, pois ele *não* devia ofender os direitos e liberdades inalienáveis do indivíduo, nem intervir na ordem social ou na economia.

Foi ao Direito atribuído o papel de garantir as liberdades individuais; daí a denominação de Estado de Direito. Na lição de Manoel Gonçalves Ferreira Filho,[8] "este Estado, em sua forma típica e original, caracteriza-se, primeiro, pelo reconhecimento de que o Poder é limitado por um Direito superior, que está fora de seu alcance mudar. Tal Direito, natural porque inerente à natureza do homem, constitui a fronteira que sua atuação legítima não pode ultrapassar. Visto do ângulo dos

---

[7] *La discrecionalidad en la administración pública*, 1952:51.

[8] *Estado de direito e constituição*, 1988:4.

sujeitos (passivos) do Poder, esse Direito é um feixe de liberdades, que preexistem à sua declaração solene, e recobrem o campo da autonomia da conduta individual. Autonomia que é a regra, a qual apenas sofre as restrições estritamente necessárias ao convívio social". A ideia do *direito natural*, decorrente da natureza do homem e descoberto pela razão, está na base da concepção clássica do Estado de Direito. Como diz José Pedro Galvão,[9] "o Estado de Direito supõe necessariamente o direito natural. A subordinação do Estado à ordem jurídica – isto é, do governo, de seus agentes imediatos, da administração pública, do corpo legislativo, da magistratura, da milícia – essa subordinação só será verdadeiramente eficaz mediante uma condição indispensável: que se reconheça um critério objetivo de justiça, transcendente em relação ao direito positivo e do qual este depende".

Substituiu-se a ideia da vontade do rei como fonte de todo o Direito pela ideia da lei como resultante da vontade geral. Adotando-se o princípio da separação de poderes, tirou-se do Poder Executivo a capacidade de ditar leis gerais, já que estas constituem expressão da vontade geral representada pelo Parlamento; ao Executivo compete apenas editar atos singulares previamente disciplinados em lei.

Desse modo, o poder só é exercido de forma legítima quando resulta da lei. Esta ideia veio expressa de forma muito clara no artigo 5º da Declaração de Direitos do Homem e do Cidadão de 1789: "A lei não proíbe senão as ações nocivas à sociedade. Tudo o que não é vedado pela lei não pode ser impedido e ninguém pode ser forçado a fazer o que ela não ordena." A norma completa-se com a do artigo 7º: "Ninguém pode ser acusado, preso ou detido senão nos casos determinados pela lei e de acordo com as formas por esta prescritas. Os que solicitam, expedem, executam ou mandam executar ordens arbitrárias serão castigados; porém todo cidadão convocado ou detido em virtude da lei deve obedecer imediatamente, caso contrário torna-se culpado de resistência."

A Constituição francesa de 1791, no artigo 3º, afirma que "não há na França autoridade superior à da lei. O rei não reina mais senão por ela e só em nome da lei pode exigir obediência".

Estava, pois, consagrado o *princípio da legalidade*.

As duas ideias principais que servem de base para esse princípio são, de um lado, sob inspiração de Rousseau, a de que o único poder legítimo é o que resulta da vontade geral do povo, manifestada pela lei; acima dessa vontade nenhuma outra se coloca, nem mesmo a do monarca; de outro lado, sob inspiração de Montesquieu, o princípio da separação de poderes, que dá primazia ao Poder Legislativo, colocando os dois outros sob a égide da lei. O Executivo e o Judiciário apenas executam as normas emanadas do Legislativo, deixando de ser vistos como expressão

---
[9] O estado de direito e o direito natural. In: *Estado de Direito*, 1980:12.

da soberania e perdendo qualquer margem de poder normativo. Só o Legislativo pode editar leis, sendo-lhe vedado delegar esse poder.

Além disso, as leis devem ser iguais para todos, vedado qualquer tipo de discriminação. Segundo Manoel Gonçalves Ferreira Filho,[10] "três aspectos avultam no que tange à igualdade jurídica: a igualdade de todos perante o Direito, a obrigatória uniformidade de tratamento dos casos iguais e, face negativa, a proibição das discriminações".

Inseparável dos princípios da legalidade e da igualdade, no Estado de Direito, é o controle judicial dos atos praticados pelo poder público ou, falando de modo mais amplo, é o princípio da justicialidade, referido também por Manoel Gonçalves Ferreira Filho. Com base na lição de Carl Schmitt, diz ele que esse princípio significa que, no Estado de Direito, "deve haver, sempre, um procedimento contencioso para decidir 'toda espécie de litígios', sejam estes entre autoridades superiores do Estado, ou entre autoridades e particulares, ou, num Estado Federal, entre a Federação e um Estado-membro, ou entre Estados-membros etc."

Pode-se, portanto, afirmar que, pela concepção clássica do Estado de Direito, seus pontos fundamentais são:

1. o reconhecimento da *liberdade* dos cidadãos, dotados de direitos fundamentais, universais, inalienáveis;
2. o princípio da *legalidade*, segundo o qual ninguém pode ser afetado em sua liberdade senão em virtude de lei e que traz, como consequência, a vinculação da Administração Pública à lei;
3. o princípio da *justicialidade*, que exige a existência de um órgão independente para decidir os litígios;
4. o princípio da *igualdade* de todos perante o direito, vedado qualquer tipo de discriminação;
5. a concepção *substancial* do direito que, fazendo-o decorrer da natureza do homem, imprime-lhe caráter de justiça.

2.1.2 O direito administrativo no Estado liberal

Paradoxalmente, o Estado de Direito, preocupado embora com a liberdade do cidadão e a igualdade de todos perante o Direito, trouxe em seu bojo o direito administrativo, como ramo autônomo, composto por normas de direito público, aplicáveis à Administração Pública e que, derrogando o direito comum, a ela reconhece uma série de prerrogativas e privilégios de que o particular não dispõe.

---

[10] *Estado de direito e constituição*, 1988:27.

O fato torna-se tanto mais curioso quando se observa que a submissão da Administração Pública à lei não significa necessariamente a criação de um ramo especial do Direito. Basta constatar que na Inglaterra (e nos países que adotaram o mesmo regime jurídico) a submissão do Estado à lei deu-se de forma diferente, porque se baseou no princípio do *rule of law* (império da lei) e que significa o reconhecimento da identidade de regimes jurídicos para a Administração Pública e para o particular; a lei a que se submete o Estado é a *lei comum* (*common law*), que rege também as relações entre particulares.

Segundo Giannini,[11] a existência de Estados com *direito administrativo* é o resultado de uma síntese de pensamentos contrastantes e de experiências político-jurídicas oriundos de todas as partes da Europa. O Estado com direito administrativo recebe, *do direito inglês*, o princípio constitucional da divisão de poderes e a ideia de não arbítrio do poder público, que coloca como princípio o primado da função normativa e do qual deriva o princípio da legalidade da ação administrativa; do *pensamento político-jurídico comum*, nasce o princípio constitucional do absolutismo da jurisdição, do qual deriva o reconhecimento de situações jurídicas subjetivas tuteláveis perante o juiz, criando-se a categoria dos direitos subjetivos de conteúdo público; *da estrutura estatal do absolutismo iluminado* recebe a ideia de legislação pública especial para regular a atividade da administração pública, transformando os poderes absolutos da coroa em poderes do Estado regulados pela lei.

Foram razões históricas que geraram diferentes soluções. Na Inglaterra, as reações contra o absolutismo ocorreram antes que na França e em outros países do sistema europeu-continental. Mais cedo se fortaleceu o Parlamento, como forma de controlar as ações do Governo. Aos poucos, a vontade do rei deixou de prevalecer sobre as regras do Direito Natural de que decorriam os direitos e liberdades dos cidadãos, conquistados, paulatinamente, pela Magna Carta, de João Sem Terra e, bem mais tarde, pela Petição de Direitos de 1628. Passou o rei a submeter-se às mesmas leis que regulavam as relações entre particulares, negando-se à Administração Pública qualquer tipo de privilégio ou prerrogativa especial, inclusive de ter seus litígios apreciados por Tribunais especiais; não havia, pois, uma jurisdição administrativa; e a atuação discricionária da Administração era muito limitada.

Na França seguiu-se caminho diverso. Havia uma desconfiança do monarca em relação aos corpos judiciários do velho regime (os parlamentos), os quais, embora atuando em nome do rei, se atribuíam determinados privilégios que conflitavam com a autoridade real. Na época de Luís XV (início do século XVIII) os Ministros do Rei tentaram fazer reformas que perceberam ser necessárias, mas encontraram

---
[11] *Diritto amministrativo*, v. I, 1970:28.

forte resistência por parte dos parlamentos, que não queriam abrir mão de seus privilégios.

Como consequência, o monarca viu-se na contingência de criar novos órgãos, como os Conselhos do Rei e os Intendentes, para atuar sem qualquer interferência dos Tribunais; a estes ficou reservada apenas a aplicação do direito privado.

Como órgãos especiais, só mais tarde desvinculados da vontade do Imperador e transformados na jurisdição administrativa propriamente dita, começou a surgir um corpo de normas também especiais, diversas do direito privado, para reger a atuação do poder público. Daí o germe do direito administrativo, composto, de início, por um conjunto de normas com caráter em grande parte autoritário, por reconhecer prerrogativas e privilégios à Administração Pública, colocando-a em posição de supremacia sobre o particular e sem a garantia de um controle judicial efetivo por parte de órgão independente. Esse período é conhecido como o da *justice rétenue*, assim chamado porque as decisões dos magistrados têm caráter apenas opinativo e somente se tornam definitivas quando aprovadas pelo Chefe de Estado.

Esse caráter autoritário foi, no entanto, abrandado pelos princípios vigentes no Estado liberal, uma vez que a autoridade era limitada pelo reconhecimento de direitos individuais garantidos pelo Poder Judiciário ou por uma jurisdição administrativa independente do Poder Executivo.

Desde o princípio, o direito administrativo caracterizou-se pelo duplo aspecto, de um lado voltado para a manutenção da autoridade do poder público e, de outro, para o respeito pelas liberdades do cidadão.

No decurso da evolução do direito administrativo houve o predomínio ora de um, ora de outro aspecto. No primeiro período, da *justice rétenue*, enquanto o contencioso administrativo esteve vinculado ao imperador (fase do administrador juiz) prevaleceu o caráter autoritário das normas que disciplinavam a atuação administrativa, fortemente centralizada. Com a instauração do Estado liberal, pende-se para o lado oposto, ou seja, para a proteção das liberdades individuais; o que mais contribuiu para isso foi a atribuição de função jurisdicional propriamente dita, desvinculada do Poder Executivo, aos órgãos do contencioso administrativo. Abandonou-se a fase da *justice rétenue* e entrou-se na fase da *justice déléguée*, quando a decisão proferida pelo juiz passa a ser definitiva.

No período liberal, como a atuação do Estado na órbita da atividade privada era mínima, o próprio âmbito do direito administrativo era reduzido. Considerando-se como objeto desse ramo do direito, de um lado, os órgãos que exercem a função administrativa do Estado e, de outro, as relações da Administração com terceiros, é fácil chegar-se a essa conclusão: o aparelhamento administrativo, dentro da linha do *laissez faire, laissez passer*, era pequeno, pois seu âmbito de atuação era bem limitado, ou seja, restringia-se a atividades essenciais, como a defesa contra o inimigo externo, a segurança interna e a justiça.

Nesse período, o direito administrativo, dentro do binômio *direitos individuais e prerrogativas públicas*, preocupava-se especialmente com o primeiro aspecto.

Foi, portanto, o direito administrativo elaborado, originariamente, sob a base de alguns princípios fundamentais do constitucionalismo também incipiente, dentre os quais ressaltam, por sua importância, o da separação de poderes e o da legalidade. Um e outro tinham por objetivo assegurar a liberdade do cidadão diante das prerrogativas do poder público. Para usar as palavras de José Eduardo Faria,[12] pode-se dizer que "equilíbrio entre poderes e representação política, certeza jurídica e garantia dos direitos individuais, constitucionalidade e legalidade, hierarquia das leis e distinção entre atos de império e atos de gestão, autonomia da vontade e liberdade contratual – eis alguns dos princípios básicos em torno dos quais o Estado liberal se desenvolveu". Foi sob a égide desses postulados que evoluiu o direito administrativo nesse período.

A noção de serviço público tinha contornos bem definidos, que permitiam identificar três elementos: *o subjetivo* (prestação pelo Estado), *o objetivo* (atividade que tem por objeto a satisfação de necessidades coletivas) e *o formal* (sujeição a regime jurídico de direito público). Vale dizer que o serviço público abrangia as *atividades de interesse geral, prestadas pelo Estado, sob regime jurídico publicístico*.

A tal ponto era nítida a distinção entre serviço público e atividade privada que a sua noção era, por muitos autores, considerada a pedra angular que distinguia o direito privado do administrativo. Na França, a divisão de competências entre a jurisdição comum e a administrativa baseava-se no critério do serviço público.

Também o poder de polícia tinha um alcance bem limitado. Com base nos princípios do liberalismo, o Estado liberal de direito preocupava-se em assegurar as liberdades individuais. Em consequência, tudo o que significasse uma interferência nessa liberdade deveria ter caráter excepcional. A regra era o livre exercício dos direitos individuais amplamente assegurados nas Declarações Universais de Direitos. A atuação estatal constituía exceção, só podendo limitar o exercício dos direitos individuais para assegurar a *ordem pública*. A polícia administrativa era essencialmente uma polícia de segurança.

2.1.3 Legalidade e discricionariedade

Embora o Estado de Direito adotasse como um de seus dogmas fundamentais o princípio da legalidade ao qual se submete a Administração Pública, no

---

[12] *Eficácia jurídica e violência simbólica*: o direito como instrumento de transformação social, 1988:40.

período do Estado liberal esse princípio teve uma concepção diversa daquela que prevalece hoje.

Era, na realidade, uma concepção mais restrita, porque procurava compatibilizar a regra da obediência à lei com a ideia de discricionariedade administrativa, herdada do Estado de Polícia, em especial da teoria da dupla personalidade do Estado, que isentava do controle judicial uma parte dos atos da Administração, subordinada ao *jus politiae*.

Com efeito, como resquício do período anterior, das monarquias absolutas, continuou-se a reconhecer à Administração Pública uma esfera de atuação livre de vinculação à lei e livre de qualquer controle judicial.

A discricionariedade era vista como um tipo de atividade administrativa que não admitia controle judicial.

Essa concepção decorria de uma doutrina que, ao explicar as três funções do Estado, atribuía à Administração Pública a missão de apenas executar a lei, de forma muito semelhante àquela utilizada pelo Judiciário. À Administração Pública caberia apenas a atuação concreta das normas gerais e abstratas contidas na lei. Daí um conceito de ato administrativo muito semelhante ao da sentença, ou seja, uma declaração da Administração com o objetivo de aplicar a lei ao caso concreto.

Mas, ao lado dessa atividade administrativa vista como simples execução legal, havia outra, de livre apreciação, na qual a Administração Pública atuava isenta de vinculação legal e, portanto, de controle judicial. Era a forma como se concebia a discricionariedade nesse período.

Daí resulta a necessidade de compatibilizar essa concepção de discricionariedade com o princípio da legalidade administrativa. A consequência foi que este último era entendido de forma muito mais liberal do que a atualmente concebida: a Administração podia fazer não só o que a lei expressamente autorizasse, como também tudo aquilo que a lei não proibisse. Foi o que ficou expresso no artigo 5º da Declaração dos Direitos do Homem e do Cidadão: "A lei não proíbe senão as ações nocivas à sociedade..."

Nas palavras de García de Enterría e Tomás-Ramón Fernández,[13] a Administração pode usar de sua discricionariedade, isto é, de sua livre autonomia, em todos aqueles pontos que a lei não regulou. A discricionariedade operaria no espaço livre da lei.

Pode-se afirmar que a discricionariedade, nesse período, não era vista como um poder jurídico, mas como *poder político*.

Essa concepção da legalidade, que acabou por gerar consequências funestas, ficou conhecida como doutrina da *vinculação negativa da Administração*, já que,

---

[13] *Curso de derecho administrativo*, t. I, 1988:414-415.

por ela, a lei apenas impõe barreiras externas à liberdade de autodeterminação da Administração Pública.

Como ensina Vinício Ribeiro,[14] "naquelas alturas a Administração encontrava-se limitada não só pelo *texto legal*, como pelo limite externo constituído pelos *direitos subjetivos* dos particulares; primeiramente, no entanto, as atenções voltaram-se para os direitos subjetivos; a lei definia apenas as esferas jurídicas dos cidadãos como limites ao arbítrio da Administração. Esta, dentro dos limites referidos, gozava de liberdade, de uma esfera de irrelevância ou indiferença jurídica, que era ainda a continuação do estado de coisas do regime de *polícia*. Além disso, o Parlamento era o órgão próprio e suficiente que arcava com a função legislativa".

Enterría e Fernández[15] apontam dois fundamentos para essa postura: um, de raízes históricas, pois representa "um eco da nefasta doutrina do 'princípio monárquico', que pretende justificar, na condição histórica do monarca como chefe do Executivo, um princípio de liberdade autonômica na organização e no funcionamento da Administração, que a liberaria da lei, postulada pelo princípio democrático e pela doutrina genuína da separação dos poderes". A outra razão, que operou talvez de modo preponderante, foi "a interpretação heterodoxa da divisão de poderes que lança o constitucionalismo francês desde suas origens e que se expressa na isenção jurisdicional do Executivo, e na tendência ao fortalecimento daí resultante".

2.2 Período do Estado Social de Direito

2.2.1 Princípios fundamentais

Já em meados do século XIX começaram as reações contra o Estado liberal. A abstenção do Estado acabou por gerar consequências funestas no âmbito econômico e social; as grandes empresas vão transformando-se em grandes monopólios e aniquilando as de pequeno porte; surge uma nova classe social – o proletariado – em condições de miséria, doença, ignorância, que tende a acentuar-se com o não intervencionismo estatal.

Os princípios do liberalismo, voltados para a proteção da liberdade e igualdade, mostram-se insuficientes para debelar a profunda desigualdade que geraram.

Manifestaram-se por formas diversas as reações contra o liberalismo; alguns partem para o extremo oposto, negando os direitos individuais e encontrando em fórmulas autoritárias a solução para superar as desigualdades sociais; daí se

---

[14] *O estado de direito e o princípio da legalidade da administração*, 1981:55.

[15] *Curso de derecho administrativo*, t. I, 1988:415-416.

originaram Estados totalitários, como o da Alemanha nazista, o da Itália fascista e o do bloco comunista.

Outros, inspirados, em grande parte, pela doutrina social da Igreja e pelo neoliberalismo, buscaram soluções intermediárias que, embora reconhecendo e garantindo os direitos individuais, atribuíram ao Estado missão mais ativa para superar as desigualdades surgidas nos âmbitos social e econômico.

Consolida-se, após a Segunda Guerra Mundial, o *Estado Social*, também chamado Estado do Bem-Estar, Estado Providência, Estado do Desenvolvimento, Estado Social de Direito. Não mais se pressupõe a igualdade entre os homens; atribui-se ao Estado a missão de buscar essa igualdade; para atingir essa finalidade, o Estado deve intervir na ordem econômica e social para ajudar os menos favorecidos; a preocupação maior desloca-se da liberdade para a igualdade.

Segundo Chevallier,[16] "o princípio democrático, longe de contribuir para frear a expansão estatal, vai, ele mesmo, servir de poder propulsor; é a favor do exercício das liberdades políticas e sob a pressão dos eleitores que vão ser consagrados os direitos novos", no campo social e econômico. Acrescenta o mesmo autor que "o Estado vai ver erguerem-se as barreiras que entravam sua atuação: não há mais 'espaço privado' protegido, 'sociedade civil' preservada de suas ingerências; o Estado vê a ele atribuir-se uma função de regulamentação global, que o leva a imiscuir-se nas relações sociais de toda natureza, sem se deixar deter por um princípio de liberdade do comércio e da indústria transformado, no fim dos anos, em uma concha vazia".

Paralelamente a essa mudança na missão do Estado, ocorre alteração na forma de conceber-se o Estado de Direito.

No Estado liberal prevaleceu o individualismo em todos os aspectos: econômico, político, filosófico e jurídico. Sob este último aspecto, a regra de direito só tem valor na medida em que tem por objeto proteger os direitos subjetivos; ao direito positivo cabe garantir os direitos naturais do homem.

Com as transformações sociais iniciadas em fins do século XIX e provocadas pelos resultados negativos do individualismo exagerado instaurado a partir da Revolução Francesa, o Estado teve que abandonar sua posição ativa e começar a atuar no âmbito das atividades antes exercidas exclusivamente por particulares; isso tinha que trazer repercussões sobre o Direito, que passou a ter notável desenvolvimento no ramo publicístico e com reflexos também no direito privado e seus princípios fundamentais, dando início ao que se chama a publicização do direito civil. O fato é que se substituiu a ideia do homem como fim único do direito pelo

---

[16] L'État de droit. *Revue du Droit Public et de la Science Politique en France et a L'Étranger.* v. 2, p. 376, mars/avr. 1988.

princípio que hoje serve de fundamento a todo o direito público: o de que os interesses públicos têm supremacia sobre os individuais.

O Estado, passando a intervir nos mais variados setores da vida privada, passou a editar grande número de normas jurídicas.

Um dado importante é que o direito natural deixou de estar na base do direito positivo; a escola do voluntarismo jurídico, que defende a tese de um direito resultante da razão, substituiu a escola de direito natural, segundo a qual o direito positivo aparece vinculado a direitos inalienáveis, eternos, independentes da vontade do homem. O direito desvincula-se da ideia de justiça, passando a lei a constituir apenas uma ordem. É o que ensina Manoel Gonçalves Ferreira Filho,[17] mostrando que essa nova forma de conceber inspira-se em Thomas Hobbes que, no *Leviathan*, afirmava que a lei não é um conselho, é uma ordem; é a lei que determina o justo, não é o justo que faz a norma.

Afirmações semelhantes encontram-se em Kelsen, em sua *Teoria Pura do Direito*. Segundo ainda ensinamento de Manoel Gonçalves Ferreira Filho,[18] a doutrina positivista de Kelsen "exprime o *Estado legal*. O Direito nada mais é do que norma coativa estabelecida pela autoridade. Esta é quem como tal estabelece a Constituição, fundada no pressuposto lógico-transcendental (adotado por Kelsen) de que devemo-nos conduzir como a constituição prescreve". Por essa razão, entende o autor que o *Estado de Direito se transformou em Estado Legal*.

Em sua *Teoria Pura do Direito*, Kelsen deixa clara sua intenção de retirar ao direito qualquer conteúdo axiológico. Logo no preâmbulo afirma que sua tarefa é a de desenvolver uma "teoria pura do direito, isto é, uma teoria depurada de toda ideologia política e de todo elemento científico-cultural, e consciente de sua peculiaridade em razão da legalidade própria de seu objeto". E acrescenta que "desde o princípio teve por meta elevar a jurisprudência, que aberta ou ocultamente se dissolvia quase por completo no racionalismo jurídico-político, à altura de uma ciência autêntica, de uma ciência do espírito".

Pode-se dizer que duas das principais tendências verificadas a partir da instauração do chamado Estado Social foram a de *socialização* e a de *fortalecimento do Poder Executivo*.

A ideia de socialização, que não se confunde com socialismo, designa a preocupação com o bem comum, o interesse público, em substituição ao individualismo imperante, sob todos os aspectos, no período do Estado liberal. Enquanto o individualismo tomou conta do direito privado, o socialismo instalou-se no âmbito do direito público, em especial do direito administrativo, que deixou de ser um corpo de

---

[17] *Estado de direito e constituição*, 1988:41.

[18] *Estado de direito e constituição*, 1988:42.

normas garantidoras apenas das liberdades individuais, para transformar-se num corpo de normas disciplinadoras de toda a atuação da Administração Pública,[19] sempre com vista na consecução do bem comum. Isso não significa que os direitos individuais deixassem de ser reconhecidos e protegidos; pelo contrário, estenderam seu campo, de modo a abranger direitos sociais e econômicos. Mas, como diz Gordillo,[20] "a História registra primeiro o despotismo estatal sobre os indivíduos; a seguir e como reação, a acerbação do indivíduo frente à sociedade; por fim e como ideal, o equilíbrio racional dos dois elementos essenciais do mundo livre contemporâneo: indivíduo e sociedade, indivíduo e Estado". O direito administrativo é, sem dúvida alguma, um dos ramos da ciência jurídica em que mais se destaca esse aspecto da busca do equilíbrio entre os dois polos: liberdade do indivíduo e autoridade da Administração.

Por outro lado, o acréscimo de funções a cargo do Estado – que se transformou em Estado prestador de serviços, em Estado empresário, em Estado investidor – trouxe como consequência o fortalecimento do Poder Executivo e, inevitavelmente, sérios golpes ao princípio da separação de poderes. Já não se vê mais o Legislativo como único Poder de onde emanam atos de natureza normativa. O grande volume de atribuições assumidas pelo Estado concentrou-se, em sua maioria, em mãos do Poder Executivo, que, para atuar, não podia ficar dependendo de lei, a cada vez, já que sua promulgação depende de complexo e demorado procedimento legislativo.

Como consequência, passou-se a conferir atribuição normativa ao Poder Executivo, que veio a exercer essa competência por meio de decretos-leis, leis delegadas, regulamentos autônomos. O legislador, em inúmeros casos, passou a adotar a técnica de editar fórmulas gerais, *standards*, para serem completados pelo Executivo; este deixou de ser apenas um *executor* de normas postas pelo Legislativo.

Isso tudo sem falar na iniciativa das leis, que foi outorgada, em grande parte, ao Poder Executivo.

Inúmeros aspectos negativos costumam ser apontados pelos doutrinadores como decorrentes do Estado Social de Direito:

1. De um lado, a perda da preeminência do Poder Legislativo em favor do Executivo. Gordillo[21] demonstra que o ideal seria uma hierarquia relativa entre os três Poderes, ficando o Executivo subordinado ao Legislativo e o Legislativo ao Poder Judiciário. Isto porque o Legislativo é que dita (ou deveria ditar) as regras a serem cumpridas pelo Executivo, inclusive no

---

[19] Cf. Vinício Ribeiro. *O estado de direito e o princípio da legalidade da administração*, 1981:60.

[20] *Princípios gerais de direito público*, 1977:49.

[21] *Princípios gerais de direito público*, 1977:52-57.

que diz respeito ao orçamento; e o Judiciário é o que tem a atribuição de declarar a inconstitucionalidade das leis. Como diz Gordillo, "estando nas mãos do Poder Judiciário a interpretação final e indiscutível do sentido e alcance das normas constitucionais, é óbvio que é o Poder Judiciário que tem, no sistema constitucional, primazia sobre o Poder Legislativo". No entanto, na prática, demonstra o mesmo autor que ocorre o contrário, de tal modo que a hierarquia agora passa a ser Poder Executivo – Poder Legislativo – Poder Judiciário. Sem mencionar as causas indicadas pelo autor, já que nem todas se aplicam ao direito brasileiro, basta por ora afirmar que inúmeros mecanismos foram criados na estrutura dos três Poderes, gerando dependência administrativa e financeira do Legislativo e Judiciário em relação ao Executivo, isso sem falar na preeminência, sob o aspecto político, da figura do Presidente da República sobre os membros dos demais Poderes.

2. A lei perde o seu prestígio e a sua grandeza, sob vários aspectos apontados por Manoel Gonçalves Ferreira Filho.[22] Em primeiro lugar, ela se desvinculou da ideia de justiça, passando de instrumento de realização do bem comum, para instrumento da realização da vontade de grupos, de classes, de partidos. Com isso, a lei perdeu, em grande parte, seu caráter de generalidade, abstração, impessoalidade, e passou a ter caráter individual, na medida em que atende a interesses parciais da sociedade ou grupos. Essa politização das leis conduz à multiplicidade das leis, muitas vezes irracionais, e à instabilidade do Direito. Em consequência, ela perde seu prestígio, sua credibilidade, já que muda com a maior facilidade e sem qualquer preocupação com o bem comum e com a justiça. A lei continua a existir, mas apenas em sentido formal (porque emanada do órgão legislativo, segundo o processo de elaboração estabelecido na Constituição), independentemente de seu conteúdo; por isso mesmo cai por terra a concepção do Estado Liberal que via na lei um instrumento de garantia das liberdades individuais contra o exercício abusivo do Poder.

3. O aspecto assinalado no item anterior assume maior proporção quando se considera que, em muitas matérias, é o Poder Executivo que edita normas com a mesma força da lei e que, pela facilidade de promulgação e alteração, geram ainda maior instabilidade e desconfiança e acentuam a preeminência do Poder Executivo sobre o Legislativo em matérias da maior relevância para os direitos individuais e para o bem-estar coletivo.

---

[22] *Estado de direito e constituição*, 1988:45-48.

4. O próprio princípio do controle judicial, sem o qual o Estado de Direito não sobrevive, perde sua força, na medida em que o Judiciário examina as leis também apenas sob o aspecto formal, sem qualquer preocupação com seu conteúdo, desvinculado que está dos princípios de direito natural que estavam presentes nas origens do Estado de Direito.

5. Um último aspecto, realçado por Chevallier,[23] é o que diz respeito à *instrumentalização* do direito; este passa a ser utilizado como um meio de ação pelo qual o Estado executa as suas tarefas; houve um crescimento espetacular dos serviços públicos em todos os países liberais; segundo Chevallier, "tudo se passou como se um movimento irresistível impelisse à publicização das atividades sociais; e sistemas de gestão públicos cobrem já superfícies inteiras da vida social". Essa nova concepção do Estado prestador de serviços – voltado para o bem comum – coloca em segundo plano o problema dos limites do poder que constituíam a base do Estado liberal, preocupado com a salvaguarda das liberdades individuais.

2.2.2 O direito administrativo no Estado Social de Direito

Com o acréscimo das funções estatais a cargo da Administração Pública, cresceu, paralelamente, o direito administrativo.

O Estado, ao mesmo tempo em que foi chamado a agir nos campos social e econômico, para assegurar a justiça social, passou a pôr em perigo a liberdade individual, pela crescente intervenção que vai desde a simples limitação ao exercício de direitos até a atuação direta no setor da atividade privada.

Garrido Falla,[24] comentando as transformações por que passou o direito administrativo, aponta o fato de que os próprios indivíduos passaram a exigir a atuação do poder público, não mais para o exercício só das atividades de segurança, polícia e justiça, inerentes à soberania do Estado, mas também para a prestação de serviços públicos essenciais ao desenvolvimento da atividade individual, em todos os seus aspectos, pondo fim às injustiças sociais geradas pela aplicação dos princípios incorporados pelo direito civil. Por outro lado, esse novo Estado prestador de serviços trouxe consigo a prerrogativa de limitar o exercício dos direitos individuais em benefício do bem-estar coletivo, pondo em perigo a própria liberdade.

O direito administrativo criou princípios e institutos que derrogaram em grande parte postulados básicos do individualismo jurídico: o reconhecimento de privilégios para a Administração opõe-se ao ideal da igualdade de todos perante a lei;

---

[23] L'État de droit. *Revue du Droit Public et de la Science Politique en France et a L'Étranger*, v. 2, p. 384, mars/avr. 1988.

[24] *Las transformaciones del regimen administrativo*, 1962:24-48.

a criação, pelo Estado, de entidades públicas ou privadas, com personalidade jurídica própria, coloca intermediários entre o Estado e o indivíduo, contrapondo-se aos anseios que inspiraram a Lei Le Chapelier; a atribuição de uma função social à propriedade privada derroga o caráter absoluto com que esse direito era visto pelo direito civil do século XVIII; a imposição de normas de ordem pública para reger as relações contratuais afeta o princípio da autonomia da vontade; a aplicação da cláusula *rebus sic stantibus* atinge o princípio da força obrigatória dos contratos; em termos de responsabilidade civil, a ideia de risco, em várias hipóteses de danos causados a terceiros, substitui a de culpa, por considerar-se que esta nem sempre levava à solução mais justa.

O rol de atividades assumidas pelo Estado como serviço público cresceu de tal modo que, ao abranger atividades de natureza social e econômica, antes reservadas aos particulares, levou a uma *crise na noção de serviço público*. Isso porque o Estado passou a transferir a execução de grande parte dessas atividades a particulares, por meio da concessão de serviços públicos e, posteriormente, mediante a criação de sociedades de economia mista e empresas públicas, para execução sob regime jurídico predominantemente privado. A partir daí, o *elemento subjetivo* da noção (prestação pelo Estado) e o *elemento formal* (regime jurídico publicístico) foram profundamente afetados.

O poder de polícia também experimentou notável ampliação, em dois sentidos: de um lado, passou a atuar em setores não relacionados com a segurança, atingindo as relações entre particulares, anteriormente fora do alcance do Estado; o próprio conceito de ordem pública, antes concernente apenas à segurança, passou a abranger a ordem *econômica e social*, com medidas relativas às relações de emprego, ao mercado dos produtos de primeira necessidade, ao exercício das profissões, às comunicações, aos espetáculos públicos, ao meio ambiente, ao patrimônio histórico e artístico nacional, à saúde e tantos outros. De outro lado, passou a impor obrigações de fazer, como o cultivo da terra, o aproveitamento do solo, a venda de produtos; a polícia tradicional limitava-se a impor obrigações de não fazer.

Pelo conceito liberal, o poder de polícia compreendia a atividade estatal que limitava o exercício dos direitos individuais em benefício da *segurança*.

Pelo conceito moderno, o poder de polícia é atividade do Estado consistente em limitar o exercício dos direitos individuais em benefício do *interesse público*, qualquer que seja sua natureza.

Paralelamente ao crescimento dos serviços públicos e do poder de polícia, o Estado passa a intervir no domínio econômico. Surgem, no plano constitucional, novos princípios que revelam as interferências crescentes do Estado na vida econômica e no direito de propriedade; assim são as normas que permitem a intervenção do poder público no funcionamento e na propriedade das empresas, as que condicionam o uso da propriedade ao bem-estar social, as que reservam para o Estado a propriedade e exploração de determinados bens como as minas e demais riquezas do subsolo, as que permitem a desapropriação para a justa distribuição da propriedade.

A consequência desse acréscimo de atribuições, sejam públicas, sejam privadas, foi o crescimento da máquina estatal, ou seja, das pessoas jurídicas, dos órgãos públicos e de seus agentes. Consolida-se a *burocracia* "como um tipo de administração superior aos métodos administrativos então conhecidos, graças a suas características básicas: especialização, autoridade hierarquizada, sistema de regras e impessoalidade", conforme ensinamento de José Eduardo Faria.[25] Para o autor, "foi Weber que melhor compreendeu a real dimensão desse fenômeno. Ele percebeu que, em precisão, velocidade, eliminação de equívocos, conhecimento, continuidade, sentimento de discrição, uniformidade operativa, sistema de subordinação e redução de atritos e tensões, a burocracia supera as demais formas de administração, aumentando a eficiência governamental à medida que despersonaliza a execução das tarefas oficiais".

Mais adiante, ele acrescenta que "a consolidação da moderna burocracia, enquanto forma típica de organização e gestão administrativa, produziu importantes consequências de natureza política e econômica. Ao nível político, permitiu compatibilizar a igualdade formal requerida pela *cidadania*, um dos temas mais caros aos paradigmas do liberalismo clássico, com uma concepção de Estado como um aparelho neutro: ao instrumentalizar deste modo um determinado tipo de dominação, ela tornou possível a *nivelação* dos interesses e a garantia formal da *impessoalidade*, pressuposto básico para a segurança das oportunidades iguais e para o primado do *império do direito*. A burocracia, nesse sentido, é encarada como parte integrante da *organização democrática*."

No entanto, mostra Eduardo Faria que o crescimento da burocracia trouxe outras consequências, já que "ela retira do processo político-parlamentar a efetiva capacidade de decidir. Por essa razão, aliás, um dos mais importantes problemas do Estado moderno está na antinomia entre as organizações burocráticas governamentais – que expressam o conhecimento especializado e detêm relevante soma de informações estratégicas – e os parlamentos – formalmente, o poder legitimado pela representação popular e que, no nível formal, detêm a competência legislativa. Este conflito revela não só a crise entre o Executivo e o Legislativo, em termos de titularidade da iniciativa legislativa, como, também, a superação de toda organização formal do Estado liberal".

---

[25] *Eficácia jurídica e violência simbólica*: o direito como instrumento de transformação social, 1988:49-56.

Por outras palavras, a burocracia, se é mais eficiente em termos de realizações, produz, no entanto, um desequilíbrio entre os três Poderes. Mas "a verdade é que o efetivo exercício dessas funções invariavelmente foi gerando conflitos – especialmente quanto à competência para se gerar a legislação relativa à política global – entre Executivo e Legislativo, os quais não foram absorvidos pelo Judiciário. Com a expansão das burocracias estatais, assumindo funções de direção, planejamento e controle de um número crescente de atividades econômicas, os mecanismos destinados a impedir a centralização do poder tornaram-se anacrônicos, passando o Executivo a incrementar a competência e o volume de sua ação legislativa, bem como a avocar papéis formalmente destinados pelos paradigmas liberais aos demais poderes. Por trás do formalismo dos sistemas legais vão surgindo mecanismos informais de institucionalização de procedimentos definidos a partir da negociação dos interesses conflitantes dos segmentos tecnocráticos com os das classes dominantes, configurando novas estruturas de poder... Com isto, o problema do equilíbrio político e do controle jurídico das decisões é transferido para as diferentes instâncias de um Executivo, que, para exercer suas funções, é obrigado a ampliar sua complexidade interna, mantendo-se a divisão de poderes apenas como uma fachada formal e com a finalidade de geração de lealdade, organização do consenso e redução de estabilidades".[26]

Não é por outra razão que Gordillo[27] afirma que a posição ideal entre os três Poderes – Judiciário, Legislativo e Executivo – inverte-se, na realidade, para uma situação oposta, em que o Executivo tem predominância sobre o Legislativo e o Judiciário aparece em último lugar.

Dessa situação toda resulta um Poder Executivo fortalecido; e o próprio direito administrativo é profundamente afetado, pois, embora se continue a proclamar o princípio da legalidade como uma de suas vigas mestras, na realidade a "lei" a que se obriga a Administração compreende também atos normativos de diferentes modalidades editados pelo próprio Poder Executivo.

Não há dúvida, pois, de que o Estado Social de Direito produziu um direito administrativo em que o equilíbrio "direitos individuais – prerrogativas públicas" pende para o lado destas últimas.

2.2.3 Legalidade e discricionariedade

Sob a influência do positivismo jurídico, o princípio da legalidade a que se submete a Administração Pública passou a ser visto de forma diversa. Enquanto no

---

[26] Cf. José Eduardo Faria. *Eficácia jurídica e violência simbólica*: o direito como instrumento de transformação social. 1988:57.

[27] Agustin Gordillo. *Princípios gerais de direito público*, 1977:57.

Estado de Direito liberal se reconhecia à Administração ampla discricionariedade no espaço livre deixado pela lei, significando que ela pode fazer tudo o que a lei não proíbe, no Estado de Direito social a vinculação à lei passou a abranger toda a atividade administrativa; o princípio da legalidade ganhou sentido novo, significando que a Administração só pode fazer o que a lei permite.

Kelsen e seus seguidores não podiam conceber uma Administração Pública desvinculada da lei; a própria discricionariedade tinha que ser explicada dentro do sistema jurídico, ou seja, como um poder emanado da norma legal.

Merkl,[28] que foi, no direito administrativo, um dos primeiros a seguir os passos de Kelsen, afirma que "o sentido jurídico do princípio da legalidade consiste em que cada uma das ações administrativas se acha condicionada por uma lei formal, da qual deve resultar a licitude ou a necessidade jurídicas da ação administrativa em questão". Em outro ponto,[29] falando do princípio da juridicidade da administração, diz que "toda ação administrativa concreta, se quer ter-se a certeza de que realmente se trata de uma ação administrativa, deverá ser examinada sob o ponto de vista de sua relação com o ordenamento jurídico. Só na medida em que possa ser referida a um preceito jurídico ou, partindo do preceito jurídico, possa derivar dele, manifesta-se essa ação como função jurídica, como aplicação do direito e, devido à circunstância de que esse preceito jurídico tem que ser aplicado por um órgão administrativo, mostra-se como ação administrativa. Se uma ação que se pretende apresentar como ação administrativa não pode ser legitimada por um preceito jurídico que prevê semelhante ação, não poderá ser compreendida como ação do Estado".

Substituiu-se a anterior doutrina da vinculação negativa pela da *vinculação positiva da Administração à lei*.

A própria discricionariedade tem que ser compreendida como um poder limitado pela lei; deixou de existir aquela esfera de ação em que a Administração Pública age livremente; a discricionariedade passou a ser vista como um poder jurídico. O anterior princípio de que a Administração pode fazer tudo o que não está proibido foi substituído por aquele segundo o qual ela só pode fazer o que a lei permite. A lei não é mais uma barreira externa, fora da qual a Administração pode agir livremente; toda a atuação administrativa passou a desenvolver-se dentro de um círculo definido pela lei; fora desse círculo nada é possível fazer.

Na realidade, o Estado Social de Direito (ou Estado Legal), sob determinado aspecto, representa um avanço, porque coloca toda a atividade da Administração Pública sob a égide da lei. Mas, vista a questão sob o aspecto da evolução sofrida

---

[28] Adolfo Merkl. *Teoría general del derecho administrativo*, 1980:223.

[29] Adolfo Merkl. Op. cit. p. 212-213.

pela própria concepção de lei, houve um retrocesso, pois ela deixou de ser manifestação da vontade geral do povo e instrumento de garantia dos direitos fundamentais, na medida em que o Poder Legislativo deixou de ser o único a editar normas legais, assumindo uma posição de dependência em relação ao Executivo, além de que passou a promulgar leis em sentido apenas formal, desvinculadas da ideia de justiça.

O problema ainda se agravou no direito brasileiro pelo desprestígio do Poder Judiciário, o que se explica não só pela sua dependência, já referida, em relação ao Poder Executivo, como também pelo despreparo dos magistrados em matéria de direito público, em especial o administrativo. Enquanto na França e em outros países de contencioso administrativo, a contribuição da jurisprudência foi e é decisiva para a elaboração dos princípios desse ramo do direito, no Brasil essa contribuição é quase nula, porque há apego excessivo ao formalismo da lei, sem grande preocupação com o Direito.

Por outro lado, as dificuldades em entender onde termina a legalidade e começa a discricionariedade administrativa levam o Poder Judiciário, até por comodismo, a deter-se diante do mal definido "mérito" da atuação administrativa, permitindo que prevaleça o arbítrio administrativo onde deveria haver discricionariedade exercida nos limites estabelecidos em lei.

José Eduardo Faria,[30] falando sobre a magistratura em face dos conflitos coletivos, salienta a deficiência na formação dos juízes a partir dos cursos jurídicos no Brasil, os quais estão preocupados em apenas informar sobre o que diz a *lei*, insuficiente para permitir a captação das razões dos conflitos e das tensões sociais. Sua conclusão é no sentido de que "ao lado da crise de identidade hoje enfrentada pelo Poder Judiciário, crescentemente desafiado pela disposição dos movimentos sociais de substituir o 'sujeito de direito' autônomo e atomizado pelos 'sujeitos coletivos' empenhados em maximizar sua cidadania, em ampliar sua participação para fora dos mecanismos representativos tradicionais, em autorrealizar seus interesses e em construir seus próprios direitos, também não se pode desconsiderar o problema da formação técnico-profissional e político-social dos magistrados. Por quê? Porque nos moldes atuais dessa formação nos cursos hoje existentes, encarados neste trabalho como um lugar estratégico para a apreensão do universo jurídico e com um *locus* fundamental para a articulação dos mecanismos de transmissão, criação e reprodução do direito, a autoridade do professor nada mais tem representado do que a mera autoridade de uma lei crescentemente posta em discussão pelas contradições sociais. De modo que, para concluir, o tom da aula magistral apenas permite aos futuros juízes adaptar-se à linguagem da autoridade instituída, impedindo o aluno

---

[30] A magistratura em face dos conflitos coletivos. *Revista da Procuradoria Geral do Estado*, São Paulo, v. 31/137-166.

de hoje e o intérprete de amanhã de refletir sobre a produção, função e condições sociais, econômicas, políticas e culturais de aplicação alternativa do direito positivo".

Outro fator que veio dificultar o controle judicial e até mesmo a participação do Legislativo na função de Governo, concentrada no Poder Executivo, foi a formação, junto a este último, de um micropoder, constituído pela *tecnoburocracia* decorrente da complexidade dos problemas sociais e econômicos a cargo do Estado do Bem-Estar. Isto fez com que os grupos de pressão passassem a atuar diretamente junto aos órgãos técnicos da Administração Pública. Conforme demonstra Tércio Sampaio Ferraz,[31] à medida que os centros decisórios do exercício da soberania são afetados pela forte presença da tecnoburocracia, esta, enquanto micropoder dentro do Poder Executivo, desequilibra a função de controle exercida pelo Legislativo e pelo Judiciário nos quadros tradicionais; além disso, à medida que a forte presença do micropoder tecnoburocrático afeta as relações entre os poderes e o exercício da soberania, cria "condições para formas lobbísticas menos transparentes, para pressões de grupos de interesses clientelísticos junto ao Executivo", assumindo este último "a fachada de um ator aparentemente respaldado em uma neutralidade tecnológica de presumida eficiência".

2.3 Período do Estado Democrático de Direito

2.3.1 Princípios fundamentais

As consequências negativas produzidas pelo positivismo formalista (Estado Legal) e o insucesso do chamado Estado Social na conquista dos valores tão apregoados pelo liberalismo acabaram por provocar reações no plano jurídico-constitucional, em que se procuraram introduzir novas concepções pretensamente mais aptas para produzir a justiça social. Acrescenta-se ao conteúdo do Estado Social de Direito um elemento novo, que é a *participação popular* no processo político, nas decisões de Governo, no controle da Administração Pública.

Além disso, protesta-se pelo retorno do *Estado Legal* ao *Estado de Direito*; quer-se novamente vincular a lei aos ideais de justiça; pretende-se submeter o Estado ao Direito, não à lei em sentido puramente formal. Daí hoje falar-se em *Estado Democrático de Direito*, que abrange os dois aspectos: o da *participação popular* (Estado Democrático) e o da *justiça material* (Estado de Direito).

Resumindo magistralmente a evolução, José Afonso da Silva[32] diz que "a igualdade do Estado de Direito, na concepção clássica, se funda num elemento puramente formal e abstrato, qual seja a generalidade das leis. Não tem base material

---

[31] *Legitimidade na Constituição de 1988*, 1989:41.
[32] *Curso de direito constitucional positivo*, 1989:105.

que se realize na vida concreta. A tentativa de corrigir isso, no entanto, não foi capaz de assegurar a justiça social nem a autêntica participação democrática do povo no processo político, de onde a concepção mais recente do Estado Democrático de Direito, como Estado de legitimidade justa (ou Estado de justiça material), fundante de uma sociedade democrática qual seja a que instaura um processo de efetiva *incorporação* de todo o povo nos mecanismos do *controle das decisões*, e de sua *real participação nos rendimentos da produção*".

Essa nova concepção de Estado Democrático de Direito foi adotada, entre outras, pela Constituição alemã (de 1949), espanhola (de 1978), portuguesa (de 1976) e brasileira (de 1988). Com efeito, a Lei Fundamental da República Federal da Alemanha, promulgada em 8549, determina, no artigo 20, § 3º, que "o poder legislativo está vinculado à ordem constitucional; *os poderes executivo e judicial obedecem à lei e ao direito*." Ela inicia com a proclamação dos direitos fundamentais, afirmando, no artigo 1º:

> "1. A dignidade do homem é intangível. Respeitá-la é obrigação de todo poder público.
>
> 2. O povo alemão reconhece, portanto, os direitos invioláveis e inalienáveis do homem como fundamentos de qualquer comunidade humana, da paz e da justiça no mundo.
>
> 3. Os direitos fundamentais a seguir discriminados constituem direito diretamente aplicável para os poderes legislativo, executivo e judiciário."

Na Introdução dessa Constituição, publicada pelo Departamento de Imprensa e Informação do Governo Federal de Bonn, em 1986, afirma-se que "suas normas não se esgotam com princípios sobre estrutura e função da organização pública. A Lei Fundamental é bem mais do que isso, um ordenamento de valores que reconhece na defesa da liberdade e da dignidade humana o seu mais elevado bem jurídico. Sua concepção do homem, contudo, não é a do indivíduo autocrático, mas a da personalidade integrada na comunidade e a esta vinculada de múltiplas formas. Como expressão de que seja tarefa do Estado servir ao ser humano, os direitos fundamentais abrem a Lei Fundamental".

Analisando o artigo 20, já mencionado, a mesma Introdução contém a afirmação de que "quatro princípios básicos são determinantes para a forma de Estado da República Federal da Alemanha; esta é uma democracia, um Estado de Direito, um Estado Social e um Estado Federativo". Segundo o princípio do Estado de Direito, "toda ação pública está condicionada *pela lei e pelo direito*".

Também a Constituição Espanhola de 1978, no artigo 103.1, estabelece que a Administração Pública serve com objetividade aos interesses gerais e atua com *submissão plena à lei e ao Direito*.

A Constituição Portuguesa de 1976, que muito influenciou a Constituição Brasileira de 1988, estabelece, no artigo 2º, que "a República Portuguesa é um *Estado de Direito Democrático*, baseado na soberania popular, no respeito e na garantia de expressão e organização política democrática..." Depois, no artigo 266, coloca os princípios fundamentais a que se submete a Administração Pública, afirmando que ela visa "a prossecução do interesse público, no respeito pelos direitos e interesses legalmente protegidos do cidadão"; segundo o item 2, "os órgãos e agentes administrativos estão subordinados à Constituição e à lei e devem atuar com *justiça* e imparcialidade no exercício das suas funções".

E ainda, na parte relativa aos direitos e deveres fundamentais, o artigo 16 determina que "os direitos fundamentais consagrados na Constituição não excluem quaisquer outros constantes das leis e das regras aplicáveis de direito internacional"; e que "os preceitos constitucionais e legais relativos aos direitos fundamentais devem ser interpretados e integrados de harmonia com a Declaração Universal dos Direitos do Homem".

O direito brasileiro não escapou à influência das novas tendências. A Constituição de 1988 praticamente adota os mesmos quatro princípios da Constituição alemã: no artigo 1º já afirma que a República Federativa do Brasil, formada pela união indissolúvel dos Estados e Municípios e do Distrito Federal, constitui-se em *Estado Democrático de Direito* e tem como fundamento:

I – a soberania;
II – a cidadania;
III – a dignidade da pessoa humana;
IV – os valores sociais do trabalho e da livre iniciativa;
V – o pluralismo político.

Aí estão afirmados os quatro princípios:

1. o do *Estado Democrático*, confirmado pelo parágrafo único, em cujos termos "todo o poder emana do povo, que o exerce por meio de representantes eleitos ou diretamente, nos termos desta Constituição", e por normas consagradoras da participação popular em vários setores da administração pública, em especial na parte referente à ordem social;

2. o do *Estado Federativo*, reafirmado pelos dispositivos que distribuem as competências, com certa margem de autonomia, entre União, Estados e Municípios, e pela preocupação de respeitar o regionalismo, contida no artigo 3º, inciso III, e artigo 170, inciso VII;

3. o do *Estado Social*, fundado na dignidade da pessoa humana e nos valores sociais do trabalho e da livre iniciativa e confirmado no artigo 3º, que atribui à República, entre outros objetivos, o de garantir o desenvolvimento nacional, erradicar a pobreza e a marginalização e reduzir as desigualdades sociais e regionais, promover o bem de todos, sem preconceitos de origem, raça, sexo, cor, idade e quaisquer outras formas de discriminação; isto sem falar no Título VIII, referente à ordem social, que tem como base o primado do trabalho e como objetivo o bem-estar e a justiça sociais (artigo 193), com normas voltadas para a seguridade social, educação, cultura, desportos, ciência e tecnologia, comunicação social, meio ambiente, família, criança, adolescente, idosos e índios; na maioria dos casos, o Estado desenvolverá atividades com participação da coletividade interessada, acentuando-se o caráter democrático com que se exercerá a administração pública;
4. o do *Estado de Direito*, significando que toda atividade estatal está submetida à lei e ao direito, cada um dos Poderes exercendo suas atribuições com independência em relação aos demais, e cabendo ao Judiciário, cercado de garantias de imparcialidade e independência, apreciar a legalidade dos atos da Administração e a constitucionalidade de leis e atos normativos editados pelos demais Poderes.

A lei, no Estado de Direito Democrático, tem sentido *formal*, pelo fato de que emana do Poder Legislativo (ressalvadas algumas hipóteses excepcionais previstas na Constituição, como é o caso das leis delegadas e medidas provisórias) e sentido também *material*, porque lhe cabe o papel de realizar os valores consagrados pela Constituição sob a forma de princípios fundamentais (enunciados no Título I da Constituição). Como diz José Afonso da Silva,[33] é nesse sentido que o princípio da legalidade "está consagrado no artigo 5o, II, da Constituição, segundo o qual *ninguém será obrigado a fazer ou deixar de fazer alguma coisa senão em virtude de lei*. O texto não há de ser compreendido isoladamente, mas dentro do sistema constitucional vigente, mormente em função de regras de distribuição de competência entre os órgãos do poder, de onde decorre que o princípio da legalidade ali consubstanciado se funda na previsão de competência geral do Poder Legislativo para legislar sobre matérias genericamente indicadas, de sorte que a ideia matriz está em que só o Poder Legislativo pode criar regras que contenham, originariamente, novidade modificativa da ordem jurídico-formal, o que faz coincidir a competência da fonte legislativa com o *conteúdo inovativo* de suas instituições, com a consequência de distingui-lo da competência regulamentar".

---

[33] *Curso de direito constitucional positivo*, 1989:362.

Essas ideias foram inseridas com muita clareza no preâmbulo da Constituição: "Nós, representantes do povo brasileiro, reunidos em Assembleia Nacional Constituinte para instituir um *Estado Democrático*, destinado a assegurar o exercício dos direitos sociais e individuais, a liberdade, a segurança, o bem-estar, o desenvolvimento, a igualdade e a justiça como *valores supremos* de uma sociedade fraterna, pluralista e sem preconceitos, fundada na harmonia social e comprometida na ordem interna e internacional, com a solução pacífica das controvérsias, promulgamos, sob a proteção de Deus, a seguinte Constituição da República Federativa do Brasil."

Nesse texto estão contidos os valores essenciais que constituem fundamento de todo o sistema jurídico brasileiro e cuja observância se impõe ao Estado no exercício de suas três funções: legislativa, judicial e administrativa.

Há, hoje, preocupação da doutrina em realçar a importância do preâmbulo de uma Constituição, precisamente por consagrar determinados valores fundamentais que estão na base de todo o direito. Chega-se a afirmar a força obrigatória do preâmbulo. Georges Vedel e Pierre Delvolvé[34] afirmam que a opinião mais exata é no sentido de que, "em todas as suas disposições, tendo natureza de prescrições, o Preâmbulo e os textos aos quais ele remete possuem regras de direito positivo, de natureza constitucional". Citam jurisprudência em que o Conselho de Estado Francês admite o valor jurídico das disposições do Preâmbulo, que invoca como fonte positiva e constitucional para explicar o alcance jurídico dos "princípios gerais do direito perante a Administração".

Héctor Jorge Escola[35] também realça a importância do preâmbulo como meio de definir os fins de interesse público que o Estado deve alcançar. Em sua obra, transcreve frase de Story, segundo a qual "é uma máxima admitida no curso ordinário da justiça que o preâmbulo de um estatuto revela a intenção do legislador, faz conhecer os males que quis remediar e o fim que quis alcançar".

José Cretella Júnior,[36] transcrevendo várias opiniões de juristas brasileiros a respeito do significado do preâmbulo, mostra que se dividem "as colocações em dois grupos distintos, o primeiro acentuando a importância do *Preâmbulo*, ressaltando-lhe a relação com os dispositivos do texto; o segundo, procurando minimizar a relação entre a peça vestibular e o próprio texto articulado. Para o autor, "como o *Preâmbulo* é elemento integrante da Constituição, assim que promulgada não há a menor dúvida de que a ele se deve recorrer, quando surgem problemas de hermenêutica, desde que, nessa peça vestibular ou introdutória, haja princípios que se

---

[34] *Droit administratif*, 1984:376.

[35] *El interés público como fundamento del derecho administrativo*, 1989:255.

[36] *Comentários à Constituição de 1988*, v. I, 1990:76-77.

relacionem mesmo de modo direto ou indireto com os dispositivos constitucionais questionados".

Dois dados são especialmente relevantes no Estado Democrático de Direito, tal como acolhido pela Constituição de 1988: (a) a constitucionalização do direito administrativo, principalmente com a previsão expressa de inúmeros princípios que limitam a discricionariedade administrativa e ampliam a legalidade; (b) a centralidade da pessoa humana, cuja dignidade é colocada como um dos princípios fundantes do Estado de Direito (art. 1º, III), com repercussão em inúmeras matérias do direito administrativo e sobre a discricionariedade do Poder Público na fixação de políticas públicas. Os dois aspectos serão tratados em capítulos subsequentes.

2.3.2 O direito administrativo no Estado Democrático de Direito

No Estado Social e Democrático de Direito é inegável a importância que assume o direito administrativo.

Ernst Forsthoff[37] realça esse aspecto com muita clareza. Começa por observar que os objetivos de colocar na Constituição de Weimar (e também na Constituição francesa de 1946) tanto o *Estado de Direito* como o *Estado Social* resultaram em fracasso porque as cláusulas sociais e as promessas constantes do Preâmbulo não passavam de um "conglomerado de programas de partido"; para ele, "não foi possível a nenhuma constituição democrática separar-se de um modo real e prático, na vida jurídica, das posições do liberalismo clássico com relação aos direitos fundamentais".

Em contrapartida, "a história da administração oferece uma imagem completamente diferente no transcurso dos últimos cem anos. Isso não constitui surpresa alguma. A administração enfrenta-se com a realidade social de modo muito mais direto e não pode esquivar-se às suas exigências. Quase todas as instituições de nosso direito público, que transformaram o Estado em um Estado Social, são obra da legislação e da administração. Foram criadas e existem há anos ou decênios sem que as Constituições tenham-se dado conta disso. Não é, pois, pelo âmbito do direito constitucional, mas pelo da administração que o Estado social penetrou na teoria do direito público".

O autor mostra que o direito constitucional e o direito administrativo, sob a perspectiva do Estado social, apresentam um aspecto completamente diferente, pois "enquanto a constituição tradicional, democrática, com a separação de poderes, mostra-se distante com respeito aos esforços na formação de um Estado social, o direito administrativo passou por um profundo processo de mutação em toda a sua sistemática, cujo resultado hoje é o Estado social em uma forma que ainda não é definitiva, porém que está muito avançada".

---

[37] *Concepto y esencia del estado social de derecho*, 1986:77-78.

Não foi por outra razão que o direito administrativo passou por profundas modificações. Já havíamos [38] assinalado que "sempre tendo em vista a consecução do interesse público, ou seja, a solução que melhor atenda às necessidades coletivas, a Administração Pública não pode ficar tolhida diante de fórmulas rígidas, soluções estáveis, pois o próprio interesse público é essencialmente mutável. Para acompanhar essa dinâmica, há necessidade de imprimir-se à sua atuação certa flexibilidade na procura de meios adequados para atingir seus fins. Como a Administração está vinculada ao princípio da legalidade, é por meio da lei que vão sendo criados novos institutos que forneçam os instrumentos hábeis de que a Administração necessita. Estudando-se a evolução do direito administrativo, verifica-se que, em todos os sentidos, foi havendo uma ampliação: o conceito de serviço público ampliou-se para abranger serviços comerciais e industriais antes privativos do particular: o poder de polícia estendeu-se a áreas onde antes não se fazia necessário, como a proteção do meio ambiente e a defesa do consumidor; a atuação do Estado saiu da órbita do serviço público para estender-se à esfera de atividade econômica de natureza privada. Para atender à ampliação da máquina estatal, mostraram-se insuficientes os instrumentos do direito público; daí a Administração socorrer-se do direito privado, quer transferindo a empresas particulares a execução de serviços públicos; quer criando pessoas jurídicas de direito privado para atuarem pelos métodos da gestão privada; quer celebrando contratos de direito comum para a exploração de seu patrimônio; quer contratando mão de obra pela legislação trabalhista para desempenho de funções em que o regime estatutário se revela inadequado". Forsthoff,[39] lembrando que, ao lado da Administração que intervém, está a Administração moderna protetora, que ajuda, acrescenta que "a tradicional estrutura do Direito Administrativo, derivada essencialmente da noção da lei e do princípio da legalidade da administração, está em grande parte superada; a exigência da legalidade dos atos administrativos postula novas garantias jurídicas perante a atividade da Administração que, com melhor ou pior sorte, tratamos de deduzir do princípio da igualdade, do direito ao livre desenvolvimento da própria personalidade, das demais garantias constitucionais dos direitos fundamentais e da ideia de solidariedade social".

Na realidade, o que o autor quer realçar é o aspecto dualista (e difícil de conciliar), existente no direito administrativo: de um lado, integrado num *Estado de Direito*, tem que respeitar os direitos humanos fundamentais; de outro lado, integrado no *Estado Social*, tem que intervir na órbita privada para diminuir as profundas desigualdades sociais decorrentes da proteção excessiva às liberdades individuais. Quando o Estado abusa da função social, pode tornar-se um Estado

---

[38] Maria Sylvia Zanella Di Pietro. *Do direito privado na administração pública*, 1989:73.

[39] *Concepto y esencia del Estado social de derecho*, 1986:79.

tipo totalitário. Em outro trabalho sobre o tema, Forsthoff[40] afirma que "um Estado que se aproveite das necessidades de seus súditos para aumentar seu poder de dominação é, na realidade, um Estado total... As funções do Estado social são funções de serviço. Estas se ordenam à consecução de uma existência digna para cada cidadão; desde o momento em que se transformam em instrumento de poder, deixam de merecer esse qualificativo de social. Função social e dominação se excluem reciprocamente".

Como, portanto, conciliar as duas situações: de um lado, as liberdades individuais e, de outro, os direitos sociais, ambos assegurados pela Constituição? Como pode a Administração Pública atender ao interesse público (bem comum), assegurando a todos existência digna, sem ofender os direitos individuais?

O próprio Forsthoff[41] dá a resposta: o Estado de Direito tem suas próprias instituições, porque "se caracteriza por um alto grau de formalização e com isso se afirma que seus principais elementos estruturais, como a divisão de poderes, o conceito de lei, o princípio da legalidade na Administração, a garantia dos direitos fundamentais e a independência dos tribunais levam em si mesmas as condições de sua eficácia".

Já o *Estado Social de Direito* exige alguma coisa mais; não basta assegurar a *liberdade* individual, porque isto implica um Estado que se autolimita, deixando o indivíduo jogado à própria sorte; é preciso que haja *participação*, a qual, "como direito e pretensão, supõe um Estado que ajuda, reparte, distribui e adjudica, que não abandona o indivíduo em sua situação social, mas que corre em sua ajuda, mediante subsídios...; a maior parte das garantias jurídico-sociais refere-se à participação. A diferença das liberdades, os direitos de participação carecem de um conteúdo constante, suscetível de regulamentação prévia. Necessitam de modulação e diferenciação, posto que só são razoáveis no marco do oportuno, necessário e possível, segundo o caso concreto. A fixação desse padrão deve ser abandonada à lei e aos atos administrativos que a aplicam".[42] Por isso mesmo, as normas constitucionais sobre trabalho, seguro social, ensino, educação, proteção à família, maternidade, juventude, são em grande parte programáticas. Sua concretização cabe ao Legislativo, por meio de leis, e à Administração Pública, por meio de sua atuação nos casos concretos.

Disso resultam duas conclusões: de um lado, o papel *socializador* do direito administrativo, no sentido de que é por meio dele que se desenvolvem os princípios constitucionais consagradores dos direitos sociais e econômicos; de outro lado, a

---

[40] Problemas constitucionales del estado social, 1986:51-52.

[41] *Concepto y esencia del estado social de derecho*, 1986:87.

[42] Ernst Forsthoff. *Concepto y esencia del estado social de derecho*, 1986:87.

democratização do direito administrativo, à medida que a participação popular se torna elemento obrigatório nas decisões e no controle da Administração Pública. Isto em consonância com a ideia de que ao Estado Social de Direito hoje se acrescenta um novo elemento que permite falar em Estado Social e Democrático de Direito.

Segundo Antonio Enrique Pérez Luño,[43] esse aspecto democrático do Estado de Direito implica:

1. afirmação da necessária continuidade entre os princípios social e democrático e o Estado de Direito, no sentido de que não há oposição entre uma ideia e outra;

2. reconhecimento da abolição fática da separação entre o Estado e a sociedade, significando isto que o Estado deve assumir a responsabilidade pela transformação da ordem econômico-social, no sentido de uma realização material da ideia democrática de igualdade;

3. "superação do caráter negativo dos direitos fundamentais que deixam, deste modo, de ser considerados como autolimitação do poder soberano do Estado, para tornarem-se limites que o princípio democrático da soberania popular impõe aos órgãos que dela dependem. Portanto, o papel dos direitos fundamentais deixa de ser o de meros limites da atuação estatal para transformar-se em instrumentos jurídicos de controle de sua atividade positiva, que deve estar orientada para possibilitar a participação dos indivíduos e dos grupos no exercício do poder. O que traz como consequência a necessidade de incluir no sistema dos direitos fundamentais não só as liberdades clássicas mas também os direitos econômicos, sociais e culturais como categorias acionáveis e não como meros postulados programáticos";

4. exigência de que a interpretação do Estado Social de Direito não responda a um modelo centralista, rígido e monolítico, mas que funcione através de formas pluralistas que possibilitem e articulem a participação das pessoas e dos grupos no processo político, econômico, social e cultural; com esse objetivo, deve o Estado propiciar e estimular as formas de autogestão e auto-organização da economia e da estrutura social;

5. manutenção do princípio da supremacia do direito, embora não mais na concepção formalista, vazia de conteúdo e eficácia, própria do positivismo jurídico.

---

[43] *Derechos humanos, Estado de derecho y constitución*, 1986:227-228.

No que diz respeito à Administração Pública, a democratização exige, entre outras medidas:

1. substituição das estruturas hierárquico-autoritárias por formas de deliberação colegial;
2. introdução do *voto* na seleção das pessoas a quem forem confiados cargos de direção individual;
3. *participação paritária* de todos os elementos que exerçam sua atividade em determinados setores da Administração;
4. *transparência* ou *publicidade* do processo administrativo;
5. *gestão participada*, ou seja, participação dos administrados através de organizações populares de base e de outras formas de representação na gestão da administração pública.[44]

A Constituição brasileira de 1988, coerente com a consagração, no artigo 1º, do *Estado Democrático de Direito*, previu vários instrumentos de participação popular na Administração Pública, dos quais podem-se citar principalmente os seguintes:

1. direito à informação (artigo 5º, XXXIII), indispensável para a defesa de direitos individuais e coletivos;
2. mandado de injunção (artigo 5º, LXXI);
3. ação popular (artigo 5º, LXXIII);
4. *habeas data* (artigo 5º, LXXII);
5. participação dos trabalhadores e empregadores nos colegiados dos órgãos públicos em que seus interesses profissionais ou previdenciários sejam objeto de discussão e deliberação (artigo 10);
6. publicidade dos atos da Administração Pública (artigo 37), na qual está inserida implicitamente a exigência de motivação de todas as decisões administrativas, como medida indispensável para o controle exercido pelos próprios órgãos públicos, mas também pelos interessados;
7. realização facultativa de audiências públicas, pelas Comissões do Congresso Nacional, com setores da sociedade civil (art. 58);
8. direito de o cidadão denunciar irregularidades ou ilegalidades perante o Tribunal de Contas (artigo 74, § 2º);

---

[44] Cf. José Joaquim Gomes Canotilho. *Direito constitucional*, 1989:368.

9. participação do produtor e trabalhador rural no planejamento e execução da política agrícola (artigo 187);

10. participação da sociedade e dos Poderes Públicos nas iniciativas referentes à seguridade social (artigo 194);

11. caráter democrático e descentralizado da gestão administrativa, com participação da comunidade, em especial de trabalhadores, empresários e aposentados na seguridade social (artigo 194, VII), reafirmado com relação à saúde (artigo 198, III) e à assistência social (artigo 204, II);

12. gestão democrática do ensino público (artigo 206, VI);

13. colaboração da comunidade na proteção do patrimônio cultural (artigo 216, § 1º).

A Emenda Constitucional nº 19/98 introduziu, no artigo 37 da Constituição, um § 3º prevendo lei que venha a disciplinar as formas de participação do usuário na Administração Pública direta e indireta; essa lei nunca foi promulgada.[45] No entanto, existem leis esparsas prevendo instrumentos de participação, alguns em caráter obrigatório e, outros, facultativo. É o caso da Lei nº 8.666, de 21-6-93, que prevê a realização de audiência pública prévia à licitação quando se tratar de contrato acima de determinado valor (art. 39), bem como a possibilidade de qualquer cidadão impugnar o edital (art. 41, § 1º) e de denunciar irregularidades perante o Ministério Público (art. 101) e o Tribunal de Contas (art. 113). Também as leis que instituem agências reguladoras têm previsto a realização de audiências públicas prévias à elaboração de seus regulamentos. A Lei nº 8.987, de 13-2-95 (sobre concessão e permissão de serviços públicos) prevê controle das concessionárias e permissionárias por órgão constituído com a participação do poder concedente, da concessionária e dos usuários (art. 30, parágrafo único).

Existe ainda a previsão de participação em órgãos de consulta, como o Conselho da República, o Conselho de Defesa dos Direitos Humanos, os Conselhos Tutelares do Estatuto da Criança e do Adolescente. Outras vezes, a participação ocorre em órgãos de deliberação, como o Conselho Nacional de Educação, o Conselho Tutelar, os colegiados das Universidades Públicas. E existem atualmente os órgãos que recebem denúncia de irregularidades, como o Ministério Público, os Procons, o Tribunal de Contas, as ouvidorias.

---

[45] No Estado de São Paulo, a Lei nº 10.294, de 20-4-99, veio dispor sobre proteção e defesa do usuário de serviço público; suas normas são obrigatórias para a administração direta e indireta, bem como para as concessionárias, permissionárias, autorizadas e para qualquer particular que tenha algum vínculo com o Estado por meio de contrato ou convênio. A lei prevê, como direitos básicos, a informação, a qualidade na prestação do serviço público e o controle adequado. Para fins de controle, prevê a criação de ouvidorias e de comissões de ética.

Esses são alguns exemplos de formas de participação no direito positivo brasileiro, que permitem falar em democratização do direito administrativo, inerente ao Estado Democrático de Direito. Este pressupõe a adoção do modelo de democracia participativa, no qual o cidadão participa da tomada de decisões e do controle.

2.3.3 Legalidade e discricionariedade: influência da constitucionalização do direito administrativo

O *princípio da legalidade* vem agora expressamente previsto na Constituição entre aqueles a que se obriga a Administração Pública direta, indireta ou fundacional, de qualquer dos Poderes da União, dos Estados, do Distrito Federal e dos Municípios (artigo 37 da Constituição Federal e artigo 111 da Constituição do Estado de São Paulo). E se define também pela norma do artigo 5º, II, pela qual "ninguém será obrigado a fazer ou deixar de fazer alguma coisa senão em virtude de lei. Isto, no entanto, não significa que o constituinte tenha optado pelo mesmo formalismo originário do positivismo jurídico. Do próprio texto constitucional decorrem outros princípios que permitem afirmar o retorno (ou a tentativa de retorno) ao Estado de Direito, em substituição ao Estado legal. No preâmbulo da Constituição manifestam os representantes do povo, reunidos em Assembleia Nacional Constituinte, a intenção de instituir um Estado Democrático, destinado a assegurar o exercício dos direitos sociais e individuais, colocando como valores supremos de uma sociedade fraterna, pluralista e sem preconceitos, a *liberdade*, a *segurança*, o *bem-estar*, o *desenvolvimento*, a *igualdade* e a *justiça*.

Bastaria falar em *justiça*, pois, como diz Tercio Sampaio Ferraz Júnior,[46] "na tradição ocidental, deve-se entender, como já o dissera Aristóteles, a justiça como um princípio formal que se preenche substantivamente das demais virtudes ou, como diríamos agora, dos demais valores. Justiça, neste sentido, é afirmação de um sentimento de inconformismo perante certas diferenças (valor igualdade), perante arbitrariedades (valor segurança), perante a miséria (valor bem-estar), perante a apatia (valor desenvolvimento), perante a negação da dignidade da pessoa como um ser capaz de autodeterminar-se e de participar na realização do bem-comum (valor liberdade). A justiça, como valor fundante, organiza os demais valores e se revela, num sentido substantivo próprio, como equilíbrio axiológico, ponderação e prudência, mas também desafio e realização".

É importante também o que o autor diz a respeito de *segurança*, pela relação que tem com o princípio do Estado de Direito: "significa exigência de tratamento uniforme dos endereços. Exige, pois, que todos, nas mesmas condições, tenham o mesmo tratamento. Segurança exclui, portanto, tratamento arbitrário, ou seja, não

---

[46] *Constituição de 1988*, 1989:30-31.

só os que não são uniformes, mas também os que ocorrem à margem do direito. Num primeiro momento, enquanto valor tipicamente liberal, a segurança exige a submissão do Estado à lei da qual é também o guardião. O sentido legitimante da segurança exige a organização legal do Estado como ordem normativa, limites claros de sua atuação como instituição. Mas, numa extensão mais ampla, configura não apenas a repulsa ao tratamento arbitrário do Estado contra o cidadão, mas a de cidadão contra cidadão, sugerindo uma forte dimensão social. Como valor amplo alcança, pois, também as arbitrariedades decorrentes de situações legalmente conformes, mas socialmente injustas que são, então, juridicamente repelidas pela sua inclusão, no artigo 6º, como um direito social".

Além da parte introdutória da Constituição, onde se afirmam os seus princípios fundamentais, em vários outros dispositivos se revela a preocupação com determinados valores a serem observados no desempenho da função estatal e, dentro desta, da função administrativa a cargo da Administração Pública. Esta já não está mais submetida apenas à lei, em sentido formal, mas a todos os princípios que consagram valores expressos ou implícitos na Constituição, relacionados com a liberdade, igualdade, segurança, desenvolvimento, bem-estar e justiça.

A própria moralidade, cuja aceitação, no âmbito do direito, tem sofrido sérias restrições, foi erigida em princípio constitucional a que se vincula a Administração (artigo 37), além de constituir fundamento autônomo para propositura de ação popular (artigo 5º, inciso LXXIII).

Preocupam-se os doutrinadores em realçar a importância dos princípios gerais de direito como fonte do direito administrativo. Até o preâmbulo das constituições passa a ser visto como tal precisamente pelo fato de consagrar valores por tanto tempo desvinculados do direito.

Todos esses valores são dirigidos ao legislador, ao magistrado e ao administrador público. A lei que os contrarie será inconstitucional. Eles atuam como limites à discricionariedade administrativa, os quais, se ultrapassados, configuram ato ilícito da Administração, passível de revisão pelo Poder Judiciário. A discricionariedade administrativa – como poder jurídico que é – não é limitada só pela lei, em sentido formal, mas pela ideia de justiça, com todos os valores que lhe são inerentes, declarados a partir do preâmbulo da Constituição.

Essa inclusão de princípios da Administração Pública na Constituição vem sendo tratada dentro do tema da constitucionalização do direito administrativo.

O direito administrativo nasceu junto com o constitucionalismo. O princípio da legalidade nasceu junto com o princípio da separação de poderes, o princípio da isonomia, o princípio da justicialidade[47] (que exige o controle judicial dos atos

---

[47] Conf. Manoel Gonçalves Ferreira Filho. *Estado de Direito e Constituição*. São Paulo: Saraiva, 1988:27.

estatais). Em seu desenvolvimento, o direito administrativo nunca se afastou do direito constitucional, nem no sistema europeu-continental, nem no sistema da *common law*. É na Constituição que se encontram os fundamentos dos principais institutos do direito administrativo.

No direito brasileiro, a constitucionalização do direito administrativo, sob certo aspecto, sempre existiu, especialmente a partir da Constituição de 1934, onde se encontram normas sobre servidor público, responsabilidade civil do Estado, desapropriação, mandado de segurança, ação popular, atribuição de atividades à competência exclusiva da União, previsão de lei sobre concessão de serviços públicos. Nas Constituições posteriores manteve-se a mesma sistemática, que se acentuou consideravelmente na Constituição de 1988 e, ainda mais, com alterações introduzidas por Emendas à Constituição. Foi introduzido um capítulo específico sobre Administração Pública, com previsão de princípios a ela impostos logo no *caput* do artigo 37; ampliação das normas sobre servidores públicos, inclusive sobre seus vencimentos, proventos e pensão; introdução de normas sobre o regime de previdência social próprio do servidor; previsão da licitação para celebração de contratos administrativos; ampliação da função social da propriedade para a área urbana (antes prevista apenas para a área rural), aumentando as hipóteses de desapropriação com caráter sancionatório, até chegar a uma hipótese de desapropriação sem indenização; extensão da regra da responsabilidade civil objetiva às entidades privadas prestadoras de serviço público; previsão de órgãos reguladores da exploração de atividades de telecomunicações e de petróleo; previsão do contrato que se convencionou chamar de contrato de gestão; inclusão de norma sobre gestão associada de serviços públicos, com possibilidade de constituição de consórcios públicos ou convênios, para essa finalidade; definição dos bens do domínio da União e dos Estados; normas sobre a proteção do patrimônio cultural; ampliação das medidas judiciais de controle da Administração Pública, especialmente para proteção de interesses difusos e coletivos (ações coletivas, ação civil pública, mandado de segurança coletivo).

Nesse sentido, pode-se afirmar que a constitucionalização do direito administrativo brasileiro não constitui um dado novo; ela sempre existiu, em maior ou menor grau, em praticamente todas as Constituições e vem em um crescendo até o momento atual, especialmente por força de Emendas à Constituição.

No entanto, o sentido em que a constitucionalização do direito administrativo é mais recente (porque teve início com a Constituição de 1988) e produziu reflexos intensos sobre o *princípio da legalidade* (que resultou consideravelmente ampliado) e a *discricionariedade* (que resultou consideravelmente reduzida) foi a constitucionalização de valores e princípios, que passaram a orientar a atuação dos três Poderes do Estado. Paralelamente, a ideia de centralidade da pessoa humana, expressa fundamentalmente pelo princípio da dignidade da pessoa humana, como um dos fundamentos do Estado Democrático de Direito (art. 5º, III, da Constituição), produziram também consequências importantes sobre a discricionariedade administrativa na definição de políticas públicas e em seu controle pelo Poder Judiciário.

Em decorrência da evolução do princípio da legalidade, ele costuma ser referido em dois sentidos: *sentido restrito* (ou princípio da reserva legal), para designar a exigência de que determinadas matérias sejam reservadas à lei, porque só podem ser disciplinadas por um dos processos previstos no artigo 59 da Constituição; em *sentido amplo*, para abranger a lei em sentido formal, os atos normativos do Poder Executivo e de órgãos e entidades que compõem a Administração Direta e Indireta, além dos princípios e valores consagrados de forma expressa ou implícita na Constituição.

Com a ampliação do princípio da legalidade, a consequência inevitável foi a redução da discricionariedade administrativa. Se esta envolve certa margem de apreciação nos *limites da lei* e se o conceito de lei (e de legalidade) foi se ampliando com a evolução do Estado de Direito, o resultado foi a redução do âmbito de discricionariedade da Administração Pública, seguida da ampliação do controle judicial.

Chega-se ao ponto de afirmar que não se pode mais cogitar de *mérito* do ato administrativo, como limite à apreciação dos atos administrativos pelo Poder Judiciário, o que, evidentemente, constitui exagero inaceitável (o que será analisado em item específico sobre o mérito).

Note-se que a mesma evolução do princípio da legalidade foi acompanhada pela evolução da discricionariedade administrativa, como não poderia deixar de ser. A paulatina ampliação do primeiro foi seguida da redução da segunda.

Vários fatores foram contribuindo para essa redução, desde que instituído o Estado de Direito.

Pode-se mencionar, de um lado, a contribuição da jurisdição administrativa francesa, com a elaboração das teorias do desvio de poder e dos motivos determinantes. A primeira possibilitou ao Poder Judiciário o exame da *finalidade* objetivada pela Administração Pública com a prática do ato administrativo, para verificar se a autoridade que o praticou não usou de sua competência legal para atingir fins diversos dos que decorrem da lei. Com isso, introduziu-se um primeiro aspecto de moralidade no âmbito do direito administrativo, com uma redução da discricionariedade. O Judiciário, que se limitava ao exame da *competência*, da *forma* e do *objeto,* pôde passar a apreciar a *finalidade*, que deixou de ser elemento meramente moral, livre de apreciação judicial, e passou a ser elemento de legalidade.

A *teoria dos motivos determinantes* também limitou a discricionariedade administrativa, na medida em que permitiu ao Judiciário examinar a legalidade dos *motivos* (pressupostos de fato e de direito) que levaram a Administração a praticar o ato. E esse exame dos motivos foi se dando no sentido de uma ampliação: de início, fazia-se apenas uma *constatação dos fatos*, para saber se existiram ou não; em um segundo momento, passou-se a examinar a *qualificação jurídica dos fatos* feita pela Administração, para verificar se os fatos ocorridos são de natureza a justificar a decisão, permitindo-se ao Judiciário entrar no exame das noções imprecisas ou "*conceitos jurídicos indeterminados*"; em uma terceira fase, passou-se a examinar a *adequação da decisão aos fatos*, pela aplicação dos princípios da *proporcionalidade dos meios aos fins*.[48]

Veja-se que essas duas teorias introduziram mais dois elementos no ato administrativo, além do *sujeito*, *objeto* e *forma*, que sempre caracterizaram os atos jurídicos na teoria geral do direito: o *motivo* e a *finalidade*.

No direito brasileiro, as duas teorias tiveram ampla aceitação, antes mesmo da adoção do modelo do Estado democrático de direito, pela Constituição de 1988.

Outro fator de redução da discricionariedade: a partir principalmente da década de noventa, o direito administrativo brasileiro passou a sofrer influência do direito alemão, espanhol e português (fundamentalmente) no que diz respeito à aplicação da teoria dos *conceitos jurídicos indeterminados*. O emprego, nas normas legais, de termos com sentido indeterminado (como urgência, interesse público, moralidade, utilidade pública, perigo iminente, notório saber e tantos outros), que inicialmente era entendido como outorga de discricionariedade à Administração Pública, passou a ser visto de outra forma: tratando-se de *conceitos jurídicos* (já que empregados pelo legislador), eles são passíveis de *interpretação* e, portanto, abertos à apreciação pelo Poder Judiciário, como intérprete da lei em última instância. Daí a conhecida frase: a discricionariedade administrativa começa quando termina o trabalho de interpretação. Por outras palavras, a utilização de conceitos jurídicos indeterminados não pode, por si, servir de limite à apreciação pelo Poder Judiciário: a este cabe, primeiro, interpretar o conceito contido na norma, diante dos fatos concretos a ele submetidos. Se, pelo trabalho de interpretação, puder chegar a uma solução única que possa ser considerada válida, o juiz poderá invalidar a decisão administrativa que a contrarie.

O que não pode mais o Judiciário fazer é alegar, *a priori*, que o termo *indeterminado* utilizado na lei envolve matéria de mérito e, portanto, aspecto discricionário vedado ao exame judicial. O juiz tem, primeiro, que interpretar a norma diante do caso concreto a ele submetido. Só após essa interpretação é que poderá concluir se

---

[48] Sobre o assunto, v. Vedel e Delvolvé, *Droit administratif*, 1984:97.

a norma outorgou ou não diferentes opções à Administração Pública. A existência de diferentes opções válidas perante o direito afasta a possibilidade de correção do ato administrativo que tenha adotado uma delas.

O fato é que houve mais essa redução da discricionariedade administrativa, pelo reconhecimento de que o Poder Judiciário pode interpretar os chamados conceitos jurídicos indeterminados. Diante disso, fácil é concluir-se o quanto a inserção, no conceito de legalidade, de *princípios e valores* (expressos por termos indeterminados) contribuiu para reduzir a discricionariedade administrativa. O tema será melhor desenvolvido no Capítulo 2.

E ainda outro fator que contribuiu para essa redução: a superação de que o capítulo da ordem social da Constituição é constituído apenas por normas programáticas, dependentes, para sua aplicação, de medidas legislativas e administrativas. Os direitos sociais foram inseridos no Título dos direitos e garantias fundamentais. Dentre eles, o artigo 6º inclui a educação, a saúde, o trabalho, a moradia, o lazer, a segurança, a previdência social, a proteção à maternidade e à infância. Em consequência, o dever do Estado de garantir tais direitos não pode ficar indefinidamente dependendo de leis e providências administrativas. Daí o entendimento de que as normas constitucionais que garantem esses direitos têm que ter um mínimo de eficácia decorrente diretamente da Constituição. Esse é outro aspecto da constitucionalização do direito administrativo: a concretização dos direitos sociais deixou de depender inteiramente do direito administrativo (leis e atos administrativos), podendo ser garantida por decisões judiciais tomadas em casos concretos.

Como consequência, cresceram as ações judiciais em que cidadãos pleiteiam proteção à saúde (remédios, exames médicos, tratamentos), à educação, à infância. E o Judiciário vem manifestando a indisfarçável tendência de decidir pela procedência de tais ações, especialmente na área da saúde. Os ônus financeiros impostos por essas decisões tomadas em casos individuais (e não em ações coletivas, como seria ideal) são de tal ordem que se pode afirmar que o Judiciário vem, indiretamente, interferindo com políticas públicas adotadas pelos Governos federal, estaduais e municipais.

Em resumo, estamos muito longe da discricionariedade entendida como poder político, própria do Estado de Polícia e herdada, parcialmente, no primeiro período do Estado de Direito. A discricionariedade, vista como poder jurídico (porque limitada pela lei) foi sofrendo reduções por vários fatores: pela inclusão dos atos normativos do Poder Executivo no conceito de legalidade; pela elaboração pretoriana da teoria do desvio de poder e da teoria dos motivos determinantes; pela chamada constitucionalização do direito administrativo, entendida no sentido da inclusão de princípios e valores no conceito de legalidade, em sentido amplo; pela interferência do Poder Judiciário nas políticas públicas, como decorrência de outro aspecto da constitucionalização do direito administrativo: o reconhecimento de um mínimo de efetividade às normas constitucionais que garantem os direitos sociais, como essenciais à dignidade da pessoa humana.

2.3.4 Reflexos da constitucionalização do direito administrativo sobre o controle judicial

Muita discussão tem se travado a respeito da ampliação do controle judicial sobre aspectos que anteriormente lhe eram vedados, especialmente por força de aplicação do princípio da separação de poderes.

Muitas das conclusões sobre o tema foram objeto de análise no item anterior e serão desenvolvidas em capítulos subsequentes. No entanto, neste item, serão comentados alguns aspectos específicos no que diz respeito ao próprio tipo de interpretação judicial que vem se desenvolvendo como consequência da constitucionalização dos vários ramos do direito e, principalmente, do direito administrativo.

Tenho citado, em diferentes oportunidades, excelente trabalho de um autor espanhol, Carlos de Cabo Martín,[49] pela forma magistral pela qual resumiu o que vem ocorrendo com o princípio da legalidade e, do outro lado da moeda, com o controle judicial. O seu ensinamento merece ser citado, não só pela sua atualidade, mas também pelo fato de que se aplica (em grande parte) ao que vem ocorrendo no direito brasileiro.

Ele aponta, para o período atual, sensíveis mudanças na lei, como consequência dos princípios do Estado Social de Direito, indicando causas externas e causas internas ao ordenamento jurídico. Vou indicar essas causas, procurando demonstrar o que é e o que não é realidade no direito brasileiro.

Como *causas externas*, o autor aponta:

a) o *fortalecimento do contrato, dos sujeitos privados e do direito privado frente à lei, ao Estado e ao direito público*; trata-se de tendência que já há algum tempo se faz sentir no direito brasileiro (embora continuem a existir os chamados contratos administrativos, disciplinados, de forma muito rígida, pela Lei nº 8.666 de 21.6.93, e que se aplicam à grande maioria dos acordos celebrados pela Administração Pública); pode-se mencionar, no sentido dessa tendência, o surgimento de novas modalidades de gestão privada (vários tipos de concessões e de parcerias com o setor privado), a privatização de empresas estatais, a quebra do monopólio de exploração de petróleo, o incremento da terceirização (inclusive para fornecimento de mão de obra, em

---
[49] *Sobre el concepto de ley*. Madri: Editorial Trotta, 2000.

substituição aos servidores públicos), os contratos de gestão dentro da própria Administração Pública Direta e Indireta (com fundamento no art. 37, § 8º, da Constituição), os Termos de Ajustamento de Conduta celebrados pelo Ministério Público, as novas formas de participação do cidadão, por meio de audiências e consultas públicas;[50]

b) *participação do cidadão no processo de elaboração legislativa*; essa participação, no direito brasileiro, é feita mais informalmente, pelos grupos de pressão, do que de forma institucionalizada; mesmo na elaboração das normas pelas agências reguladoras, a participação, ainda quando prevista em lei, tem pouco efeito prático;

c) *dessacralização da lei proveniente da própria crise do Parlamento*, que não pode mais ser visto como representante da vontade geral do povo; esse aspecto foi por mim realçado no item 2.2.1; com base na lição de Manoel Gonçalves Ferreira Filho, foi demonstrado que a lei perdeu o seu prestígio e a sua grandeza, bem como o caráter de generalidade e abstração;

d) *minimização da lei*, que fica cada vez mais vazia de conteúdo, mais formal, no sentido de que a decisão real é tomada pela Administração, no caso concreto, afetando o princípio da legalidade e o Estado de Direito;

e) perda de eficácia da lei, pela constante violação impune; o autor cita os exemplos de tortura, terrorismo de Estado, segredo de Estado; no Brasil, releva notar, de forma assustadora, a corrupção nos mais elevados níveis do Governo e da Administração Pública, com total desprezo à lei e à Constituição, nem sempre com a merecida punição.

Como *causas internas* ao ordenamento jurídico, Cabo Martín[51] indica inúmeros fatores que merecem ser mencionados, embora algumas dessas causas não tenham aplicação no direito brasileiro:

a) o *crescimento do direito internacional e do direito comunitário*; em alguns sistemas, os tratados internacionais sobrepõem-se ao direito interno; é o que ocorre, por exemplo, nos países que integram a União Europeia, em que o direito comunitário se coloca acima das Constituições dos países--membros; isto não existe no direito brasileiro; pelo § 3º do artigo 5º da Constituição (acrescentado pela Emenda Constitucional nº 45/2004), os

---

[50] Sobre o tema, v. Fernando Dias Menezes de Almeida. Mecanismos de consenso no direito administrativo. In *Direito administrativo e seus novos paradigmas* (organizado por Alexandre dos Santos Aragão e Floriano de Azevedo Marques Neto). Belo Horizonte: Fórum, 2008:335-349.

[51] Ob. cit., p. 79 ss.

tratados e convenções internacionais sobre direitos humanos que forem aprovados, em cada Casa do Congresso Nacional, em dois turnos, por três quintos dos votos dos respectivos membros, serão equivalentes às emendas constitucionais; apesar de não se aplicar no Brasil a prevalência das normas internacionais e comunitárias sobre a Constituição, o que se nota é a influência que o direito comunitário europeu e também o sistema da *common law* vêm exercendo sobre parte da doutrina brasileira, cujo direito administrativo nasceu e se desenvolveu à imagem do sistema europeu continental; é o que ocorre quando se fala em crise na noção de serviço público, quando se prega o fim dos contratos administrativos e de suas cláusulas exorbitantes, quando se flexibiliza ou mesmo se prega a extinção do princípio da supremacia do interesse público;

b) a consideração da Constituição como norma jurídica, ficando a lei em segundo plano e, em consequência, afetado o próprio princípio democrático;

c) *substituição da legalidade por constitucionalidade* ou tendência à hiperconstitucionalização do sistema, com a ampliação do âmbito da Constituição e diminuição do âmbito da lei; extensão do âmbito dos direitos e liberdades até entender-se que praticamente todas as questões estão impregnadas dos mesmos, levando a uma contaminação do individualismo; tendência a colocar na Constituição a regulação de todas as matérias, sem deixar muito campo ao legislador; tendência à formação de um direito constitucional de princípios e valores, o que muda a forma de interpretação da Constituição, tornando-a mais complexa e difusa, com prejuízo para a certeza do direito; esses fatores todos são verdadeiros também no direito brasileiro, devendo-se observar, contudo, que é exagero falar em *substituição* da legalidade por constitucionalidade, porque continua a existir a sujeição da Administração ao chamado "bloco de legalidade", abrangendo os atos normativos do Legislativo, do Executivo e dos órgãos e entidades que integram a Administração Pública direta e indireta (legalidade em sentido amplo); vale dizer que a ideia de constitucionalidade se acresce à de legalidade (e não a substitui);

d) *impacto sobre o controle pelos tribunais constitucionais*: a lei fica sempre sob suspeita; no Brasil, embora não haja tribunal constitucional, o Supremo Tribunal Federal desempenha o papel de órgão de controle da constitucionalidade, enfrentando o mesmo impacto da constitucionalização, já que está bem presente no direito brasileiro a tendência de colocar o máximo possível de matérias na Constituição, como melhor meio de garantir o cumprimento das normas; mesmo assim, o que se verifica é uma tendência forte de descumprimento da própria Constituição; isto sem falar na crescente politização do Supremo Tribunal Federal, com sérios riscos ao Estado de Direito;

e) *ampliação do conteúdo e efeitos das sentenças*: surgimento da interpretação conforme à Constituição (sentenças interpretativas), da inconstitucionalidade por omissão (sentenças de mera inconstitucionalidade), sentenças que completam o conteúdo da lei (sentenças aditivas);

f) *administrativização da lei*, por meio de normas emanadas da Administração, leis conjunturais ou aprobatórias, como as que contêm "noções-quadro", *standards*, ou imprecisas, criando lacunas a serem preenchidas pela Administração (leis-quadro e leis indicativas ou programáticas, em que o Legislativo fixa critérios, objetivos e princípios); além disso, ocorre uma juridicização de normas técnicas, na medida em que a lei utiliza conceitos técnicos, a serem definidos por normas administrativas; a consequência é a mudança no princípio da legalidade, já que a lei deixa de ser reguladora e passa a ser meramente reflexiva; outra consequência é o papel de *co-determinação* assumido pelo Judiciário, pois a lei, ao criar uma zona de indeterminação (com o emprego de termos vagos, princípios, *standards*), permite que a determinação fique dependendo de interpretação pelo juiz; outra consequência ainda é a flexibilidade e adaptabilidade das normas, pois, sendo a lei rica em conceitos indeterminados e ficando para a Administração a tarefa de torná-la determinada, as normas se tornam mais flexíveis e fáceis de irem se adaptando às alterações das situações concretas;

g) *administrativização do processo de elaboração da lei*, com a previsão de instrumentos de participação do cidadão, por meio de consulta, enquete, recurso aos especialistas, atuação de grupos de pressão; a consequência é a perda do caráter de generalidade da lei, porque ela passa a disciplinar interesses concretos, que se integram no processo legislativo;

h) *pluralismo das fontes de produção do direito*, uma vez que, ao lado da estatal, surge a infraestatal (por meio de autorregulação) e a supraestatal (oriunda de organismos internacionais); além disso, a fonte estatal compreende vários níveis, permitindo falar em pluralismo interno, uma vez que, ao lado dos atos normativos emanados do Poder Legislativo, reconhece-se a legitimidade de normas postas pelo Poder Executivo (medidas provisórias, leis delegadas, regulamentos) e por órgãos e entidades da Administração Pública (dentre as quais as agências reguladoras).

Três outros fatores, já referidos, devem ser mencionados, no direito brasileiro, com reflexos sobre o princípio da legalidade e a discricionariedade (e, portanto, sobre o controle judicial dos atos da Administração Pública):

a) a constitucionalização de princípios e valores, que passaram a integrar o sentido do princípio da legalidade e a limitar a discricionariedade administrativa, com a consequente ampliação do controle judicial;

b) o reconhecimento de que as normas constitucionais, no campo dos direitos sociais, não são meramente programáticas, mas têm um mínimo de efetividade que decorre diretamente da Constituição e que pode ser garantida pelo Poder Judiciário;

c) o entendimento de que os chamados conceitos jurídicos indeterminados são passíveis de interpretação judicial e nem sempre agasalham diferentes opções para a Administração Pública.

2.4 Período atual

2.4.1 Princípios fundamentais

A referência ao período atual não significa superação do Estado Democrático de Direito, até porque esse é o modelo ainda em vigor perante a Constituição de 1988. O que se pretende, isto sim, é acrescentar aspectos novos, por conta do fenômeno da globalização, do neoliberalismo, do princípio da subsidiariedade e, em consequência, da chamada Reforma do Estado ou, mais especificamente, Reforma Administrativa.

A crise financeira que enfrenta o Estado, pelo crescimento do déficit público e pela dificuldade na obtenção de novos recursos para custear o chamado Estado do Bem-Estar, a ineficiência na prestação dos serviços públicos e atividades assumidas pelo Estado na área econômica, a corrupção, o corporativismo, a globalização, são apenas alguns dos fatores que levaram à procura de novo modelo de Estado.

Voltam, de certa forma, os princípios do liberalismo. Segundo alguns, mais radicais, o liberalismo volta com as mesmas características que o marcaram originariamente e, portanto, com o risco de gerar as mesmas consequências funestas verificadas no período do Estado liberal. Para outros, ressurge com nova feição que permite falar em *neoliberalismo*. Enquanto o liberalismo do século XVIII era apegado ao princípio do *laissez faire*, afastando qualquer interferência estatal nos domínios econômico e social, em exagerada reverência à liberdade de iniciativa, o neoliberalismo aceita a intervenção do Estado no domínio econômico e no domínio social, para corrigir as distorções e deficiências verificadas na iniciativa privada.

A forma mais branda de neoliberalismo encontra eco no *princípio da subsidiariedade*, amplamente desenvolvido pela doutrina social da Igreja. Baseia-se em alguns postulados básicos: de um lado, a ideia de respeito aos direitos individuais, pelo reconhecimento de que a iniciativa privada, seja dos indivíduos, seja das associações, tem primazia sobre a iniciativa estatal; em consonância com essa ideia, o Estado deve abster-se de exercer atividades que o particular tem condições de exercer por sua própria iniciativa e com seus próprios recursos; sob esse aspecto, o princípio implica uma limitação à intervenção estatal. De outro lado, o Estado deve fomentar, coordenar, fiscalizar a iniciativa privada, de tal modo a permitir aos particulares, sempre que possível, o sucesso na condução de seus empreendimentos.

A aplicação desse princípio faz com que o Estado perca a feição assumida no período do Estado Social ou Estado do Bem-Estar ou Estado Providência. Ele libera-se da prestação de inúmeras atividades, deixando-as nas mãos da iniciativa privada. Em consequência, ele diminui o tamanho do seu aparelhamento administrativo. Ele assume a posição de planejamento, regulação, controle. Além disso, ele ajuda, subsidia, incentiva a iniciativa privada de interesse público.

Pela nova concepção de Estado, os direitos fundamentais do homem já não constituem apenas uma barreira à atuação do Estado. Cabe a este promover, estimular, criar condições para que o indivíduo se desenvolva livremente e igualmente dentro da sociedade; para isso é necessário que se criem condições para a **participação** do cidadão no processo político e no controle das atividades governamentais.

A todos os setores da sociedade deve ser dada oportunidade de participação, diminuindo ainda mais as barreiras entre Estado e sociedade; daí falar-se em **sociedade pluralista**, aquela em que os representantes dos vários setores, e não apenas os grandes grupos, devem ter a mesma possibilidade de participação.

Algumas tendências podem ser apontadas nesse novo modelo de Estado.

Em primeiro lugar, o objetivo de diminuir o tamanho do Estado inspira a criação de várias formas de privatização, a qual, em sentido amplo, tem um conceito em aberto, já que abrange todos os instrumentos de que se utiliza o Estado para atingir aquele objetivo, como a transferência do controle acionário de empresas estatais para o setor privado, a concessão e permissão de serviços públicos, a desregulamentação, a terceirização, a quebra de monopólios.

A ideia de prestigiar a liberdade econômica e restabelecer o equilíbrio entre autoridade e liberdade faz com que se devolva a iniciativa ao administrado, pela **desregulamentação**, pela eliminação de monopólios, pela aplicação das regras da livre concorrência, reservando-se ao Estado as tarefas de incentivar e subsidiar aquela iniciativa, quando deficiente, bem como a de fiscalizá-la, para proteger o usuário e o consumidor e resolver os respectivos conflitos.

Desenvolve-se, sob inspiração do direito norte-americano, nova forma de regulação da atividade econômica e dos serviços públicos, com a outorga de **função reguladora** a entidades autônomas, a maior parte delas instituída com a denominação de agências.

De outro lado, dentro da ideia de **desburocratização,** busca-se a eficiência nas atividades afetas ao Estado, pela aplicação de novas técnicas de prestação de serviços, menos formalistas, menos burocratizadas, reservando-se o regime publicístico para os serviços públicos típicos do Estado, e aplicando-se os métodos de gestão privada para as atividades em que a rigidez do regime publicístico se torna desnecessária (como ocorre com os serviços sociais, comerciais e industriais do Estado); isto se dá pela venda de ações de empresas estatais ao setor privado e pelas várias formas de parceria com a iniciativa privada, em especial a concessão de serviço público, para desempenho de atividades antes executadas pelo próprio poder público, diretamente, ou pelas entidades da administração indireta. Repudia-se a forma burocrática de organização da Administração Pública, baseada nas ideias de hierarquia, especialização, impessoalidade, que teria gerado a ineficiência na prestação dos serviços públicos, com a introdução da chamada **Administração Pública Gerencial**, que implica ampliação da discricionariedade administrativa e outorga de maior autonomia administrativa, financeira e orçamentária aos dirigentes dos órgãos da administração direta e entidades da administração indireta. As ideias básicas da Administração Pública Gerencial seriam: a *definição de metas* a serem cumpridas pelos órgãos públicos e entidades da Administração Indireta; a outorga de maior *autonomia* administrativa, financeira e gerencial àqueles entes para permitir o cumprimento das metas; e a substituição dos controles formais, hoje existentes, considerados inadequados porque preocupados apenas com os meios, por um *controle de resultados*, em que a eficiência dos resultados é mais importante do que os fins.

Outra ideia central da Reforma do Estado, com referência à Administração Pública, seria a de separar a **função estratégica**, que diz respeito à formulação das políticas públicas, da **função operacional**, que diz respeito à gestão ou execução de serviços públicos. A função estratégica compete ao Estado; a função operacional compete aos entes descentralizados. Daí a adoção da figura das *agências autônomas*, dotadas de maior autonomia de gestão administrativa, financeira e orçamentária, outorgada por meio de acordos de programa ou contratos de gestão.

Desenvolve-se a **ideia de partilhar com o particular a proteção do interesse público**, pelo entendimento de que essa proteção não constitui prerrogativa do Estado. A existência de uma sociedade pluralista faz multiplicarem-se os interesses a serem protegidos. O Estado não tem condições de assumir todas as novas atividades de interesse geral.

Como consequência, cresce a técnica do **fomento**, caracterizada pelo incentivo do Estado à iniciativa privada de interesse público. O Estado fomenta a iniciativa privada pelas mais variadas formas, como *meios honoríficos* (prêmios, recompensas, títulos), *meios jurídicos* (outorga de privilégios próprios do Poder Público) e *meios econômicos* (auxílios, subvenções, financiamentos, isenções fiscais, desapropriação por interesse social, transferência de tecnologia etc.).

Democratiza-se a Administração Pública, com a implantação de novas formas de **participação do cidadão**, seja para garantir a *transparência* e o *controle*, seja para ampliar as formas de colaboração privada com o poder público, por meio de diferentes tipos de parceria (concessão e permissão de serviços públicos, convênios, contratos de gestão, terceirização).

Com efeito, há uma valorização da figura do cidadão **usuário** do serviço público. Nas palavras de Jacques Chevalier (*Revista do Serviço Público*, v. 120:42-43), "a reforma do Estado modifica a ordem das prioridades", à medida que busca "recolocar o usuário no centro da administração" ou ainda "situar o cidadão no coração do serviço público". Aponta ele os vários novos perfis do usuário que implicam "representações diferentes do administrado e desembocam em diferentes perspectivas de reformas: o usuário protagonista, dotado de um poder de intervenção no andamento dos serviços (de onde decorre o tema da participação); o usuário parceiro, capaz de se colocar como um interlocutor de serviços (daí o tema da transparência); o usuário cliente, cujas aspirações devem ser satisfeitas pelos serviços públicos (donde o tema da qualidade)".

O autor sintetiza nos seguintes termos as principais alterações que a Reforma do Estado traz para a Administração Pública e que, a seu ver, atingem a própria concepção tradicional do serviço público:

- "a condução da mudança tende a promover um estilo consensual de gestão no interior das estruturas administrativas;
- a relação administrativa é modificada pela promoção da figura do usuário cidadão;
- a função dos agentes é flexibilizada pela introdução da gestão descentralizada de recursos humanos;
- por fim, a arquitetura administrativa deve ser reordenada em torno dos polos estratégico/operacional".

2.4.2 O direito administrativo atual

As mudanças no modelo de Estado não poderiam deixar de refletir no direito administrativo. É curioso que duas tendências praticamente opostas se verificaram. De um lado, um enriquecimento do direito administrativo, pelo surgimento de novos institutos e princípios, e pela reaproximação com a Ciência da Administração. De outro lado, entre os teóricos mais radicais, adeptos do neoliberalismo, há a ideia de que o direito administrativo vem servindo de obstáculo, especialmente pela aplicação do princípio da legalidade (aspecto a ser analisado no item 2.4.3). Por isso, há procura pelo regime de direito privado ou mesmo por regime jurídico administrativo mais flexível, que imprima maior liberdade de atuação às autoridades administrativas.

No que diz respeito à ampliação do objeto do direito administrativo, há vários aspectos a realçar.

Em primeiro lugar, o direito administrativo, muito tempo separado da Ciência da Administração (porque esta envolve matéria de política administrativa), volta a preocupar-se com algumas matérias desse ramo da ciência política. De um lado, porque a Reforma Administrativa é idealizada por técnicos, segundo critérios da ciência política, nem sempre preocupados com os aspectos jurídicos, que exigem a intervenção dos *operadores do direito*. De outro lado, porque a eficiência, que é princípio da Ciência da Administração, passou a constituir um dos objetivos fundamentais da Reforma do Estado, exigindo atuação dos órgãos de controle. Também porque a ideia de substituir, parcialmente, a Administração Pública Burocrática pela Gerencial não pode ser levada a efeito sem a submissão aos condicionamentos impostos pelo ordenamento jurídico. Em consequência, poucos são os autores mais modernos do direito administrativo que se omitem com relação a determinados assuntos próprios da Ciência da Administração, já que não se limitam a fazer a análise sob o ponto de vista jurídico e entram na avaliação dos novos institutos sob o aspecto da conveniência e oportunidade.

Em substituição parcial à tradicional Administração Pública Burocrática, introduz-se, em determinados setores, a Administração Pública Gerencial, na qual as ideias de hierarquia, imperatividade e executoriedade de decisões unilaterais são substituídas pela ideia de **consensualidade**. Em decorrência disso, surgem novas formas de parceria entre o Estado e o particular e mesmo entre o Estado e órgãos públicos ou entidades da Administração Indireta, de que constituem exemplos os acordos-programa ou, na linguagem adotada no direito brasileiro, os **contratos de gestão**. Daí o surgimento das chamadas **agências autônomas** que, mediante acordos com o Poder Público, recebem maior autonomia gerencial nas esferas administrativa, financeira e orçamentária.

Outra inovação no direito administrativo do sistema europeu-continental foi a busca de inspiração no direito norte-americano para a instituição das **agências reguladoras**, instituídas com certo grau de independência em relação ao Poder Executivo, pretensamente especializadas em suas respectivas áreas de atuação, com função reguladora e largo grau de discricionariedade técnica.[52]

O incremento às **técnicas de fomento** inspirou a ampliação do chamado **terceiro setor**, com o surgimento de novos tipos de entidades que ficam a meio termo

---

[52] Cf. DI PIETRO, Maria Sylvia Zanella. *Parcerias na administração pública*: concessão, permissão, franquia, terceirização e outras formas, 1999, p. 130-147.

entre o público e o privado, prestando atividades privadas de interesse público, com a ajuda e o incentivo do Estado e submetendo-se, em consequência, ao controle pelo Poder Público. No direito brasileiro, citem-se os exemplos das **organizações sociais,** das **organizações da sociedade civil de interesse público**, das **associações e fundações de apoio** a entidades públicas. Também nesses casos, o fomento se formaliza por meio de contratos de gestão, termos de parceria ou convênios.

Ocorre maior procura por técnicas próprias da empresa privada, como a contratação de servidores sob regime trabalhista, a aplicação do direito privado a empresas estatais, a aplicação da concorrência entre prestadores de serviços públicos não exclusivos do Estado e, como consequência, sua submissão ao mesmo tipo de controle de concorrência a que se sujeitam as empresas privadas.

Aparentemente, há uma fuga do direito administrativo, tal como referida por Jesús Leguina Villa[53] em trabalho sobre *A Constituição Espanhola e a fuga do direito administrativo*. No entanto, essa procura pelo direito privado (que se insere também na ideia de privatização em sentido amplo) não afasta a aplicação de normas publicísticas, em especial do direito constitucional e administrativo, que sempre derrogam parcialmente o direito privado, quando este é aplicado pela Administração Pública. A consequência é a maior aproximação entre o direito administrativo, o direito civil, o direito comercial, o direito do trabalho, isto para não falar no direito internacional (por conta da globalização).

2.4.3 Legalidade e discricionariedade

Um dos princípios que mais vem sofrendo embates em decorrência da Reforma da Administração Pública é o da legalidade. Os teóricos da Reforma entendem que a legalidade estrita no sentido em que vem sendo entendida – *a Administração só pode fazer o que a lei permite* – impede ou dificulta a introdução do gerenciamento na Administração Pública, já que este repousa sobre as ideias de maior **autonomia** e maior **responsabilidade** para os dirigentes de órgãos públicos e entidades da Administração Indireta, substituindo controles formais por controles de resultado. Por outras palavras, seria necessário maior grau de liberdade decisória para a implantação do gerenciamento. Os paradigmas em que se baseia o direito administrativo, elaborados no período do liberalismo, teriam se tornado incompatíveis com o Estado Social e Democrático de Direito: especialmente a estrita legalidade, a limitação da discricionariedade e sua sujeição ao controle judicial, constituiriam um óbice à implantação do gerenciamento na Administração Pública.

---

[53] In *Revista de Direito Administrativo Aplicado*, 1995, v. 6, p. 635.

Joan Prats i Catalá[54] realça esse aspecto em trecho que merece ser transcrito. Depois de reconhecer a impossibilidade de transpor mecanicamente os princípios e técnicas de gerenciamento empresarial do ambiente privado para a gestão de bens e serviços públicos (já que regidos por princípios, valores e normas diferentes), acrescenta:

> "Contudo, grande parte da confusão vem também da incapacidade de o Direito Administrativo entender e estabelecer um diálogo fecundo com o gerenciamento público, o que, afinal de contas, não tem nada de estranho, devido ao afinamento da corporação administrativa no paradigma 'antidiscricionário'. Uma das hipóteses que desenvolveremos é que a substantividade ou especificidade científica do Direito Administrativo, laboriosamente construída entre o último terço do século passado e o primeiro do atual, tem-se modelado em um paradigma que atende e resolve os problemas de legitimidade do Estado Liberal de Direito, mas que tem sido irrelevante e indiferente ao desenvolvimento do Estado Social e Democrático e resulta alheio, quando não contraditório, com o desenvolvimento da racionalidade gerencial pretendida pelo gerenciamento atual. O Direito Administrativo, todavia dominante, encontra-se aprisionado em um paradigma que já não responde à dinâmica dos fatos, conduzindo à sua negação estéril e crítica, impedindo o diálogo fecundo com o gerenciamento público no modelo renovado de algumas Ciências da Administração, hoje mais necessárias que nunca devido às rápidas e profundas transformações a que está sendo submetido o setor público do nosso tempo."

Um pouco além,[55] o autor acrescenta que "o Direito Administrativo é um fator de freio ou de bloqueio dos processos de racionalização gerencial. Não conhecendo outro Direito Administrativo que o do projeto antidiscricionário, o gerenciamento se espanta que se continue a ver a discricionariedade como problema e não como a ocasião e oportunidade de se prestar serviço responsável aos interesses gerais".

Esse tipo de argumentação tem servido de fundamento para muitas críticas ao direito administrativo, servindo, inclusive, de pretexto para que a reforma se faça, muitas vezes, ao arrepio da lei. A legalidade, alega-se, pode ser afastada em benefício da eficiência.

Com efeito, luta-se por mudança maior do direito administrativo, com o objetivo de afastar a estrita legalidade e ampliar a discricionariedade. Não é com outro objetivo que se apela para a fórmula norte-americana das agências reguladoras, que legislam nos vazios deixados pela lei, de acordo com as conveniências

---

[54] Direito e gerenciamento nas administrações públicas: notas sobre a crise e renovação dos respectivos paradigmas. *Revista do Serviço Público*, v. 120, p. 23-46.

[55] Ob. cit., p. 27.

administrativas. Propugna-se pela volta da chamada discricionariedade técnica, com a fuga ao controle jurisdicional.

A respeito do assunto, inúmeras observações devem ser feitas.

Em primeiro lugar, cabe ressaltar que o princípio da legalidade não significa que, para cada ato administrativo, cada decisão, cada medida, deva haver uma norma legal expressa vinculando a autoridade em todos os aspectos. O princípio da legalidade tem diferentes amplitudes, admitindo maior ou menor rigidez e, em consequência, maior ou menor discricionariedade. Não é por outra razão que se distingue **legalidade** e **reserva da lei**, a primeira admitindo que o legislador estatua de forma mais genérica, deixando maior discricionariedade à Administração Pública para regular a matéria, e, a segunda, exigindo legislação mais detalhada, com pouca margem de discricionariedade administrativa; neste caso, fala-se em legalidade estrita, tendo em vista que a Constituição é que reserva a matéria à competência do legislador. Segundo Odete Medauar,[56] baseada na lição de Eisenmann, o princípio apresenta quatro significados, cada um deles aplicável em situações diversas:

a) o primeiro sentido, a Administração pode realizar todos os atos e medidas que não sejam contrários à lei; trata-se de situação que equivale ao princípio da autonomia da vontade, semelhante ao que se aplica aos particulares, e que tem pouca aplicação na esfera da Administração Pública;

b) no segundo sentido, a Administração só pode praticar atos autorizados por uma norma legal; é o sentido de maior aplicação, porém que não significa necessariamente o aprisionamento da autoridade em fórmulas estanques, matematicamente estabelecidas, porque a norma pode autorizar a prática do ato com maior ou menor grau de discricionariedade;

c) no terceiro sentido, a Administração só pode praticar atos cujo conteúdo obedeça a um esquema abstrato previsto na norma legislativa; nesse caso, a vinculação é maior, porque a autoridade não tem liberdade para escolher o conteúdo do ato; ela se limita a aplicar a lei ao caso concreto;

d) no quarto sentido, a Administração está obrigada a realizar atos ou medidas que a lei ordena fazer; nesse caso, existe maior vinculação, porque não há opção nem mesmo para optar entre fazer ou não fazer.

Outra observação é no sentido de que, por mais tentadores que sejam os modelos inspirados no direito estrangeiro, o princípio da legalidade tem que ser aplicado nos termos em que está previsto no direito interno de cada país. No direito brasileiro, o princípio da legalidade é imposto à Administração Pública no artigo 37,

---

[56] *Direito administrativo moderno*, 1996:139.

caput, da Constituição. E completa-se com a regra do artigo 5º, II, segundo a qual "ninguém será obrigado a fazer ou deixar de fazer alguma coisa senão em virtude de lei". O primeiro dispositivo não define o conteúdo do princípio, ficando a cargo do legislador dispor sobre as matérias de competência da Administração com maior ou menor grau de discricionariedade; os espaços deixados pelo legislador, o Chefe do Poder Executivo, no exercício de competência constitucional exclusiva, pode preencher com normas de natureza regulamentar. Poder semelhante foi dado a algumas agências reguladoras pelos artigos 21, XI, e 177, § 2º, III, da Constituição.

Mas o artigo 5º, II, tem um conteúdo muito preciso, que impede a Administração de impor obrigações ou proibições por iniciativa própria; para fazê-lo, depende de fundamento legal. Vale dizer que os atos que impliquem restrições ao exercício de direitos têm que ter previsão em lei formal ou em atos normativos que tenham a mesma força de lei, como medida provisória ou lei delegada. Aí a legalidade é estrita.

Também não se pode esquecer que a sistemática adotada no direito norte-americano, possível em face de uma Constituição de princípios, que deixa grande espaço para a interpretação judicial, que se altera no decurso do tempo para adaptar-se às mudanças sociais, ajusta-se mal ao direito constitucional brasileiro, de Constituição muito ampla, que distribui rigorosamente as competências entre os três Poderes, contém as bases do direito administrativo, do direito tributário, do direito econômico, do direito penal, do processo judicial e administrativo, limitando a discricionariedade do próprio legislador, sem espaço para a discricionariedade técnica, diante de um preceito que proíbe seja subtraída à apreciação judicial qualquer ameaça ou lesão a direitos (art. 5º, XXXV).

Outro dado a ressaltar é que a Emenda Constitucional nº 19, de 4-6-98, conhecida como Emenda da Reforma Administrativa, previu importante instrumento para instaurar a Administração Pública Gerencial. Com efeito, ela introduziu um § 8º no artigo 37 da Constituição, estabelecendo que "a autonomia gerencial, orçamentária e financeira dos órgãos e entidades da administração direta e indireta poderá ser ampliada mediante contrato, a ser firmado entre seus administradores e o poder público, que tenha por objeto a fixação de metas de desempenho para o órgão ou entidade, cabendo à lei dispor sobre: I – o prazo de duração do contrato; II – os controles e critérios de avaliação de desempenho, direitos, obrigações e responsabilidade dos dirigentes; III – a remuneração do pessoal".

O dispositivo está prevendo modalidade de "contrato" que a doutrina chama de contrato de gestão e que, celebrado entre o poder público e os administradores de órgãos e entidades públicas, ampliariam a sua autonomia gerencial, orçamentária e financeira. Com isto, os administradores públicos teriam maior liberdade na gestão dos serviços que lhes estão afetos, ficando liberados de certos formalismos que dificultam ou impedem a eficiência dentro da administração pública. Contudo, o dispositivo constitucional não admite plena aplicação enquanto não for promulgada a lei nele exigida para definir os limites da autonomia. Em consequência, os contratos de gestão que têm sido celebrados não têm como ampliar de forma significativa a autonomia dos administradores públicos.

A mesma Emenda nº 19, ao dar nova redação ao artigo 173, previu também lei que instituísse o estatuto jurídico das empresas estatais, com sujeição a regime jurídico próprio das empresas privadas, licitação e contratação com observância apenas dos princípios da administração pública, avaliação de desempenho e responsabilidade dos administradores. Essa lei também não foi promulgada, deixando sem a devida aplicação o dispositivo constitucional, que flexibilizaria a atuação de tais entidades, favorecendo maior liberdade de gestão.

A Emenda ainda previu lei disciplinando as formas de participação do usuário na Administração Pública Direta e Indireta, o que seria indispensável em uma Administração Pública Gerencial, para dar instrumentos ao cidadão para exercer maior controle sobre administradores dotados de maior autonomia de gestão. Também essa lei não foi promulgada.

Todas essas medidas constituem o mínimo indispensável para assegurar a pretendida eficiência na Administração Pública. Não adianta colocar na Constituição a eficiência como objetivo a ser alcançado em uma Administração Pública Gerencial se não forem instituídos os instrumentos indispensáveis para torná-la efetiva.

Além da omissão do legislador federal em baixar as normas legais indispensáveis à implantação da chamada Administração Pública Gerencial, ainda se verifica a manutenção de leis excessivamente formais, como é o caso da lei de licitações e contratos administrativos (Lei nº 8.666, de 21-6-93) e o surgimento de novas leis com igual formalismo, como é o caso da Lei de Responsabilidade Fiscal (Lei Complementar nº 101, de 4-5-2000), que coloca o administrador público de todos os níveis em comportas estanques, restringindo ainda mais a discricionariedade administrativa que os adeptos da Reforma Administrativa querem ampliar.

Todos esses fatos, que revelam grande contradição de objetivos dentro do próprio Governo, alguns voltados para o gerenciamento, outros voltados para a manutenção e até o aumento da burocracia em determinados setores, certamente contribuem para um distanciamento entre o discurso e a prática, entre a lei e os fatos, entre o Direito posto e o Direito aplicado, em franco desprestígio do princípio da legalidade e da própria Constituição que o consagra.

A dificuldade é maior nos países, como o Brasil, em que a fonte principal do direito administrativo é a lei. Nesse aspecto, o direito brasileiro afastou-se de sua grande fonte inspiradora, o direito administrativo francês, que é de formação pretoriana e em que, por isso mesmo, os órgãos da jurisdição administrativa desempenham importante papel na formação do direito. E também se afastou do direito norte-americano, que o influenciou no sistema de unidade de jurisdição e, mais recentemente, no modelo das agências reguladoras.

É curioso que o Brasil, em matéria de direito administrativo, tenha buscado inspiração em dois sistemas (o europeu-continental e o anglo-saxão), que têm em comum a importância da jurisprudência como fonte do direito. Tanto nos Estados Unidos, como na França (jurisdição administrativa), o juiz desempenha relevante papel de órgão criador do direito; ele tem amplos poderes, ele cria o direito do caso concreto, ele confere legitimidade a atos da Administração Pública.

No direito brasileiro o juiz não dispõe de tais poderes. O direito administrativo é essencialmente legislado. E a situação fica tanto mais difícil pelo fato de que grande parte dos institutos do direito administrativo encontra seu embasamento na Constituição. É o que ocorre com a matéria de princípios, de intervenção na propriedade, de licitação e contratos, concessão e permissão de serviços públicos, de empresas estatais, de servidor público, de serviço público, de controle. Poucas são as matérias do direito administrativo que não encontram seu fundamento e seus limites na própria Constituição.

Essa peculiaridade dificulta ainda mais as Reformas objetivadas para a Administração Pública. Pode-se mesmo afirmar que, no Brasil, mais do que o direito administrativo, é a Constituição que dificulta a implantação da Reforma do Estado.

A consequência é a multiplicação das hipóteses de descumprimento às normas constitucionais e infraconstitucionais. São inúmeros os entes públicos que praticam atos normativos com invasão da competência do Legislativo e do poder regulamentar do Presidente da República; são frequentes e variadas as formas de burla à exigência de concurso público, em especial por meio de terceirização em áreas em que a mesma não poderia ser feita, com a formação de quadro paralelo de servidores "de fato" não regularmente investidos em funções públicas; a própria privatização de atividades essenciais da área social, que a Constituição atribui ao Estado, é feita de forma disfarçada, por meio de parcerias de legalidade duvidosa com fundações, associações, cooperativas privadas, que se utilizam do patrimônio público para obter lucros privados; vem ocorrendo a transferência, à iniciativa privada, para serem exercidas pelos princípios da atividade econômica e no sistema de livre competição, de atividades que a Constituição atribui ao Estado como serviços públicos, a exemplo do que ocorre nas áreas de telecomunicações e energia elétrica; tributo disfarçado é embutido em tarifas fixadas em contratos de concessão de serviço público, como vem ocorrendo com as concessões de rodovias, em que o preço cobrado do usuário abrange uma parcela destinada a garantir a participação do Poder Público na receita da concessionária.

Tudo isso em nome da eficiência, da globalização, da crise financeira. Porém, em prejuízo da Constituição, da legalidade, da segurança jurídica, dos direitos individuais, do Estado de Direito.

A esse propósito, merece ser mencionada a lição de Joan Prats i Catalá,[57] quando afirma:

> "Considero ser um grave erro a atitude de menosprezar e marginalizar o Direito, manifestada em tantos programas e "modernizadores" administrativos que vivem uma grande confusão intelectual: tendo aprendido que 'não se modifica a Administração por meio de Decretos', acreditam que é possível mudá-la à margem do Direito. Atuando desta forma, não apenas provocam graves desajustes entre as práticas informais e a legalidade formal, com a consequente desordem e risco de arbitrariedade, mas fazem também com que grandes esforços de mudança acabem absorvidos pelas instituições formais vigentes, que *a priori* não aceitam o seu restabelecimento."

E acrescenta:

> "Precisamos de uma renovação gerencial de nossas Administrações Públicas tanto quanto de uma renovação paralela e coerente de seu Direito. Ambos os processos devem avançar conjuntamente e mantendo um diálogo permanente, pois respondem às exigências constitucionais igualmente indispensáveis do Estado Democrático e Social de Direito e dos princípios de eficácia e eficiência. Tal diálogo não se produzirá sem tensões e até mesmo contradições, o que não é nada novo na história do Direito Público, que teve que se acomodar, sucessivamente, desde o inicial e irrenunciável princípio do Estado de Direito aos novos princípios constitucionais do Estado Social e Democrático, aos princípios de eficácia e eficiência hoje igualmente irrenunciáveis. A grande tarefa atual parece ser, precisamente, a de encontrar o *optimum* histórico de equilíbrio entre estes princípios em tensão, o que implicaria tanto esforços de renovação do Direito Administrativo, como de elaboração do gerenciamento específico das Administrações Públicas."

Também é importante lembrar a advertência feita por Jesús Leguina Villa.[58] Diz ele que, em nome do princípio constitucional da eficácia da Administração Pública, um número importante de entidades e de atividades administrativas tem sido transferido pura e simplesmente ao setor privado ou, sem abandonar o setor público, tem adotado de maneira crescente formas de organização e técnica de gestão próprias do Direito Privado. O autor reconhece que a eficácia (prevista como princípio na Constituição Espanhola) "é um princípio que não se deve subestimar na Administração de um Estado de Direito, pois o que importa aos cidadãos é que os serviços públicos

---

[57] Direito e gerenciamento nas administrações públicas: notas sobre a crise e renovação dos respectivos paradigmas. *Revista do Serviço Público*, v. 120:29.

[58] A Constituição Espanhola e a fuga do direito administrativo. *Revista de Direito Administrativo Aplicado*, v. 6, p. 637.

sejam prestados adequadamente. Daí o fato de a Constituição o situar no topo dos princípios que devem conduzir a função administrativa dos interesses gerais".

Porém, adverte o autor que "o princípio da legalidade deve ficar resguardado, porque a eficácia que a Constituição propõe é sempre suscetível de ser alcançada conforme o ordenamento jurídico, e em nenhum caso ludibriando este último, que haverá de ser modificado quando sua inadequação às necessidades presentes constitua um obstáculo para a gestão eficaz dos interesses gerais, porém nunca poderá justificar-se a atuação administrativa contrária ao direito, por mais que possa ser elogiado em termos de pura eficiência".

O mesmo autor lembra também que, se no âmbito de sua atividade produtora de bens e serviços, é aceitável que a Administração abandone prerrogativas e restrições para se igualar, em agilidade e dinamismo, à empresa privada, tem-se que ter presente que no âmbito das funções tipicamente administrativas ou de autoridade, "o regresso ao Direito privado apenas persegue ludibriar os controles jurídicos e orçamentários próprios do Direito público, esquecendo com isto que as normas de Direito público não existem somente para proteger o interesse geral frente aos interesses privados incompatíveis com aquele, assim como para protegê-lo diante da vontade contrária dos descontínuos administradores da coisa pública".[59]

Concluindo: perante o direito positivo brasileiro, o princípio da legalidade continua presente na Constituição tal como previsto na redação original dos artigos 37, *caput*, e 5º, II. Em consequência, a discricionariedade continua sendo um poder jurídico, ou seja, um poder limitado pela lei. A legalidade é estrita quando se trata de impor restrições ao exercício dos direitos individuais e coletivos e em relação àquelas matérias que constituem reserva de lei, por força de exigência constitucional. Em outras matérias, pode-se falar em legalidade em sentido amplo, abrangendo os atos normativos baixados pelo Poder Executivo e outros entes com função dessa natureza, sempre tendo-se presente que no direito brasileiro não têm fundamento os regulamentos autônomos, que inovam na ordem jurídica, criando direito ou impondo obrigações sem prévia previsão em lei.[60] Por outras palavras, o grau de discricionariedade continua a depender da forma como a competência legislativa é atribuída ao legislador. E a discricionariedade continua a ser poder jurídico, porque exercida nos limites fixados pela lei, sendo ainda limitada por inúmeros princípios previstos de forma implícita ou explícita na Constituição, como moralidade, razoabilidade, interesse público. Qualquer outra interpretação significa a perda da segurança jurídica essencial para proteger os direitos do cidadão em face do poder público.

---

[59] Ob. cit., p. 638.

[60] Cf. DI PIETRO, Maria Sylvia Zanella. *Direito administrativo*, 2012, p. 91.

2 Discricionariedade administrativa

1 Conceito

No Estado de Direito, que tem como um dos alicerces o princípio da legalidade, todos os poderes que a Administração Pública exerce são limitados pela lei, de forma que impeça os abusos e as arbitrariedades a que as autoridades poderiam ser levadas. Com efeito, sendo ela dotada de prerrogativas de poder público, que lhe asseguram posição de supremacia sobre o particular, indispensável para a consecução dos fins de interesse público, o princípio da legalidade surge como garantia de equilíbrio entre os poderes de autoridade que a Administração exerce e os direitos individuais assegurados pelo ordenamento jurídico.

Por isso mesmo, todos os poderes são *regrados* pela lei. Todavia, esse regramento pode atingir os vários aspectos de uma atividade prevista na lei, hipótese em que se diz que o poder da Administração é *vinculado*, porque a lei não deixa opções; ela estabelece que, diante de determinados pressupostos, a Administração deve agir de tal ou qual forma. Por isso mesmo, diante de um poder vinculado, o particular tem um *direito subjetivo* de exigir da autoridade a edição de determinado ato, sob pena de, não o fazendo, sujeitar-se à correção judicial.

Em outras hipóteses, o regramento não atinge todos os aspectos da atuação administrativa; a lei deixa certa margem de liberdade de decisão diante do caso concreto, de tal modo que a autoridade poderá optar por uma dentre várias soluções possíveis, *todas válidas perante o direito*. Nesses casos, o poder da Administração é *discricionário*, porque a adoção de uma ou outra solução é baseada em critérios de *mérito* – oportunidade, conveniência, justiça, igualdade, a serem perquiridos pela autoridade, porque não definidos pelo legislador. Foi este que, ao regrar a matéria, deixou intencionalmente a decisão para a Administração, segundo critérios que só podem ser levados em consideração, adequadamente, diante do caso concreto.

Mesmo aí, entretanto, o poder de ação administrativa, embora discricionário, não é totalmente livre, porque, sob alguns aspectos, em especial a competência, a forma e a finalidade, a lei impõe limitações. Daí por que a discricionariedade implica liberdade de atuação nos limites traçados pela lei; se a Administração ultrapassar esses limites, sua decisão passa a ser *arbitrária*.

A *arbitrariedade* coloca-se do outro lado da linha que demarca o limite da discricionariedade. Aquela é a liberdade de ação que ultrapassa os limites da lei; esta é a liberdade de ação exercida nos limites da lei.

Pode-se, pois, dizer que a atuação da Administração Pública no exercício da função administrativa é *vinculada* quando a lei estabelece uma única solução possível diante de determinada situação de fato; ela fixa todos os requisitos cuja existência a Administração deve apenas constatar, sem qualquer margem de apreciação subjetiva. A discricionariedade que possa haver, nesses casos, é mínima, porque se limita à escolha do momento de agir.

Na atuação discricionária, a Administração, diante de determinado caso concreto, tem mais de uma alternativa a sua escolha, qualquer delas inserindo-se dentro dos limites da legalidade.

Pode-se, portanto, definir a discricionariedade administrativa como a *faculdade que a lei confere à Administração para apreciar o caso concreto, segundo critérios de oportunidade e conveniência, e escolher uma dentre duas ou mais soluções, todas válidas perante o direito.*

2 Justificação

Costuma-se justificar a discricionariedade administrativa segundo *critérios práticos* e *critérios jurídicos*.

Sob o ponto de vista prático, a discricionariedade justifica-se, quer para evitar o automatismo que ocorreria fatalmente se os agentes administrativos não tivessem senão que aplicar rigorosamente as normas preestabelecidas, quer para suprir a impossibilidade em que se encontra o legislador de prever todas as situações que o administrador terá que enfrentar. Isso sem falar que a discricionariedade é indispensável para permitir o poder de iniciativa da Administração, necessário para atender às infinitas, complexas e sempre crescentes necessidades coletivas.

A dinâmica do interesse público exige flexibilidade de atuação com a qual pode revelar-se incompatível o moroso procedimento de elaboração das leis.

Fiorini[1] aponta os motivos *errôneos* e os motivos *lógicos* da discricionariedade.

Seriam motivos errôneos aqueles invocados pelo governante para realizar seu trabalho sem nenhum controle ou forma de suprir as deficiências do legislador. Para ele, essas definições "afirmam uma heresia jurídica, pois identificam legislador com administrador, ato administrativo com lei e apresentam a discricionariedade como fruto do acaso ou do erro". O autor observa que essa errônea colocação sobre a origem das faculdades discricionárias é a causa de serem elas consideradas como uma atividade precária e repudiável. Esse repúdio aumenta com a afirmação de que a faculdade discricionária não é suscetível de apreciação judicial.

Passando, depois, ao exame dos motivos lógicos, o autor afirma que "as faculdades discricionárias não podem ser produto de negligência legislativa, pois se apresentam como uma classe de atividade necessária para desenvolver com eficácia certas gestões onde prevalece um fim de bem-estar coletivo. Isto é o que confirmam incontestavelmente as investigações realizadas sobre as funções sociais do Estado moderno. A discricionariedade se exerce como uma atividade formalmente necessária para o eficaz desenvolvimento da administração pública; quer dizer que, se não existisse, seria impossível a plena realização dos interesses sociais". Acrescenta, mais além, que o caráter prático e imediato que apresenta a função de custodiar os interesses públicos é o que determina, com força de razão necessária, a instituição das faculdades discricionárias. Não se trata de um esquecimento do legislador, mas de uma faculdade conscientemente criada em favor e em benefício da gestão dos interesses públicos tutelados pela Administração. A discricionariedade é criada para que se administrem interesses da coletividade e para ela. A norma legislativa que autoriza a discricionariedade é que especifica quais devem ser os interesses públicos protegidos pela autoridade administrativa; a esta cabe escolher os meios mais adequados para atingir aqueles fins.

Diz o autor, de forma lapidar, que "a discricionariedade é a faculdade que adquire a administração para assegurar de forma eficaz os meios realizadores do fim".

Com efeito, o legislador não teria condições de prever todas as situações possíveis, nem poderia estabelecer formas de proceder imutáveis e perenes, pois as mesmas logo se revelariam inadequadas para atender às frequentes mutações da vida social. Daí a afirmação de Fiorini segundo a qual "a discricionariedade é, então, a ferramenta jurídica que a ciência do direito entrega ao administrador para que a gestão dos interesses sociais se realize respondendo às necessidades de cada momento".

---

[1] *La discrecionalidad en la administración pública*, 1952:31-41.

Esse mesmo aspecto é realçado por Consuelo Sarria,[2] que, baseando-se na lição de Manuel Maria Diez e Fiorini, observa "como o exercício das funções estatais não pode limitar-se ao automatismo, e menos ainda no caso da função administrativa que, em razão de seu conteúdo mesmo, refere-se a uma atividade *permanente* e *direta*, para a consecução de fins de interesse geral, o que implica que se levem em conta as circunstâncias de cada momento, pois, caso contrário, se a atividade administrativa estivesse prévia e absolutamente regrada, perderia tais características".

Não se poderia deixar de mencionar o pensamento de Afonso Queiró,[3] quando diz que "a norma é obra de um *legislador*, e seria insensato negar que a este legislador é *impossível, material* e *logicamente impossível*, para muitíssimas hipóteses, transmitir ao agente mais do que ordens e enunciar os fatos com conceitos de caráter em certa medida vago e incerto, de tal maneira que o agente ao executar essas ordens e interpretar esses conceitos deve fixar-se, devendo agir em uma dentre várias interpretações possíveis destes últimos".

Materialmente, é impossível ao legislador prever todas as ocorrências que possam vir a ocorrer no mundo dos fatos; sob o ponto de vista *lógico*, é impossível ao legislador utilizar, em todas as normas, conceitos precisos, unissignificativos, que possibilitem interpretação única e induvidosa.

Em outro trabalho sobre o mesmo tema, Queiró[4] afirma que "há um limite para a determinação dos conceitos utilizados pelas normas, além do qual não há legislador que, enquanto tal, possa ir, sob pena de passar da *abstração* à *individualização*, da norma abstrata à ordem individualizada: quer dizer, sob pena de abandonar o objetivo do próprio Estado de Direito". Mais além, repete a mesma ideia: "o legislador, para se manter tal, tem, pois, que deixar à Administração uma certa margem de discricionariedade. Pode, sim, fazê-la desaparecer, mas para isso tem de sacrificar... a sua própria qualidade de legislador!"

Ideia semelhante é defendida por Régis Fernandes de Oliveira,[5] quando fala em uma *impossibilidade jurídica* de o legislador prever todas as soluções: "Diante disso, impõe-se notar que, caso possível fosse o legislador descer a minúcias e, utilizando-se da cibernética, pudesse prever, na atividade legiferante, todas as ocorrências possíveis, então teríamos, pura e simplesmente, a substituição de um órgão do poder por outro, ou seja, teríamos a supressão do órgão administrativo ou executivo. Este não passaria de mero cumpridor de ordens emanadas, concretamente, do

---

[2] *Discrecionalidad administrativa*, 1982:106.

[3] *Reflexões sobre a teoria do desvio de poder em direito administrativo* (apud Régis Fernandes de Oliveira, *Ato administrativo*, 1978:67).

[4] A teoria do "desvio de poder" em direito administrativo, *RDA* 6/41-78.

[5] *Ato administrativo*, 1978:68-69.

Poder Legislativo. Em sendo assim, ocorreria verdadeira invasão dos órgãos encarregados do exercício do poder, com a dualidade deles e perderia validade a noção tripartida, consagrada em nosso direito positivo."

Ainda sob o *ponto de vista jurídico*, costuma-se justificar a discricionariedade apelando-se para a teoria da formação do direito por degraus, elaborada por Kelsen.[6] Ele parte da ideia de que "a ordem jurídica não é um sistema de normas jurídicas de igual hierarquia, situadas umas ao lado das outras, mas uma ordem graduada de diferentes espécies de normas. Sua unidade é restaurada pela conexão que resulta de que a produção e, portanto, a validade de uma remonta a outra, cuja validade está, por sua vez, determinada por outra; retorno este que desemboca, por último, na norma fundamental, na regra hipotética fundamental, e portanto no supremo fundamento de validade, naquele que cria a unidade desta série de atos criadores". Depois, ao cuidar da "relatividade da oposição entre produção e aplicação do Direito", ele afirma que "a maior parte dos atos jurídicos são ao mesmo tempo atos de produção jurídica e atos de execução jurídica. Com cada um desses atos jurídicos é executada uma norma de grau superior e produzida uma norma de grau mais baixo. Desta sorte, o primeiro ato constituinte – o mais elevado da produção jurídica – se apresenta como execução da norma fundamental; a legislação, que é produção de normas gerais, como execução da Constituição; a sentença judicial e o ato administrativo, por meio dos quais se estabelecem as normas individuais, como execução da lei; e a realização do ato coativo, como execução das ordens administrativas e sentenças judiciais".

Dentro do tema da *interpretação*, Kelsen dedica um item à "indeterminação relativa do grau inferior em relação ao superior": diz ele que "a relação entre um grau mais alto e outro mais baixo da ordem jurídica, como a que existe entre a constituição e a lei, ou entre a lei e a sentença judicial, é uma relação de determinação ou de vinculação... Porém a determinação não é completa. A norma de grau superior não pode vincular em toda direção o ato pelo qual é executada. Sempre há de ficar uma margem mais ou menos ampla de livre apreciação, de maneira que a norma de grau superior tem sempre, em relação ao ato de produção normativa ou de consumação que a executa, o caráter de um marco que há de ser observado por esse ato. Até uma ordem que chega ao detalhe tem que deixar ao executor uma infinidade de determinações. Se o órgão *A* dispõe que o órgão *B* detenha o súdito *C*, o órgão *B* há de decidir, segundo seu critério, quando, onde e como realizará a ordem de detenção, decisões estas que dependem de circunstâncias externas que não precisam nem podem tampouco prever em grande parte o órgão que dá a ordem".

---

[6] *La teoria pura del derecho*, 1941.108 ss.

Constitui tarefa própria da interpretação a verificação do marco que representa a norma a interpretar-se e, portanto, o conhecimento das várias possibilidades que estão dentro desse marco.

Considerando-se a ordem jurídica vigente no direito brasileiro, constata-se que, a partir da norma de grau superior – a Constituição – outras vão sendo editadas, como leis e regulamentos, até chegar-se ao ato final de aplicação ao caso concreto. Em cada um desses degraus, acrescenta-se um elemento inovador, sem o qual a norma superior não teria condições de ser aplicada. Em cada momento de produção jurídica, tem-se que respeitar os limites opostos pela norma de grau superior. Assim é que a Administração Pública, ao praticar um ato discricionário, acrescentando um elemento inovador em relação à lei em que se fundamenta, somente agirá licitamente se respeitar os limites que nesta se contêm. Vale dizer que é no próprio ordenamento jurídico que se encontra o fundamento da discricionariedade.

3 A discricionariedade nas três funções do Estado

Partindo-se da teoria de Kelsen sobre a formação do direito por degraus, fácil seria concluir que nas três funções do Estado existe discricionariedade, já que em todas elas existe emanação de atos que introduzem um elemento novo em relação ao ato superior.

A crítica que se faz à teoria de Kelsen é no sentido de que ele identifica discricionariedade e interpretação. Com efeito, se cada norma contém um esquema com muitas possibilidades de execução à escolha do executor do ato, a interpretação, na realidade, corresponderia a essa atividade de opção entre várias soluções possíveis. Na realidade, na interpretação, o que cabe é extrair do próprio ordenamento jurídico o sentido verdadeiro da norma interpretada, excluída a possibilidade de mais de uma solução correta; já na discricionariedade existe o poder de escolha entre várias opções que decorrem da norma.

Outra crítica à ideia de Kelsen está no fato de que ela torna difícil, senão impossível, distinguir a atividade vinculada da atividade discricionária da Administração Pública, já que, para ele, cada ato implica um acréscimo em relação à norma de grau superior, quando, na realidade, em se tratando de atividade vinculada, a Administração tem que se limitar a constatar o atendimento dos requisitos legais, sem possibilidade de optar por solução diversa daquela prevista em lei.

O que pode ocorrer e normalmente ocorre é que, após o trabalho de interpretação, resulta para a Administração Pública a possibilidade de optar por uma ou outra solução, ambas fundamentadas na mesma norma; vale dizer que, terminado o trabalho de interpretação, começa a discricionariedade. Esse aspecto será mais bem desenvolvido no item 5.4.

O que agora importa é tratar da discricionariedade nos três Poderes do Estado. Segundo Renato Alessi,[7] existe nas três funções estatais *emanação de atos de produção jurídica*, ou seja, atos que introduzem modificação em relação a uma situação jurídica anterior, com a seguinte distinção:

1. a *legislação* é ato de produção jurídica *primário*, porque fundado única e diretamente no poder soberano, do qual constitui exercício direto e primário; mediante a lei, o Estado regula relações, permanecendo acima e à margem das mesmas;
2. a *jurisdição* é a emanação de atos de produção jurídica *subsidiários* dos atos primários; nela também o órgão estatal permanece acima e à margem das relações a que os próprios atos se referem;
3. a *administração* é a emanação de atos de produção jurídica *complementares*, em aplicação concreta do ato de produção primário e abstrato contido na lei; nessa função, o órgão estatal atua como parte das relações a que os atos se referem, tal como ocorre nas relações de direito privado. A diferença está em que, quando se trata de Administração Pública, o órgão estatal tem o poder de influir, mediante decisões unilaterais, na esfera de interesses de terceiros, o que não ocorre com o particular. Daí a posição de superioridade da Administração na relação de que é parte.

Todavia, em qualquer dessas funções, em cada ato de produção jurídica – seja lei, sentença ou ato administrativo – pode haver certa margem de liberdade, embora muito mais reduzida no caso da função jurisdicional.

A liberdade do legislador é mais ampla, porque seu único limite é a Constituição; como diz Stassinopoulos,[8] a liberdade do legislador "abrange o domínio inteiro das relações jurídicas para as quais nada foi previsto na Constituição... Ao contrário, o poder executivo ou se encontra vinculado pela lei, em todos os casos em que a lei regulou a matéria, ou se encontra na impossibilidade de agir, não tendo a faculdade de limitar a vontade de quem quer que seja, no caso, aliás, bastante raro, em que a lei nada previu a esse respeito". Além disso, "a liberdade do legislador ainda é diferente do poder discricionário por uma outra razão: o legislador escolhe as regras de direito, apreciando livremente as tendências e as relações sociais, enquanto o órgão administrativo está sempre a serviço da lei e a sua tarefa consiste em encontrar a melhor maneira de realizar a vontade do legislador".

---
[7] *Instituciones de derecho administrativo*, t. 1, 1970:7-8.
[8] *Traité des actes administratifs*, 1973:139-140.

Stassinopoulos[9] nega possa haver discricionariedade na função jurisdicional; nesta existe apenas trabalho de interpretação, ou seja, de busca da única solução possível perante o direito. Para ele, muitas soluções possíveis ou uma livre escolha entre elas são dois elementos incompatíveis com a noção rígida de coisa julgada; a solução a que o juiz chega é única: é a mesma que o legislador teria adotado. Diz ele que "pela força da coisa julgada que impõe a decisão do juiz como uma verdade objetiva, a solução dada é considerada como a justa aplicação da lei". Quando o juiz aplica uma pena de dois anos de detenção, é porque só essa dosagem é correta; a de três já seria ilegal. A lei não deixou ao juiz a escolha entre várias penas legalmente válidas, mas o obrigou a procurar aquela que o legislador aplicaria. O juiz deve procurar o espírito da lei e conformar-se a ele. Ele "exprime a vontade da lei, o administrador exprime a sua". Há na função discricionária o papel criador da *vontade* do agente, no sentido de que ela opta por uma solução, segundo critérios puramente administrativos, não conferidos ao juiz. Apenas no caso da jurisdição graciosa, Stassinopoulos admite a discricionariedade, mas, nesse caso, o juiz não desempenha função tipicamente jurisdicional, pois age como um órgão administrativo.

Não há dúvida de que, em determinadas situações, o juiz depara com certos "conceitos indeterminados", como boa-fé, ordem pública, moralidade, premeditação e tantos outros comumente empregados pelo legislador. No entanto, a situação é diferente daquela em que se encontra o administrador, porque a tarefa do juiz é encontrar a única solução possível, enquanto na discricionariedade administrativa a lei deixa um leque de opções, todas elas válidas, razão pela qual o Judiciário não pode substituir uma solução por outra. No caso da função jurisdicional, não se pode conceber que o juiz tivesse várias opções, para escolher segundo critérios políticos; caso contrário, poder-se-ia admitir que, depois de decidir a lide, pela aplicação da lei segundo trabalho de exegese, restariam outras soluções igualmente válidas. Como diz Eros Roberto Grau,[10] "a segunda razão que me impele a repudiar o entendimento de que o juiz atua no campo de uma certa 'discricionariedade judicial' repousa sobre a circunstância de à autoridade judicial não estar atribuída a formulação de *juízos de oportunidade*, porém, exclusivamente, de *juízos de legalidade*. Ainda que não seja, o juiz, meramente, 'a boca que pronuncia as palavras da lei', como se vê do quanto até este ponto venho expondo, sua *função – dever-poder* – está contida nos lindes da legalidade (e da constitucionalidade). Interpretar o Direito é formular *juízos de legalidade*".

A decisão judicial exclui a possibilidade de remanescerem outras soluções, todas válidas perante o direito. Daí por que deve ser aceita com cautela a afirmação

---

[9] Ob. cit. p. 141-142.

[10] *Contribuição para a interpretação e a crítica da ordem econômica na Constituição de 1988*, 1990:191.

de que o Judiciário exerce poder discricionário; ele o faz quando não atua no exercício da jurisdição propriamente dita, que até etimologicamente significa a função de *dizer o direito*.

É no campo do direito administrativo que o tema tem maior importância, pelas dificuldades de delimitar o campo da discricionariedade para fins de admissão ou exclusão do controle pelo Poder Judiciário. E também porque, como diz Consuelo Sarria,[11] é por meio da atividade administrativa que "se realizam atividades específicas de exercício da lei de maneira concreta, permanente, direta e imediata frente aos administrados". É à Administração Pública que incumbe a tarefa de atender às necessidades coletivas; nessa tarefa, o poder discricionário é da mais alta relevância.

Na função jurisdicional, distingue-se mal a interpretação da discricionariedade, pois, sendo o Judiciário o intérprete máximo da lei, entende-se que a solução aplicada ao caso concreto era a única possível perante o direito; depois de transitada em julgado a decisão, não cabe mais qualquer discussão sobre a interpretação adotada.

Na função administrativa, a distinção ganha maior relevância, já que, nela, a apreciação judicial será sempre possível quando se trata de simples interpretação (busca da solução única, juridicamente válida), não ocorrendo o mesmo quando se trate de poder discricionário, em que a existência de duas ou mais alternativas válidas afasta a possibilidade de o Poder Judiciário substituir a decisão administrativa por sua própria decisão, quando aquela tenha feito a opção dentro dos limites legais. Caso contrário, haveria o que Afonso Rodrigues Queiró,[12] com felicidade, chamou de *dupla administração*. A lei deixa à Administração um espaço para utilizar critérios puramente administrativos, de oportunidade e conveniência, mas não os fornece ao Poder Judiciário, no exercício da função jurisdicional. A Administração, desde que observe os contornos definidos pelo ordenamento jurídico, dispõe de critérios administrativos próprios, que permitem distinguir a discricionariedade administrativa do trabalho de pura exegese; este último pode ser corrigido pelo Judiciário, enquanto aquela é de apreciação exclusiva da Administração.

4 Localização da discricionariedade

Ao examinar-se a justificação da discricionariedade administrativa, já ficou implícita a ideia de que seu *fundamento* se encontra no ordenamento jurídico positivo; é a própria lei que deixa ao administrador espaço para apreciação discricionária;

---

[11] *Discrecionalidad administrativa*, 1982:102.
[12] O limite do poder discricionário das autoridades administrativas. *RDA* 92/8.

trata-se de decorrência do princípio da legalidade. Longe está o tempo em que a discricionariedade era vista como poder puramente político.

Embora seja difícil, senão impossível, definir aprioristicamente todas as hipóteses em que existe discricionariedade, pode-se afirmar que ela está presente, em regra, quando:

1. a lei expressamente a confere à Administração, como ocorre no caso da norma que permite a remoção *ex officio* do funcionário, a critério da Administração, para atender à conveniência do serviço;
2. a lei é insuficiente, porque não lhe é possível prever todas as situações supervenientes ao momento de sua promulgação, hipótese em que a autoridade deverá decidir de acordo com princípios extraídos do ordenamento jurídico;
3. a lei prevê determinada competência, mas não estabelece a conduta a ser adotada; exemplos dessa hipótese encontram-se em matéria de poder de polícia, em que é impossível traçar todas as condutas diante de lesão ou ameaça de lesão à vida, à segurança pública, à saúde, ao meio ambiente;
4. a lei usa certos conceitos indeterminados ou, nas palavras de Linares,[13] "fórmulas elásticas", assim consideradas aquelas que encerram valorações, isto é, sentidos axiológicos, jurídicos, tais como comoção interna, utilidade pública, bem comum, justiça, equidade, decoro, moralidade etc.

Na lei, tanto se encontra o fundamento da discricionariedade, como também se definem seus limites; por outras palavras, a lei não confere discricionariedade total à Administração. É preciso, portanto, verificar onde ela se localiza.

Ficará de lado, por ora, a discussão sobre discricionariedade como *poder* da Administração ou como qualificação de seus *atos*, uma vez que será vista no item subsequente.

Para tratar do assunto, os autores utilizam critérios diversos, a saber, dentre outros, o da discricionariedade nas etapas de formação do ato administrativo, o da discricionariedade na norma jurídica, o da discricionariedade nos elementos do ato administrativo e o da discricionariedade nos conceitos indeterminados.

4.1 Discricionariedade nas etapas de formação do ato administrativo

Dentre os autores que procuram a discricionariedade nas etapas de formação do ato administrativo, cite-se Consuelo Sarria,[14] para quem a tomada de decisão

---

[13] *Poder discrecional administrativo*, 1958:280-282.
[14] *Discrecionalidad administrativa*, 1982:111-112.

pela autoridade administrativa implica um processo intelectivo que se inicia com a *análise de sua própria competência*, continua com a *observação e valoração jurídica da situação fática* e culmina com a *apreciação das medidas adequadas* em razão da situação de fato, variando o poder discricionário em cada uma dessas etapas de formação de um ato administrativo. Quanto à competência, a autoridade administrativa não tem possibilidade de atuar discricionariamente, uma vez que só pode realizar aquelas atividades que lhe foram atribuídas pela lei, tendo em conta os fins nela determinados. Na observação e valoração dos fatos, também não existe discricionariedade para a Administração, quando tenha que estabelecer simplesmente a medida de existência dos fatos e sua conformidade com o definido pelo ordenamento jurídico preestabelecido; todavia, poderá haver discricionariedade quando, de acordo com sua competência e diante de fatos reais previstos pelo ordenamento jurídico respectivo, deva a autoridade avaliar as consequências que possam produzir-se em razão dos mesmos. Por último, quanto às medidas adequadas frente à situação de fato, a autoridade administrativa, aí sim, conta com poder discricionário para estabelecer quais são as circunstâncias do momento, medidas que hão de estar presentes sempre dentro do marco da legalidade, que limita sua ação.

Segundo Consuelo Sarria, quando a autoridade administrativa avalia as consequências dos fatos e as medidas pertinentes para o cumprimento de suas funções, de acordo com as competências que lhe foram atribuídas pela lei e com vista em lograr os fins de interesse público que lhe são próprios, está avaliando a oportunidade, a conveniência e o mérito de sua própria decisão, quer dizer, está utilizando sua discricionariedade administrativa, tendo a possibilidade de decidir se atua ou não, ou, se o faz, de escolher uma ou outra decisão, "*sendo todas válidas para o direito*".

No direito brasileiro, dentre outros autores, merece ser lembrada a lição de Caio Tácito que, ao demonstrar onde se localiza a discricionariedade, distingue as várias etapas de formação do ato administrativo:[15] (a) a primeira é a *verificação da competência específica*; nessa fase, não há qualquer discricionariedade, porque "cada autoridade dispõe de uma capacidade de agir que provém da regra de direito"; (b) a fase seguinte é a da *constatação dos motivos*, ou seja, das situações de fato ou de direito que determinam sua iniciativa; aqui não há qualquer discricionariedade, porque se trata de mera constatação; a existência ou não dos motivos é matéria de ordem objetiva: sua observação imperfeita provocará um erro de fato ou de direito, sujeito ao controle de legalidade; (c) a seguir, vem a *apreciação do valor dos motivos* que corresponde a um "processo psicológico, pertencente ao prisma discricionário"; (d) segue-se a *concretização do objeto* comissivo ou omissivo, fase em que opera com maior amplitude o poder discricionário; "é este, por excelência, o seu terreno próprio. Não existindo norma legal que vincule obrigatoriamente a

---

[15] Caio Tácito. *Desvio de poder em matéria administrativa*. Tese, 1951:24 ss.

autoridade a praticar determinado ato, ou a se abster de praticá-lo, pertence, livremente, à administração a faculdade de decidir, segundo sua convicção, da oportunidade, da justiça, da conveniência ou da necessidade do ato administrativo".

Quanto à *finalidade*, Caio Tácito coloca-a como limite à discricionariedade administrativa. "Na escolha do objeto não limita-se o agente a apreciar os antecedentes do ato, ou seja, os fatores objetivos que requisitam a ação administrativa. Ele determina o seu procedimento, o alcance da competência, os fins públicos que justificam a sua interferência. Ele age em relação aos motivos para realizar os *fins legais*."

Também a *forma* é considerada, pelo autor, como elemento vinculante da vontade do agente administrativo. A inobservância da formalidade legal prescrita vicia o ato jurídico e coloca-se, em consequência, no setor do exame da legalidade.

Após essa reconstituição analítica do ato administrativo, Caio Tácito conclui que "o poder discricionário é a faculdade concedida à Administração de *apreciar o valor dos motivos e determinar o objeto* do ato administrativo, quando não o preestabeleça a regra de direito positivo".

4.2 Discricionariedade na norma jurídica[16]

Outros autores procuram a discricionariedade no exame da própria estrutura da norma, em regra a partir do ensinamento de Kelsen[17] sobre a diferença entre Direito e Natureza. Embora afirmando serem coisas diversas, ele reconhece que é difícil a distinção, porque "o Direito parece estar no domínio da Natureza, ter uma existência de todo natural, pelo menos em parte de seu ser. Se se analisa qualquer estado de coisas consideradas pelo Direito, como por exemplo uma resolução parlamentar, um ato administrativo, uma sentença judicial, um delito, podem-se distinguir dois elementos: um deles é um ato sensorialmente perceptível, que tem lugar no tempo e no espaço, um acontecimento exterior, o mais das vezes uma conduta humana; o outro é um sentido assim como imanente ou aderente a esse ato ou acontecimento, uma significação específica", que seria a significação jurídica, ou seja, a significação do ato perante o direito.

A partir daí, reconhece-se que as normas jurídicas constam de duas partes: *hipótese* da norma, onde se descrevem os fatos que podem ocorrer, e o *mandamento* da norma, onde se definem as consequências jurídicas dos fatos descritos. Ocorrendo o fato que a hipótese da norma descreve, incide o mandamento.

---

[16] Para os autores que distinguem *regra* e *princípio* e os consideram como espécies do gênero *norma*, o certo seria falar, neste item, em discricionariedade na regra jurídica. Mantém-se a terminologia original, por ser a utilizada pela doutrina citada.

[17] *La teoria pura del derecho*, 1941:26.

Essa distinção é aceita, para fins de localização da discricionariedade, por Régis Fernandes de Oliveira,[18] para quem a discricionariedade pode estar na hipótese da norma ou no mandamento, e também por Celso Antônio Bandeira de Mello.[19] Este último assim sintetiza seu pensamento: "A esfera de liberdade administrativa – aliás, sempre circunscrita – pode residir na *hipótese* da norma jurídica a ser implementada, no *mandamento* dela ou, até mesmo, em sua *finalidade*." A discricionariedade está na *hipótese da norma* quando os pressupostos de fato por ela enunciados (*motivos* do ato administrativo) são descritos mediante os chamados conceitos práticos, ou seja, determinados por meio de palavras vagas, imprecisas, como *pobreza* e *notável saber*. A discricionariedade está no *mandamento* quando a norma *facultar* um comportamento, ao invés de exigi-lo. E está na *finalidade*, quando esta é expressa por meio dos referidos conceitos práticos, como moralidade pública.

Celso Antônio ainda aceita que a lei possa deferir discricionariedade quanto à *forma* do ato ou ao *momento* de sua prática.

4.3 Discricionariedade no momento da prática do ato

Não há dúvida de que, no que diz respeito ao *momento* da prática do ato, pode-se afirmar que existe, em regra, discricionariedade, até mesmo com relação aos chamados atos vinculados. Se a lei nada estabelece a esse respeito, a Administração escolhe o momento que lhe pareça mais adequado para atingir a consecução de determinado fim. Dificilmente o legislador tem condições de fixar um momento preciso para a prática do ato. O que ele normalmente faz é estabelecer um prazo para que a Administração adote determinadas decisões, com ou sem sanções para o caso de seu descumprimento; às vezes, a lei estabelece que o vencimento do prazo implica consequência determinada, como ocorre com o prazo de 15 dias para que o Executivo vete ou sancione projeto de lei aprovado pelo Legislativo: vencido o prazo, o silêncio do Executivo implica sanção do projeto (art. 66, § 3º, da Constituição). Nessas hipóteses, há uma limitação quanto ao momento da prática do ato, mas ainda assim persiste a discricionariedade, porque, dentro do tempo delimitado, a autoridade escolhe o que lhe parece mais conveniente.

4.4 Discricionariedade nos elementos do ato administrativo

Além do aspecto concernente ao *momento* da prática do ato, a discricionariedade ainda pode estar localizada em alguns de seus *elementos*, assim considerados os

---

[18] *Ato administrativo*, 1978:73-74.
[19] *Curso de direito administrativo*, 2000:756.

requisitos essenciais a sua própria existência. Decompondo-se o ato em seus cinco elementos – *sujeito, objeto, motivo, forma* e *finalidade* –, é possível indicar onde se localiza a discricionariedade.

4.4.1 Sujeito

Com relação ao *sujeito* – aquele a quem a lei atribui competência para a prática do ato –, não existe discricionariedade. O sujeito só pode exercer as atribuições que a lei lhe confere e não pode renunciar a elas, porque lhe foram conferidas em benefício do interesse público. A competência para a prática de atos administrativos é fixada em lei; é *inderrogável*, seja pela vontade da Administração, seja por acordo com terceiros, embora possa ser objeto de *delegação* ou *avocação*, desde que não conferida a determinado órgão ou agente com exclusividade.

4.4.2 Objeto ou conteúdo

O segundo elemento a considerar é o *objeto* ou *conteúdo*, que pode ser definido como o efeito jurídico imediato que o ato produz; é aquilo que o ato enuncia. Alguns autores distinguem conteúdo e objeto. É o caso de Régis Fernandes de Oliveira[20] que, baseando-se na lição de Zanobini, diz que o objeto é a coisa, a atividade, a relação de que o ato se ocupa e sobre a qual vai recair o conteúdo do ato. Dá como exemplo a demissão do servidor público, em que o objeto é a relação funcional do servidor com a Administração e sobre a qual recai o conteúdo do ato, ou seja, a demissão. Na desapropriação, o conteúdo do ato é o próprio ato de desapropriar, e o objeto é o imóvel sobre o qual recai.

É evidente que, como elemento do ato administrativo, interessa o segundo aspecto, ou seja, a produção de efeitos jurídicos.

Pois bem, a regra jurídica, ao estabelecer os efeitos jurídicos que decorrem de determinada conduta, pode deixar ou não certa margem de discricionariedade para a Administração. Isso ocorre quando ela confere mera *faculdade* de agir e quando dá à Administração mais de uma opção para agir. É a discricionariedade situada no *mandamento* da norma. Assim, a lei pode dizer que, diante de determinada situação, apenas um efeito jurídico é possível; por exemplo, praticada certa infração de trânsito, a lei pode prever a pena de multa apenas. Ou pode ocorrer que a lei preveja dois ou mais efeitos jurídicos (objetos) possíveis, à escolha da Administração, segundo critérios puramente administrativos, ou seja, de oportunidade e conveniência; exemplo disso é a previsão de duas ou mais penalidades para punir determinada infração, cabendo à Administração escolher uma delas. Os Estatutos

---

[20] *Ato administrativo*, 1978:54.

dos Funcionários Públicos, em regra, preveem a multa e a suspensão como duas penalidades da mesma gradação para punir certos tipos de infração.

Ainda como decorrência do mandamento da norma, a Administração pode ter uma opção entre o agir e o não agir; a lei apenas lhe confere a *faculdade* e não o dever de praticar determinado ato. Assim, se diante de certa situação a Administração está obrigada a adotar determinada providência, sua atuação é vinculada; isso se verifica no caso em que, comprovado um ilícito administrativo, a autoridade competente é obrigada a aplicar a penalidade prevista em lei, sob pena de incorrer ela mesma no crime de condescendência criminosa; o mesmo ocorre nas várias hipóteses de normas que conferem direitos subjetivos aos administrados, cabendo à Administração apenas verificar se os requisitos legais foram atendidos, não podendo recusar o direito, sob pena de correção da decisão pelo Poder Judiciário.

Em outras hipóteses, a lei deixa que a Administração decida, segundo critérios puramente administrativos, se pratica ou não determinado ato. Assim é que, realizada uma licitação, é possível à autoridade optar entre celebrar ou não o contrato segundo razões de interesse público devidamente justificado. O mesmo se diga com relação ao concurso para provimento de cargos públicos.

Nos casos em que não existe discricionariedade no *mandamento* da norma, o administrado tem um direito subjetivo oponível à Administração, podendo fazê-lo valer em juízo; o contrário acontece quando o mandamento da norma confere uma *faculdade* à Administração, hipótese em que o administrado não tem como exigir a satisfação de seu interesse; é aí que os doutrinadores italianos, dentre os quais, Renato Alessi,[21] falam *em direitos debilitados* ou direitos *menores* ou *enfraquecidos* pelo poder discricionário da Administração.

4.4.3 Forma

Com relação à *forma* – revestimento exterior do ato ou modo como a declaração se exterioriza –, há divergência na doutrina, porque, para alguns, os atos são sempre vinculados, sob esse aspecto, enquanto, para outros, a forma pode ou não ser discricionária, dependendo do que dispuser a lei.

Celso Antônio Bandeira de Mello[22] aponta o *formalismo* como uma das características que distinguem o ato administrativo do ato de direito privado; neste, "a forma é livre, salvo quando houver estipulação em contrário. A regra, portanto, é a da liberdade de forma. Qualquer que seja adotada, é aceitável. A exceção é a exigência de uma dada formalização. Pelo contrário, o ato administrativo tem que se ater a um ritual formalístico. Necessita expressar-se dentro de certos modelos e

---

[21] *Instituciones de derecho administrativo*, 1970, t. 2, p. 414-415.

[22] *Ato administrativo e direitos dos administrados*, 1981:19-20.

atender a um plexo de exigências em sua exteriorização". No entanto, ele reconhece que, em certas situações, pode inexistir uma forma determinada: "Ainda quando inexista uma previsão específica de forma, ela terá que ser, no mínimo, aquela suficiente para a garantia da Administração e dos administrados quanto ao teor do ato, ao comprometimento que acarreta para o Estado e aos *elementos de defesa do indivíduo perante eventual ilegitimidade dele*".

Também Gordillo[23] realça o fato de que "não há normas jurídicas que imponham uma determinada estrutura formal do ato, ainda que existam práticas e costumes no sentido de fazê-lo de determinada maneira". Contudo, acrescenta ele que "esta relativa elasticidade das formas aplica-se principalmente em relação a formas de pouca transcendência, não a outras de maior importância: por exemplo, o fato mesmo da forma *escrita* é, em nosso modo de ver, uma formalidade muito importante em cuja ausência só muito limitadamente se pode admitir a validade do ato".

Do mesmo modo, Jean Rivero[24] diz que a decisão executória (terminologia empregada no direito francês para designar o ato administrativo) "não está sujeita a uma forma determinada. Não há formas comuns a todas as decisões administrativas. Cada autoridade deve observar as que lhe são prescritas de maneira geral e, eventualmente, para a decisão considerada... Há decisão executória desde que a autoridade competente manifestou de maneira não equívoca a sua vontade de produzir um efeito jurídico". Ele lembra até o fato de que a "decisão pode ser puramente tácita: quando a Administração, a que se apresentou requerimento, não respondeu no prazo de quatro meses, o silêncio é normalmente interpretado como uma recusa; excepcionalmente, se uma lei o prevê, como aceitação".

Na realidade, quando se fala em *formalismo* do ato administrativo, o que se quer afirmar é a necessidade de que ele seja *expresso* e *escrito*, salvo hipóteses excepcionais de atos verbais ou até mesmo tácitos. Não significa o formalismo que todos os atos administrativos tenham forma determinada pela lei. A necessidade de documentar todos os atos é que leva à exigência de forma escrita, o que constitui uma garantia para a Administração e para os administrados, na medida em que permite o controle do ato em todos os níveis que o ordenamento jurídico prevê (controle administrativo, legislativo e judicial).

Desse modo, a não ser que a lei imponha à Administração a obrigatoriedade de obediência a determinada forma (como decreto, resolução, portaria), o ato pode ser praticado pela forma que lhe parecer mais adequada. Normalmente, as formas e procedimentos mais rigorosos são exigidos quando estejam em jogo direitos

---

[23] *Tratado de derecho administrativo*, t. 3, 1979, cap. X3.
[24] *Direito administrativo*, 1981:113-114.

dos administrados, como ocorre nos concursos públicos, na licitação, no processo disciplinar.

Ressalte-se, também, que às vezes a lei prevê mais de uma forma possível para atingir o mesmo efeito jurídico: o acordo pode ser formalizado, em determinadas hipóteses, por meio de ordem de serviço, nota de empenho, carta de autorização; a ciência de um ato ao interessado pode, quando a lei permita, ser dada por meio de publicação ou de notificação direta. Nesses casos, existe discricionariedade quanto à forma.

4.4.4 Motivo

No que concerne ao motivo, parece haver consenso na doutrina quanto à possibilidade de haver discricionariedade.

Define-se o motivo como o pressuposto de direito e de fato que serve de fundamento ao ato administrativo. Pressuposto de direito é o fato descrito na norma (hipótese da norma) como fundamento de determinado ato. Pressuposto de fato, como o próprio nome indica, corresponde ao conjunto de circunstâncias, de acontecimentos, de situações que levam a Administração a praticar o ato. Para que este seja legal, é necessário que haja uma coincidência entre o motivo de fato e o motivo de direito descrito na lei. Dependendo de como o legislador define os fatos ensejadores de determinada conduta da Administração, poderá haver discricionariedade ou vinculação quanto ao motivo.

Haverá *vinculação* do motivo, quando a lei, ao descrevê-lo, utilizar noções precisas, vocábulos unissignificativos, conceitos matemáticos, que não dão margem a qualquer apreciação subjetiva. Exemplo: terá direito à aposentadoria o funcionário que completar 35 anos de serviço público ou 70 anos de idade; fará jus à licença-prêmio o funcionário que completar cinco anos de serviço, sem punições e sem ultrapassar o número certo de faltas justificadas.

Ao contrário, haverá *discricionariedade* quando:

1. a lei não definir o motivo, deixando-o ao inteiro critério da Administração; é o que ocorre na exoneração *ex officio* do funcionário nomeado para cargo de provimento em comissão (exoneração *ad nutum*); não há qualquer motivo previsto na lei para justificar a prática do ato; em casos como esse, cabe à autoridade escolher o motivo (desde que legal) que a levará a praticar determinado ato;
2. a lei definir o motivo utilizando noções vagas, vocábulos plurissignificativos (os chamados *conceitos jurídicos indeterminados)* que deixam à Administração a possibilidade de apreciação dos fatos concretos segundo critérios de valor que lhe são próprios; é o que ocorre quando a lei manda

punir o servidor que praticar "falta grave" ou "procedimento irregular", sem definir em que consistem; ou quando exige, para o provimento de certos cargos, "notável saber"; enfim, sempre que a hipótese da norma se refere a *conceito de valor*, como ordem pública, moralidade administrativa, boa-fé, paz pública e tantas outras de uso frequente pelo legislador.

Com relação a este segundo aspecto, existe toda uma teoria sobre os conceitos jurídicos indeterminados. Existe controvérsia sobre se a sua utilização na norma legal gera ou não discricionariedade administrativa. Para parte considerável da doutrina, os conceitos jurídicos indeterminados, sendo conceitos *jurídicos*, são objeto de interpretação e, portanto, podem ser analisados pelo Poder Judiciário, para verificar se a solução adotada pela Administração Pública é a correta ou não. O assunto será objeto de análise no item 5.3 deste Capítulo.

4.4.5 Finalidade

Quanto à *finalidade* – resultado que a Administração pretende alcançar com a prática do ato –, não há consenso por parte de doutrina brasileira.

Hely Lopes Meirelles[25] diz que "não se compreende ato administrativo sem fim público. A finalidade é, assim, elemento vinculado de todo ato administrativo – discricionário ou regrado – porque o direito positivo não admite ato administrativo sem finalidade pública ou desviado de sua finalidade específica".

Também Seabra Fagundes[26] considera que "a finalidade do ato é examinada como aspecto da *legalidade*, tendo-se em vista verificar se a Administração Pública agiu ou não com o fim previsto na lei. Indaga-se da *finalidade* para apurar se o ato administrativo foi praticado para alcançar o *fim* desejado pelo texto legal.

Caio Tácito[27] considera também o fim como elemento sempre vinculado do ato administrativo. Em suas palavras, o agente administrativo "age em relação aos motivos para realizar os *fins legais*. Se, como vimos, esse fins não podem ser senão aqueles determinados em lei para o caso específico, se não é lícito ao agente substituí-los ainda que por outro fim público, é evidente que a finalidade do ato representa uma limitação à discricionariedade, um dique à expansão dos critérios oportunísticos na determinação do objeto. A finalidade é, em última análise, um elemento sempre vinculado, que não comporta apreciação discricionária".

---

[25] *Direito administrativo brasileiro*, 1988:128.
[26] *O controle dos atos administrativos pelo poder judiciário*, 1984:135.
[27] *Desvio de poder em matéria administrativa*, 1951:25.

Já Celso Antônio Bandeira de Mello[28] faz uma colocação um pouco diferente. Para ele, "pela mesma razão que propicia a irrupção de discricionariedade na hipótese da norma – concernente ao motivo – pode também ocorrer discrição quanto à *finalidade*. Expressada esta por via de conceitos práticos, a indeterminação relativa daí resultante engendra certa liberdade administrativa que, inclusive, reflui sobre os motivos". E dá o exemplo em que a lei disponha que "as pessoas que se portarem indecorosamente serão expulsas do cinema a fim de se proteger a "moralidade pública". Como o conceito de moralidade é variável no tempo e no espaço e é impossível fixar, com absoluto rigor, sua dimensão precisa, remanesce para o administrador alguma discrição no que diz respeito à finalidade.

Todos os autores são unânimes em reconhecer que a Administração Pública está vinculada ao atendimento do *interesse público*. Só que, para alguns, isso é suficiente para concluir que o ato administrativo é sempre vinculado quanto aos fins; e, para outros, como a lei não estabelece critérios objetivos para identificar, no caso concreto, o que é de interesse público, restaria certa discricionariedade para o administrador público.

Na realidade, deve-se distinguir, na *finalidade* do ato, aquela que corresponde ao interesse público, e aquela que decorre, implícita ou explicitamente, da lei para cada categoria de ato.

Com efeito, o objetivo de interesse público está presente tanto no momento da *elaboração* da lei, como no momento de sua execução. Ele inspira o *legislador* e vincula a *autoridade administrativa* em toda a sua atuação. O legislador, ainda quando estabelece normas para proteger o direito individual, tem o objetivo primordial de atender ao interesse público, ao bem-estar coletivo; a Administração Pública não pode desviar-se de fins de interesse público, sob pena de ilegalidade, por desvio de poder.

Nesse sentido, não há a mínima possibilidade de contestação quando se afirma que a Administração está *vinculada* a fins de interesse público.

Todavia, isso não é suficiente para afastar certa margem de discricionariedade quando os fins têm que ser analisados em relação a cada caso concreto. É aqui que se coloca, do mesmo modo que no *motivo* do ato, a questão dos conceitos indeterminados, quando a lei se refere à finalidade do ato como sendo a ordem pública, a moralidade, o bem-estar, o interesse público, o bem comum, e não há critérios objetivos que permitam concluir, em cada caso, o que é melhor para a consecução daqueles objetivos, ainda que a Administração tenha que observar determinadas limitações, como a competência, a forma, a motivação, a proporcionalidade dos meios aos fins, a razoabilidade. Dentro desses limites, poderá haver mais de uma

---
[28] *Curso de direito administrativo*, 2011:978.

solução válida perante o direito, hipótese em que haverá discricionariedade com relação aos fins. A lei não predetermina a conduta que a Administração deve adotar num caso concreto, para atingir determinados objetivos de interesse público; a autoridade é que deverá decidir entre agir ou não agir, agir por uma ou outra forma.

Entretanto, além desse sentido amplo em que se pode considerar a finalidade do ato, existe outro, mais restrito, que designa o resultado específico que cada ato deve produzir, conforme definido na lei; nesse sentido, se diz que a finalidade do ato administrativo é sempre a que decorre explícita ou implicitamente da lei.

Sob esse aspecto, a finalidade do ato é sempre vinculada pela lei; não há, aí, qualquer margem de discricionariedade para a Administração, pois é o legislador que define a finalidade que o ato deve alcançar, não havendo liberdade de opção para a autoridade administrativa; se a lei coloca a demissão entre os atos punitivos, não pode ela ser utilizada com outra finalidade que não a de punir; se a lei permite a remoção *ex officio* do funcionário para atender à conveniência do serviço, não pode ser utilizada para finalidade diversa, como a de punição. Isso caracterizaria o desvio de poder.

5 Diferentes maneiras de considerar a discricionariedade administrativa

5.1 Colocações introdutórias

O estudo da discricionariedade administrativa – tema, por natureza, complexo – cresce de dificuldade quando se verificam as diferentes maneiras de defini-la, no tempo e no espaço.

Analisada em confronto com o princípio da legalidade, verifica-se que a discricionariedade, que abrangia, inicialmente, no Estado de Polícia, toda a atividade administrativa, sofreu uma primeira restrição quando se bifurcou a personalidade do Estado, fazendo-se, a partir de então, a distinção entre *justitia* e *politia*, a primeira abrangendo atividade sujeita a controle judicial e a segunda isenta desse controle; nesse momento, a atividade da Administração ficou parcialmente vinculada à lei. Com a formação do Estado de Direito, houve uma ampliação do âmbito de aplicação da legalidade administrativa, de tal sorte que toda ela passou a ser submetida ao Direito; foi quando a discricionariedade deixou de ser um poder político para transformar-se em poder jurídico.

É importante assinalar, contudo, que nem sempre existiu o vocábulo *discricionariedade* e a respectiva doutrina; como também que a forma de encará-la evoluiu de modo diferente nos vários direitos do sistema europeu continental.

5.2 Evolução no direito francês

5.2.1 Matérias graciosas e contenciosas

Nas obras de autores franceses mais antigos, como Cormenin, Macarel, De Gerando, não se encontra o vocábulo *discricionariedade*.

No início do século XIX, na primeira fase da jurisdição administrativa, os autores franceses começam a falar em poder *gracioso* em oposição a poder *contencioso*.

A distinção se fazia com a finalidade de definir as matérias que seriam de competência dos tribunais administrativos; era necessário distinguir as *matérias contenciosas*, sujeitas a controle, e as *não contenciosas*, que escapavam a esse controle. Estas últimas eram chamadas "matérias de polícia", que compunham o *jus politiae* e formavam um poder autônomo do Estado, não limitado pela lei e não sujeito a controle pelos Tribunais Administrativos.

Essa distinção era feita, dentre outros, por Chaveau, que falava em um poder gracioso, próprio da Administração, e que somente dizia respeito a *interesses*, não direitos dos administrados; ele não falava propriamente em poder discricionário, mas dizia que "as formas que precedem o exercício desta jurisdição, quando não traçadas pela lei, ficam à discrição dos agentes da Administração Pública".[29]

Segundo ensinamento de António Francisco de Souza,[30] "estas matérias incontroláveis jurisdicionalmente constituíam para a Administração um amplo espaço de livre atuação, isto é, um espaço discricionário. Mas a 'liberdade da Administração' não se limitava a uma liberdade perante o Poder Judicial. A liberdade completa também deveria existir perante o Poder Legislativo. A Administração, sempre que não estivesse proibida ou limitada por uma lei, era livre. Daqui surgiu a ideia de discricionariedade administrativa como liberdade perante os Tribunais e perante o Legislador". Segundo o mesmo autor, esse foi o primeiro e mais amplo conceito de discricionariedade administrativa, na França, e que excluía do controle judicial toda a matéria de polícia, relativa à segurança e à ordem pública.

5.2.2 Atos de governo e atos discricionários

Numa segunda fase, ocorrida já na segunda metade do século XIX, abandonou-se a ideia de matérias graciosas (onde se localizava a discricionariedade); inicialmente, separaram-se, dentre essas matérias, as *questões de governo*, que continuavam fora do controle judicial, dando origem à teoria dos atos de governo ou atos políticos; essa construção, na realidade, resultou de uma necessidade de

---

[29] Principes de competence et de juridiction administrative, Paris, 1841, I, p. 29 ss. apud Giannini, *Il potere discrezionale della pubblica amministratione*, 1939:19.

[30] *A discricionariedade administrativa*, 1987:36-37.

sobrevivência do Conselho de Estado Francês: terminada a ditadura napoleônica, restabeleceu-se a monarquia, com Luis XVIII, a 8-7-1815; a Administração Pública perdeu grande parte de sua força, o mesmo ocorrendo com o Conselho de Estado, o qual, para evitar confrontos com o Executivo, passou a impor limitações a sua própria competência, decidindo que as questões de governo ficavam fora do controle jurisdicional. Paralelamente, passou-se a falar em *atos discricionários*, para referir-se àqueles que escapavam ao controle do Conselho de Estado; nesse período, entendia-se que nos atos discricionários, também chamados "atos de pura administração" ou "atos puramente administrativos", a Administração era inteiramente livre.

Para saber quando um ato era discricionário, era preciso saber se ele esbarrava em um direito adquirido; se isso ocorresse, ele deixaria de ser discricionário e tornava-se suscetível de controle jurisdicional. Se o ato atingisse meros "interesses" dos particulares, era considerado discricionário, e o Conselho de Estado furtava-se a sua apreciação. Vale dizer que a única lei que era apreciada perante os tribunais administrativos era a que protegia os direitos individuais e não a que tutelava o interesse público. Os recursos que os particulares interpunham perante o Conselho de Estado eram designados de "recursos contenciosos" ou "recursos pela via contenciosa" e tinham por objetivo pleitear a anulação de atos administrativos praticados com violação da lei e em prejuízo de seus direitos individuais.

Não que os atos discricionários não pudessem jamais ser apreciados pelos tribunais administrativos. Eles eram admitidos por meio do *recurso* por *excesso de poder*, que se limitava, de início, ao exame apenas dos vícios de incompetência e de forma. Esse recurso significou uma primeira limitação à discricionariedade administrativa, que ficava limitada não só pela lei em sentido material (que protegia direitos individuais), mas também por leis em sentido formal (referentes a normas que deviam ser observadas pela Administração, no que diz respeito à competência e à forma).

Havia, portanto, dois tipos de recursos: os *contenciosos*, em que se alegava ofensa à lei em sentido material (que protegia os direitos individuais), e os recursos por *excesso de poder*, em que se alegava ofensa à lei em sentido formal.

Foi nessa fase que Hauriou e seus adeptos passaram a falar em *moralidade administrativa*, em *boa administração*, em *polícia da administração*, em oposição a *legalidade em sentido estrito* (material) e a *polícia do sistema jurídico*.

5.2.3 Poder discricionário

O grande passo no sentido da imposição de limites à discricionariedade administrativa foi dado a partir do momento em que se elaborou a teoria do desvio de poder. Pela mesma via do *recurso por excesso de poder* – que abriu as portas para o exame dos atos discricionários pelo Conselho de Estado –, passou-se a admitir o exame da *finalidade* do ato.

Com o objetivo de favorecer ou reforçar a moral administrativa na prática de atos discricionários, o Conselho de Estado passou a examinar se os fins visados pelas autoridades supostamente competentes e obedecendo a forma legal estavam em consonância com o interesse público.

Entendia-se que o desvio de poder ocorre quando a autoridade administrativa, embora usando de competência legal, pratica o ato com finalidade diversa daquela para a qual foi outorgado o poder de praticá-lo. Nesses casos, a autoridade decide com base em considerações que dizem respeito às normas da boa administração.

Note-se que essas regras são consideradas essenciais à moralidade administrativa e também eram postas pela lei, embora se referissem à competência, à forma e aos fins, não sendo consideradas leis em sentido material. A Administração estava, portanto, sujeita a dois tipos de normas: as normas legais em sentido material e as normas legais em sentido formal.

Por volta de 1906, o Conselho de Estado deixou de exigir como condição para o recurso contencioso, por violação da lei material, a alegação de ofensa a direito subjetivo. Essa alegação passou a ser feita no próprio recurso por excesso de poder. Por outras palavras, o recurso por violação da lei e dos direitos adquiridos, que existia como modalidade autônoma, passou a inserir-se no próprio recurso por excesso de poder.

Daí os doutrinadores falarem em sucessivas "aberturas" (*ouvertures*) para o exame dos atos discricionários por meio do referido recurso: incompetência, vício de forma, desvio de poder, violação da lei e dos direitos adquiridos. Havia, de início, certa diferença essencial entre as três primeiras "aberturas" e a última, pois apenas nesta se exigia demonstração de ofensa a direito adquirido, enquanto nas demais bastava demonstrar um "interesse". O último passo deu-se quando se deixou de exigir a alegação de lesão a direito subjetivo e o Conselho de Estado passou a examinar pura e simplesmente a *legalidade* do ato da Administração, em seus vários aspectos.

Deixou-se, portanto, de fazer distinção entre lei em sentido material e lei em sentido formal. Houve uma ampliação da ideia de legalidade protegida pelos tribunais, porque a ela se incorporou a noção de boa administração, de moralidade administrativa. A preocupação já não é proteger só os direitos individuais, mas a própria ordem interna da Administração Pública, que se quer moralizar.

A partir de então, deixou-se de falar em *ato discricionário* e começou-se a reconhecer um *poder discricionário* para a Administração, presente praticamente em todos os atos administrativos, à medida que a lei omita algum de seus aspectos; nesses casos, fica para a Administração certa margem de liberdade para apreciar a oportunidade e conveniência das medidas a adotar para a consecução dos fins legais. O administrador era visto como a figura mais apta para decidir sobre determinados casos, por estar mais próximo da realidade e poder adotar soluções mais flexíveis para cada situação. E os tribunais ficavam com a competência de controlar apenas a legalidade, não podendo imiscuir-se nos aspectos deixados à liberdade de apreciação do administrador.

Contribuíram para a elaboração dessa doutrina, amplamente desenvolvida no início do século XX, autores como Michoud, Duguit, Hauriou, Bonnard, Jèze, Waline.

Michoud, em seu "Étude sur le pouvoir discrétionnaire de L'Administration" (1913), foi um dos autores que defendeu a tese de que os atos do Poder Executivo contêm todos certa parcela de apreciação discricionária, que não pode ser sindicada pelos tribunais, já que estes só podem apreciar a aplicação das leis.

O legislador, em determinados casos, fixa, ele mesmo, as decisões a tomar em cada situação, o que ocorre, em geral, quando ele quer conferir e assegurar certos direitos aos indivíduos; nesses casos, tem-se o domínio dos *atos de autoridade*. Em outras hipóteses, o legislador deixa determinadas decisões para serem tomadas pela Administração diante do caso concreto, o que ocorre, em geral, no domínio dos atos de gestão e nos casos em que à Administração é conferido o direito de abster-se.

Todavia, mesmo no domínio dos atos em que a lei vincula a Administração a determinada decisão, ainda resta certa discricionariedade quanto ao *momento* da ação. Enquanto os tribunais não podem deixar de decidir quando provocados pelos interessados, a Administração não precisa ser provocada e pode escolher o melhor momento de agir.

O poder discricionário mais amplo ocorre quando a lei deixa à Administração a possibilidade de escolha entre várias soluções possíveis, todas elas igualmente legais, sendo a opção feita, não com base em razões de direito, mas por motivos de conveniência e segundo normas de boa administração.

Michoud afirma que o poder discricionário não é um *poder arbitrário*, porque está sujeito a uma série de limitações: em primeiro lugar, as impostas pelas leis de competência e de forma; além disso, o poder discricionário considera-se excluído quando a lei (em sentido material) estabelece uma avaliação mais precisa das restrições que podem ser impostas aos particulares em benefício do *interesse público*; na medida em que essas restrições sejam estabelecidas pelo legislador, não pode ter lugar a apreciação discricionária pela Administração. Esta só pode perseguir aquele fim de interesse geral que a lei a incumbe de realizar. Quando a autoridade atua na consecução de fins de interesse geral que estão fora de sua competência ou quando atua na busca de outros fins que não os pretendidos pelo legislador, ocorre o *desvio de poder*: ela *desvia* seu poder discricionário do fim público para o qual lhe foi conferido esse poder.

Nesse caso, o tribunal pode apreciar o ato administrativo, o que não significa perquirir a intenção do agente. A apreciação judicial terá que levar em conta o ato em si mesmo e o procedimento que o preceder; enfim, terá que examinar os motivos que forem expressamente declarados e as circunstâncias exteriores do fato que é levado a julgamento. Verificado o motivo ilícito, estará reconhecido o desvio de poder.

Duguit parte do pressuposto de que toda a atividade do Estado se submete à lei. Seja julgando, seja administrando, o Estado só pode agir de acordo com a lei. É esta que confere certos *poderes* aos agentes públicos e estabelece os *fins* que justificam a outorga desses poderes. Todos os *fins* dizem respeito ao funcionamento do serviço público; assim, todas as competências exercidas pelas autoridades administrativas devem ter em vista o bom funcionamento do serviço público.

A autoridade não tem o poder discricionário (que seria arbitrário) de escolher qualquer efeito jurídico ou definir o fim que deve alcançar; ela só pode produzir os efeitos jurídicos que sejam aptos para alcançar os fins já definidos pelo legislador; é somente esse fim previamente definido pelo legislador que constitui o *motivo determinante* da vontade do agente.

O poder discricionário existe, para Duguit, quando o agente tem certa liberdade de apreciação na questão de saber se um ato deve ou não ser praticado, o que depende da medida em que isso possa assegurar a realização do fim legal, que é o funcionamento regular do serviço. É o próprio interesse do serviço que justifica a existência do poder discricionário. Se o agente decide segundo um fim diverso daquele, ocorre violação da lei, sob a modalidade de *desvio de poder*.

O poder deixa de ser discricionário quando a lei obriga o agente a agir de determinada maneira; nesses casos, os tribunais podem apreciar o ato da Administração e, para fazê-lo, devem examinar os *motivos*, os fatos que precedem a prática do ato, para verificar se houve ou não desvio de poder.

Outro autor que examinou em profundidade o tema foi Roger Bonnard, com seu estudo sobre "o poder discricionário das autoridades administrativas e o recurso por excesso de poder", publicado na *Revue du droit public et de la science politique*, vol. 40 1923, e também na obra sobre "*le contrôle juridictionnel de l'administration*".

Segundo ele, existe poder discricionário quando a lei ou o regulamento, atribuindo certa competência a ser exercida em uma relação de direito com um particular, deixa à Administração um livre poder de apreciação para decidir se ela deve agir ou abster-se e em que momento deve agir, como ela deve agir e qual conteúdo ela vai dar a seu ato. O poder discricionário consiste, portanto, na livre apreciação deixada à Administração para decidir o que é oportuno fazer ou não fazer. Consiste na livre apreciação pela Administração da oportunidade de uma atividade.

Para mostrar exatamente onde se localiza esse poder discricionário, ele decompõe o ato administrativo em seus vários elementos – *motivo, objeto, fim* e *manifestação de vontade* – e conclui que o poder discricionário existe em relação apenas a um desses elementos, que é o objeto (efeito jurídico protegido imediata e diretamente pelo ato). Por outras palavras, o poder discricionário é exclusivamente e essencialmente "a liberdade de apreciação deixada à Administração pela lei ou pelo regulamento quanto à determinação do conteúdo do objeto do ato".

Para ele,[31] não há limitações ao poder discricionário. "Ele é ou não é. Não há meio termo nessa alternativa... Ele comporta limites externos que vêm determinar o seu domínio. Mas no interior desses limites o poder discricionário não pode comportar restrições..."

Seria uma antinomia falar de um poder "discricionário" limitado.

Quanto ao "critério do poder discricionário", ou seja, quanto a saber quando se está diante de um poder discricionário, o elemento a considerar é o *motivo*, como tal entendido o ato ou a situação de fato ou de direito que precede, provoca e exige certa atividade. Portanto, se, diante da existência de certos motivos, determinada atividade se produz, esta atividade será e deverá ser aquela exigida por certos motivos. Para certos motivos existentes, deverá corresponder uma atividade e não outra. De modo que, se para certa atividade os motivos são previamente definidos, estará também previamente determinado *se, quando* e *como* a atividade poderá ser exercida.

Quando a lei fixa previamente o motivo, a competência será vinculada. Caso contrário, haverá poder discricionário, e a Administração terá o poder de livre apreciação para decidir o que é oportuno fazer.

Bonnard reconhece que nem sempre a lei indica os motivos com precisão; por vezes, a expressão legal é extremamente vaga e equivale à ausência de motivos formulados.

Para saber quando há discricionariedade, é necessário partir da ideia de livre apreciação quanto ao ato a praticar: os motivos formulados serão suficientes para vincular o poder da administração quando forem constituídos por fatos tais que não haja lugar para os declarar existentes senão mediante uma *constatação* de existência material. Ao contrário, não há elementos suficientes para vincular a Administração quando a existência dos fatos enunciados como motivos não pode estabelecer-se senão depois de certas *livres apreciações de qualidade e de valor*.

Segundo Bonnard, os tribunais podem apreciar os motivos do ato administrativo, mesmo quando estes não sejam indicados pelo legislador, desde que expressamente declarados pela Administração. Isso porque os motivos invocados têm de

---

[31] Roger Bonnard. *Le contrôle juridictionnel de la administration*, 1934:57 ss.

ser materialmente exatos, sob pena de irregularidade do ato, a qual corresponderá a uma ilegalidade em sentido amplo, porque o princípio da necessidade de existência dos motivos alegados é uma regra consuetudinária. Os tribunais não podem apreciar a valoração dos motivos feita pela Administração, porque isto significaria entrar na esfera do poder discricionário; todavia, tendo que haver certa relação entre os motivos e os fins, os tribunais podem, para verificar se os fins foram realmente atendidos, apreciar os motivos invocados.

A grande diferença entre o pensamento de Duguit e Bonnard diz respeito precisamente a esse aspecto. Para o primeiro, o controle judicial sobre os motivos só é possível quando eles sejam definidos pela lei; para Bonnard, esse controle é possível sempre que o motivo tenha sido declarado pelo agente: cada decisão tem de ser tomada por um certo motivo, sob pena de arbítrio. Declarado o motivo, ele deve ser exato, sob pena de ilegalidade do ato, apreciável pelo Poder Judiciário. É a *teoria dos motivos determinantes*.

Maurice Hauriou, no que diz respeito ao poder discricionário, não se afasta da doutrina já exposta, dos demais autores franceses da época. Contudo, a grande novidade foi a referência à *moralidade administrativa*; segundo ele, tanto ocorre desvio de poder quando a autoridade se desvia dos fins legais, como nas hipóteses em que usa de seus poderes por *motivos subjetivos*, por intenção reprovável, movido não pela ideia de bem desempenhar sua função, mas para servir a interesses diversos, ainda que também sejam gerais. A *intenção* do agente passou a ser importante para a verificação do desvio de poder.

Com base nessas teorias, também adotadas de forma semelhante por outros autores, como Jèze e Waline, o Conselho de Estado passou a estender a noção de violação da lei às hipóteses em que o ato administrativo atacado se baseia em *fatos materialmente inexatos*.

Segundo Rivero,[32] essas doutrinas não mudaram muito; na situação atual, ele indica três pontos fundamentais para definir a medida do poder discricionário:

1. *já não existe um ato administrativo inteiramente discricionário*; todo ato está no mínimo submetido a duas condições impostas pelo direito: uma relativa à autoridade para o tomar, a outra relativa aos fins que deve prosseguir e que não é, necessariamente, o interesse público; pelo menos nestes dois pontos, a Administração está sempre vinculada e, portanto, sujeita ao controle jurisdicional;

2. "mesmo nos atos mais vinculados pela norma jurídica, a Administração conserva sempre um mínimo de poder discricionário: é o que se chama

---
[32] *Direito administrativo*, 1981:94-95.

'a escolha do momento'. É livre para apreciar, consoante as necessidades do seu funcionamento, quando é que poderá tomar as decisões que se lhe impõem, pelo menos dentro de limites razoáveis";

3. "entre este máximo e este mínimo, na maior parte dos casos a lei, embora fixe à Administração alguns dos elementos de decisão, deixa-lhe em relação a outros liberdade de apreciação; esta liberdade tem por objeto quer o próprio exercício da competência (a Administração pode escolher entre a ação e a abstenção), quer o conteúdo da decisão, por exemplo, os meios de utilizar com vista ao fim procurado".

O próprio recurso por excesso de poder mantém as características assinaladas: por ele se anulam os atos administrativos *ilegais*, o que abrange os quatro aspectos já assinalados, correspondentes às denominadas "ouvertures": incompetência, vício de forma, desvio de poder e violação da lei. O fato de a "violação da lei" ser considerada espécie à parte (embora nos outros casos também haja violação da lei), tem uma justificativa histórica, porque essa modalidade, como forma autônoma, surgiu no momento em que se deixou de exigir a demonstração de violação aos direitos adquiridos como condição indispensável para o reconhecimento da violação à lei. Hoje, essa expressão designa qualquer tipo de ilegalidade que não se enquadre como vício de forma, de competência ou desvio de poder.

Georges Vedel e Pierre Delvolvé[33] assim sintetizam os quatro aspectos que constituem objeto do recurso por excesso de poder, no qual pode ser examinado um ato praticado com base no poder discricionário:

1. é necessário, de início, verificar a regularidade *formal* do ato e, portanto, verificar se ele foi praticado por uma autoridade competente e segundo a forma prescrita; isto corresponde às duas primeiras "ouvertures": *incompetência* e *vício de forma* (*legalidade externa*);

2. é necessário, em seguida, verificar a regularidade *material* do ato, quer dizer a conformidade de seu conteúdo (de sua *matéria*) ao direito (*legalidade interna*); esta verificação deve ser feita sob dois aspectos: (a) sob um ponto de vista *objetivo*, deve-se verificar se o conteúdo do ato, independentemente da intenção de seu autor, está conforme ao direito; por exemplo, aplicada uma sanção disciplinar, será necessário verificar se ela estava prevista na lei, se ela repousa sobre fatos materialmente exatos, se esses fatos eram de natureza a justificar uma sanção; esse controle *objetivo*

---
[33] *Droit administratif*, 1984:774.

da regularidade *material* do ato corresponde à "ouverture" da *violação* da lei em seu sentido tradicional; (b) sob o ponto de vista *subjetivo*, é necessário examinar se o autor do ato perseguiu o fim que a lei atribui aos atos dessa categoria; esse controle *subjetivo* da regularidade *material* do ato corresponde à "ouverture" do desvio de poder.

Os mesmos autores apresentam resumidamente o seguinte quadro das "ouvertures" clássicas do recurso por excesso de poder:

1. controle formal do ato administrativo:
   – incompetência e
   – vício de forma
2. controle material do ato:
   – ponto de vista objetivo: violação da lei
   – ponto de vista subjetivo: desvio de poder

Do exposto resulta, resumidamente, que o direito francês atual repudia a ideia de ato inteiramente discricionário e prefere falar em atos praticados no exercício de *poder discricionário*, os quais podem ser objeto de apreciação pelos Tribunais sob os quatro aspectos já assinalados.

5.2.4 Apreciação crítica

No direito brasileiro, a maior parte dos doutrinadores reconhece a existência de um *poder discricionário* e de *atos discricionários*.

O repúdio, no direito francês, à existência de ato discricionário teve uma justificativa, tendo em vista que a expressão, durante determinado período, servia para afastar o controle judicial. A partir do momento em que se reconheceu que inexiste ato *inteiramente discricionário*, o repúdio deixou de justificar-se, pois o controle pelo Poder Judiciário sempre poderá recair sobre os aspectos de legalidade do ato, como a competência, a forma e os fins.

E realmente não há razão para negar-se a existência de ato discricionário e também de poder discricionário. Este existe *in potentia*; aquele existe *in actu*. Mesmo antes de ser editado o ato, existe a discricionariedade como poder da Administração Pública conferido pela lei para ser exercido no caso concreto. Quando o poder é discricionário, o ato pelo qual esse poder se manifesta também é discricionário dentro dos limites definidos na lei.

5.3 Discricionariedade nos conceitos jurídicos indeterminados

5.3.1 Noção de conceito jurídico indeterminado

A expressão *conceito jurídico indeterminado*, embora bastante criticável, ficou consagrada na doutrina de vários países, como Alemanha, Itália, Portugal, Espanha e, mais recentemente, no Brasil, sendo empregada para designar vocábulos ou expressões que não têm um sentido preciso, objetivo, determinado, mas que são encontrados com grande frequência nas regras jurídicas dos vários ramos do direito. Fala-se em boa-fé, bem comum, conduta irrepreensível, pena adequada, interesse público, ordem pública, notório saber, notória especialização, moralidade, razoabilidade e tantos outros.

No direito administrativo, o tema ganhou especial relevo porque relacionado com a matéria concernente à discricionariedade administrativa. Conforme justifica António Francisco de Sousa,[34] "este fenômeno deve-se à natureza das funções da Administração, sobretudo devido ao fato de a Administração se orientar à satisfação de necessidades sociais. É que os conceitos indeterminados se apresentam ao Legislador como um instrumento privilegiado para a atribuição de certo tipo de competência às autoridades administrativas para que estas possam reagir a tempo e de modo adequado aos imponderáveis da vida administrativa".

Uma das características essenciais do conceito legal indeterminado está no fato de que ele não se refere a uma coisa certa, mas a uma significação. É o que realça Eros Roberto Grau.[35] "O objeto do conceito jurídico não existe 'em si'; dele não há representação concreta, nem mesmo gráfica. Tal objeto só existe, 'para mim', de modo tal, porém, que sua existência abstrata apenas tem validade, no mundo jurídico, quando a este 'para mim', por força de convenção normativa, corresponde um – seja-me permitida a expressão – 'para nós'. Apenas e tão somente na medida em que o 'objeto' – a significação – do conceito jurídico possa ser reconhecido uniformemente por um grupo social poderá prestar-se ao cumprimento de sua função, que é a de permitir a aplicação de normas jurídicas, com um mínimo de segurança... O objeto do conceito jurídico expressado, assim, é uma significação atribuível a uma coisa, estado ou situação e não a coisa, estado ou situação".

Dessa característica do conceito legal indeterminado resulta outra, que é sua *mutabilidade*, ou seja, a possibilidade de seu significado variar no tempo e no espaço. Basta considerar a expressão *interesse público*, que corresponde a um dos princípios fundamentais do direito administrativo, para entender-se a importância do tema nesse ramo do direito, que é dos que maior flexibilidade exigem, pelo próprio

---

[34] *A discricionariedade administrativa*, 1987:73.
[35] Notas sobre os conceitos jurídicos. *RDP* 74/218-219.

fato de a função administrativa estar voltada para a consecução das necessidades coletivas, sempre variáveis. O mesmo objetivo que constitui, em dado momento, a preocupação central do poder público, pode, tempos depois, ser superado por outros cujo atendimento venha a apresentar maior grau de premência.

Quando o direito administrativo estabelece regras legais que impõem à Administração o dever de atender ao *interesse público*, ao *bem comum*, à *conveniência do serviço* e outros semelhantes, está deixando as portas abertas para a flexibilidade das decisões, em função da infinita gama de situações concretas a atender, na dinâmica sempre crescente das relações sociais que a Administração Pública tem que regular e fiscalizar. O mesmo se diga com relação aos princípios a que se submete a Administração Pública, expressos também por meio de vocábulos de significado indeterminado. É o que ocorre com os princípios da supremacia do interesse público, da moralidade administrativa, da impessoalidade, da segurança jurídica e tantos outros.

A utilização desses tipos de termos na legislação leva os doutrinadores a controvérsias sobre a relação que possa existir entre os chamados conceitos legais indeterminados e a discricionariedade administrativa. Sempre que o Direito empregar tais conceitos, estar-se-á diante da discricionariedade administrativa?

5.3.2 Direito germânico

O estudo da doutrina e jurisprudência do sistema germânico é da mais alta relevância, porque foi nele que se originou e se desenvolveu a teoria que liga a discricionariedade aos chamados *conceitos legais indeterminados*. O estudo da matéria far-se-á basicamente a partir das obras de Afonso Rodrigues Queiró (*O poder discricionário da Administração*), Massimo Severo Giannini (*Il potere discrezionale della pubblica amministrazione*), António Francisco de Sousa (*Discricionariedade administrativa*); Martin Bullinger (A discricionariedade da Administração Pública, *Revista de Ciência Política* 2, v. 30, p. 323) e Fernando Sainz Moreno (*Conceptos jurídicos, interpretación y discrecionalidad administrativa*).

Segundo Sainz Moreno,[36] "a exposição da doutrina alemã sobre a 'teoria dos conceitos jurídicos indeterminados' apresenta a grande dificuldade do enorme número de trabalhos publicados. Cada um deles acrescenta novos matizes aos anteriores ou trata de retificar a linha seguida por eles. Daí porque a exposição da doutrina alemã tenha que ser, por sua vez, uma 'interpretação' das linhas gerais que prevalecem, a juízo de quem a faz, no pensamento jurídico alemão". Essa a razão pela qual a exposição da doutrina alemã, neste livro, levará em conta a sistematização da matéria feita pelos autores citados.

---

[36] *Conceptos jurídicos, interpretación y discrecionalidad administrativa*, 1976:224.

5.3.2.1 Doutrina

No período do Estado de Polícia, defendia-se, também nos países germânicos, a existência de um espaço livre da Administração perante o Legislativo e o Judiciário; a discricionariedade era inerente à soberania do monarca. Os tribunais administrativos só podiam verificar se realmente se tratava de discricionariedade.

Doutrinariamente, formaram-se duas correntes, sendo uma liderada por Tezner e Bühler, ligadas diretamente ao pensamento de Laband, e a outra liderada por Laun e inspirada em Jellinek, Otto Mayer e Fritz Fleiner.

Desse modo, para bem compreender o pensamento doutrinário, é necessário retroceder no tempo, para acompanhar o sentido da evolução, a partir da formação do Estado de Direito. Sendo fruto de uma doutrina liberal, preocupada em garantir os direitos individuais, o Estado de Direito foi visto como instrumento mais adequado para proteger aqueles direitos. O papel que a lei representava para a Administração era o mesmo que representava para o particular, no sentido de que sua atividade é livre, até onde não esbarre em limites impostos pela lei. Sob outro aspecto, a lei desempenhava para a Administração papel diverso daquele que desempenhava para o juiz; este apenas aplica a lei, enquanto aquela atua livremente até onde não encontre limites traçados pela lei. Para os primeiros, a lei é o próprio fim, enquanto para a Administração Pública a lei é apenas a barreira. A discricionariedade correspondia a uma esfera de atividade *livre* para a Administração. Esse era o pensamento de autores como Stahl, Stein, Gierke, G. Meyer e Sarwey. Contudo, a preocupação em proteger as liberdades públicas levou a um crescimento progressivo e acentuado da legislação que impunha limites à atividade administrativa, vinculando-a cada vez mais e, paralelamente, diminuindo o espaço livre de atuação discricionária. Passou-se a distinguir a *Administração* propriamente dita, que exercia atividade vinculada à lei, e o *Governo*, que exercia atividade discricionária, livre de apreciação judicial.

Nesse contexto de preocupação com os direitos individuais, surge a doutrina de Laband, em fins do século XIX (1878). Assim como os indivíduos têm uma esfera deixada pela lei a sua livre atuação, os órgãos administrativos têm também uma órbita em que sua vontade é que impera; nesse campo, a Administração regula sua própria conduta, sem qualquer conflito com a lei, que não penetra nessa área; a Administração escolhe livremente seus próprios fins. Essa é a regra: a liberdade na escolha dos fins. Excepcionalmente, a lei pode impor determinados fins à Administração; nesse caso, têm-se os *atos vinculados*, que constituem exceção.

Laband distingue a jurisdição da administração; o juiz não tem a mesma liberdade de decidir que a Administração, pois seu dever é o de fazer valer o direito objetivo, sem qualquer autonomia de vontade. Já a Administração, dentro da esfera de atuação discricionária, não encontra limites *jurídicos*, mas, quando muito, um limite *político* ou *moral*.

Diversa é a posição de Jellinek. Este reconhece o crescimento do papel do legislador na subordinação cada vez maior da atuação administrativa; e reconhece também que nas três funções estatais existe uma parcela de atuação livre e uma atuação vinculada; a primeira é determinada pelo interesse geral, enquanto a segunda é determinada por uma norma legal. A atuação livre é mais ampla na função legislativa, mas existe também na função administrativa, na parcela denominada Governo. O Judiciário, embora não tenha a mesma *livre iniciativa* que a Administração, dispõe também de certa margem de liberdade que contribui para o desenvolvimento do direito. A grande distinção entre o pensamento de Laband e de Jellinek está, contudo, no reconhecimento, por este último, de um *limite jurídico* à iniciativa da Administração; com isso, ele contribuiu para introduzir um "método jurídico" no estudo do direito público.

Já em consonância com esse método jurídico, desenvolveu Otto Mayer sua teoria do poder discricionário. Ele começa por excluir a atividade governamental do conceito de administração, pois tanto a legislação como o governo estão sob a ordem jurídica, só que a administração de forma menos estrita, pois a lei pode, em determinados casos, deixar certa iniciativa para a Administração ou estatuir de forma incompleta, deixando a ela a tarefa de complementar a norma jurídica; ou pode até dar-lhe uma autorização geral para a consecução do interesse público da maneira que lhe parecer mais conveniente. O papel da Administração é o de *executar* a lei; mesmo quando a lei deixa certa liberdade de decisão no caso concreto, estabelece uma limitação quanto aos fins; em razão disso, não se pode falar de um *poder discricionário inteiramente livre*, porque pelo menos quanto aos fins há sempre uma vinculação à lei; a ideia é a de que "tanto o poder ligado como o poder discricionário propriamente dito estão sujeitos a toda regra de direito que se lhes possa referir; devem respeitar os direitos individuais e o julgamento dos casos precedentes. Todas estas são verdadeiras limitações jurídicas".[37]

Vale dizer que Otto Mayer, seguindo a linha de Jellinek, já não aceita uma atividade discricionária pura, inteiramente livre de qualquer limite jurídico.

Semelhante é o pensamento de Fritz Fleiner, que reconhece a impossibilidade de a lei prever todas as soluções possíveis, sendo inevitável o estabelecimento de regras de caráter geral que irão ser aplicadas pela Administração diante do caso concreto, segundo critérios que lhe pareçam mais adequados. Todavia, ela está subordinada a limites que emanam da ordem jurídica, dentre os quais a finalidade ou intenção da lei.

---

[37] Apud Afonso Rodrigues Queiró. *O poder discricionário da administração*, 1948:89-91.

Dentro dessas concepções que colocam a lei como limite à atividade administrativa, sempre com o objetivo de proteger os direitos individuais, considera-se que a utilização de conceitos vagos, como tranquilidade, ordem, segurança, não significa a outorga de discricionariedade ou arbítrio para a Administração, uma vez que a ela cabe encontrar a solução correta, podendo o Judiciário apreciá-la e corrigi-la quando contrária aos fins públicos objetivados pelo legislador.

Seguindo a linha de Laband, Tezner e Bühler elaboraram suas doutrinas, que se enquadram na ideia geral, então dominante, de proteção aos direitos subjetivos do indivíduo.

Tezner parte do pressuposto de que todos os conceitos utilizados pela lei, ao limitar, de um lado, as esferas de liberdade e propriedade dos cidadãos e, de outro, os poderes da Administração, são *conceitos jurídicos*; por isso mesmo, ainda que se refiram a dados da experiência ou a elementos fornecidos por outras ciências, sua *interpretação é sempre de ordem estritamente jurídica*. Assim, cabe ao Judiciário fiscalizar a correta aplicação, pela Administração, dos conceitos jurídicos vagos. É precisamente quando a lei emprega conceitos dessa ordem, como interesse público, segurança, tranquilidade, perigo, necessidade pública, que a atuação do juiz é mais importante para proteger os direitos individuais contra os abusos da Administração. Assim, fica sujeita à apreciação da jurisdição administrativa toda decisão administrativa que implique aplicação de lei concernente a direitos dos particulares. Ao contrário, quando não esteja em jogo qualquer direito individual, falece competência aos tribunais para apreciar o ato da Administração, porque, nesse caso, estariam penetrando no domínio de seu poder discricionário; este só existe quando não esteja em discussão qualquer direito individual; nessa faixa, a atuação da Administração é inteiramente livre de apreciação judicial.

Dentro dessa doutrina, o emprego de conceitos imprecisos pelo legislador não significa outorga de discricionariedade à Administração, pois somente o juiz, com sua imparcialidade e seus conhecimentos técnicos, tem condições de encontrar a solução mais adequada a cada caso concreto. As autoridades incumbidas de aplicar a lei não têm liberdade de escolher, segundo seus próprios critérios, a solução que lhes pareça mais conveniente; elas têm que observar os limites legais e obedecer ao fim específico de interesse público expresso na lei, seguindo as regras da mais racional administração.

Muito semelhante é o pensamento de Bühler, que também distingue entre normas protetoras de direitos individuais e normas protetoras do interesse público apenas, que revestem a forma de lei; apenas as primeiras têm caráter vinculante, não deixando para a Administração qualquer possibilidade de apreciação da oportunidade e conveniência. Neste caso, quando a lei emprega conceitos imprecisos, a fixação de seu sentido exige um trabalho pouco mais complicado, mediante aplicação de conhecimentos científicos ou mesmo de concepções dominantes no seio da sociedade em geral, nunca de concepções próprias do funcionário competente para aplicar a lei. É precisamente nesse campo dos conceitos imprecisos ou das normas em branco que a função dos tribunais é mais importante para corrigir a decisão administrativa; qualquer que seja a imprecisão do legislador, o trabalho do juiz é o de determinar seu sentido, mediante *interpretação*; nesta inexiste qualquer discricionariedade.

Portanto, só existe discricionariedade quando se trate de leis que tenham eficácia apenas interna e não eficácia dirigida aos particulares.

"Eis, pois, como, segundo Bühler, a inexistência de um direito individual a garantir dá lugar a que não possa reconhecer-se a existência de uma *norma* jurídica em sentido estrito, a que não exista também um direito subjetivo público sobre o comportamento da autoridade, e a que, consequentemente, se esteja em casos destes perante o poder discricionário da administração. Esfera jurídica de liberdade dos particulares, norma legal em sentido material ou próprio, direito subjetivo público, por um lado, e poder discricionário ou esfera de liberdade do Estado pelo outro, são incompatíveis.[38]

Com essas teorias de Tezner e Bühler, acabou sendo muito amplo o *poder vinculado* da Administração e bem restrito o *poder discricionário*, pois, com o crescimento do volume de leis referentes a direitos individuais, foi-se restringindo, cada vez mais, a esfera de discricionariedade administrativa.

Já a teoria de Laun, inspirada em Jellinek, Otto Mayer e Fleiner, deixa de lado a ideia de opor direitos subjetivos individuais ao poder discricionário da Administração; ele parte da ideia de que nem sempre a lei resolve claramente quando se está diante de um poder discricionário ou de um direito subjetivo.

Para ele, o problema da discricionariedade ou vinculação deve colocar-se de outro modo. Partindo da ideia de que o Estado deve perseguir determinados fins, ele considera que alguns são mediatos, diretos, definidos pela própria Constituição, enquanto outros são próximos e imediatos; destes, alguns são fixados pelo legislador e outros são deixados para livre determinação pelos órgãos subordinados (administrativos e jurisdicionais). Na primeira hipótese, o poder é vinculado e, na segunda, é discricionário. Quando a lei usa noções imprecisas, cabe ao intérprete encontrar a única solução possível, inexistindo discricionariedade, pois se trata de *apreciação vinculada*.

Mesmo quando, em determinadas hipóteses, pode parecer que se está diante de um poder discricionário – porque a lei fixa apenas o *fim* e não o motivo e o objeto –, a apreciação será vinculada, porque o administrador terá que encontrar qual o *meio mais apto para atingir aquela finalidade fixada na lei*; as várias soluções

---

[38] Apud Afonso Rodrigues Queiró. *O poder discricionário da administração*, 1948:103-104.

deixadas por esta não são equivalentes, porque só uma atinge aquele objetivo, cabendo à autoridade administrativa descobri-la, por meio de um trabalho de pura interpretação. O poder discricionário somente existirá quando o legislador deixar à Administração a escolha do fim *imediato* a atingir. E não se confunde com poder arbitrário, porque a autoridade sofre *limitações internas e externas*.

Os *limites externos* são as regras sobre competência, conteúdo e forma.

Os *limites internos* podem ser *subjetivos* ou *objetivos*. Os primeiros correspondem à própria convicção pessoal da autoridade; a esta cabe escolher a medida que considera mais adequada para a consecução do interesse público; segundo essa doutrina, inspirada em Bernatzik, o titular do poder discricionário tem competência para decidir, no caso concreto, o que é melhor para o interesse público; o ato somente será considerado ilegal se a autoridade *intencionalmente* agir contra sua convicção do que seja melhor para atingir aquela finalidade; neste caso, haverá *abuso de poder*; se ele age de acordo com o que acredita ser a melhor solução para o interesse público, o ato não poderá ser inquinado de nulidade.

Os limites internos *objetivos* correspondem aos motivos e às finalidades previstos em lei; se a autoridade praticar o ato por motivos ou finalidades diversos dos permitidos, ocorrerá *desvio de poder* e o ato será ilegal, ainda que a violação se dê por erro ou no pressuposto de que, alcançando outro fim, será mais bem protegido o interesse público.

À medida que o Estado liberal, preocupado com os direitos individuais, vai sendo substituído por um Estado Social, preocupado em atender às novas exigências nos âmbitos econômico e social, muda a maneira de encarar a lei; esta deixa de ser um instrumento de proteção apenas dos direitos individuais, pois dela tem que servir-se o Estado para a consecução dos fins sociais. Já não há preocupação em definir a lei em *sentido material* (aquela que garante os direitos individuais), bastando seu *conceito formal*, que designa qualquer norma emanada do Legislativo, independentemente de seu conteúdo. A Administração passou a vincular-se à lei, não mais com o anterior sentido material, mas no sentido formal; todos os atos administrativos passaram a depender de previsão legal.

A consequência disso foi que, com o aumento da quantidade de leis, adotou-se com frequência a técnica de empregar *fórmulas gerais, conceitos indeterminados, conceitos de valor*, deixando ao executor a tarefa de determinar o sentido dos aspectos não delimitados, com precisão, pelo legislador. Nessa esfera de indeterminação é que se localiza o poder discricionário da Administração.

Dentro dessa ordem de ideias, destaca-se o pensamento de Bernatzik, para quem o poder discricionário está precisamente nos conceitos indeterminados, que implicam apreciação subjetiva por parte de quem aplica a lei. A Administração é considerada como se fosse um "*perito do interesse público*"; ela age como se fosse um técnico, cuja conclusão é insindicável por terceiros, inclusive pelo Poder Judiciário.

No entanto, essa possibilidade de apreciação subjetiva não é ilimitada, porque o administrador público, ao aplicar a lei, não pode afastar-se das concepções sociais dominantes; se ele decidir de forma contrária a essa concepção, é porque teve intenção de abandonar a apreciação *técnica* ou incidir em erro grosseiro. Segundo Queiró,[39] "a legislação em sentido material deixou, com esta doutrina, de constituir um limite para o poder discricionário da Administração. O Estado administrador, se bem que disciplinado pela lei (em sentido formal), apoiado pelas ideias 'modernistas' em matéria de interpretação, achou maneira, não só de continuar a ser o técnico do interesse público, mas de o começar a ser com possível sacrifício, por ele só decidido, dos interesses dos particulares. A limitação jurisdicional da liberdade administrativa também se foi fundar em um expediente do 'reformbewegung', das novas ideias em matéria de interpretação: limitação do executor da lei pelas concepções sociais dominantes (teoria sociológica da interpretação), embora, porém, sem levar esta teoria às suas naturais consequências, nem mesmo quando se transigiu em elevar aquelas concepções a verdadeiros princípios jurídicos, permitindo fiscalização jurisdicional da sua aplicação. É que só a sua violação dolosa ou grosseiramente culposa daria origem à nulidade dos atos praticados".

Também Jellinek coloca as "concepções sociais vigentes" como limite à liberdade de apreciação do intérprete diante dos conceitos imprecisos; a liberdade de apreciação, no caso, assemelha-se à liberdade que existe na elaboração de conhecimentos científicos ou técnicos: ao intérprete cabe encontrar a vontade *única* do legislador. Apenas no caso em que a lei recorra a *conceitos de valor* é que existe o poder discricionário, porque aí o legislador preferiu que a justiça, a oportunidade, a conveniência, a equidade sejam apreciadas pelo administrador diante do caso concreto. Todavia, mesmo nos conceitos de valor, a discricionariedade administrativa sofre limites externos, positivos e negativos, porque pela *interpretação* já se pode chegar a conclusões que a sociedade, a ciência, a técnica aprovem ou não; dentro desses dois limites (do que é aprovado ou não) é que se insere a discricionariedade. Vale dizer que, para Jellinek, nem toda indeterminação do legislador significa livre discricionariedade; para ele "todo conceito legal indeterminado é pluridimensional, mas nem toda pluridimensionalidade de um conceito legal indeterminado é querida pela lei. Neste caso, é possível uma passagem para a unicidade, isto é, é possível que o conceito legal indeterminado passe a ser determinado. O conceito indeterminado é, para Jellinek, um conceito jurídico, pois a liberdade que o envolve é apenas uma liberdade aparente porque ela foi, na realidade, pensada como vinculação. Apenas a pluridimensionalidade de um conceito legal indeterminado, que

---

[39] *O poder discricionário da administração*, 1948:123-124.

foi querida pelo Legislador, significa livre discricionariedade. Assim, só a vontade da lei constitui o critério decisivo para a unidimensionalidade ou a pluridimensionalidade de um conceito legal indeterminado".[40] Os conceitos que são mais aptos a adquirir a qualidade de "discricionários" são os de valor.

Forsthoff distingue os *conceitos de valor* dos *conceitos empíricos*. Os primeiros são discricionários, independentemente de a vontade da lei indicar essa pluridimensionalidade; os segundos são vinculados, porque exigem simples operação lógica de interpretação, sem margem de discricionariedade.

Comparado o pensamento de Jellinek com o de Bernatzik, verifica-se que, para aquele, a discricionariedade sofre maiores restrições, impõe maiores limitações à liberdade de apreciação da Administração. À medida que limita a discricionariedade da Administração, aumenta o poder de apreciação judicial.

Diante das concepções elaboradas nessa nova fase do Estado de Direito, Laun desenvolveu nova doutrina: a norma jurídica pode conter uma *ordem categórica*, que não deixa qualquer liberdade de apreciação para seu executor, ou uma *ordem disjuntiva*, que deixa liberdade de opção entre duas ou mais alternativas igualmente válidas para a consecução dos fins legais. No primeiro caso, o poder é vinculado; no segundo, é discricionário. A maneira de descobrir se uma norma é categórica ou disjuntiva é pelo exame da *finalidade* visada pelo legislador: "se o legislador deixa depreender o fim a ter em consideração pelos agentes executivos, estes não podem senão escolher a decisão que melhor se adapte a esse fim – uma certa decisão e só ela, *de lege data*. Se, pelo contrário, o legislador é intencionalmente omisso quanto ao fim ou fins que devem determinar a decisão a tomar pelo agente, então a escolha da medida é juridicamente livre e a norma de competência é uma norma disjuntiva".[41]

Ainda com relação à doutrina alemã, cabe lembrar a posição de alguns autores que entendem possível reconhecer à Administração certa *"margem de apreciação"* isenta de controle judicial, quando se trate de conceitos de valor e de conceitos de experiência; nesses casos, por se tratar de conceitos cuja aplicação apresenta especiais dificuldades técnicas ou valorativas que cabe à Administração resolver por seu conhecimento direto ou técnico dos fatos, a decisão administrativa tem valor vinculante para o juiz.[42]

Sainz Moreno[43] lembra que, embora alguns autores admitam a possibilidade de existir alguma discricionariedade na aplicação dos conceitos jurídicos

---

[40] Cf. António Francisco de Sousa. *Discricionariedade administrativa*, 1987:82-83.
[41] Cf. Queiró. *O poder discricionário da administração*, 1948:132.
[42] Conf. Saiz Moreno, ob. cit., p. 239 ss.
[43] Ob. cit., p. 249-250.

indeterminados, a tendência maior, com a consolidação do Estado de Direito na Alemanha, teve como consequência um extraordinário desenvolvimento do controle judicial em benefício da segurança, da justiça e da racionalidade da vida humana. Desenvolveu-se a tendência de potencializar todas as técnicas que tendem a reduzir a arbitrariedade, sendo uma delas precisamente a de submeter a controle judicial os conceitos jurídicos indeterminados. Acrescenta o autor que, segundo a doutrina alemã predominante, "todos os conceitos jurídicos, tanto os chamados determinados como os indeterminados, apresentam subjetividade, isto é, para quem tem que aplicá-los, um certo grau de indeterminação. Por isso exigem ser interpretados. Não existindo entre eles mais do que uma diferença quantitativa, não existe razão para serem tratados de forma qualitativamente distinta". Ainda segundo o autor, existe certa concordância sobre isso. Porém, "é mais delicada a questão de como conciliar essa doutrina com a atribuição à Administração, em certos casos, de uma margem de apreciação não submetida a controle judicial." Em razão disso, a doutrina alemã passou a dar importância fundamental à motivação. "Quando esta falta é contrária ao sentido da norma ou claramente irrazoável, o controle judicial se estende a esta zona limite dos conceitos indeterminados, julgando a forma pela qual a Administração fez uso da margem de apreciação."

5.3.2.2 *Jurisprudência*

Foi visto no item anterior que, no período do Estado de Polícia, adotava-se nos países germânicos a ideia da existência de um espaço livre da Administração perante o Legislativo e o Judiciário. A discricionariedade era inerente à soberania do monarca. Os tribunais administrativos só podiam verificar se realmente se tratava de discricionariedade (espaço livre da Administração); em caso afirmativo, não penetravam no conteúdo do ato.

A dificuldade, para os tribunais, estava em saber quando ocorria essa discricionariedade. Formaram-se duas correntes diversas:

1. uma desenvolvida na Áustria, sob inspiração de Bernatzik e que, segundo Bullinger,[44] entendia existir "discricionariedade sempre que a lei renunciava a prever a atuação administrativa, fixando bitolas rigorosas. Com isto, o legislador pretendia autorizar a administração a preencher as lacunas da lei segundo padrões que ela retirava da sua experiência. Isto foi frequentemente reconhecido inclusive naqueles casos em que a lei atribuía a possibilidade de decisão à Administração, sob a condição de se verificarem determinados pressupostos, como, por exemplo, a

---

[44] A discricionariedade da Administração Pública. *Revista de Ciência Política* 2, v. 30, p. 3-23.

autorização de funcionamento de uma empresa comercial. Estes pressupostos, porém, eram fixados através de conceitos indeterminados como 'interesse público' ou 'necessidades econômicas'. Falou-se, então, de conceitos discricionários cuja interpretação e aplicação não poderiam ser, pelo menos na sua totalidade, controlada pelo tribunal, no que concerne à sua exatidão".

Esses *conceitos discricionários* foram reconhecidos pelo Tribunal austríaco e implicavam a ideia de que quando a lei os empregasse era porque tinha deixado um espaço livre para a decisão administrativa, escapando ao controle judicial.

2. a outra corrente desenvolveu-se na Alemanha: adotava o princípio da enumeração, pelo qual os Tribunais examinavam os atos que a lei expressamente incluía nas matérias de sua competência, independentemente de tratar-se ou não de conceitos discricionários.

Superado, na Alemanha, o regime totalitário adotado de 1933 a 1945, instaurou-se o Estado de Direito, com a preocupação de impor limites à Administração Pública e ao Governo, até então detentores dos mais amplos poderes. Partiu-se para o extremo oposto, procurando limitar-se a discricionariedade, submeter a Administração Pública inteiramente à lei e, consequentemente, ao controle judicial.

Segundo Bullinger,[45] "a discricionariedade foi, inclusive, tomada como corpo estranho ao Estado de Direito, muito especialmente no caso da discricionariedade baseada na aplicação de conceitos legais indeterminados", importada da Áustria.

A reação, por parte dos Tribunais, revelou-se pelo repúdio à ideia de que os conceitos legais indeterminados gerassem discricionariedade; esta somente existiria quando a lei deixasse à Administração a possibilidade de optar por uma dentre várias soluções, todas elas possíveis perante o direito. O conceito indeterminado permitia *interpretação* por parte dos Tribunais, para procura da única solução possível, não equivalendo, portanto, à discricionariedade.

A partir da segunda metade do século XX, os tribunais administrativos, sob influência da doutrina, abrandaram um pouco o rigor desse entendimento e passaram a aceitar a tese de que a Administração dispõe "de espaço livre para o prosseguimento de um fim próprio da administração para a legitimação de ampla e oscilante interpretação subjetiva do sentido da lei, no qual o tribunal administrativo deve dar primazia à interpretação feita pela administração, se ela lhe parece

---

[45] A discricionariedade da Administração Pública. *Revista de Ciência Política* 2, v. 30, p. 7-8.

defensável".⁴⁶ Isto, porém, foi aceito de forma muito restrita, apenas naqueles casos em que os critérios de valoração são próprios da Administração Pública.

A rigor, prevaleceu, na Alemanha, um conceito de discricionariedade bem mais restrito do que na França, o que possibilitou aos Tribunais alemães maior controle dos atos da Administração Pública. Em especial o princípio da finalidade do ato, definido em lei, serviu como limite à discricionariedade administrativa, pois permitiu aos Tribunais verificar, nos casos concretos, se a medida adotada pela Administração, dentro do *princípio da proporcionalidade*, é a mais adequada para alcançar o fim legal. Aquilo que em outros sistemas seria discricionariedade (espaço livre da Administração, com possibilidade de escolher entre várias opções válidas), na Alemanha era visto como hipótese de interpretação (procura da única solução válida perante o Direito) e, portanto, passível de apreciação jurisdicional. Esse tipo de entendimento retira à Administração quase toda a sua liberdade criadora; sobrecarrega o Legislativo, que tem de prever o mais detalhadamente possível a atuação administrativa; as hipóteses de lacunas, preenchidas pela Administração, podem ser examinadas pelo Poder Judiciário.

De aproximadamente uma década para cá, os Tribunais administrativos, mais uma vez influenciados pela doutrina, abrandaram o rigor desse entendimento, para ampliar um pouco o conceito de discricionariedade. Passou-se a reconhecer a necessidade de a lei, na impossibilidade de prever e disciplinar todas as situações, deixar um espaço de maior flexibilidade para a Administração Pública decidir segundo seus próprios critérios, principalmente em setores que exigem maior prontidão de atendimento, como na área da polícia administrativa, proteção ao meio ambiente e economia. Assim, a lei pode usar de determinadas cláusulas expressas que reconheçam a discricionariedade administrativa e pode usar de conceitos indeterminados, a serem aplicados pela Administração, com certa margem de liberdade para interpretá-los segundo seus próprios critérios. Volta-se a reconhecer à Administração Pública uma esfera de liberdade criadora no âmbito do direito.

5.3.3 Direito francês

Na França, o Conselho de Estado já tem, em inúmeras oportunidades, enfrentado o tema das "noções vagas" ou "indeterminadas". É em relação aos *motivos* do ato que o assunto é analisado. Distinguem-se três graus no controle dos fatos: o controle da *materialidade*, o controle da *qualificação dos fatos* e o controle da *adequação da decisão aos fatos*.

---

⁴⁶ Cf. Bullinger, Op. cit. p. 9.

O primeiro é uma simples constatação, pois se trata de verificar se os fatos ocorreram ou não; é um *controle mínimo*.

O controle da qualificação dos fatos vai um pouco mais longe, porque tem por objetivo verificar se os fatos produzidos são de natureza a justificar a decisão; por exemplo, quando um fato é imputável a um funcionário, cabe ao Conselho de Estado verificar se esse fato constitui ou não uma infração; é a qualificação do fato. A primeira decisão nesse sentido foi proferida em 1914, no célebre aresto Gomel, em que se qualificou a praça Beauvai, de Paris, como tendo uma "perspectiva monumental". A partir daí, em inúmeros arestos o Conselho de Estado examinou as "noções imprecisas" com que o legislador designa o motivo do ato administrativo; noções como imoralidade de um filme, interesse para a ordem pública, perigo para a saúde pública, declaração de urgência em uma desapropriação, existência de um sítio pitoresco, ruptura do equilíbrio biológico.[47]

Esse é um controle considerado *normal*, porém que não se exerce em todas as hipóteses, havendo matérias em relação às quais o juiz administrativo se recusa a examinar, salvo na hipótese de erro manifesto. É o que ocorre quando a decisão administrativa se baseia em dados técnicos ou científicos, como na definição da natureza tóxica de um produto ou da qualidade de um vinho por órgão especializado.

Em hipóteses semelhantes, o Conselho de Estado só exerce o controle para anular a decisão administrativa se houve um *erro manifesto*.

O terceiro tipo de controle – *controle máximo* – é o que verifica a adequação da decisão aos fatos. Esse controle se exerce em hipóteses limitadas, em que o juiz aprecia, não apenas se o fato justifica uma medida por parte da Administração, mas também, dentre as medidas possíveis, julga se foi tomada a mais adequada. Isso ocorre especialmente no caso de medidas de polícia restritivas das liberdades públicas; o juiz verifica se a medida adotada era a mais adequada às circunstâncias de fato. O mesmo ocorre em relação à *teoria das circunstâncias excepcionais*, que aceita a possibilidade de a Administração afastar-se do princípio da legalidade diante de uma situação anormal e exorbitante, na medida em que isto seja necessário para atender ao interesse público. Cabe, nesse caso, à jurisdição administrativa apreciar se as medidas adotadas eram realmente necessárias para atingir a finalidade pretendida; o que o Conselho de Estado faz é verificar a aplicação do princípio da *proporcionalidade dos meios aos fins*.

Em qualquer dos três graus de controle, tem aplicação, no direito francês a *teoria do erro manifesto*, que se enquadra como modalidade de controle mínimo, amplamente aceito pela doutrina e jurisprudência.

---

[47] Cf. Vedel e Delvolvé. *Droit administratif*, 1984:97.

Como dizem Vedel e Delvolvé,⁴⁸ "se os motivos de direito, a materialidade dos fatos e a qualificação jurídica, que estão na base de um ato levado ao juiz de excesso de poder, se inserem plenamente no controle que lhe cabe, a *apreciação dos fatos*, sobretudo quando tem um caráter técnico, é agasalhada pelo poder discricionário da Administração. Mas reconhecer a este poder discricionário uma extensão ilimitada permitiria certos abusos. Tratando-se, por exemplo, da apreciação dos inconvenientes estéticos de uma construção, percebe-se que o abandono total de qualquer controle seria abrir a via para o arbítrio. Ao contrário, integrar pura e simplesmente a apreciação dos fatos no controle jurisdicional conduziria a fazer do juiz o superior hierárquico dos administradores e a transformá-lo em um perito que possui as mais variadas qualificações".

Daí criar-se a doutrina do erro manifesto, assim considerado aquele que salta aos olhos sem que haja necessidade de um perito na matéria. Assim, o Conselho de Estado já tem anulado atos, com base nessa teoria, em matéria de apreciação do mérito do funcionário em uma promoção, de aptidão profissional, de fixação do valor de uma tarifa parafiscal e, inclusive, em matéria de sanção disciplinar, em que o colegiado já decidiu ter sido a pena escolhida excessiva em relação à infração praticada.

Outro aspecto que a jurisdição administrativa aprecia no controle dos motivos é o da proporcionalidade dos meios aos fins. Consoante Vedel e Delvolvé,⁴⁹ "a legalidade comportaria assim um 'princípio de proporcionalidade' segundo o qual uma decisão não pode ser legal senão quando suas consequências estão em relação com o objetivo perseguido, o que fundamentaria o controle que o juiz exerce sobre as vantagens e os inconvenientes de um ato". Assim, já decidiu o Conselho de Estado que "uma operação não pode ser legalmente declarada de utilidade pública senão quando a ofensa à propriedade privada, o custo financeiro e eventualmente os inconvenientes de ordem social que ela comporta não forem excessivos em relação ao interesse que ela apresenta".

No direito francês, não há uma doutrina precisa sobre os conceitos legais indeterminados, tal como ocorre na Alemanha; o que se verifica é uma tendência da jurisprudência em ampliar o controle da Administração quando se trata de conceito legal indeterminado, o que é feito com relação ao exame dos motivos e mediante aplicação da teoria do erro manifesto e do princípio da proporcionalidade dos meios aos fins.

Consultando-se obras de doutrina mais recente do direito administrativo francês, verifica-se que não se alterou muito a postura do Conselho de Estado sobre o controle judicial dos atos administrativos.

---

⁴⁸ *Droit administratif*, 1984: 799-800.

⁴⁹ *Droit administratif*, 1984:799.

Didier Truchet[50] analisa o poder discricionário, afirmando que corresponde à maior liberdade que o direito administrativo pode conceder a uma autoridade administrativa. E acrescenta que "em uma dada situação de fato, ela tem a escolha entre duas ou mais decisões igualmente legais". O autor demonstra que o controle judicial sobre os atos da Administração se realiza segundo uma intensidade variável: (a) no *controle normal*, o juiz examina a legalidade externa, abrangendo os vícios de competência e forma; (b) no *controle mínimo* ou *restrito*, um pouco mais intenso do que o controle normal, o juiz examina a qualificação jurídica dos fatos e censura o erro manifesto de apreciação; (c) no *controle máximo*, o juiz examina se a medida não é excessiva, nem insuficiente, diante dos transtornos, para a ordem pública que ela visa impedir ou fazer cessar; trata-se do exame da proporcionalidade da medida adotada, pelo exame da relação custo-benefício. Esse último tipo de controle é pouco utilizado pelo Conselho de Estado e é realizado para os casos de declaração de utilidade pública, matéria de urbanização, instituição de servidão de utilidade pública e matérias de licenciamento.

É o mesmo ensinamento de Georges Dupuis, Marie-José Guédon e Patrice Chrétien,[51] ao demonstrarem os três tipos de controle exercido pelos órgãos da jurisdição administrativa francesa.

5.3.4 Direito espanhol

Segundo António Francisco de Sousa,[52] o problema dos "conceitos jurídicos indeterminados surgiu, em Espanha, em 1962, através de um artigo de García de Enterría, publicado na *Revista de Administração Pública*, nº 38, sob o título 'La lucha contra la inmunidades del poder en el derecho administrativo; poderes discrecionales, poderes de gobierno, poderes normativos'".

Sua teoria está exposta também na obra escrita de parceria com Ramón Fernández,[53] na qual se denota influência da doutrina alemã que afasta qualquer identificação entre conceito indeterminado e discricionariedade administrativa.

Para ele, com a técnica do conceito jurídico indeterminado, a lei refere-se a uma esfera de realidade cujos limites não aparecem bem precisos em seu enunciado, mas que podem ser determinados no caso concreto, por via de interpretação; por outras palavras, a aplicação desses conceitos nos casos concretos não admite mais do que uma solução: ou se dá ou não se dá o conceito; ou há boa-fé ou não há; o preço é justo ou não é; ou se faltou à probidade ou não se faltou: *Tertium non datur*.

---

[50] *Droit administratif*. 4. ed. Paris: Presses Universitaires de France, 2011:212 ss.
[51] *Droit administratif*. 12. ed. Paris: Sirey, 2011:669-671.
[52] *A discricionariedade administrativa*, 1987:117.
[53] *Curso de derecho administrativo*, t. 1, 1988:433-439.

Ele distingue o conceito jurídico indeterminado da discricionariedade, dizendo que esta é uma liberdade de escolher entre alternativas igualmente justas, porque a decisão se funda em critérios extrajurídicos (de oportunidade, econômicos etc.), não incluídos na lei e remetidos ao juízo exclusivo da Administração; ao contrário, a aplicação dos conceitos jurídicos indeterminados é um caso de aplicação da lei em que se cuida de subsumir em uma categoria legal determinadas situações reais; justamente por isso, é um processo vinculado, que se esgota no processo intelectivo de compreensão de uma realidade, processo no qual não interfere nenhuma decisão de vontade do aplicador, como é próprio de quem exercita um poder discricionário.

A consequência é que o juiz tem ampla liberdade para apreciar a aplicação, pela Administração, dos conceitos indeterminados, sejam eles de experiência ou de valor. É o que ocorre com os conceitos de urgência, ordem pública, justo preço, calamidade pública, medidas adequadas ou proporcionais, necessidade pública, utilidade pública, interesse público.

O autor reconhece que a decisão sobre a única solução possível nem sempre é fácil. Na estrutura do conceito indeterminado, há uma "zona de certeza positiva", uma zona intermediária ou de incerteza, mais ou menos imprecisa, e, finalmente, uma "zona de certeza negativa", também segura quanto à exclusão do conceito. Todavia, mesmo nessa zona intermediária, inexiste discricionariedade (ao contrário do que aceita uma parte da doutrina alemã), porque o juiz reduz a zona de incerteza e reconduz o caso concreto a uma das zonas de certeza, positiva ou negativa, que é o mesmo que faz frente a todos os problemas de interpretação, porque a existência de incerteza, de imprecisão, de dúvida, é inerente a todo litígio. Essa interpretação dos conceitos indeterminados, que é feita, sem qualquer dúvida, nos outros ramos do direito, não há razão para ser afastada no direito administrativo.

A doutrina exposta tem sido aplicada pelos tribunais espanhóis, conforme ele mesmo demonstra em sua obra, indicando casos concretos em que essa orientação foi adotada.

Ainda no direito espanhol, entre outros autores, é importante a contribuição de Fernando Sainz Moreno, em sua obra sobre *conceitos jurídicos, interpretação e discricionariedade administrativa*. Para o autor, "existe uma habilitação de discricionariedade quando a norma atribui um poder sem fixar o critério que há de servir de fundamento para a decisão administrativa". Nesse caso, "a atividade da Administração é discricionária, portanto livre, dentro dos limites formais e materiais traçados pelo ordenamento jurídico". Mas acrescenta o autor que "inclusive essa liberdade tem que exercitar-se de modo compatível com a noção de interesse público, ideia à qual está vinculada por lei toda a atividade administrativa e cujo conteúdo pode delimitar-se e interpretar-se juridicamente por tratar-se de um conceito jurídico e não de uma simples invocação à livre apreciação de quem decide".[54]

Para o autor, não existe discricionariedade quando a norma formula o critério de decisão mediante um conceito jurídico indeterminado, "porque todo conceito jurídico, qualquer que seja o grau de sua indeterminação, expressa uma ideia que pode servir de critério para uma decisão, enquanto possa ser utilizado em 'juízos de verdade'". A seu ver, tais conceitos indeterminados, qualquer que seja sua classe, "não produzem um vazio na norma, uma lacuna *intra legem*, senão, ao contrário, expressam com maior nitidez que os conceitos determinados a ideia nuclear que encerram".[55]

Contudo, Sainz Moreno aproxima-se da doutrina alemã quando defende a possibilidade de ser reconhecida à Administração certa "margem de apreciação", quando a aplicação do conceito jurídico indeterminado apresente dificuldades na apreciação de casos singulares que se encontram no núcleo do conceito. Não haveria, nesse caso, discricionariedade, pois a margem de apreciação somente opera quando não é possível demonstrar qual é a decisão mais ajustada à ideia que o conceito encerra.[56]

5.3.5 Direito italiano: discricionariedade administrativa e discricionariedade técnica

No direito italiano, os conceitos indeterminados são objeto de análise a partir da distinção entre *discricionariedade administrativa*, que seria a verdadeira discricionariedade, e *discricionariedade técnica*, que é uma discricionariedade imprópria.

Essa distinção nasceu na Áustria, com os estudos de Bernatzik, mas foi posteriormente mais desenvolvida na Itália, sendo aceita, também, parcialmente, na Espanha e em Portugal.

Como diz António Francisco de Sousa,[57] "a natureza e a dimensão desta 'discricionariedade técnica' varia, porém, de país para país, e mesmo dentro de cada país que a adota ela permanece obscura. Para uns, trata-se de um poder livre, para outros, de um poder vinculado mas que não é suscetível de ser controlado pelos tribunais administrativos, para outros, de um poder vinculado que deve ser, ainda que não integralmente, controlado judicialmente, para outros ainda, a sua natureza varia de caso para caso".

---

[54] Fernando Sainz Moreno, *Conceptos jurídicos, interpretación y discrecionalidad administrativa*, 1976:347. Note-se que o autor dedica todo um item do Capítulo IX de sua obra ao tema do interesse público.

[55] Ob. cit., p. 347.

[56] Ob. cit,, p. 347-348.

[57] *A discricionariedade administrativa*, 1987:307.

De qualquer forma, a ideia original de seu idealizador – Bernatzik – era a de que a discricionariedade técnica se referia a decisões que, por sua alta complexidade técnica, eram retiradas do controle jurisdicional. Trata-se de matérias que só o administrador público, em contato com a realidade do dia a dia, tem condições de apreciar de forma adequada.

No direito italiano, um dos autores que melhor colocaram o tema foi Renato Alessi.[58] Para ele, existem casos em que a apreciação do interesse público exige exclusivamente a utilização de critérios administrativos, hipótese em que se tem a discricionariedade *administrativa*, que se dá, por exemplo, quando se tenha que conceder uma licença para uso de armas, uma licença comercial, um certificado de boa conduta, aplicar uma sanção disciplinar etc. E, ao contrário, existem casos em que a referida apreciação exige a utilização de *critérios técnicos* e a solução de questões técnicas que devem realizar-se conforme as regras e os conhecimentos técnicos, como, por exemplo, quando se trata de ordenar o fechamento de locais insalubres, ordenar a matança de animais atacados de enfermidades infecciosas, ordenar o fechamento de um estabelecimento em que se exerça uma atividade perigosa sem meios suficientes de proteção, ordenar a construção de uma ponte, adotar certo tipo de aeronave etc.

Nesses casos, a solução é diferente conforme os conceitos técnicos estejam ou não ligados a critérios administrativos. Quando haja essa vinculação, a Administração faz um juízo de valor; caso contrário, não.

Ele cita duas hipóteses em que os conceitos técnicos estão ligados a critérios administrativos:

c) quando, com base em dados fornecidos por órgão técnico, a Administração deve, no caso concreto, decidir fazendo uma apreciação em consonância com critérios administrativos de oportunidade e conveniência. Por exemplo: um órgão técnico manifesta-se no sentido de que um prédio ameaça cair; à Administração cabe resolver se essa ameaça representa ou não perigo para o interesse público, de modo a exigir ou não a demolição; nesse caso, a questão técnica fica absorvida pela questão administrativa;

d) em outros casos, a decisão baseia-se em critérios administrativos, embora considerando também aspectos técnicos; por outras palavras, a Administração tem que escolher os meios técnicos mais adequados para satisfazer ao interesse público. Exemplo: a escolha de critérios técnicos para a construção de uma obra pública.

---

[58] *Instituciones de derecho administrativo*, t. 1, 1970:195-198.

Em todas essas hipóteses, a discricionariedade técnica constitui verdadeira discricionariedade, porque há sempre, por parte da Administração, uma apreciação em face do interesse público.

Em outras hipóteses, não há a vinculação de critérios técnicos a critérios administrativos: diante da manifestação do órgão técnico, a Administração não pode valorar em que medida o fato afeta o interesse público; a ela caberá decidir em consonância com as condições técnicas previamente definidas pela lei. Por exemplo, quando a lei determina a destruição de mercadorias deterioradas, à Administração cabe apenas constatar a ocorrência de deterioração e determinar sua destruição; não lhe cabe valorar a medida em face do interesse público.

Nesses casos, não existe discricionariedade propriamente dita, porque a Administração não tem liberdade para apreciar a oportunidade e conveniência do ato; aparecem, então, como inconciliáveis, os vocábulos *discricionariedade* e *técnica*.

Também Giannini dedicou-se ao estudo do tema. Afirma que aderiu à doutrina dominante que distingue entre atividade administrativa e atividade técnica, "segundo a qual a discricionariedade técnica é entendida não em relação ao interesse público, mas em relação às regras, aos ensinamentos das disciplinas técnicas, enquanto a discricionariedade em sentido próprio é entendida somente em relação ao interesse público: reconhece-se que em ambas se encontra uma apreciação de oportunidade, mas a discricionariedade técnica dá lugar a uma valoração de tipo científico, concernente ao fenômeno natural em si, não em coordenação com os outros fenômenos sociais; a discricionariedade em sentido próprio dá lugar a uma valoração de tipo político, em que o fenômeno é não mais do tipo natural, mas social, relacionado a um grupo de outros fenômenos sociais".[59]

Embora lhe pareça correta a distinção, ele aponta algumas dificuldades; de um lado, a de definir com exatidão quais são as ciências técnicas que permitiriam à Administração identificar a única solução correta; lembra ciências como a psicologia, a sociologia e outras, que não podem ser consideradas ciências exatas, embora se baseiem em regras técnicas. Por outro lado, a avaliação política, que estaria presente na discricionariedade administrativa propriamente dita, também já pode contar com certas regras técnicas que são fornecidas pela ciência política, bastante desenvolvida.

5.3.6 Direito português

No direito português, vários autores dedicaram-se ao estudo dos conceitos jurídicos indeterminados, merecendo realce as opiniões de Afonso Rodrigues Queiró e a de António Francisco de Sousa.

---

[59] Giannini. *Il potere discrezionale della pubblica amministrazione*, 1939:42.

Segundo Queiró,[60] a norma que atribui a determinado órgão uma função, "fá-lo na pressuposição de que esta função apenas será exercida quando no mundo das realidades certa ou certas situações de fato se verifiquem. Esses fatos, cuja existência o órgão referido deverá ter em conta, pertencem a qualquer dos mundos, da natureza ou da cultura, da causalidade ou do valor. Para se referir aos primeiros, a lei (que é a tradução de *conceitos*) faz recurso a conceitos que lhe são fornecidos por qualquer das ciências baseadas no valor teórico *verdade*, e que, portanto, pressupõem o princípio causalista, as categorias de espaço e tempo, ou o conceito de número (quantidade). Sobre estes fatos e sobre estes conceitos, ao fim e ao cabo, decorrido o processo interpretativo, não pode existir como *verdade* mais do que uma exata formulação. Sobre eles verifica-se uma identidade universal de pareceres, ou, pelo menos, estes são suscetíveis dessa identidade... São os conceitos das ciências empírico-matemáticas, de contornos absolutamente individualizáveis, com valor objetivo e universal. Se a lei recorre a esses conceitos não deixa discricionariedade à Administração. Pode deixar margem a dúvidas, que, porém, o intérprete tem sempre o meio de desfazer, utilizando os processos de hermenêutica administrativa. A discricionariedade surge, assim, circunscrita aos conceitos de valor utilizados na norma jurídica, aos conceitos práticos (não teóricos)".

Isso significa que toda a sua teoria, sintetizada no trecho transcrito, baseia-se na ideia da existência de "dois mundos em que se divide a realidade à qual a norma se dirige": o mundo da realidade empírica e o mundo da sensibilidade ou da razão prática; para referir-se ao primeiro, a lei usa *conceitos teóricos*, passíveis de uma única significação, e, para referir-se aos segundos, emprega *conceitos práticos*, que definem o poder discricionário da Administração.

Dentro dessa ideia, ele define o poder discricionário como "uma faculdade de escolher uma entre várias significações contidas num conceito normativo prático relativo às condições de fato do agir administrativo – escolha feita sempre dentro dos limites da lei".

António Francisco de Sousa[61] coloca-se em posição um pouco mais restritiva; para ele, "a discricionariedade só existe no campo dos efeitos de direito e com expressa vontade do Legislador, seja através de 'cláusulas discricionárias' (expressas, por exemplo, através de expressões como 'pode', 'está autorizado' etc.) ou de qualquer outro modo. Se a lei atribui ou não um poder discricionário à Administração, resulta, e só pode resultar da vontade da lei, como unidade, e não de conceitos individuais, mesmo que se trate das chamadas 'cláusulas discricionárias'... Conceitos individualizados, desprendidos das leis em que se inserem, por mais

---

[60] A teoria do "desvio de poder" em direito administrativo. *RDA* 6/41-78.
[61] *A discricionariedade administrativa*, 1987:325 ss.

indeterminados que sejam, não chegam para concluir pela existência ou não de poderes discricionários".

Segundo esse autor,[62] a situação, em Portugal, continua muito confusa e pouco animadora em sede de "conceitos jurídicos indeterminados". No que diz respeito à jurisprudência, embora haja vários casos em que o Supremo Tribunal Administrativo exerceu o controle sobre os conceitos indeterminados aplicados pela Administração, as hipóteses se excepcionam e não indicam ainda uma "coerência lógica e critérios suficientemente claros nas decisões daquele órgão superior judicial".

É na doutrina que ele aponta um quadro mais animador. Note-se que, quando António Francisco de Sousa fala em quadro animador, ele está se referindo aos autores que negam a existência de discricionariedade quando a lei empregue conceitos indeterminados.

5.3.7 Direito norte-americano: a discricionariedade técnica das agências

No direito norte-americano, embora o tema envolva também o aspecto dos limites do controle jurisdicional, a chamada discricionariedade técnica constitui um dos pilares em que se baseou a outorga de função normativa às agências reguladoras.

Com efeito, no direito norte-americano o tema da discricionariedade técnica teve importância fundamental na delimitação da competência das agências reguladoras, seja para definir os limites de sua função normativa, seja para estabelecer os limites do controle jurisdicional.

Sendo adotado o princípio da separação de poderes, houve a necessidade de criar uma doutrina que desse fundamento à delegação de função legislativa às agências reguladoras.

As agências que exercem função normativa recebem esse poder mediante delegação da lei instituidora. Essa função é considerada *quase legislativa* porque suas normas têm força de lei, sendo obrigatórias para os cidadãos, porém, na escala hierárquica, colocam-se abaixo da lei, podendo ser invalidadas pelo Poder Judiciário se contrárias à lei ou à Constituição.

Desenvolveu-se nos Estados Unidos a técnica dos *standards*, pela qual a lei se limita a estabelecer parâmetros, diretrizes, princípios, conceitos indeterminados, ficando para as agências a função de baixar normas reguladoras, que devem se conformar aos *standards* contidos na lei e na Constituição. Segundo Bernard Schwartz, *"o poder legislativo pode ser conferido ao ramo executivo, desde que a outorga de autoridade seja limitada por determinados padrões....O arbítrio conferido não pode ser tão*

---

[62] António Francisco de Sousa. *A discricionariedade administrativa*, 1987:133.

amplo que se torne impossível discernir os seus limites. Outrossim, precisa haver certa intenção legislativa com a qual se deve harmonizar o exercício do poder delegado."[63]

Algumas ideias constituíram os pilares do modelo das agências reguladoras (*regulatory agency*) norte-americanas: (a) a de *especialização*; (b) a de *neutralidade*; e (c) a de *descentralização técnica*.

A ideia de *especialização* – que foi a mesma que inspirou a criação das entidades da Administração Indireta no sistema europeu continental – surgiu como consequência do crescimento do Estado, que se transformou em Estado do Bem-Estar ou Estado Providência ou Estado Social, em modelo que exigiu a ampla intervenção do poder público na ordem econômica e social. A multiplicidade e a complexidade das novas funções estatais tornava difícil ao Estado, por intermédio de seus três Poderes, exercer as suas atribuições sobre temas tão variados, que poderiam ser mais bem desempenhadas por entes especializados. Daí a criação das chamadas agências reguladoras, às quais se atribuiu, limitadamente, uma parcela de cada uma das três funções do Estado.

Com relação à *neutralidade*, havia crença de que as agências estavam fora das influências políticas, porque gozavam de grande parcela de independência em relação ao Presidente da República, exatamente pelo fato de serem dotadas de estabilidade em suas funções; não podiam perdê-las exclusivamente a critério do Chefe do Executivo, mas apenas pelas causas expressamente indicadas em lei.

Como decorrência da especialização, reconhecia-se às agências largo grau de *discricionariedade técnica*, abrangendo uma esfera em que seus atos, mesmo os regulatórios, por envolverem conhecimentos técnicos, estavam fora do controle judicial. Isto significa que os aspectos técnicos das decisões eram de competência normativa da agência, escapando inclusive à revisão judicial, *a não ser que se tratasse de ato manifestamente arbitrário, absurdo, caprichoso, contrário à intenção do legislador*. A Lei de Procedimento Administrativo, de 1946, contém norma expressa incluindo entre as causas de revisão judicial de decisão administrativa, as hipóteses em que as decisões, considerações e conclusões administrativas se julguem *"arbitrárias, caprichosas, ditadas no exercício abusivo da discricionariedade..."* (Seção 706). Além disso, toda a *matéria de fato* era de apreciação exclusiva da agência, ficando também fora do âmbito de apreciação judicial.

É curioso como o direito norte-americano, de início tão crítico do direito administrativo francês (negando, por muito tempo, a existência de um direito administrativo nos Estados Unidos, o que também ocorreu nos demais países integrantes do sistema da *common law*), tenha chegado a soluções tão parecidas. Essa sua tese de só permitir a revisão dos aspectos técnicos quando se tratasse de

---
[63] *Direito constitucional americano*. Rio de Janeiro: Forense, 1966, p. 350.

ato manifestamente arbitrário, absurdo, caprichoso, não difere muito da teoria do *erro manifesto*, adotada pelo Conselho de Estado francês. E, pelo que será a seguir demonstrado, também não difere da solução pretoriana adotada na França em relação à apreciação dos fatos (motivos do ato da Administração).

Ocorre que os três grandes pilares em que se baseou a instituição de agências reguladoras nos Estados Unidos – *especialização, neutralidade e discricionariedade técnica* – começaram a ser grandemente afetados já a partir da década de 60.[64]

Com relação à *especialização*, mudou o enfoque do interesse a proteger, porque, ao invés de proteger interesses setorias, próprios de cada agência, deveria toda a Administração Pública passar a preocupar-se com o *interesse público*. A complexidade dos novos interesses e dos problemas sociais não condizia mais com a ideia de especialização estrita das agências; os novos interesses exigem conhecimentos multidisciplinares. Daí a paulatina submissão das agências à política governamental e o consequente controle do Poder Executivo sobre as normas por elas baixadas.

A ideia de *neutralidade*, não inteiramente abandonada, foi acrescida da ideia de necessidade de juízos políticos de valor. Cresce a desconfiança em relação às agências, exatamente pelo fato de, tradicionalmente, atenderem a interesses e pressões de grupos determinados. A tão apregoada independência das agências foi sendo minada por novas leis, aumentando as exigências relativas ao procedimento administrativo, com vistas a garantir a transparência e a participação do cidadão, além da demonstração de que a medida observa a relação custo-benefício (razoabilidade).

Com relação à chamada *discricionariedade técnica*, que levava a excluir do controle judicial os aspectos técnicos da decisão e, inclusive, da matéria de fato, também foi afetada pela ampliação do controle judicial sobre os atos das agências. Para isso concorreu a aplicação dos *princípios da motivação*, da *racionalidade e razoabilidade dos atos normativos* (devido processo legal em sentido substantivo) e da *proporcionalidade* da medida em relação aos fins contidos na lei. E é importante ressaltar que a ampliação do controle judicial se deu tanto em relação à *adjudication* (decisão do caso concreto) como à *regulation* (ato normativo).

Com relação à motivação, o Judiciário passou a exigi-la, para permitir o exame dos fatos levados em consideração pela agência para a sua tomada de decisão e para possibilitar a verificação da racionalidade da decisão em relação aos fatos; o Judiciário não faz um juízo de oportunidade e conveniência, mas se limita a verificar se a decisão da agência levou em consideração todos os dados e conhecimentos obtidos. Enfim, o Judiciário verifica se a decisão é razoável. Para permitir esse

---

[64] Cf. DI PIETRO, Maria Sylvia Zanella. *Parcerias na administração pública*: concessão, permissão, franquia, terceirização, parceria público-privada e outras formas, 2011:182-188.

exame, a exigência de motivação de todos os atos das agências tornou-se fundamental. O anterior procedimento informal de elaboração dos regulamentos pelas agências – baseado na ideia de sua especialização – acabou por se transformar em procedimento altamente formal, na medida em que, para facilitar o controle judicial, o Judiciário passou a exigir a demonstração de cada um dos pontos em que a agência se baseou para chegar à decisão final.

Em resumo, embora se continue a reconhecer às agências competência normativa para disciplinar aspectos técnicos inseridos em sua esfera de atuação, o processo de elaboração das respectivas normas tem que ser documentado com todos os dados que permitam ao Poder Judiciário examinar a racionalidade da regulação diante dos fatos, ou seja, a correlação entre os fatos (motivos) e a decisão, sem falar na razoabilidade das normas diante do *standard* contido na lei. Vale dizer que o procedimento de elaboração das normas se formalizou de forma intensa, seja porque a agência tem que conformar-se à política governamental, seja porque tem que sujeitar-se a controle por outras agências ligadas ao Poder Executivo e Poder Legislativo, seja porque tem que contar com a participação dos interessados no procedimento, seja ainda porque suas normas têm que ser amplamente motivadas, com o objetivo de demonstrar a correlação entre fatos e normas e a razoabilidade das normas diante dos parâmetros contidos na lei.

5.3.8 Direito brasileiro

No direito brasileiro, o tema dos conceitos indeterminados foi pouco desenvolvido até a década de noventa. Ainda hoje não existem muitas obras que se aprofundem no tema, a não ser a propósito de aspectos específicos, como o relacionado com o conceito de interesse público.[65]

Oswaldo Aranha Bandeira de Mello[66] menciona a distinção feita pelos autores italianos entre poderes discricionários *puros* e *técnicos*. "Os puros são aqueles em que a atividade livre se circunscreve dentro dos limites latos da lei, tendo como única diretriz restritiva o interesse coletivo, que cumpre atender. Sirva de exemplo a apreciação de utilidade pública quanto à execução de obra pública. Os técnicos são aqueles em que a atividade livre se circunscreve dentro de limites mais estritos da lei, tendo como diretriz restritiva o acertamento de elemento de fato em face de juízo qualificado a seu respeito, de modo a serem satisfeitas as exigências técnicas,

---

[65] É o caso do artigo de Carlos Vinícius Alves Ribeiro, Interesse público: um conceito jurídico determinável, publicado na coletânea sobre *supremacia do interesse público e outros temas relevantes do direito administrativo* (Maria Sylvia Zanella Di Pietro e Carlos Vinícius Alves Ribeiro, organizadores), 2010:103-118; e também o livro de Daniel Wunder Hachem, *Princípio constitucional da supremacia do interesse público*, 2011:274-290.

[66] *Princípios gerais de direito administrativo*, v. I, 1979:474-476.

dispostas pela lei, quanto a sua natureza, e que explicam a atuação administrativa. Sirva de exemplo a hipótese legal que autoriza a demissão de funcionário por procedimento irregular. Cumpre haver processo administrativo e nele se verificar se a falta imputada ao funcionário existiu, e, ainda, se esse procedimento é irregular, tudo segundo convicção da autoridade administrativa".

Ele acrescenta que, "relativamente aos primeiros, basta respeitar, de forma genérica, o interesse coletivo, ao passo que, com referência aos últimos, deve considerar, ainda, os elementos de fato especificados pela lei. Daí a possibilidade de maior controle do Judiciário nestes casos que naqueles, quanto ao exercício abusivo de direito".

Todavia, o autor, embora reconhecendo hipóteses de discricionariedade pura e qualificada, nega se possa falar em *discricionariedade técnica*. "Esta, na verdade, elucida a atividade administrativa ou coopera para o seu bom desempenho. Os requisitos ou elementos técnicos podem ser de natureza flexível, elásticos, ou ao contrário, de caráter rígido, precisos. Naquele caso deixam margem à apreciação subjetiva de autoridade administrativa, enquanto neste estabelecem dados subjetivos para o seu exame. Então, em um caso a técnica faculta poderes discricionários, enquanto em outro prescreve poderes vinculados."

Vale dizer que sua teoria é em tudo semelhante à de Renato Alessi.

Celso Antônio Bandeira de Mello,[67] seguindo a lição de Queiró, fala em *conceitos práticos* para designar aqueles que são imprecisos, vagos, plurissignificativos, e constata a possibilidade de eles serem usados para designar o *motivo* (pressuposto de fato que autoriza ou exige a prática do ato), a *finalidade* do ato (resultado previsto legalmente como o correspondente à tipologia do ato administrativo), ou o próprio *mandamento* da lei, quando esta *faculta* um comportamento, em vez de exigi-lo.

Ele cita como exemplos de indeterminação no *motivo* a hipótese em que a norma estabelece atendimento médico gratuito às pessoas "pobres" ou aquela em que a norma admite a elevação a certos cargos de pessoas de "notável saber". Nos dois exemplos, há uma zona de certeza e uma zona de incerteza.

Quanto à finalidade, entende o autor que ela também pode ser designada com o emprego de "conceitos práticos", propiciando discricionariedade, como exemplo, a norma que determina sejam expulsas do cinema as pessoas que se portarem indecorosamente, a fim de proteger a *moralidade pública*. Também nesse caso remanesce certa discrição para o administrador, porque "além de toda interpretação possível restará, afinal, um campo nebuloso onde não há como desvendar

---

[67] *Curso de direito administrativo*, 2011:976. O autor analisou o tema da discricionariedade também no livro *Discricionariedade e controle judicial*. São Paulo: Malheiros, 1992.

um significado milimetricamente demarcado para os conceitos práticos". Ele cita ensinamento de Gonçalves Pereira de que "a discricionariedade começa onde acaba a interpretação... Reduzir a discricionariedade à simples formulação de um juízo é afinal negar o próprio poder discricionário, reconduzir todo o poder à vinculação e pôr-se em contradição com o direito positivo".

Um trabalho especialmente dedicado ao tema dos "conceitos jurídicos indeterminados e discricionariedade administrativa" foi escrito por Regina Helena Costa.[68] Ela começa por afastar a doutrina alemã, também seguida por García de Enterría, que elimina inteiramente a discricionariedade quando a lei usa conceitos indeterminados. Para a autora, a interpretação não será suficiente, em muitos casos, para afastar a indeterminação do conceito "e a Administração Pública, como primeira aplicadora deste, poderá optar entre mais de uma significação possível, sempre tendo como guia o princípio da razoabilidade".

Para chegar a essa conclusão, ela parte da distinção entre *conceitos de experiência* e *conceitos de valor*; no primeiro caso, "o administrador, após socorrer-se de processo interpretativo, torna preciso o conceito, não lhe restando qualquer margem de liberdade de escolha de seu significado"; quando se tratar de conceito de valor, caberá ao administrador, "terminada a interpretação, uma vez restando ainda um campo nebuloso do conceito que esta não foi suficiente para eliminar, definir o conceito por intermédio de sua apreciação subjetiva, que outra coisa não é que a própria discricionariedade".

A consequência dessa distinção é que, em se tratando de conceitos de experiência, determináveis mediante interpretação, "o controle judicial é amplo, exatamente porque cabe ao Judiciário, como função típica, interpretar o alcance das normas jurídicas para sua justa aplicação. Diversa será a situação se se tratar de conceitos de valor, cuja significação é preenchida por meio da interpretação subjetiva do órgão administrativo. Neste caso, o controle judicial é apenas um controle de contornos, de limites, pois, se assim não fosse, estar-se-ia substituindo a discricionariedade administrativa pela judicial, o que é vedado pelo nosso ordenamento jurídico".

Adotando, depois, posição semelhante à de Celso Antônio Bandeira de Mello e citando a lição de Luciano Ferreira Leite, Regina Helena Costa apela para o *princípio da razoabilidade*, para concluir que em determinados casos, mesmo quando haja possibilidade de opção entre duas ou mais alternativas, é possível, no *caso concreto*, chegar-se a uma única solução válida; referido princípio tem o condão de nortear a apreciação subjetiva do agente para uma solução que seria aceitável pela comunidade.

---

[68] *Revista da Procuradoria Geral do Estado*. São Paulo, v. 29/79-108.

Também Lúcia Valle Figueiredo[69] trata do tema, afirmando que "todo conceito é finito, e por assim dizer, há nele um núcleo de certeza positiva e há outra parte que, pelo contrário, é o núcleo de certeza negativa (isto é, determinada coisa não pode ser) e há uma zona intermediária, faixa cinzenta, diante da qual vai se colocar o problema. No primeiro momento ter-se-á ainda o problema de subsunção, e, só depois de interpretado o conceito é que se vai colocar 'alguma' discricionariedade, mas só para que se tenha uma convenção de palavras, diria 'alguma' discricionariedade. Viu-se que, diante de um conceito, inicialmente, tem-se o problema de interpretação. Interpretado o conceito, tem-se o problema de subsunção. Na subsunção tem-se a premissa maior, a norma geral ou o conjunto de normas. Este o grande problema, pois pode ser que apenas a norma não seja suficiente, e se tenha de usar as premissas maiores complementares, exatamente para que se consiga fazer subsunção (note-se que é possível haver apenas subsunção, mesmo diante dos conceitos imprecisos)".

Mais adiante, a autora observa que "a existência de conceitos não unívocos não quer dizer, necessariamente, que haja competência realmente 'discricionária' dentro de comportas angustas que a legalidade demarca".

Outro autor brasileiro que faz referência aos *conceitos práticos* em oposição aos *conceitos teoréticos* é Régis Fernandes de Oliveira.[70] Ele apoia-se no ensinamento de Queiró para dizer que *conceitos teoréticos* são "conceitos das ciências empírico-matemáticas, de contornos absolutamente individualizáveis, com valor objetivo e universal"; nesse caso, existe vinculação. *Conceitos práticos* são os que pertencem ao mundo dito da realidade empírica e, embora necessariamente abstratos, "podem e devem ser inequivocamente individualizados, ou podem pertencer ao mundo ou setor da realidade contraposto a este, isto é, ao mundo da sensibilidade, ao mundo da razão prática, onde domina a incerteza, o parecer de cada um, onde não existe uma lógica de valor universal, mas concepções individuais, acientíficas, subjetivas e então o juízo de subsunção não mantém já o mesmo caráter de necessidade lógica, de categoricidade". Nesse caso, existe discricionariedade.

Em linha bem restritiva coloca-se o entendimento de Eros Roberto Grau[71] e Luis Manuel Fonseca Pires.[72]

O primeiro entende que a indeterminação não existe no conceito, mas na *noção* que representa uma "ideia temporal e histórica, homogênea ao desenvolvimento

---

[69] Discricionariedade: poder ou dever? In: *Curso de direito administrativo*. Vários autores, 1986: 127-134.

[70] *Ato administrativo*, 1978:69-72.

[71] *O direito posto e o direito pressuposto*, 2003:201.

[72] *Controle judicial da discricionariedade administrativa*, 2008:326-327.

das coisas; logo, passível de interpretação". As noções indeterminadas, que geram um *juízo de legalidade,* não geram discricionariedade, pois esta produz um juízo de oportunidade.

O segundo expressamente declara adotar a tese da *unidade de solução justa* de Eduardo García de Enterría e Tomás-Ramón Fernandez. A seu ver, todo e qualquer conceito jurídico – determinado ou indeterminado, e neste último caso, de experiência ou de valor – cuida, em última análise, de mera interpretação jurídica. Destarte, pouco importa se um conceito é considerado 'determinado' ou 'indeterminado' porque, em todo caso, deve ser passível de *determinação* de seu exato significado para o *caso concreto* – e a mesma conclusão é aplicável às cláusulas gerais.

5.3.9 Apreciação crítica

Existe discricionariedade quando a lei deixa à Administração a possibilidade de, no caso concreto, escolher entre duas ou mais alternativas, todas válidas perante o direito, segundo critérios de conveniência, oportunidade, justiça, equidade, ou seja, segundo razões de mérito. Ainda que nem todos empreguem o vocábulo *mérito*, este é aceitável desde que bem delimitado seu significado, conforme será visto no item 5.6.

Quanto aos conceitos jurídicos indeterminados, há duas posições fundamentais:

1. a dos que entendem que eles não conferem discricionariedade à Administração, porque, diante deles, a Administração tem que fazer um trabalho de *interpretação* que leve à única solução válida possível;
2. a dos que acham que eles podem conferir discricionariedade à Administração, desde que se trate de conceitos de valor, que impliquem a possibilidade de apreciação do interesse público, em cada caso concreto, afastada a discricionariedade diante de certos conceitos de experiência ou de conceitos técnicos, que não admitem soluções alternativas.

No direito alemão e no direito espanhol, encontram-se as posições mais extremadas no sentido de afastar qualquer discricionariedade quando se está diante de conceitos jurídicos indeterminados, mesmo quando se trate de conceitos de valor. É a posição de Tezner, Bühler, García de Enterría, Saintz Moreno.

No direito italiano e, em parte, no direito alemão, encontra-se posição mais liberal, que aceita certa margem de discricionariedade quando a lei utiliza noções vagas, indeterminadas, que impliquem apreciação pela Administração Pública, segundo determinados critérios de valor.

No direito brasileiro, os poucos autores que já se dedicaram ao exame da discricionariedade sob esse aspecto enquadram-se nessa segunda tendência, embora com a preocupação de colocar a discricionariedade dentro de determinados limites, apelando para princípios como o do interesse público e o da proporcionalidade ou razoabilidade. No entanto, doutrina mais recente tem defendido a tese de que os conceitos jurídicos indeterminados não geram discricionariedade, pois, pelo trabalho de interpretação, que incumbe ao Judiciário, é possível chegar à única solução correta perante o direito.

A grande dificuldade está em definir aprioristicamente todas as hipóteses em que o uso de conceitos indeterminados implica a existência de discricionariedade para a Administração.

É só pelo exame da lei, em cada caso, que podem ser extraídas as conclusões. Em determinadas hipóteses, não há dúvida: a lei usa conceitos que dependem de manifestação de órgão técnico, não cabendo à Administração mais do que uma solução juridicamente válida. Assim, quando a lei assegura o direito à aposentadoria por invalidez, a decisão da Administração Pública fica vinculada a laudo técnico, fornecido pelo órgão especializado competente, que concluirá sobre a invalidez ou não para o trabalho; não resta qualquer margem de discricionariedade administrativa. Seria a impropriamente denominada discricionariedade técnica; a denominação é inadequada, porque, se não há discricionariedade, a hipótese não pode ser incluída como uma de suas modalidades. Negada a aposentadoria, o interessado poderá pleiteá-la perante o Poder Judiciário, a quem caberá apreciar a decisão administrativa e anulá-la se em desacordo com a decisão de órgão técnico.

Outras vezes, a autoridade depende de manifestação de órgãos técnicos, mas sua decisão não fica inteiramente vinculada. É o que ocorre, por exemplo, no caso de tombamento: para que este possa ser efetivado, tem, necessariamente, que haver manifestação de um órgão técnico que afirme tratar-se de bem que apresenta valor cultural para fins de proteção; contudo, sua conclusão não obriga a autoridade a fazer o tombamento, pois pode haver outros interesses públicos em jogo, como segurança, saúde, urbanização, meio ambiente etc. Existe, nesse caso, discricionariedade administrativa limitada por dados de ordem técnica: a autoridade só pode fazer o tombamento se houver manifestação favorável do órgão técnico, mas essa manifestação não obriga ao tombamento. É evidente que a decisão tem que ser motivada de forma adequada.

Existem também hipóteses em que, embora a lei utilize conceitos técnicos, a própria manifestação técnica pode levar a resultados diversos que terão de ser apreciados pela Administração. Nem toda ciência técnica é ciência exata.

No caso dos conceitos de experiência ou empíricos, a discricionariedade fica afastada, porque existem critérios objetivos, práticos, extraídos da experiência comum, que permitem concluir qual a única solução possível. Quando a lei usa esse tipo de expressão é porque quer que ela seja empregada em seu sentido usual. É o caso de expressões como *caso fortuito ou força maior, jogos de azar, premeditação, bons antecedentes*. Suponha-se que a autoridade administrativa se recuse a aceitar a alegação de força maior para liberar um particular da obrigatoriedade de dar cumprimento ao contrato; não há dúvida de que a matéria é de pura interpretação e pode o Poder Judiciário rever a decisão administrativa, porque ela está fora do âmbito da discricionariedade.

Na hipótese de conceitos de valor, a discricionariedade pode existir ou não, dependendo do resultado da interpretação diante do caso concreto. Pode ocorrer que, terminado o trabalho de interpretação, não se chegue a uma zona de certeza, positiva ou negativa. Restará uma zona cinzenta em que é preciso reconhecer certa margem de apreciação para a Administração Pública decidir. Com efeito, existem situações em que o exame da matéria de fato permite conclusão segura sobre qual seja a melhor solução. Figure-se a hipótese em que a Constituição exige notório saber jurídico para o provimento de determinados cargos. A análise do currículo poderá levar o aplicador da norma a uma zona de certeza, positiva ou negativa, ou, ao contrário, o deixará em uma zona cinzenta, em que reste certa margem de apreciação; neste caso, diante de uma decisão devidamente motivada em razões de razoabilidade ou aceitabilidade, haverá discricionariedade, a ser respeitada pelo Poder Judiciário. São hipóteses em que é maior a dificuldade em definir onde termina a interpretação e começa a discricionariedade. A matéria é da maior relevância, porque diz respeito à extensão do controle judicial sobre a Administração Pública. Onde houver simples interpretação, caberá ao Poder Judiciário a palavra final; onde houver discricionariedade, a decisão administrativa será definitiva e não poderá ser invalidada judicialmente.

5.4 *Discricionariedade técnica no direito brasileiro*

Um dos aspectos da discricionariedade que vem despertando interesse, no direito brasileiro, é o que diz respeito à chamada *discricionariedade técnica*, que alguns preferem chamar de *discricionariedade imprópria*, porque ela não se identifica com a real *discricionariedade administrativa*, já que, ao contrário desta, não permite decisão segundo critérios de oportunidade e conveniência. Na discricionariedade técnica, a decisão baseia-se em critérios técnicos definidos por especialistas.

A expressão *discricionariedade técnica* foi utilizada, pela primeira vez, em 1864, por Bernatzik, um dos autores da Escola de Viena. Nas palavras de António Francisco de Sousa,[73] Bernatzik pretendia, sob o conceito de discricionariedade técnica "englobar todo aquele tipo de decisões que, não sendo discricionárias, deveriam

---

[73] *Conceitos indeterminados no direito administrativo*. Coimbra: Livraria Almedina, 1994:105-106.

contudo ser, pela sua alta complexidade técnica ("elevada complexidade das premissas factuais"), retiradas do controle jurisdicional, porque, como ele dizia, de administração percebem os administradores, e só eles, pela sua formação técnica. Acresceria que, pela sua experiência e pelo seu contacto direto com a realidade do dia a dia, estariam os administradores em melhores condições para reagir, eficazmente e com oportunidade, às circunstâncias mais variadas com que se defrontavam. Por isso, não poderiam os juízes, com outra função, outra preparação e distanciados das realidades da vida administrativa, fazer substituir a sua opinião, tardiamente, à da autoridade administrativa."

Ainda segundo António Francisco de Sousa,[74] "a natureza e a dimensão desta 'discricionariedade técnica' varia, porém, de país para país, e mesmo dentro de cada país que a adota ela permanece obscura. Para uns, trata-se de um poder livre, para outros, de um poder vinculado mas que não é suscetível de ser controlado pelos tribunais administrativos, para outros, de um poder vinculado que deve ser, ainda que não integralmente, controlado judicialmente; para outros ainda, a sua natureza varia de caso para caso".

A ideia de discricionariedade técnica não subsistiu muito tempo nem na Áustria, onde teve origem, nem na Alemanha. Nesses países, o que se nota é que o tema foi tratado de forma conexa com o tema dos conceitos jurídicos indeterminados, oscilando entre aceitar ou não, nesses casos, certa margem de discricionariedade. Mesmo nos Estados Unidos, como visto no item 5.3.7, a tendência foi a de ampliar o controle judicial sobre a discricionariedade técnica, pela aplicação dos princípios da razoabilidade, proporcionalidade e motivação.

Por isso mesmo, poucos são os autores que se dedicaram ao estudo do tema no direito brasileiro.

No entanto, a partir do momento em que começaram a ser criadas agências reguladoras, inspiradas no sistema da *common law,* cresceu o interesse pela questão da discricionariedade técnica, de sua definição, de sua submissão ou não à apreciação judicial. É até curioso que esse interesse surja precisamente em momento em que a tendência geral é a de reduzir a discricionariedade administrativa, com a imposição de novos limites representados fundamentalmente pelos princípios da Administração Pública inseridos na Constituição de 1988.

O instituto da discricionariedade técnica, quando relacionado com o da agência reguladora, penetrou no direito administrativo brasileiro sob influência direta do direito norte-americano, ainda que a ideia da discricionariedade técnica tenha se originado na Alemanha e se desenvolvido principalmente no direito italiano, conforme demonstrado no item 5.3.5.

---

[74] Ob. cit., p. 105.

No que diz respeito à discricionariedade técnica, a grande questão é a mesma que se coloca com relação aos conceitos jurídicos indeterminados: o emprego desses conceitos, na lei, gera discricionariedade administrativa, ou seja, a possibilidade de escolha entre duas ou mais alternativas ou apenas trabalho de interpretação, suscetível de apreciação judicial? Por outras palavras, os conceitos jurídicos indeterminados, mais especificamente, os conceitos técnicos, confundem-se com a discricionariedade?

A respeito do assunto, Celso Antônio Bandeira de Mello,[75] acompanhando a lição de Oswaldo Aranha Bandeira de Mello, ensina que a expressão *discricionariedade técnica* pode ser utilizada em dois sentidos: "Um, para designar situações em que a lei pressupõe que a conduta administrativa a ser adotada depende de uma averiguação técnica passível de um resultado *conclusivo*, o qual é o consequente de um exame que a Administração teve de efetuar como condição para decidir-se". Ele dá o exemplo de lei que determine sejam abatidos os animais portadores de febre aftosa, ou erradicadas as plantas contaminadas pelo chamado cancro cítrico. Nesse caso, não há discricionariedade alguma, porque a decisão tem que decorrer de avaliação técnica. O outro sentido corresponde a situações em que "o ato a ser praticado pela Administração também pressupõe uma averiguação técnica", mas a lei permite que a Administração ajuíze "sobre a ocorrência do fato nela referido, e como tal reconhecido em decorrência da averiguação técnica, tem, ou não, nível de importância ou gravidade que requeria uma só conduta". Nesse caso, o autor afirma que *"há, aí sim, uma discricionariedade mesclada com aspectos técnicos"*.

Sua lição aproxima-se bastante da defendida no direito italiano, especialmente por Renato Alessi (conforme visto no item 5.3.5). São hipóteses em que os critérios técnicos combinam-se com critérios administrativos, ou porque existem diferentes critérios à escolha da Administração (como, por exemplo, para construir uma obra pública), ou porque a avaliação técnica não exige solução única possível. É o caso em que a manifestação de um órgão técnico sobre a existência de valor histórico de determinado bem pode não levar necessariamente ao tombamento, se a ponderação entre diferentes interesses públicos não recomendar a adoção da medida.

Outro autor que se debruçou sobre o assunto foi Luiz Manuel Fonseca Pires,[76] para quem "não há sentido em se sustentar a 'discricionariedade técnica'. O que existem são conceitos jurídicos indeterminados que se referem a elementos técnicos e científicos de outras áreas, mas cujos informes (por exames, perícias, avaliações etc.) possibilitam ao intérprete convencer-se sobre o que melhor se coaduna à

---

[75] *Curso de direito administrativo*, 2011:437-438.
[76] *Controle judicial da discricionariedade administrativa*: dos conceitos jurídicos indeterminados às políticas públicas, 2008:223-241.

lógica do razoável e à *lógica preferível*". O autor dedica todo um item[77] para defender a possibilidade de controle judicial sobre as perícias, exames, julgamentos em licitações e provas em concursos públicos.

Escrevemos sobre o tema sob o título de *discricionariedade técnica e discricionariedade administrativa*,[78] defendendo também a inexistência de discricionariedade administrativa quando a lei utiliza conceitos técnicos, cuja aplicação depende da prévia manifestação de especialistas; não havendo discricionariedade administrativa, é plenamente possível o controle judicial da interpretação adotada na esfera administrativa, com base em manifestação de peritos e segundo aplicação dos princípios da razoabilidade das normas e do devido processo legal substantivo.

Com relação aos atos normativos postos pelas agências reguladoras, para definir conceitos técnicos contidos na lei, defendemos, no referido trabalho, que não se trata de regulamentos, propriamente ditos, porque estes supõem a existência de discricionariedade administrativa, inexistente nos conceitos técnicos.

A única maneira de defender validamente a discricionariedade técnica aplicada à função normativa das agências reguladoras (e de outros órgãos administrativos que exercem função semelhante) é a de *reduzir* (se é que isso é possível) o conceito de regulamento, para dele excluir as normas que apenas definem conceitos técnicos contidos na lei. E isto pelo fato de que a discricionariedade técnica não constitui verdadeira discricionariedade, não envolve decisão política, porque não dá liberdade de escolha para a Administração. O órgão regulador limita-se a definir um conceito que já está contido na lei e cujo conteúdo vai ser apenas explicitado na norma infralegal.

Tem-se que partir da ideia de que o regulamento somente se justifica quando a lei deixa um espaço para que a Administração exerça a sua discricionariedade, escolha o procedimento, os critérios, as formas a serem adotadas para dar cumprimento à lei; é esta que intencionalmente deixa certa margem de liberdade para a Administração escolher entre os modos de proceder possíveis e igualmente válidos perante o direito. Vale dizer, ao baixar regulamentos, o Poder Executivo exerce competência discricionária, com possibilidade de exercer opções entre alternativas válidas perante a lei.[79]

No entanto, se a lei utiliza conceitos técnicos, não há discricionariedade propriamente dita, consoante já demonstrado. Não há opções a serem feitas por critérios de oportunidade e conveniência. Não há decisão política a ser tomada conforme avaliação do interesse público. Existe uma solução única a ser adotada

---

[77] Ob. cit., p, 235-241.

[78] In *Estudos de direito público em homenagem a Celso Antônio Bandeira de Mello*, 2006:480-504.

[79] Sobre o assunto, v. Celso Antônio Bandeira de Mello, *Curso de direito administrativo*, 2011:351.

com base em critérios técnicos fornecidos pela ciência. Quando um ente administrativo pratica atos normativos definindo conceitos indeterminados, especialmente os conceitos técnicos e os conceitos de experiência, ele não está exercendo poder regulamentar, porque este supõe a existência de discricionariedade administrativa propriamente dita, a qual, no caso, não existe. Se a lei fala, por exemplo, em produtos perigosos para a saúde, a agência pode baixar ato normativo definindo esses produtos ou mesmo elaborando uma lista deles; isto não se insere no poder regulamentar, porque se trata de conceito técnico cujo conteúdo é dado com base em conhecimentos científicos de que a agência dispõe ou deve dispor.

Em resumo, o exercício do poder regulamentar só existe quando a lei deixa ao Poder Executivo certa margem de discricionariedade para decidir como a lei vai ser cumprida. É o Poder Executivo que vai fazer a escolha da melhor solução diante do interesse público a atingir. Aí, sim, trata-se de discricionariedade administrativa propriamente dita, porque envolve a possibilidade de opção entre alternativas igualmente válidas perante o direito. No caso da discricionariedade técnica, essas alternativas não existem, porque o conceito utilizado é de natureza técnica e vai ser definido com base em critérios técnicos extraídos da ciência. Daí a importância da especialização própria das agências reguladoras.

Outro dado a realçar é o que diz respeito ao controle judicial sobre a chamada discricionariedade técnica. No direito brasileiro, o tema da discricionariedade técnica tem sido pouco analisado, talvez pelo fato de que não existe muita dúvida quanto à possibilidade de ser exercido controle judicial sobre os aspectos técnicos do ato administrativo. A legislação processual permite que o juiz se socorra do auxílio de peritos para apreciar tomada de decisões que envolvam dados técnicos que possam ser esclarecidos por especialistas, conforme artigos 420 a 439 do Código de Processo Civil.

Desse modo, com relação aos atos administrativos, o tema não envolve maior dificuldade: se o conceito indeterminado contido na lei puder tornar-se determinado pela manifestação de órgão técnico, com base em conhecimentos científicos, não se pode falar em discricionariedade propriamente dita, sendo dado ao Poder Judiciário rever a decisão da Administração Pública. Definições como *perigo público iminente, valor histórico de um bem, incapacidade para o trabalho,* são conceitos técnicos que, sem dúvida, podem ser apreciados pelo Poder Judiciário.

Não podemos deixar de concordar com a lição, já referida, de Renato Alessi e Celso Antônio Bandeira de Mello, quando reconhecem a possibilidade de que a aplicação de conceitos técnicos nem sempre vincula a Administração Pública a tomar uma decisão única possível. Por vezes ocorre que existam várias opções de ordem técnica, à escolha da Administração Pública, como, por exemplo, diferentes técnicas para a realização de determinada obra. Como também pode ocorrer que a aplicação do conceito técnico tenha que ser feita em confronto com outros interesses públicos a proteger. É o caso em que o tombamento de determinado bem, instrumento hábil para proteger o patrimônio histórico e artístico nacional, possa deixar de ser feito, apesar da manifestação favorável do órgão técnico responsável, quando a tutela desse interesse público esteja em conflito com outros interesses públicos, como a segurança, a urbanização etc.

Quando se trata da discricionariedade técnica exercida em atos normativos das agências reguladoras e outros órgãos similares, não temos dúvida também em afirmar a possibilidade de controle judicial, inclusive para invalidação das normas.

5.5 Discricionariedade e interpretação

Uma das grandes dificuldades do tema da discricionariedade administrativa está em distingui-la das hipóteses de simples interpretação, pois em ambas existe um trabalho intelectivo prévio à aplicação da lei aos casos concretos. A discussão envolve precisamente os chamados conceitos legais indeterminados, objeto dos dois itens anteriores.

Alguns autores não veem qualquer distinção entre interpretação e discricionariedade, enquanto outros preocupam-se em apontar-lhes a distinção.

O prevalecimento de uma ou outra colocação varia muito segundo o modo de encarar as funções estatais, ora ampliando-se, ora restringindo-se a posição da Administração Pública diante dos direitos individuais. Acompanhando-se a evolução da jurisprudência germânica (tal como foi feito no item 5.3.2 deste capítulo), fácil é comprovar a veracidade dessa assertiva.

Segundo palavras de Afonso Rodrigues Queiró,[80] "historicamente, a relação do problema da discricionariedade com o da interpretação só pôde ser entrevista a partir do momento em que a Administração assumiu o caráter de *Administração legal* e a teoria da interpretação das leis deixou de ver no direito uma totalidade lógica fechada. Antes disso, o problema da interpretação das leis resumia-se, a bem dizer, à interpretação das 'leis civis' ou, de modo geral, das leis de direito privado, já que a Administração era tida por essencialmente livre. Nesse período pré-legatário, período de receio, quer dos indivíduos, quer da Administração, pelo poder dos tribunais, estes foram, como vimos, cingidos, primeiro a uma pura interpretação literal, depois a uma interpretação essencialmente lógico-dedutiva. Os indivíduos e a Administração continuaram *livres* nos limites estritos da lei, na defesa ou domínio que *naturalmente* o legislador lhes devia reconhecer".

Quando se instaurou o Estado de Direito, a Administração passou a sujeitar-se à lei, mas uma lei que precisava ser *interpretada*. Reconhecia-se, tanto ao Judiciário como à Administração, o poder de interpretar a lei antes de sua aplicação. Aí é que

---

[80] *O poder discricionário da administração*, 1948:41.

surge, dentro da linha de Bernatzik, a ideia de que determinados conceitos utilizados pela lei, por serem vagos, são ininterpretáveis, gerando, para a Administração, a liberdade de fazer uma apreciação subjetiva diante dos fatos concretos, liberdade essa que corresponderia precisamente ao poder discricionário.

Não é necessário muito esforço para perceber que tal doutrina melhor se afeiçoa a um tipo de governo autoritário, já que reconhece maior poder para a Administração e menor para o Judiciário, ao qual se nega a possibilidade de apreciar aqueles atos emanados do poder discricionário.

Em linha diversa colocam-se os que, seguindo a doutrina de Tezner, entendem que todos os conceitos vagos são passíveis de *interpretação*, não implicando discricionariedade para a Administração. Essa doutrina quer limitar os poderes da Administração Pública, em benefício dos direitos dos cidadãos.

Em posição intermediária situam-se aqueles que reconhecem poder discricionário para a Administração Pública em face dos conceitos indeterminados; todavia, essa discricionariedade não implica *livre apreciação*. A autoridade administrativa deve utilizar todos os métodos possíveis de exegese para alcançar o interesse público que o legislador quis proteger ao conferir-lhe discricionariedade. Esta começa onde termina a interpretação.

Na realidade, não é fácil fixar critérios para definir onde termina o trabalho de interpretação e começa a discricionariedade. Sem pretender apontar as inúmeras doutrinas a respeito do assunto, muitas das quais já mencionadas no item 5.3.2.1, algumas colocações são relevantes até para ilustração da dificuldade que o tema encerra.

Uma teoria importante a respeito do assunto foi a desenvolvida por Kelsen,[81] um dos autores que identificam a atividade interpretativa e a atividade discricionária. Dentro de sua teoria da formação do direito por degraus, Kelsen coloca a norma como um esquema dentro do qual se inserem várias possibilidades; cada norma contém uma determinação a ser cumprida pela norma de grau inferior; no entanto, a determinação nunca é completa; sempre fica uma margem mais ou menos ampla de livre apreciação, "de maneira que a norma de grau superior tem sempre, com relação ao ato de produção normativa ou de consumação que a executa, o caráter de um marco que deve ser preenchido por esse ato". Para ele, implicando a interpretação, a verificação do sentido da norma a executar-se, "o resultado dessa atividade só pode ser a verificação do marco que representa a norma a interpretar-se e, portanto, o conhecimento das possibilidades várias que estão indicadas dentro desse marco. Em consequência, a interpretação de uma lei não tem que conduzir necessariamente a uma só decisão como a única correta, mas a várias decisões, que são todas – enquanto se ajustam à norma a aplicar-se – do mesmo valor...".

---

[81] *La teoría pura del derecho*, 1941:126 ss.

Como observa Gaetano Azzariti,[82] "semelhante conclusão faria perder qualquer significado juridicamente relevante o conceito de discricionariedade, não mais utilizável para individualizar uma particular categoria de ato", já que haveria uma identificação com a atividade interpretativa que acompanharia a aplicação de qualquer norma subordinada, seja pelo Judiciário, seja pela Administração; haveria, sempre, na interpretação, a criação de um direito novo e desapareceria a distinção entre atividade discricionária e atividade vinculada. Também devem ser afastadas as teorias extremadas que veem apenas atividade de interpretação sempre que a lei utilize conceitos indeterminados. Existem casos de conceitos de experiência ou de conceitos técnicos, em que realmente se afasta a discricionariedade administrativa, porque existem meios que permitem à Administração transformar em determinado um conceito aparentemente indeterminado utilizado pelo legislador.

Todavia, existem outros tipos de conceitos que implicam efetivamente certa margem de apreciação pela autoridade administrativa, propiciando certo grau de discricionariedade. Não se trata de liberdade total, porque, por via da interpretação e da apreciação dos fatos, pode-se reduzir sensivelmente a certos limites a discricionariedade que a lei quis atribuir à Administração. Quando a lei fala, por exemplo, em *promoção por merecimento*, está utilizando um conceito que exige apreciação subjetiva; contudo, essa apreciação subjetiva é limitada pelos próprios fatos, porque existem elementos objetivos que permitem constatar que certas pessoas se enquadram e outras não se enquadram na ideia de *merecimento*. A liberdade do administrador não vai ao ponto de poder escolher *qualquer* funcionário, independentemente dos requisitos de capacidade a que satisfaça; a liberdade de escolha restringe-se àqueles que, pelas circunstâncias de fato, facilmente comprováveis, possam razoavelmente, por qualquer pessoa, ser considerados merecedores da promoção.

Interessante é a colocação feita por Azzariti.[83] Tanto a interpretação quanto a discricionariedade exigem um "momento subjetivo" ou "intelectivo"; todavia, a discricionariedade, além do momento intelectivo, envolve um *momento volitivo* e uma *capacidade criadora*. Ele parte da ideia de que não existe enunciado normativo que não requeira, para sua aplicação ou mera compreensão, uma necessária interpretação, a qual apresenta graus diversos de complexidade e envolve uma operação lógica. Ele baseia-se na lição, de Massimo Severo Giannini, de que o intérprete utiliza "um sistema de critérios e de elementos que deve usar na investigação e que, sendo cientificamente definíveis, dão uma garantia de sua objetividade". A partir daí, afirma que "não existe interpretação mais ou menos adaptada, mas uma só interpretação (que corresponde à contribuição pessoal do intérprete); isto não lhe confere uma capacidade criadora, permanecendo a interpretação como atividade essencialmente intelectiva e cognoscitiva".

---

[82] *Dalla discrezionalità al potere*, 1989:338.

[83] *Dalla discrezionalità al potere*. 1989:318 ss.

A possibilidade de *integração* das normas poderia induzir à ideia da existência de um momento criador do direito no processo de interpretação, principalmente quando se utilizam métodos como o da analogia. No entanto, mesmo nesse caso, não há o elemento criador, porque, embora haja um elemento valorativo e axiológico, este já está implícito na norma interpretada. Citando Emilio Betti, acrescenta Azzariti que "a apreciação interpretativa permanece sempre *vinculada* e *subordinada* à linha de coerência lógica, que se demonstra *imanente* na ordem jurídica considerada na sua totalidade orgânica. A atividade interpretativa é explicativa de valorações já implícitas".

Já na atividade discricionária, há um poder de escolha entre soluções diversas, todas igualmente válidas para o ordenamento jurídico; somente pode exercer-se com base em uma norma legal que confira esse específico poder a determinado órgão público; esse poder implica a capacidade de criar situações jurídicas novas, e não somente o de integrar situações jurídicas já definidas. "A distinção que separa a integração de uma norma da inovação de uma situação jurídica corresponde àquela entre interpretação e discricionariedade."

Por outras palavras, se a autoridade administrativa, pelo método da interpretação, não puder chegar a uma solução única, mas a várias soluções igualmente válidas perante o direito, devendo a escolha ser feita segundo critérios puramente administrativos (e não jurídicos), estar-se-á no campo da discricionariedade. Daí a frase de Stassinopoulos,[84] que nos parece verdadeira: "Pode-se dizer que o domínio do poder discricionário começa onde termina o da interpretação".

Por isso mesmo, ele entende, com razão, que a aparente liberdade do juiz para aplicar a lei ao caso concreto não se confunde com a liberdade da Administração de decidir discricionariamente. O juiz tem que *interpretar* a norma jurídica, extraindo do ordenamento seu sentido preciso, como se fosse o próprio legislador; a Administração Pública, na atividade discricionária, pode escolher entre duas ou mais soluções, consideradas válidas pelo direito, sendo a opção feita segundo critérios de oportunidade e conveniência não outorgados ao Poder Judiciário, no exercício da função tipicamente jurisdicional.

5.6 *Discricionariedade e mérito*

5.6.1 Direito italiano

Foi no direito italiano que se desenvolveu a doutrina referente ao mérito do ato administrativo, que acabou por influenciar os juristas brasileiros. Estes, ao cuidar do tema da discricionariedade, em regra, o relacionam com o mérito. Não

---

[84] *Traité des actes administratifs*, 1973:151.

encontramos no direito francês ou alemão a referência ao mérito do ato administrativo, embora se fale no princípio da oportunidade e conveniência. Aliás, entre os próprios doutrinadores italianos nem sempre se encontra a referência ao mérito. É o caso de Giannini e Azzariti, que têm obras dedicadas ao tema da discricionariedade, mas não cuidam especificamente do aspecto concernente ao mérito.

Corresponde o mérito a uma qualidade típica do ato administrativo (porque não se encontra no ato de direito privado ou é nele irrelevante) e que diz respeito a sua conveniência, utilidade, adequação aos fins de interesse público, gerais e especiais, que se pretendem alcançar com a prática do ato.

Segundo Renato Alessi,[85] "o conceito de mérito pode ser considerado sob dois aspectos diversos: sob o aspecto meramente negativo, como limite ao poder de cognição do juiz de mera legitimidade (em sentido estrito) e sob o aspecto positivo, para indicar o pleno e perfeito ajustamento da medida à norma jurídica, ou seja, sua correspondência ao concreto interesse público, segundo um critério de efetiva oportunidade e conveniência. Sob o primeiro aspecto, o conceito de mérito se põe em antítese com o de legitimidade em sentido estrito – adquirindo um e outro um valor meramente processual – enquanto sob o aspecto positivo o conceito de mérito está compreendido no conceito de *legalidade* – ou *legitimidade em sentido lato* – da medida, adquirindo, ambos, valor substancial relativo à adequação efetiva, plena e perfeita à norma jurídica".

É importante realçar esse duplo aspecto do mérito, a que alude Alessi, por estarem ambos enquadrados no conceito de legalidade, legitimidade em sentido lato ou conformidade com a lei. Em sentido estrito, a legitimidade significa a aplicação pura e simples da lei, sem qualquer consideração daquilo que é de interesse público, segundo critérios de oportunidade e conveniência; o que a lei quis foi assegurar um *mínimo* de interesse público, sem conferir à Administração Pública qualquer possibilidade de apreciá-lo de forma diferente diante do caso concreto; nesse sentido, há oposição entre mérito e legalidade, constituindo aquele um limite à apreciação jurisdicional. Em sentido lato, a legitimidade exige que a Administração, ao adotar medida concreta, faça uma apreciação daquilo que é o interesse público *concretamente suficiente*, segundo um critério de prática oportunidade e conveniência. Nesse caso, a legitimidade significa aderência plena, efetiva e perfeita à norma jurídica.

Dessa identificação do mérito com a legitimidade em sentido lato surge a ideia de *vício de mérito* do ato discricionário, que ocorre em caso de inoportunidade do ato em relação àquilo que é o interesse concreto a proteger.

---

[85] *Diritto amministrativo*, 1949:135-136.

Nas palavras de Amorth,[86] "por vício de mérito deve-se entender aquilo que afeta uma qualidade verdadeiramente típica do ato administrativo – a qual o diferencia decisivamente dos atos jurídicos privados – que é a sua conveniência, a sua utilidade, a sua adequação, em suma, à consecução daqueles fins públicos gerais e especiais que com a emanação do ato se pretende atingir, qualidade que se costuma precisamente denominar, em linguagem técnica, com o vocábulo 'mérito'. Vício de mérito, vício de oportunidade do ato, não dos seus elementos jurídicos".

Em geral, se relaciona o mérito com o poder discricionário. Por outras palavras, sempre que a Administração possa apreciar e valorar subjetivamente o interesse público, tem-se poder discricionário, incontrolável pelo Poder Judiciário, correspondendo à zona do mérito.

Nem todos, no entanto, aceitam, no direito italiano, essa identificação. Amorth[87] demonstra que não há coincidência entre as noções de discricionariedade e mérito. Para ele, o princípio da legalidade, dominante no desenvolvimento da atividade administrativa no ordenamento dos Estados modernos e contemporâneos, pode ser *absoluto*, quando o direito regula completamente o conteúdo da atividade administrativa, ou *relativo*, quando a regulamentação é imprecisa e a atividade administrativa é livre para agir segundo critérios de apreciação, que podem ser *técnicos*, políticos, de boa administração, ou *jurídicos*. Todavia, mesmo nessa zona de liberdade, onde se localiza a discricionariedade, o direito intervém como limite finalístico, de tal forma que o direito não reconhece validade a manifestações de vontade que provenham dos entes públicos quando estes se utilizem indevidamente de seu poder discricionário, para atingir finalidades diversas daquelas que decorrem da lei.

Já o mérito é a necessária correspondência entre o conteúdo do ato e o resultado; é a *projeção, no ato, da obrigatoriedade que tem a autoridade administrativa de ater-se ao princípio da oportunidade*. Enquanto os particulares são livres para decidir, quer quanto aos fins, quer quanto à escolha dos meios, o Estado e demais entes públicos devem sempre agir com observância não só da finalidade que lhe é própria, mas também de modo que essa finalidade seja alcançada pelo melhor meio possível.

O mesmo autor, baseando-se na lição de Santi Romano, diz que "um agir arbitrário e caprichoso, e portanto mesmo um não agir, quando a ação se apresenta com caráter de necessidade, é justificável quando o sujeito coloca em jogo o seu próprio interesse – e aparece antes como uma consequência da sua liberdade de autodeterminar-se e, em geral, também da sua responsabilidade – mas não o é quando determinados sujeitos têm exclusivamente obrigação de desenvolver uma atividade

---

[86] *Il merito dell'atto amministrativo*, 1939:2-3.
[87] *Il merito dell'atto amministrativo*, 1939:15-19.

que tem caráter *funcional*"; esse caráter deriva do fato de que, embora atribuída ao sujeito como função que lhe é própria, na realidade ela tem que ser desenvolvida em benefício de um agregado de pessoas, de uma comunidade. Em consequência, "o princípio de oportunidade entendido como regra que impõe o agir sempre e necessariamente para a útil consecução de certos fins, apresenta-se, portanto, do ponto de vista racional, como um princípio de caráter institucional". Não se confunde o mérito com o princípio da finalidade, significando apenas a escolha de meios mais adequados para a consecução dos fins legais, segundo o princípio da oportunidade.

O princípio da oportunidade costuma ser relacionado com as *regras de boa administração*, as quais, segundo Amorth,[88] implicam, resumidamente: (a) que o interesse público seja alcançado com um mínimo de sacrifício possível do interesse privado, de modo a haver equilíbrio ou proporcionalidade entre os meios e os fins a atingir; (b) que ele seja apreciado em função da real "possibilidade" e das reais vantagens para o ente público, o que significa a possibilidade de determinada atuação, que aparece, abstratamente, como a melhor, perder sua eficácia diante de um caso concreto; (c) que o interesse público seja atingido com observância da praxe administrativa, ou seja, do conjunto dos precedentes, dos casos análogos, da experiência anterior da Administração.

O conceito de mérito, no direito italiano, é da mais alta relevância, tendo em vista que o controle exercido pela jurisdição administrativa abrange, nos casos taxativamente especificados em lei, o exame do mérito.

Relacionando também o mérito com a ideia de boa administração, Zanobini[89] distingue: "o juiz chamado a examinar o ato discricionário sob o aspecto da legitimidade decide uma controvérsia jurídica, enquanto confronta o ato administrativo com as leis e os regulamentos que a elas se referem; ao invés, o juiz investido de uma competência de mérito não conhece somente de uma controvérsia jurídica, mas também de uma controvérsia de boa administração, porque deve examinar se a autoridade, mesmo mantendo-se dentro dos limites da lei, agiu utilmente, convenientemente, de modo mais útil ao interesse público e menos gravoso para os interesses privados dos particulares".

Nessas matérias em que o mérito fica sujeito a controle jurisdicional, a independência da Administração Pública fica sensivelmente reduzida.

5.6.2 Direito brasileiro

No direito brasileiro, apenas recentemente se começou a cuidar do tema da discricionariedade sob o aspecto dos conceitos jurídicos indeterminados, pois o

---

[88] *Il merito dell'atto amministrativo*, 1939:43-44.

[89] *Corso di diritto amministrativo*, v. II, 1946:158.

ponto central que tem sido, desde longa data, apreciado pelos doutrinadores e pela jurisprudência é o concernente ao mérito, o que revela, nesse particular, a profunda influência do direito italiano.

A dificuldade começa com o próprio vocábulo *mérito*, que tem sentido diverso nos âmbitos do direito processual e administrativo. No primeiro, mérito é a própria pretensão que o autor deduz em juízo, com base em normas de direito substantivo, opondo-se às questões preliminares, que têm cunho processual.[90]

No direito administrativo, embora se possa empregar o vocábulo nesse mesmo sentido, já que existe também um processo administrativo, na realidade, o sentido mais usual é o que concerne aos aspectos do ato administrativo relacionados basicamente com o princípio da oportunidade e conveniência, em face do interesse público a atingir.

O autor que primeiro desenvolveu o tema, de forma aprofundada, foi Seabra Fagundes, com um trabalho sobre "conceito de mérito administrativo",[91] cujos ensinamentos foram inseridos em sua obra sobre "o controle dos atos administrativos pelo Poder Judiciário".

Ele relaciona mérito com discricionariedade e afasta a possibilidade de seu controle judicial. Para o autor,[92] "o mérito está no sentido político do ato administrativo. É o sentido dele em função das normas de boa administração, ou, noutras palavras, é o seu sentido como procedimento que atende ao interesse público e, ao mesmo tempo, o ajusta aos interesses privados, que toda medida administrativa tem de levar em conta. Por isso, exprime um juízo comparativo. Compreende os aspectos, nem sempre de fácil percepção, atinentes ao acerto, à justiça, utilidade, equidade, razoabilidade, moralidade etc. de cada procedimento administrativo". Em nota a essa afirmação, o autor acrescenta: "pressupondo o mérito do ato administrativo a possibilidade de opção, por parte do administrador, no que respeita ao sentido do ato – que poderá inspirar-se em diferentes razões de sorte a ter lugar num momento ou noutro, como poderá apresentar-se com este ou aquele objetivo – constitui fator apenas pertinente aos atos discricionários. Onde se trate de competência vinculada, sendo a atividade do administrador adstrita a um motivo único, predeterminado, cuja ocorrência material lhe cabe tão somente constatar, e devendo ter o procedimento administrativo por objeto de uma certa e determinada medida, expressamente prevista pela lei, não há cogitar do mérito como um dos fatores integrantes do ato administrativo. Este se apresenta simplificado pela ausência de tal fator. E além de só pertinente aos atos praticados no exercício de

---

[90] Cf. José Cretella Júnior. *Do ato administrativo*, 1977:61.
[91] *RDA* 23/1-16.
[92] Seabra Fagundes. *O controle dos atos administrativos pelo Poder Judiciário*, 1984:127.

competência discricionária, não constitui o mérito um fator essencial, nem autônomo na integração do ato administrativo. Não aparece com posição própria ao lado dos elementos essenciais (manifestação de vontade, motivo, objeto, finalidade e forma). Surge em conexão com o motivo e o objeto. Relaciona-se com eles. É um aspecto que lhes diz respeito. É uma maneira de considerá-los na prática do ato. É, em suma, o conteúdo discricionário deste".

Para o autor, no caso dos atos vinculados, a Administração "já encontra esgotado o conteúdo político (mérito) do processo de realização da vontade estatal. A medida assim tomada já foi objeto de análise e de solução optativa anteriores pelo legislador. O administrador apenas torna efetiva a solução pré-assentada".

Para José Cretella Júnior,[93] "é o mérito elemento integrante da configuração do ato administrativo, embora não se situe no mesmo plano dos elementos essenciais. Relacionando-se com o *motivo* e o *objeto*, existe o mérito, tanto no *ato discricionário* como no *ato vinculado*. No ato discricionário, em que a competência é livre, o administrador valora a decisão a tomar, orientando-se pelo critério da oportunidade e da conveniência..." No caso do ato vinculado, o autor entende que existe "uma parcela de merecimento, se bem que, *in potentia*, não utilizável pela autoridade, por ser absorvida pelos demais fatores determinantes da edição do ato".

Hely Lopes Meirelles[94] segue a lição de Seabra Fagundes, ao afirmar que "o *mérito* administrativo se consubstancia, portanto, na valoração dos motivos e na escolha do objeto do ato, feitas pela Administração incumbida de sua prática, quando autorizada a decidir sobre a conveniência, oportunidade e justiça do ato a realizar".

Não é diverso o pensamento de Diogo de Figueiredo Moreira Neto[95] que, confessando-se adepto da doutrina "que encontra no *mérito* o 'sentido político' da ação do Estado enquanto administrador, protagonizada pelos mestres Seabra Fagundes e Cretella Júnior", acrescenta que "esse sentido político decorre da *função de atender ao interesse público*, para o desempenho do qual a Administração deve preencher uma definição específica incompletamente feita na lei. Trata-se, portanto, de uma *integração administrativa da legitimidade*". Os aspectos a serem definidos pelo administrador são, sinteticamente, os de oportunidade e conveniência. Para o autor, "se são essas definições de conveniência e oportunidade, que vão compor o *mérito* do ato administrativo, a discricionariedade exsurge como meio para que essa função possa ser exercida pela Administração".

Embora alguns autores repudiem o vocábulo precisamente por seu sentido equívoco, na realidade ele está consagrado no direito brasileiro e tem servido de

---

[93] *Do ato administrativo*, 1977:77-78.
[94] *Direito administrativo brasileiro*, 1989:131-132.
[95] *Legitimidade e discricionariedade*, 1989:31-33.

palavra mágica que detém o controle do Poder Judiciário sobre os atos da Administração. Relaciona-se o mérito com a discricionariedade administrativa, pois aquele só existe onde esta está presente.

Carlos Roberto de Siqueira Castro[96] observa que "vigora no Brasil uma perigosa indisposição, tanto doutrinária quanto jurisprudencial, para o controle meritório dos atos discricionários, de que o ato legislativo é quiçá o exemplo mais expressivo, o que constitui uma autêntica e infeliz tradição de nossa doutrina e jurisprudência, escudada, inclusive, em mal inspirados textos legais, conforme dá notícia a Lei nº 221, do ano de 1894, cujo artigo 13, § 9º, letra 'a', assim dispunha acerca da invalidação judicial dos atos administrativos em nossa República recém-instaurada: 'consideram-se ilegais os atos ou decisões administrativas em razão da não aplicação do direito vigente. A autoridade judiciária fundar-se-á em razões jurídicas, abstendo-se de apreciar o merecimento dos atos administrativos, sob o ponto de vista de sua conveniência ou oportunidade'. E, na letra 'b', a seguir, estatuía o mesmo diploma: 'A medida administrativa tomada em virtude de uma faculdade ou poder discricionário somente será havida por ilegal em razão da incompetência da autoridade respectiva ou de excesso de poder'".

Segundo o autor, "essa excessiva deferência de nossa ordem jurídica às competências discricionárias do Poder Público, notadamente no campo do poder de polícia, bem revela a idolatria do Estado no Brasil e sua função autoritária, em cujo âmago descansa a proeminência e a incontrastabilidade dos agentes governamentais em face do cidadão comum". E acrescenta, depois, que "no torvelinho desse autoritarismo jurídico, a Constituição e o remanescente das liberdades públicas nela consignadas, a despeito de toda sorte de atos institucionais e complementares que mutilaram a ambas, acabaram tragadas pelo poder discricionário das autoridades executivas... A bem dizer, as tênues fronteiras entre a discricionariedade e a arbitrariedade esmaeceram, deixando os indivíduos e a coletividade num persistente estado de orfandade no que concerne à tutela dos direitos públicos subjetivos".

Em verdade, durante longos anos, foi reconhecida pela doutrina e pela jurisprudência a vedação, ao Judiciário, de controlar o mérito, o aspecto político do ato administrativo, que abrange, sinteticamente, os aspectos de oportunidade e conveniência. No entanto, o que não é aceitável é usar-se o vocábulo *mérito* como escudo à atuação judicial em casos que, na realidade, envolvem questões de legalidade e moralidade administrativas. É necessário colocar a discricionariedade em seus devidos limites, para impedir as arbitrariedades que a Administração Pública pratica sob o pretexto de agir discricionariamente em matéria de mérito.

---

[96] *O devido processo legal e a razoabilidade das leis na nova Constituição do Brasil*, 1989:186-189.

Mais recentemente, a doutrina e a jurisprudência têm se insurgido contra a ideia de insindicabilidade do mérito pelo Poder Judiciário. Em trabalho específico sobre o assunto, Edimur Ferreira de Faria[97] menciona entendimento jurisprudencial e doutrinário que acolhe a tese de que o Poder Judiciário pode controlar o mérito do ato administrativo.[98] E conclui que "o Judiciário, no desempenho de suas funções constitucionais, está legitimado a sindicar o mérito do ato administrativo, com o objetivo de verificar se o agente realizou a escolha correta. Constatada a impropriedade da opção adotada, impõe-se o dever de declarar a nulidade do ato". O autor acrescenta que, "nesse caso, caberá à autoridade adotar outra escolha que melhor atenda à vontade da lei na situação fática, se a hipótese existir. Se não, nada poderá fazer por inexistência de amparo jurídico".[99]

Na realidade, é possível que o direito brasileiro, ao inspirar-se no direito italiano com a afirmação de que o Judiciário não pode controlar o mérito do ato administrativo, tenha deixado de levar em consideração que naquele país existe a jurisdição administrativa, que tem competência para controlar o mérito. Quem não pode efetuar esse controle é a jurisdição comum. Veja-se a citação da obra de Zanobini, contida no final do item anterior (5.6.1). Quer-se dizer, com isto, que se no direito brasileiro não existe a dualidade de jurisdição, as competências que seriam de uma jurisdição administrativa têm que se concentrar no Poder Judiciário, no sistema de unidade de jurisdição, que decorre do artigo 5º, XXXV, da Constituição Federal. A conclusão única possível é a de que o Judiciário pode examinar o mérito do ato administrativo. No entanto, o que não é possível é o Judiciário substituir a decisão discricionária adotada validamente. Ele está limitado pela legalidade em sentido amplo, abrangendo não só os atos normativos, como também os princípios e valores adotados de forma expressa ou implícita na Constituição.

Por isso, tenho entendido que o Judiciário pode apreciar os aspectos da legalidade do ato discricionário e verificar se a Administração não ultrapassou os limites da discricionariedade; neste caso, pode o Judiciário invalidar o ato, porque a autoridade ultrapassou o espaço livre deixado pela lei e invadiu o campo da legalidade.[100]

Não há dúvida de que nos últimos tempos houve uma considerável evolução no controle judicial sobre os atos administrativos, com grandes avanços sobre o exame do chamado mérito. Durante longo tempo prevaleceu o que Carlos Roberto de Siqueira Castro, no trecho já citado, chamou de "excessiva deferência de nossa ordem jurídica às competências discricionárias do Poder Público". O exame dos fatos (motivos do ato), a sua valoração, a sua razoabilidade e proporcionalidade em relação

---

[97] *Controle do mérito do ato administrativo pelo Judiciário*. Belo Horizonte: Fórum, 2011.
[98] Ob. cit., p. 238-252.
[99] Ob. cit., p. 275.
[100] *Direito administrativo*, 2012:224.

aos fins, a sua moralidade, eram vistos como matéria de mérito, insuscetíveis de controle judicial. Se o juiz se deparasse com um conceito jurídico indeterminado, como interesse público, utilidade pública, urgência, notório saber, moralidade, ele se eximia do dever de apreciar tais aspectos, sob a alegação de que se tratava de matéria de mérito.

Com o passar dos tempos, inúmeras teorias foram elaboradas para justificar a extensão do controle judicial sobre os aspectos antes considerados como abrangidos pelo conceito de mérito. A teoria do desvio de poder permitiu o exame da finalidade do ato, inclusive sob o aspecto do atendimento ao interesse público; a teoria dos motivos determinantes permitiu o exame dos fatos ou motivos que levaram à prática do ato; a teoria dos conceitos jurídicos indeterminados e a sua aceitação como conceitos jurídicos, permitiu que o Judiciário passasse a examiná-los e a entrar em aspectos que também eram considerados de mérito; a chamada constitucionalização dos princípios da Administração Pública também veio limitar a discricionariedade administrativa e possibilitar a ampliação do controle judicial sobre os atos discricionários.

O que ocorreu foi uma sensível redução do mérito do ato administrativo. Aspectos que eram considerados como de mérito, insuscetíveis de controle judicial, passaram a ser vistos como de legalidade, em sentido amplo.

Será que, com isto, deixou de existir uma esfera que possa ser reconhecida como de mérito do ato administrativo? Será que nada restou de opção discricionária para a Administração Pública? A resposta a ambas as perguntas só pode ser negativa, sob pena de transformar-se a Administração Pública em mero robô de aplicação da lei e de ter-se que concluir que a separação de poderes foi abolida do direito brasileiro, não obstante a sua previsão constitucional.

Existem inúmeros exemplos de atos administrativos em que a lei reserva para a Administração Pública o exame do mérito: a revogação de ato discricionário e precário, como a autorização e a permissão de uso de bem público; a exoneração *ex ufficio* de servidor público ocupante de cargo em comissão; a dispensa, sem justa causa, de servidor celetista; a alteração e a rescisão unilaterais de contratos administrativos, o deferimento ou indeferimento de determinados tipos de afastamento dos servidores públicos; a revogação do procedimento licitatório; a decisão sobre a execução direta ou indireta de serviços e obras; a revogação de licença para construir, por motivo de interesse público; e tantas outras hipóteses que podem ser facilmente extraídas do direito positivo.

Em todos esses exemplos, a Administração Pública tem certa margem de liberdade para escolher a melhor solução a ser adotada no caso concreto. Isto não significa que a sua escolha seja inteiramente livre. Ela está limitada pelo princípio da legalidade (considerado em seus sentidos amplo e restrito) e pela exigência de razoabilidade e motivação. Por maior que seja a margem de discricionariedade, como, por exemplo, na exoneração de servidor ocupante de cargo em comissão ou na dispensa, sem justa causa, de servidor celetista, existe a exigência de motivação. A motivação não pode limitar-se a indicar a norma legal em que se fundamenta o ato. É necessário que na motivação se contenham os elementos indispensáveis para controle da legalidade do ato, inclusive no que diz respeito aos limites da discricionariedade. É pela motivação que se verifica se o ato está ou não em consonância com a lei e com os princípios a que se submete a Administração Pública. Verificada essa conformidade, a escolha feita pela Administração insere-se no campo do mérito. A exigência de motivação, hoje considerada imprescindível em qualquer tipo de ato, foi provavelmente uma das maiores conquistas em termos de garantia de legalidade dos atos administrativos.

A grande diferença que se verifica com relação à evolução do mérito, sob o aspecto de seu controle judicial, é a seguinte: anteriormente, o Judiciário recuava diante dos aspectos discricionários do ato, sem preocupar-se em verificar se haviam sido observados os limites da discricionariedade; a simples existência do aspecto de mérito impedia a própria interpretação judicial da lei perante a situação concreta, levando o juiz a acolher como correta a opção administrativa; atualmente, entende-se que o Judiciário não pode alegar, *a priori*, que se trata de matéria de mérito e, portanto, aspecto discricionário vedado ao exame judicial. O juiz tem, primeiro, que interpretar a norma diante do caso concreto a ele submetido. Só após essa interpretação é que poderá concluir se a norma outorgou ou não diferentes opções à Administração Pública. Se, após a interpretação, concluir que existem diferentes opções igualmente válidas perante o direito e aceitáveis diante do interesse público a atender, o juiz não poderá corrigir o ato administrativo que tenha adotado uma delas, substituindo-a pela sua própria opção.[101] Aí sim haverá ofensa ao princípio da separação de poderes.

Por isso, quando se diz que o Judiciário pode controlar o mérito do ato administrativo, essa afirmação tem que ser aceita em seus devidos termos: o que o Judiciário pode fazer é verificar se, ao decidir discricionariamente, a autoridade administrativa não ultrapassou os limites da discricionariedade. Por outras palavras, o juiz controla para verificar se realmente se tratava de mérito ou de legalidade.

---

[101] Sobre o assunto, v. nosso trabalho sobre "constitucionalização do direito administrativo: reflexos sobre o princípio da legalidade e a discricionariedade administrativa", publicado na obra coletiva sobre *supremacia do interesse público e outros temas relevantes do direito administrativo*, 2010:175-196. Na mesma obra, p. 278-302, v. trabalho de Luis Felipe Ferrari Bedendi, sob o título *ainda existe o conceito de mérito do ato administrativo como limite ao controle jurisdicional dos atos praticados pela Administração?*

Verifica-se que as decisões judiciais que invalidam atos discricionários por vício de desvio de poder, por irrazoabilidade ou desproporcionalidade da decisão administrativa, por inexistência dos motivos ou de motivação, por infringência a princípios como os da moralidade, segurança jurídica, boa-fé, não estão controlando o mérito, mas a legalidade do ato. Poder-se-ia afirmar que estão controlando o mérito, no sentido antigo da expressão, mas não no sentido atual. Somente se pode falar em mérito, no sentido próprio da expressão, quando se trate de hipóteses em que a lei deixa à Administração Pública a possibilidade de escolher entre duas ou mais opções igualmente válidas perante o direito; nesse caso, a escolha feita validamente pela Administração tem que ser respeitada pelo Judiciário. Não se pode confundir controle do mérito com controle dos limites legais da discricionariedade.

Como se verifica, é de especial relevância o tema concernente aos limites da discricionariedade administrativa, objeto de estudo neste trabalho.

6 Discricionariedade na definição de políticas públicas e o princípio da reserva do possível

O tema das políticas públicas, no âmbito do direito, passou a chamar a atenção dos juristas nos últimos dez anos.[102]

Não são poucas as controvérsias que vem suscitando. Isto porque se trata de tema relacionado com a discricionariedade do poder público na definição e execução das políticas públicas, bem como o da complexa questão dos limites do seu controle pelo Poder Judiciário.

Além disso, o tema se enreda com alguns princípios analisados na tese original, como o pertinente aos conceitos jurídicos indeterminados, ao interesse público, à razoabilidade e, como aspecto a esta inerente, à proporcionalidade. E também diz respeito aos limites do controle judicial sobre a discricionariedade administrativa.

As políticas públicas são metas e os instrumentos de ação que o poder público define para a consecução de interesses públicos que lhe incumbe proteger. Ou, nas palavras de José dos Santos Carvalho Filho,[103] políticas públicas são "as diretrizes, estratégias, prioridades e ações que constituem as metas perseguidas pelos órgãos públicos, em resposta às demandas políticas, sociais e econômicas e para atender

---

[102] Inúmeros trabalhos têm sido escritos, dos quais se destaca a tese pioneira de Maria Paula Dallari Bucci, defendida em 2000 na Faculdade de Direito da USP, sob o título de *Direito administrativo e políticas públicas*, publicada pela Saraiva, em 2002.

[103] Políticas públicas e pretensões judiciais determinativas. In FORTINI, Cristiana; ESTEVES, Júlio César dos Santos; DIAS, Maria Teresa Fonseca (organizadoras). *Políticas públicas*: possibilidades e limites. Belo Horizonte: Editora Fórum, 2008, p. 110.

aos anseios oriundos das coletividades". Elas compreendem não só a definição das metas, das diretrizes, das prioridades, como também a escolha dos meios de atuação. De acordo com Maria Paula Dallari Bucci,[104] "as políticas públicas devem ser vistas também como processo ou conjunto de processos que culmina na escolha racional e coletiva de prioridades, para a definição dos interesses públicos reconhecidos pelo direito". A autora conceitua as políticas públicas como "programas de ação governamental visando a coordenar os meios à disposição do Estado e as atividades privadas, para a realização de objetivos socialmente relevantes e politicamente determinados". E acrescenta que "políticas públicas são 'metas coletivas conscientes' e, como tais, um problema de direito público, em sentido lato".[105]

Com essas afirmações iniciais, já se percebe como o tema se relaciona com a discricionariedade, seja na escolha do interesse público a atender, dentre os vários agasalhados pelo ordenamento jurídico, seja na escolha das prioridades e dos meios de execução. E aqui não se fala apenas da discricionariedade da Administração Pública. Fala-se, muitas vezes, até com maior razão, na própria discricionariedade do legislador ao definir políticas públicas com base em metas maiores postas pela Constituição.

Com efeito, a partir da ideia de que a definição de políticas públicas implica opções a serem feitas pelo poder público e que essas opções são externadas por variados instrumentos (Constituição, Emendas à Constituição, atos normativos do Poder Legislativo, do Poder Executivo e de órgãos e entidades da Administração Pública), poder-se-ia fazer uma gradação levando em conta a própria hierarquia dos atos estatais. Existem metas fixadas pela própria Constituição, já a partir de seu preâmbulo. Inúmeros exemplos extraem-se de seu texto. É o caso do artigo 170, que coloca como meta a "existência digna conforme os ditames da justiça social" e já indica os princípios de observância obrigatória para esse fim. O artigo 182 outorga aos Municípios a competência para definir a política de desenvolvimento urbano, mas já coloca como meta o "pleno desenvolvimento das funções sociais da cidade" e o "bem-estar de seus habitantes". O artigo 193 prevê como meta do título pertinente à ordem social o "bem-estar e a justiça social". O artigo 194 estabelece como meta da seguridade social a garantia dos "direitos relativos à saúde, à previdência e à assistência social". O artigo 196 impõe políticas sociais na área da saúde que visem "a redução do risco de doença e de outros agravos e ao acesso universal e igualitário às ações e serviços para sua promoção, proteção e recuperação". O artigo 201 define os objetivos a serem atendidos pelos planos de previdência social. Os artigos 203 e 204 definem os objetivos a serem alcançados

---

[104] Ob. cit., p. 264-265.
[105] Ob. cit., p. 241.

na área de assistência social. O artigo 205 coloca como meta da educação o "pleno desenvolvimento da pessoa, seu preparo para o exercício da cidadania e sua qualificação para o trabalho". Esses são apenas alguns exemplos de metas definidas pela Constituição, dirigidas a todos os entes da federação e aos três Poderes do Estado.

Em muitos casos, a Constituição até já indica os instrumentos hábeis para a consecução das metas. É o caso do artigo 182, § 4º, que prevê, como instrumentos hábeis para garantir a função social da propriedade urbana, o parcelamento ou edificação compulsórios, o IPTU progressivo no tempo e a desapropriação com pagamento em títulos da dívida pública; do mesmo modo, o artigo 184, que estabelece a desapropriação, também com pagamento em títulos da dívida pública, como o instrumento adequado para cumprimento da função social da propriedade. O artigo 201 também indica os eventos a serem cobertos pelos planos de previdência. Do mesmo modo, o artigo 208 prevê os instrumentos hábeis para garantir o dever do Estado com a educação.

Outras vezes, a Constituição distribui entre as três esferas de Governo a competência para definir as políticas públicas, como se verifica pelo artigo 21, que outorga à União, entre outras, a competência para elaborar e executar planos nacionais e regionais de ordenação do território e de desenvolvimento econômico e social (inciso IX), planejar e promover a defesa permanente contra as calamidades públicas, especialmente as secas e as inundações (inciso XVIII), instituir diretrizes para o desenvolvimento urbano, inclusive habitação, saneamento básico e transportes urbanos (inciso XX), estabelecer princípios e diretrizes para o sistema nacional de viação (inciso XXI). Já o artigo 23 define as competências comuns da União, dos Estados, do Distrito Federal e dos Municípios, algumas das quais envolvendo a definição e/ou implantação de políticas públicas, como promover programas de construção de moradias e a melhoria das condições habitacionais e de saneamento básico (IX), estabelecer e implantar política de educação para a segurança do trânsito (inciso XIII). O artigo 165 prevê três importantes instrumentos de definição de metas, a serem estabelecidos por meio de leis de iniciativa do Poder Executivo: o plano plurianual, as diretrizes orçamentárias e os orçamentos anuais. Algumas diretrizes podem ser vinculantes e têm que, obrigatoriamente, ser incluídas nas leis orçamentárias, como a exigência de percentual mínimo de gastos com a educação e a saúde (arts. 212 e 198, respectivamente).

Postas as metas, em termos genéricos, pela Constituição, cabe ao legislador, em segundo plano, disciplina-las de modo a garantir o seu atendimento, por meio dos atos legislativos previstos no artigo 59. É o que faz a Lei nº 10.257, de 10-7-2001 (Estatuto da Cidade), que regulamenta os artigos 182 e 183 da Constituição Federal e estabelece diretrizes gerais da política urbana. É o caso também da Lei nº 6.938, de 31-8-81, que define a Política Nacional do Meio Ambiente, e da Lei nº 9.433, 8-1-97, que define a política nacional de recursos hídricos, da Lei nº 9.478, de 6-8-97, que dispõe sobre a política energética nacional e as atividades relativas ao monopólio do petróleo.

Muitas dessas leis deixam ao Poder Executivo e a órgãos e entidades da administração direta e indireta, especialmente as agências reguladoras, a implementação das políticas públicas definidas em lei.

São apenas exemplos dados para demonstrar que a competência para definição de políticas públicas distribui-se entre os Poderes Legislativo e Executivo. A ambos cabe o dever de observar as metas postas pela Constituição.

Seria simples afirmar que as políticas públicas são definidas pelo Legislador e executadas pelo Executivo, sendo vedado ao Judiciário exercer o controle sobre as opções feitas, porque isto afrontaria o princípio da separação de poderes. E, na realidade, as grandes metas governamentais são traçadas pela própria Constituição e respectivas Emendas. O legislador disciplina as matérias postas na Constituição. O Executivo, por meio dos entes da administração direta e indireta, as executa.

No entanto, o modo como o tema vem sendo posto por parte da doutrina coloca em xeque essa forma de aplicação do princípio tradicional da separação de poderes.

Isto ocorre porque as políticas públicas são vistas como o instrumento adequado para concretizar os direitos fundamentais previstos na Constituição, especialmente na área social. Como o modelo do Estado Social é pródigo na proteção dos direitos fundamentais e na previsão de inúmeros serviços sociais como deveres do Estado, a consequência inevitável é a de que acabam por se colocar em confronto, de um lado, o *dever* constitucional de atender às imposições constitucionais, que correspondem a *direitos* do cidadão, e, de outro lado, a escassez dos recursos públicos para atender a todos esses direitos. Daí o *princípio da reserva do possível*, oriundo do direito alemão: os deveres estatais, impostos pelo ordenamento jurídico, devem ser cumpridos na medida em que o permitam os recursos públicos disponíveis.

Surge então o difícil problema de tentar estabelecer critérios para a definição de políticas públicas: quais as prioridades a serem atendidas? Quais as escolhas que melhor atendem às metas constitucionais? Pode o Poder Judiciário interferir nas escolhas feitas pelo legislador ao definir as metas no plano plurianual e distribuir recursos nas leis orçamentárias? Pode o Poder Judiciário interferir nas escolhas feitas pela Administração Pública?

Rigorosamente, não pode o Judiciário interferir em políticas públicas, naquilo que a sua definição envolver aspectos de discricionariedade legislativa ou administrativa. O cumprimento das metas constitucionais exige planejamento e exige destinação orçamentária de recursos públicos. Estes são finitos. Não existem em quantidade suficiente para atender a todos os direitos nas áreas social e econômica. Essa definição está fora das atribuições constitucionais do Poder Judiciário.

Este pode corrigir ilegalidades e inconstitucionalidades, quando acionado pelas medidas judiciais previstas no ordenamento jurídico, mas não pode substituir as escolhas feitas pelos Poderes competentes.

No entanto, o que se verifica é que, por diferentes formas, o Judiciário vem interferindo, direta ou indiretamente, na formulação de políticas públicas. Existem diferentes fatores que vêm contribuindo para isso. Dois deles saltam aos olhos: de um lado, a inércia do poder público, a sua ineficiência, a ausência ou deficiência no planejamento, a corrupção, os desvios de finalidade na definição de prioridades, os interesses subalternos protegidos, em detrimento de outros, especialmente relevantes para a garantia dos direitos fundamentais. É doloroso assistir-se aos gastos do dinheiro público com publicidade, mordomia, corrupção, em detrimento da saúde, educação, moradia e outros objetivos de interesse social. De outro lado, há a atuação do Ministério Público que, na missão de proteger os interesses difusos e coletivos, especialmente nos pequenos municípios, utiliza os termos de ajustamento de conduta para interferir nas decisões das autoridades públicas e as ações civis públicas para obter do Poder Judiciário prestações positivas dirigidas às autoridades, para obrigá-las a prestar determinado serviço público ou a construir determinada obra pública. O Ministério Público impulsiona o Judiciário a interferir nas políticas públicas, nem sempre com sucesso.

A interferência do Judiciário vai ganhando adeptos, sob o argumento de que, ao interferir em políticas públicas, ele não está invadindo matéria de competência dos outros Poderes do Estado, nem a discricionariedade que lhes é própria, porque está fazendo o seu papel de intérprete da Constituição. Ele está garantindo o núcleo essencial dos direitos fundamentais ou o mínimo existencial indispensável para a dignidade da pessoa humana.[106] Em resumo, o Judiciário não estaria analisando aspectos de discricionariedade, mas fazendo cumprir a Constituição.

Na falta de critérios objetivos para definir os limites do controle judicial, um dos critérios que vem sendo invocado é o do *mínimo existencial* que, no dizer de Carolina de Freitas Paladino,[107] é composto por "um conjunto de direitos sociais, econômicos e culturais, aqueles considerados mais pertinentes, os quais integram o núcleo da dignidade da pessoa humana, ou porque decorrem do direito básico da liberdade". E conclui que, "em assim sendo, considera-se sua validade *erga omnes* e, portanto, 'diretamente sindicáveis'."

---

[106] Nessa linha de pensamento, dentre outros: Luiza Cristina Fonseca Frischeisen (*Políticas públicas. A responsabilidade do administrador e o ministério público*), Luiz Nunes Pegoraro (*Controle jurisdicional dos atos administrativos discricionários*), Luis Manuel Fonseca Pires (*Controle judicial da discricionariedade administrativa*).

[107] Políticas públicas: considerações gerais e possibilidade de controle judicial. In *Revista de Direito Administrativo e Constitucional*, ano 8, nº 32, abril/junho 2008:226.

Há até quem estabeleça uma hierarquia entre os direitos sociais, como é feito por Ricardo Lobo Torres,[108] que distingue o *status positivus libertatis*, próprio do *mínimo existencial*, do *status positivus socialis*, "constituído pelas prestações estatais entregues para a proteção dos direitos econômicos e sociais e para a seguridade social". Para o autor, "*o status positivus socialis* é de suma importância para o aperfeiçoamento do Estado Democrático de Direito, sob a sua configuração de Estado de Prestações e em sua missão de protetor dos direitos sociais e curador da existência: compreende o fornecimento de serviço público essencial (educação secundária, superior, saúde curativa, moradia etc.) e as prestações financeiras em favor dos fracos, especialmente sob a forma de subvenções sociais". Como se verifica, o autor somente considera como integrante do mínimo existencial o *status positivus libertatis*. Seriam os mínimos existenciais ou mínimos sociais a que se refere a Lei Orgânica da Assistência Social (Lei nº 8.742/93).

Luiza Cristina Fonseca Frischeisen[109] menciona o pensamento de Ricardo Lobo Torres, mas para refutá-lo, já que, a seu ver, "os direitos civis e mesmo políticos, sem acesso à educação, saúde, justiça, informação, a igualdade do acesso e condições de trabalho entre homens e mulheres, as chamadas liberdades negativas, não se realizam sem o real desenvolvimento das liberdades positivas". Em favor de seu entendimento, cita o pensamento de Bobbio, Canotilho, Celso de Albuquerque Mello e Flávia Piovesan.

A autora menciona ainda o pensamento de autores que relacionam o mínimo social com um conceito econômico de *renda mínima* necessária à inserção na sociedade. Dentro desse contexto é que foi promulgada a Lei nº 9.533, de 10-12-97, que autoriza o Poder Executivo Federal a conceder apoio financeiro a programas de garantia de renda em municípios, cuja receita tributária por habitante é inferior à respectiva média estadual e com renda familiar por habitante inferior à renda média familiar por habitante do Estado.

Comparados os critérios, é evidente que este último tem a vantagem da objetividade, afastando a dificuldade ou quase impossibilidade de definir aprioristicamente quais os direitos que se inserem no mínimo existencial ou mínimo social a que se refere a Lei Orgânica da Assistência Social.

Tratando-se do mínimo existencial, alega-se que as normas constitucionais que o garantem têm eficácia imediata, não dependendo de medidas legislativas ou executivas para a sua implementação. Em decorrência disso, a omissão do poder público, afrontando metas constitucionais, pode ser corrigida pelo Poder

---

[108] A cidadania multidimensional na era dos direitos. In TORRES, Ricardo Lobo (organizador). *Teoria dos direitos fundamentais*. Rio de Janeiro: Forense, p. 251.

[109] *Políticas públicas. A responsabilidade do administrador e o ministério público*. São Paulo: Max Limonad, 2000:68.

Judiciário, quando provocado pelos próprios interessados ou por órgãos de defesa de interesses coletivos, de que constituem exemplo o Ministério Público, os sindicatos, os partidos políticos. Invoca-se a necessidade de ponderação, de equilíbrio, de razoabilidade, de proporcionalidade na atuação do Poder Judiciário.

O fato é que, a partir de tais ideias, aqui expostas de forma muito resumida, vem ganhando força, embora com muitas contestações, a tese que defende o controle das políticas públicas pelo Poder Judiciário. E vem crescendo o número de ações em que se pleiteia judicialmente a imposição de prestações positivas para o Estado, com o objetivo de garantir o atendimento de direitos sociais. É difícil dizer se é a doutrina que vem inspirando decisões judiciais ou se estas é que vêm inspirando a doutrina.

O fenômeno tem sido chamado de *judicialização das políticas públicas* ou de *politização do Judiciário*, provocando o chamado ativismo judicial.

Diferentes tipos de ações vêm sendo propostas, como as individuais, principalmente nas áreas da saúde e da educação, e as coletivas, para obtenção de prestações positivas a toda uma coletividade de pessoas que estão na mesma situação; ou para obtenção de provimento em que se determine a prestação de um serviço público (como saneamento, por exemplo), ou execução de uma obra pública (rodovia), ou a adoção de determinada política pública, muitas vezes em substituição à adotada pela Administração Pública e até com interferência na distribuição de recursos públicos constante de lei orçamentária.

Trata-se de hipóteses variadas em que o Judiciário não se limita a decretar a invalidade de um ato da Administração Pública ou a inconstitucionalidade de uma lei, mas a impor prestações positivas, diante da omissão do Legislativo ou do Executivo.

No caso das ações individuais, não há interferência direta nas políticas públicas, porque o que se objetiva é a garantia de um direito subjetivo individual. É o caso das ações em que se pleiteiam medicamentos, exames ou tratamentos médicos, vagas em creches ou escolas. Embora não haja interferência direta com as políticas públicas, na prática se verifica uma interferência indireta, provocada pela grande quantidade de ações desse tipo. O custo global das prestações positivas assim obtidas é de tal ordem que acaba por praticamente obrigar o administrador público a destinar, para esse fim, verbas que estariam previstas no orçamento para atender a outros objetivos. Por exemplo, a construção de hospitais ou postos de saúde (que atendem ao mínimo existencial de toda uma coletividade) pode ficar frustrada pela necessidade de dar cumprimento às decisões judiciais proferidas em casos concretos. Como se verifica, corrige-se, parcialmente, uma omissão do poder público, beneficiando o cidadão que recorre ao Judiciário, mas se produz um mal maior para a coletividade que fica privada da implementação de determinada política pública que viria em benefício de todos. O mérito desse tipo de ação talvez seja o de pressionar o poder público na adoção de medidas corretivas de sua omissão. Por outras palavras, garante-se o direito a uma pequena parcela da população, porém afronta-se o princípio da isonomia, além de prejudicar (e não favorecer) o cumprimento de políticas públicas. É um impasse difícil de ser resolvido, porque dificilmente um magistrado vai negar, por exemplo, um medicamento a quem dele necessite para a própria sobrevivência. Mas não há dúvida de que as consequências negativas da multiplicação desse tipo de ação recomendam o máximo de cautela no reconhecimento do direito.

Em situações como essas, a Administração Pública, na qualidade de ré, costuma invocar o princípio da reserva do possível, nem sempre aceito pelo Poder Judiciário, já que se trata de atender a direito fundamental, analisado no caso concreto, sendo possível a alocação de verba orçamentária para esse fim.

No caso das ações coletivas que tenham também o objetivo de obter prestações positivas, por exemplo, medicamentos a todos os portadores de determinada doença ou prestação do serviço de saneamento em determinado município, dois tipos de observação são relevantes: (1) é inteiramente inconcebível que o Judiciário interfira nas opções feitas licitamente pelos demais Poderes, substituindo-as pelas próprias opções; se as metas a serem cumpridas na área dos direitos sociais são em quantidade maior do que é possível atender com os recursos financeiros disponíveis, cabe ao Legislativo e ao Executivo, dentro de suas competências constitucionais, definir aquelas que considera prioritárias; a menos que haja frontal infringência a norma constitucional (como o descumprimento do mínimo exigido constitucionalmente nas áreas da educação e saúde), não há como o Judiciário determinar a observância de outras prioridades; (2) no caso de ações coletivas, é mais difícil afastar o princípio da reserva do possível, pois inúmeros fatores têm que ser analisados, como a impossibilidade de dispensar tratamento igual a situações diferentes, com afronta aos princípios da razoabilidade e proporcionalidade, sem falar que a inexistência de recursos orçamentários pode apresentar-se como uma deficiência difícil ou impossível de ser superada com base em simples ordem judicial. A dificuldade é fácil de ser constatada em Municípios com parcos recursos financeiros.

Na realidade, a interferência do Poder Judiciário em políticas públicas não pode transformar-se em regra e não pode implicar substituição da discricionariedade administrativa pela discricionariedade do juiz. Não existe garantia de que a iniciativa do Ministério Público, ao propor a ação, ou a decisão tomada pelo juiz, quanto à oportunidade e conveniência de determinada política, seja melhor do que a adotada pelo legislador ou pela Administração Pública. Para atuação judicial, ainda que com o objetivo de obter prestações positivas, é necessária a demonstração de que a omissão é antijurídica e de que a invocação do princípio da reserva do possível não é feita, ilicitamente, com desvio de poder, para fugir ao cumprimento do dever. Isto não quer dizer que o Judiciário não possa analisar a política pública; ele pode fazê-lo; mas se verificar que as escolhas do poder público são razoáveis à vista das metas impostas constitucionalmente, ele não pode alterá-las ou determinar a sua alteração.

É relevante observar que, quando o Judiciário analisa políticas públicas fixadas e implementadas pelos demais Poderes, ele caminha em areias movediças. Todos os fundamentos em que se baseiam os defensores do controle judicial decorrem de *conceitos jurídicos indeterminados*, como dignidade da pessoa humana, núcleo essencial dos direitos fundamentais, mínimo existencial, razoabilidade, proporcionalidade. Não há critérios objetivos que permitam definir, com precisão, o que é essencial para que se garanta a dignidade da pessoa humana, ou em que consiste o núcleo essencial dos direitos fundamentais ou o mínimo existencial. E mesmo esse mínimo pode estar fora do alcance do poder público, pela limitação dos recursos financeiros. Não é por outra razão que o cumprimento das metas constitucionais exige planejamento. Também não é por outra razão que não se pode fugir inteiramente ao caráter programático das normas constitucionais inseridas no capítulo da ordem social e econômica.

Por isso mesmo, o tratamento da matéria deve ser o mesmo que se adota com relação aos conceitos jurídicos indeterminados: *o Judiciário somente pode atuar em zonas de certeza positiva ou negativa*. E deve analisar com muita cautela os pedidos formulados, seja quanto à matéria de fato em que se fundamentam, seja quanto à razoabilidade em relação ao fim que se pretende alcançar. A observância do princípio da razoabilidade, inclusive quanto ao aspecto da proporcionalidade, é obrigatória e impõe os seguintes questionamentos pelo magistrado: a medida solicitada é realmente necessária para o fim pretendido? Ela é adequada? Ela é proporcional? Não existem outros meios menos onerosos para os cofres públicos?

Quanto a essa cautela, preciosas são as observações de Alice Gonzalez Borges,[110] quando observa que "sem dúvida, as decisões judiciais no campo das políticas públicas hão de revestir-se das necessárias cautelas, através do exame cuidadoso dos aspectos concretos da realidade fática, para evitarem-se abusos, e, até mesmo, infelizmente, por incrível que pareça, as investidas de corrupção". A autora lembra que "Procuradores do Estado de São Paulo (regional de Marília) atuaram para o desmascaramento e punição de uma quadrilha organizada para aplicar o 'golpe dos remédios', composta de médicos, advogados, funcionários de ONGs e de importantes laboratórios farmacêuticos". E acrescenta, com base nas lições de Alexy, que "as decisões judiciais, nessa difícil e delicada tarefa de ingerência e intervenção nas políticas públicas, hão de pautar-se, não somente pela adequada

---

[110] Reflexões sobre a judicialização de políticas públicas. In *Revista Brasileira de Direito Público – RBDP*, Belo Horizonte, ano 7, nº 25, p. 9-44, abr./jun. 2009:39.

informação da autoridade julgadora, mas também por uma cuidadosa *ponderação de princípios*, que há de ser efetuada em cada caso concreto, guiada pela *razoabilidade e proporcionalidade*".[111]

Também o Ministro Celso de Mello dá verdadeira lição de doutrina, ao julgar, em decisão monocrática de 29-4-2004, a ADPF-45, pela qual se impugnava o veto presidencial aposto a dispositivo do projeto de lei de diretrizes orçamentárias de 2004, que garantia o mínimo de dotação de recursos para a área da saúde, em cumprimento à Emenda Constitucional nº 29/2000. Logo pela ementa do acórdão, verifica-se que o Ministro considera válida a tese da "necessidade de preservação, em favor dos indivíduos, da integridade e da intangibilidade do núcleo consubstanciador do mínimo existencial". No entanto, quanto à cláusula da reserva do possível, faz a seguinte ponderação:

> Cumpre advertir, desse modo, que a cláusula da 'reserva do possível' – ressalvada a ocorrência de justo motivo objetivamente aferível – não pode ser invocada, pelo Estado, com a finalidade de exonerar-se do cumprimento de suas obrigações constitucionais, notadamente quando, dessa conduta governamental negativa, puder resultar nulificação ou, até mesmo, aniquilação de direitos constitucionais impregnados de um sentido de essencial fundamentalidade.

Para o Ministro, a aplicação da cláusula da reserva do possível está sujeita à observância de um "binômio que compreende, de um lado, (1) a razoabilidade da pretensão individual/social deduzida em face do Poder Público e, de outro, (2), a existência de disponibilidade financeira do Estado para tornar efetivas as prestações positivas dele reclamadas." E acrescenta:

> Desnecessário acentuar-se, considerado o encargo governamental de tornar efetiva a aplicação dos direitos econômicos, sociais e culturais, que os elementos componentes do mencionado binômio (razoabilidade da pretensão + disponibilidade financeira do Estado) devem configurar-se de modo afirmativo e em situação de cumulativa ocorrência, pois, ausente qualquer desses elementos, descaracterizar-se-á a possibilidade estatal de realização prática de tais direitos.

Portanto, a conclusão que adotamos neste item não difere da exposta com relação aos conceitos jurídicos indeterminados e em relação ao exame do mérito

---

[111] A mesma cautela é recomendada por inúmeros outros autores, como: Raquel Melo Urbano de Carvalho, Controle judicial dos atos políticos e administrativos na saúde pública. *Interesse público*, Belo Horizonte, ano XII, nº 59, p. 83-124, jan./fev. 2010:113; Guilherme Carvalho e Sousa, Quanto à insuficiência do direito para correta averiguação de políticas públicas: interdependência com outras disciplinas e limitações ao controle exercido pelo Poder Judiciário, *Fórum Administrativo*, Belo Horizonte, ano 10, nº 118, p. 9-18, dez. 2010:14.

pelo Poder Judiciário. Ou seja, a discricionariedade na definição de políticas públicas pode existir ou não, dependendo do resultado da interpretação das metas constitucionais em sua aplicação nos casos concretos. Pode ocorrer que, terminado o trabalho de interpretação, não se chegue a uma zona de certeza, positiva ou negativa. Restará uma zona cinzenta em que é preciso reconhecer certa margem de apreciação para a Administração Pública decidir. Com efeito, existem situações em que o exame da matéria de fato permite conclusão segura sobre qual seja a melhor solução. Onde houver simples interpretação, caberá ao Poder Judiciário a palavra final; onde houver discricionariedade, a decisão administrativa será definitiva e não poderá ser invalidada judicialmente.

Do mesmo modo, a simples existência do aspecto de mérito não pode impedir a interpretação judicial da lei perante a situação concreta, levando o juiz a acolher como correta a opção administrativa; atualmente, entende-se que o Judiciário não pode alegar, *a priori*, que se trata de matéria de mérito e, portanto, aspecto discricionário vedado ao exame judicial. O juiz tem, primeiro, que interpretar a norma diante do caso concreto a ele submetido. Só após essa interpretação é que poderá concluir se a norma outorgou ou não diferentes opções à Administração Pública. Se, após a interpretação e análise da adequada motivação, concluir que existem diferentes opções igualmente válidas perante o direito e aceitáveis (razoáveis) diante do interesse público a atender, o juiz não poderá corrigir a decisão administrativa que tenha adotado uma delas, substituindo-a pela sua própria opção.[112] Aí sim haverá ofensa ao princípio da separação de poderes.

Por isso, quando se diz que o Judiciário pode controlar as políticas públicas, essa afirmação tem que ser aceita em seus devidos termos: o que o Judiciário pode fazer é verificar se, ao decidir discricionariamente, a autoridade administrativa não ultrapassou os limites da discricionariedade, diante das diretrizes fixadas pela Constituição. Por outras palavras, o juiz controla para verificar se realmente se tratava de discricionariedade na adoção de determinada política pública ou de decisão vinculada perante o ordenamento jurídico-constitucional.

7 Limitações à discricionariedade administrativa

O tema concernente às limitações à discricionariedade administrativa é conexo com o do controle jurisdicional dos atos da Administração Pública. Esses limites

---

[112] Sobre o assunto, v. nosso trabalho sobre "constitucionalização do direito administrativo: reflexos sobre o princípio da legalidade e a discricionariedade administrativa", publicado na obra coletiva sobre *supremacia do interesse público e outros temas relevantes do direito administrativo*, 2010:175-196. Na mesma obra, p. 278-302, v. trabalho de Luis Felipe Ferrari Bedendi, sob o título *ainda existe o conceito de mérito do ato administrativo como limite ao controle jurisdicional dos atos praticados pela Administração?*

definem a esfera dentro da qual a Administração pode decidir livremente, segundo seus próprios critérios, inapreciáveis pelo Poder Judiciário.

Quando a Administração exerce atividade vinculada, o controle judicial pode exercer-se sem restrições, com o fim de verificar a conformidade do ato com a lei e decretar sua nulidade, se reconhecer que essa conformidade inexistiu.

No entanto, quando a atividade é discricionária, o controle judicial é possível, mas terá que respeitar os limites da discricionariedade definidos em lei.

Isso ocorre precisamente pelo fato de ser a discricionariedade um poder delimitado previamente pelo legislador. Este, ao definir determinados atos, intencionalmente deixa um espaço para livre decisão da Administração Pública, legitimando previamente sua opção; qualquer delas será legal. Daí por que não pode o Judiciário invadir esse espaço reservado, pela lei, ao administrador, pois, caso contrário, estaria substituindo por seus próprios critérios de escolha a opção legítima feita pela autoridade competente com base em razões de oportunidade e conveniência que ela, melhor do que ninguém, pode apreciar diante de cada caso concreto.

A rigor, pode-se dizer que, com relação ao ato discricionário, o Judiciário pode apreciar os aspectos da legalidade e penetrar no exame do mérito, não para substituir o ato administrativo pela sua própria decisão, mas para verificar se a Administração não ultrapassou os limites da discricionariedade, para entrar no campo do arbítrio e, portanto, da ilegalidade. Por isso mesmo, seria lícito dizer que a *legalidade* constitui o limite único à discricionariedade administrativa.

E, na realidade, costuma-se afirmar que a discricionariedade significa liberdade de ação limitada pela lei. Como diz Consuelo Sarria,[113] sendo fora de dúvida que, dentro do Estado de Direito, "o princípio da legalidade é o limite do exercício mesmo da função administrativa, ao tratar de precisar os limites da discricionariedade administrativa, é pertinente afirmar que o *limite fundamental* é a *legalidade*, já que dela emana a competência para o exercício de determinada atividade, o fim que deve ter em conta o titular da função para a atuação administrativa e o mesmo poder discricionário, já que não é certo que haja discricionariedade quando não haja lei; pelo contrário, somente se pode falar nela quando há uma habilitação legal para que a autoridade possa apreciar, avaliar e valorar as circunstâncias que rodeiam o exercício de sua função administrativa".

No entanto, a autora considera que, dentro do marco geral de limitação que surge da legalidade, podem ser precisados alguns aspectos específicos; assim, ela aponta como limites à discricionariedade:

1. a competência e a forma;
2. o fim;

---

[113] *Discrecionalidad administrativa*, 1982:115.

3. a apreciação dos fatos: neste aspecto não há discricionariedade, porque a Administração só tem que constatar a existência real dos fatos, de tal modo que, se estes não existirem ou forem diversos, o ato será ilegal. Também a qualificação jurídica dos fatos constitui limite à atuação discricionária, na medida em que precisa ser adequadamente motivada. Nessa fase é que a Administração é limitada pelos *princípios gerais de direito*, em especial a *racionalidade* ou *razoabilidade*, a *justiça*, a *igualdade*, o *direito de defesa*;
4. os conceitos jurídicos indeterminados: estes, segundo a autora, que segue a posição extremada do direito espanhol, não conferem discricionariedade à Administração, mas, ao contrário, constituem um dos limites à liberdade de apreciação que podem sofrer as autoridades administrativas, enquanto, através deles, se estabelece um limite jurídico que constitui parte da legalidade e que é suscetível de fiscalização jurisdicional em sua aplicação.

De certa forma, a autora faz uma colocação que engloba os vários tipos de limites à discricionariedade administrativa que têm sido apontados pelos doutrinadores.

Há que observar, contudo, que essas limitações não surgiram ao mesmo tempo; elas constituem o resultado de toda uma evolução.

Inicia-se com uma fase de imunidade judicial da discricionariedade, que era considerada inerente aos *atos de império* da Administração Pública. No início do século XIX, o Conselho de Estado francês já admite o recurso por excesso de poder como uma exceção à regra da imunidade jurisdicional, primeiro nos casos de *vícios de incompetência*, depois com relação aos *vícios de forma*. Posteriormente, elaborou-se a *doutrina do desvio de poder*, que torna ilegal o ato quando a Administração se afasta da finalidade legal. Chega-se, depois, a uma fase em que o Judiciário passa a examinar os fatos, pela construção da *teoria dos motivos determinantes*. Finalmente, no momento atual, já tem plena aplicação a possibilidade de controle por meio do recurso aos *princípios gerais de direito*, como o da boa-fé, o da proporcionalidade dos meios aos fins, o da igualdade, o do direito de defesa.

Essa foi a evolução do tema no direito francês, que é, por ora, o que mais nos interessa, já que, sob esse aspecto, mais influenciou o direito brasileiro.

No direito germânico, grande parte da matéria referente à discricionariedade gira em torno dos conceitos jurídicos indeterminados. Em consequência, a própria maneira de cuidar de seus limites desenvolveu-se de maneira diversa; os que seguiram a linha de Tezner, excessivamente apegada à lei, acabaram quase por abolir o poder discricionário. Ele conclui "pela eliminação, em termos absolutos, do instituto do 'desvio de poder', e por um alargamento do da 'violação da lei'. Os tribunais do contencioso administrativo terão perante si questões de direito e questões de fato e nada mais. Não há, segundo Tezner, nenhuma necessidade de introduzir na prática o instituto criado pela jurisprudência do Conselho de Estado francês... O juiz administrativo não tem de ocupar-se com um exame do ato administrativo sob o ponto de vista do seu motivo imanente. A sua missão limita-se a determinar se um ato administrativo é ou não viciado no ponto de vista jurídico objetivo... Não desempenha nenhum papel a questão de saber se foram determinantes na sua emanação motivos condenáveis no ponto de vista disciplinar ou penal... O juiz administrativo não é nenhum *detetive*, investigador das intenções e íntimos objetivos da moral dos funcionários".[114]

Já Laun adota tese mais liberal em favor da discricionariedade da Administração e admite limites externos e limites internos; os primeiros são a competência, a forma e os pressupostos de fato; e os segundos são subjetivos ou objetivos; os limites internos *subjetivos* referem-se à escolha dos fins imediatos do procedimento administrativo, que têm de visar sempre o interesse público. E o *desvio de poder* só ocorre quando há *intencional* desobediência à norma que determina a consecução do interesse público na escolha dos fins. Os limites internos *objetivos* referem-se também à escolha dos fins contrários ao interesse público, mas não intencional; nesse caso, não haveria desvio de poder, mas violação do poder discricionário. Também já vimos que, nos tribunais germânicos, prevaleceu ora uma linha restritiva da discricionariedade (que implica ampliação do controle judicial), ora uma linha mais autoritária, favorável à maior liberdade discricionária da Administração (e, portanto, reduzindo a extensão do controle judicial).

De qualquer modo, pode-se afirmar que, sob influência da doutrina dos conceitos legais indeterminados, a discricionariedade administrativa, no direito germânico, foi sempre menos ampla do que no direito francês, já que em muitas hipóteses em que a lei usa os conceitos vagos, os tribunais entendem que se trata de matéria de simples *interpretação* e não de discricionariedade. Nesses casos, os próprios conceitos indeterminados constituíram, segundo alguns, uma limitação à discricionariedade administrativa.

Na realidade, não se trata propriamente de limite à discricionariedade; trata-se, isto sim, de verificar quando o emprego de conceitos indeterminados implica discricionariedade administrativa. Se, pela via da interpretação ou mesmo da integração de normas jurídicas (em especial, pelo recurso aos princípios gerais de direito) for possível chegar a uma única solução válida perante o direito, haverá discricionariedade; se, após terminado o trabalho de interpretação, remanescerem duas ou mais hipóteses viáveis, a escolha far-se-á discricionariamente pela Administração e não poderá ser revista pelo Poder Judiciário.

---

[114] Apud Afonso Rodrigues Queiró. *RDA* 7/60.

O que limita a discricionariedade, no caso dos conceitos indeterminados, são determinados princípios, como os da moralidade administrativa (no qual se insere o da boa-fé), o da razoabilidade, o do interesse público e, em regra, os princípios gerais de direito. Seria aquilo que Gordillo[115] chama de limites *relativos* ou *elásticos*, em oposição aos *limites concretos*, que dizem respeito às faculdades regradas, em que os limites são estabelecidos pela lei.

Com efeito, algumas limitações à discricionariedade administrativa são facilmente identificáveis, pois basta um confronto da atuação administrativa com a lei: é o que ocorre no caso da *competência* e da *forma*; e é também o que pode ocorrer com relação ao *objeto*, ao *motivo* e à *finalidade* (em sentido estrito), quando estes forem regulados pela lei.

Outras limitações não são tão facilmente indentificadas; a própria limitação corresponde a um conceito indeterminado, como ocorre com o interesse público, a moralidade, a razoabilidade.

Esse tipo de limitação normalmente se aplica quando a lei designa os *motivos* ou os *fins* empregando noções vagas, imprecisas, plurissignificativas. Nesses casos, a discricionariedade administrativa que, prevista em abstrato na norma legal, pode parecer muito ampla, reduz-se diante do caso concreto pela utilização dos mencionados princípios.

Não se pode dizer que apenas o primeiro tipo de limitação se enquadre no princípio da legalidade; este pode ter uma feição restrita, formalista, própria do positivismo que interessava ao Estado liberal do século XIX; neste aspecto se incluem as restrições relativas aos elementos do ato administrativo disciplinados pela lei em sentido formal. Todavia, em sentido amplo, o princípio da legalidade adquire um conteúdo axiológico, que exige conformidade da Administração Pública com o *Direito*, o que inclui, não apenas a lei, em sentido formal, mas todos os princípios que são inerentes ao ordenamento jurídico do Estado de Direito Social e Democrático. Por isso, pode-se dizer que o princípio da legalidade, em sentido amplo, constitui o limite único à discricionariedade administrativa. É o que se verá nos capítulos subsequentes.

O grande objetivo da tese publicada sob o título de *discricionariedade udminis trativa na Constituição de 1988* foi o de analisar determinados princípios do direito administrativo para demonstrar a forma como limitam e, muitas vezes, eliminam a discricionariedade administrativa diante do caso concreto. Os capítulos subsequentes dedicam-se, de um lado, a demonstrar o papel dos princípios no direito administrativo, para, a seguir, analisar alguns desses princípios, a saber: moralidade, razoabilidade e supremacia do interesse público.

---

[115] *Princípios gerais de direito público*, 1977:183.

3 O papel dos princípios no direito administrativo

1 Noções preliminares

"Princípios de uma ciência são as *proposições básicas*, fundamentais, típicas que condicionam todas as estruturações subsequentes. Princípios, neste sentido, são os alicerces da ciência."[1]

Segundo José Cretella Júnior, autor dessa definição, os princípios classificam-se em:

1. *onivalentes* ou *universais*, comuns a todos os ramos do saber, como o da identidade e o da razão suficiente;
2. *plurivalentes* ou *regionais*, comuns a um grupo de ciências, informando-as nos aspectos em que se interpenetram. Exemplos: o princípio da causalidade, aplicável às ciências naturais, e o princípio do "*alterum non laedere*" (não prejudicar a outrem), aplicável às ciências naturais e às ciências jurídicas;
3. *monovalentes*, que se referem a um só campo do conhecimento; há tantos princípios monovalentes quantas sejam as ciências cogitadas pelo espírito humano. É o caso dos princípios gerais de direito, como o de que ninguém se escusa alegando ignorar a lei;

---

[1] José Cretella Júnior. Os cânones do direito administrativo. *Revista de Informação Legislativa*, ano 25, nº 97/5-52.

4. *setoriais*, que informam os diversos setores em que se divide determinada ciência. Por exemplo, na ciência jurídica, existem princípios que informam o direito civil, o direito do trabalho, o direito penal etc.

Celso Antônio Bandeira de Mello[2] não se distancia muito da lição de José Cretella Júnior ao afirmar que "princípio é, pois, por definição, mandamento nuclear de um sistema, verdadeiro alicerce dele, disposição fundamental que se irradia sobre diferentes normas, compondo-lhes o espírito e servindo de critério para exata compreensão e inteligência delas, exatamente porque define a lógica e a racionalidade do sistema normativo, conferindo-lhe a tônica que lhe dá sentido harmônico".

Em nota de rodapé,[3] o autor esclarece que essa é apenas uma das possíveis acepções da palavra *princípio*, que vem sendo adotada ao longo dos anos pela doutrina. Mas observa que outra acepção vem sendo referida, sob inspiração de Alexy e Dworkin e que convive com muitas outras. Lembra que Genaro Carrió menciona onze diferentes significados para o vocábulo.

Daniel Wunder Hachem, em importante trabalho sobre o princípio da supremacia do interesse público,[4] realça que, a grosso modo, existem duas formas diversas de compreender a diferença entre regras e princípios: (a) o *grau de fundamentalidade*; e (b) a *estrutura lógico-normativa*.

O autor demonstra que o primeiro critério é o adotado por José Cretella Júnior e Celso Antônio Bandeira de Mello, nos conceitos já referidos, e também por José Afonso da Silva, Geraldo Ataliba, Cármen Lúcia Antunes Rocha, Carlos Ari Sundfeld, José Joaquim Gomes Canotilho, correspondendo à linha adotada por Karl Larenz. Conclui o autor: "Em suma, essa primeira concepção, bastante tradicional na doutrina brasileira, funda a separação entre princípios e regras no *grau de fundamentalidade* da norma, que seria mais elevado nos primeiros, por albergarem valores essenciais da sociedade e constituírem as vigas mestras do sistema jurídico, conferindo-lhe organicidade e sentido lógico, e mais reduzido nas segundas, que possuiriam um caráter funcional e retratariam densificações dos princípios, os quais condicionariam a sua interpretação e aplicação. Aqui, os princípios são conceituados como *mandamento nuclear de um sistema*, em virtude de sua relevância axiológica, que lhe outorga a condição de núcleo central da ordem jurídica".

A segunda forma de compreender os princípios, apontada por Daniel Wunder Hachem, inspira-se nas lições do Ronald Dworkim e Robert Alexy. As lições deste último foram acolhidas, no direito brasileiro, por Clémerson Merlin Clève, Alexandre

---

[2] *Curso de direito administrativo*. São Paulo: Malheiros, 2011:54.

[3] Ob. cit., p. 54.

[4] *Princípio constitucional da supremacia do interesse público*. Belo Horizonte: Fórum, 2011:136 ss.

Reis Siqueira Freire, Luís Roberto Barroso, Regina Maria Macedo Nery Ferrari, Ana Paula de Barcellos, Virgílio Afonso da Silva, dentre outros. Nesse caso, a diferença entre princípios e regras (ambos constituindo modalidades de *normas*) não é de grau ou quantitativa, mas lógica ou qualitativa. Segundo o pensamento de Alexy, enquanto as regras contemplam uma solução única que deve ser cumprida exatamente como prevista, os princípios seriam *mandamentos de otimização*, que podem ser aplicados de diferentes maneiras, conforme as circunstâncias de cada caso. Ocorrendo conflito entre princípios, deve ser aplicada a *técnica da ponderação*, pela qual se decidirá qual princípio deve ter peso maior.

A importância em apontar as duas maneiras de encarar os princípios está no fato de que, conforme a concepção adotada, determinadas proposições podem ser consideradas como regras ou como princípios. Daniel Wunder Hachem dá o seguinte exemplo: a norma que exige lei para a definição de crime e de pena (*nullum crimen, nulla poena sine lege*), para a primeira concepção (princípio como mandamento nuclear de um sistema) será um princípio; para a segunda concepção (princípio como mandamento de otimização), a norma será considerada regra, porque impõe uma solução única, insuscetível de ponderação.[5]

Outro aspecto a realçar: existem várias maneiras de encarar os princípios gerais de direito. Para alguns, presos à concepção positivista, os princípios gerais de direito são aqueles extraídos do direito positivo vigente em cada país. Para outros, a sua amplitude é um pouco maior, porque eles são extraídos da ciência do direito pesquisada no direito comparado. Há ainda os que se apegam às concepções jusnaturalistas e veem os princípios gerais de direito como proposições ligadas a determinados valores permanentes, imutáveis, universais, que transcendem o direito positivo; esses autores encontram no direito natural a fonte dos princípios gerais de direito.

Na realidade, todos esses princípios coexistem; uns não excluem os outros, pois há aqueles que decorrem implícita ou explicitamente do direito positivo, ou seja, são princípios que já foram incorporados pelo Direito positivo, alguns deles pela própria Constituição, como ocorre com os da isonomia, legalidade, moralidade, publicidade, impessoalidade, eficiência, ampla defesa e contraditório, devido processo legal; outros foram previstos em leis ordinárias, como os princípios da obrigação de reparar prejuízos decorrentes de atos ilícitos e o do equilíbrio econômico-financeiro do contrato administrativo. No que diz respeito ao direito administrativo, verifica-se que, atualmente, em muitas leis, há previsão expressa de princípios, como ocorre na Lei nº 8.666, de 21-6-93, sobre licitações e contratos (art. 3º); na Lei nº 8.987, de 13-2-95, sobre concessão e permissão de serviço

---

[5] Ob. cit., p. 143.

público (art. 6º, § 1º); na Lei nº 9.784, de 29-1-99, sobre processo administrativo federal (art. 2º); na Lei nº 12.462, de 4-8-2011, sobre regime diferenciado de contratações públicas (art. 3º).

Outros princípios existem que não foram expressamente consagrados no direito positivo, mas são frequentemente aplicados com base em princípios extraídos implicitamente do direito positivo ou do direito comparado; o direito administrativo brasileiro é um exemplo expressivo de ramo do direito rico nesse tipo de princípio, já que se inspirou, em grande parte, durante toda a sua evolução, e ainda se inspira em princípios informativos do direito administrativo do sistema europeu-continental; é o caso dos princípios da continuidade do serviço público, da autoexecutoriedade e da autotutela dos atos administrativos, da hierarquia, da presunção de legitimidade dos atos administrativos, da igualdade de todos perante os encargos públicos.

E também há aqueles princípios que expressam valores inerentes à pessoa humana, agora explicitados no preâmbulo da Constituição: "liberdade, segurança, bem-estar, desenvolvimento, igualdade e justiça como valores supremos de uma sociedade fraterna, pluralista e sem preconceitos, fundada na harmonia social e comprometida na ordem interna e internacional, com a solução pacífica das controvérsias". Essa indicação se amplia no título I, com a referência à dignidade da pessoa humana, aos valores sociais do trabalho e da livre iniciativa, erradicação da pobreza, redução das desigualdades sociais e regionais, promoção do bem de todos sem preconceitos de origem, raça, sexo, cor, idade e quaisquer outras formas de discriminação.

É nesse último sentido que os princípios gerais de direito mais interessam, não só ao Direito, como também à Moral; eles consagram valores que impõem normas de conduta não transformadas em regras jurídicas, mas que devem ser obedecidas pelo seu conteúdo moral. Aplicando esses princípios, a Administração Pública age de acordo com o Direito e a Moral. Desprezando-os, sua conduta é ilícita.

2 Princípios informadores do direito administrativo

Grande é a importância dos princípios no direito administrativo, especialmente pelo fato de tratar-se de ramo não codificado, na maior parte dos ordenamentos jurídicos, à semelhança do que ocorre no Brasil; e também devido à flexibilidade e constante mutabilidade das leis administrativas para atendimento do interesse público, sempre dinâmico.

Sabe-se que muitos dos princípios gerais informadores do direito administrativo brasileiro têm origem no direito francês e são de elaboração pretoriana do Conselho de Estado, que é o órgão de cúpula da jurisdição administrativa. No início de sua atuação, como quase não havia leis, os juízes, diante dos casos concretos, iam formulando regras que correspondiam a verdadeiros princípios, aos poucos incorporados a textos legislativos franceses e mesmo de outros países. Paradoxalmente, o Conselho de Estado, posteriormente, adotou entendimento diverso com relação aos princípios gerais do direito.

Segundo Georges Vedei e Pierre Delvolvé,[6] o entendimento prevalecente foi, durante muito tempo, o de que "um princípio geral procede não de uma criação, mas de uma *descoberta* pelo juiz. Por exemplo, o princípio geral do direito de defesa, consagrado por uma abundante jurisprudência, não é colocado como uma pura exigência do juiz nem como uma regra de 'direito natural'. Ele procede de uma constatação: numerosos textos legislativos ou regulamentares consagram os direitos de defesa em uma multiplicidade de hipóteses. É necessário, portanto, supor que essas disposições textuais não são senão aplicação a tal ou qual caso de um princípio geral que delas é a fonte. O juiz não faz outra coisa senão constatar esse princípio geral, regra de direito positivo e não de direito natural ou ideal".

Essa mudança de entendimento tem uma explicação: é que, na origem, a jurisdição administrativa tinha que decidir diante do caso concreto, sem que houvesse um texto expresso de lei e atendendo à tendência de repudiar, em bloco, o direito privado nas relações de que a Administração Pública fosse parte; a partir do momento em que se foi consolidando o direito administrativo, por meio de normas legais expressas, passou-se a entender que os princípios não são mais criados pelo juiz, mas por ele extraídos do ordenamento jurídico positivo.

Na ordem hierárquica das regras jurídicas, os princípios gerais de direito colocam-se em nível inferior à lei e podem ser por ela derrogados; mas têm força obrigatória para a Administração Pública, na prática dos atos administrativos.

Esse foi o entendimento adotado até a Constituição francesa de 1958, que provocou uma evolução na forma de considerar o tema; essa Constituição veio prever os chamados *regulamentos autônomos* sobre determinadas matérias, a respeito das quais o Executivo pode estabelecer normas com a mesma força da lei; o juiz, com relação a esses atos, ficaria limitado ao controle da legalidade da forma e da competência; para evitar que o conteúdo desses atos ficasse subtraído ao controle jurisdicional, o Conselho de Estado adotou o entendimento de que os mesmos deveriam obedecer aos princípios gerais de direito consagrados no Preâmbulo da Constituição, os quais se impõem à Administração Pública, titular do poder regulamentar, mesmo na ausência de norma legal expressa. Com isso, garantia-se plenamente o Estado de Direito.

---

[6] *Droit administratif*, 1984:393.

Para contornar a dificuldade de atribuir aos princípios gerais de direito um valor superior ao da lei, o Conselho de Estado francês reconheceu-lhes um *valor constitucional*, "seja porque eles estão enumerados na Declaração dos Direitos de 1789 e no Preâmbulo de 1946, uma e outro integrados na Constituição atual, seja em virtude de um 'costume constitucional' que se manifestaria por uma tradição legislativa constante correspondente ao mesmo tempo ao *corpus* do costume (repetição de práticas) e ao seu *animus* (a prática é inspirada pela convicção de que ela é conforme ao direito)".[7] Com isso, os princípios gerais de direito passaram a ter valor constitucional, não podendo ser derrogados pela lei, ao contrário do que se entendia antes da Constituição de 1958.

Jean Rivero[8] faz colocações semelhantes e conclui que a jurisprudência do Conselho Constitucional distingue duas categorias de princípios gerais: os princípios "com valor constitucional", que se ligam normalmente aos textos a que se refere o preâmbulo de 1958, e os princípios com valor simplesmente legislativo". Isso significa que o princípio com valor constitucional prevalece sobre a lei; com relação aos atos da Administração, mesmo os normativos, prevalecem tanto os princípios de valor constitucional como os de valor legislativo.

Nas palavras de García de Enterría e Tomás-Ramón Fernández,[9] "o Direito Administrativo, como bom filho da Revolução Francesa, leva em seu seio, desde suas origens, a liberdade, a legalidade, a garantia frente ao arbítrio, a proteção do cidadão confiada a formas processuais; isto é, o Direito Administrativo é, por sua mesma estrutura, um ordenamento impregnado dos grandes princípios liberais, em cujo seio se forjou e fez suas armas, mediante um escalonamento de conquistas aparentemente modestas, o soberbo mito de um governo baseado na lei, e não qualquer lei, mas aquela que sirva e respeite, precisamente, a liberdade humana".

Em outro ponto, acrescentam os autores[10] que "o Direito Administrativo, como Direito próprio e específico das Administrações Públicas, está feito, pois, de um equilíbrio (difícil, porém possível) entre privilégios e garantias. Em último termo, todos os problemas jurídico-administrativos consistem – e isto convém ter presente – em buscar esse equilíbrio, assegurá-lo quando foi encontrado e reconstruí-lo quando foi perdido. Em definitivo, trata-se de perseguir e obter o eficaz serviço do interesse geral, sem prejuízo das situações jurídicas, igualmente respeitáveis, dos cidadãos".

---

[7] Cf. Georges Vedel e Pierre Delvolvé. *Droit administratif*, 1984:397-399.
[8] *Direito Administrativo*, 1981:88.
[9] *Curso de derecho administrativo*, 1988:10.
[10] Ob. cit., p. 43.

Os princípios gerais de direito têm importância fundamental na busca e conservação desse equilíbrio: princípios como os da ampla defesa, do contraditório, do devido processo legal, da vedação de enriquecimento ilícito, da igualdade dos administrados diante dos serviços públicos e dos encargos sociais, da proporcionalidade dos meios aos fins, constituem garantias fundamentais, inerentes à liberdade e segurança da pessoa humana. Princípios como o da continuidade do serviço público, da mutabilidade dos contratos, da executoriedade das decisões administrativas, da autotutela, são essenciais para assegurar a posição de supremacia da Administração Pública em benefício do interesse público.

Juan Carlos Cassagne,[11] baseando-se na lição de Jesús González Pérez na obra sobre "*La dignidad de la persona*", acentua a importância dos princípios gerais de direito na *interpretação* da lei, indicando três regras fundamentais:

> "a) as indeterminações das normas que surjam na raiz das diferentes possibilidades que coloca a aplicação normativa hão de resolver-se da maneira mais conforme com o princípio;
>
> b) impõe-se a interpretação extensiva 'se a disposição se expressa em termos excessivamente restritos e há de ampliar-se a letra da lei até contemplar todos os casos que o princípio exige; enquanto a interpretação será restritiva se a disposição se expressa em termos excessivamente amplos e é necessário reduzir o alcance da letra do texto até que compreenda só os que sejam coerentes com o princípio';
>
> c) deve-se desprezar toda interpretação que conduza a uma consequência que contrarie direta ou indiretamente o princípio."

Também no processo de *integração* do direito administrativo os princípios gerais de direito têm relevância, devendo ser invocados, em caso de omissão da lei. Da mesma forma que o juiz, a autoridade administrativa não pode deixar de resolver os casos concretos de sua competência. Mesmo porque a omissão da Administração Pública dá ensejo à propositura de ação judicial.

No direito brasileiro, evidentemente, a jurisprudência, durante longo período, não teve grande participação no desenvolvimento do direito administrativo, mesmo porque nunca houve a jurisdição administrativa, que favoreceu, na França e em outros países, uma evolução diferente. Não se pode negar, contudo, a importância dos princípios gerais de direito, quer na elaboração das regras jurídicas, quer em sua interpretação e integração. A instabilidade do direito administrativo, que se caracteriza por uma coleção de leis esparsas, que mudam com frequência assustadora, é corrigida pela observância dos princípios gerais do direito, em especial aqueles informadores do direito administrativo. As leis mudam mas os princípios

---

[11] *Los principios generales del derecho en el derecho administrativo*, 1988:45-46.

permanecem, assegurando feição própria, continuidade e autonomia ao direito administrativo.

Também não se pode negar que, no direito brasileiro, o papel dos princípios como fonte do direito administrativo passou por uma evolução muito semelhante à ocorrida na França, ainda que por caminhos diversos. Lá, foi o papel da jurisdição administrativa que levou a distinguir os princípios com força constitucional, superiores à lei, e os princípios sem força constitucional. Aqui, foram as alterações no direito positivo, principalmente a partir da Constituição de 1988. Isto porque, na Lei de Introdução às Normas do Direito Brasileiro, os princípios constituíam fonte subsidiária de interpretação (art. 4º). A partir do momento em que a Constituição de 1988 consagrou uma série de valores e princípios essenciais ao Estado de Direito Democrático, também se tornou possível distinguir as duas categorias de princípios referidas no direito francês. Os princípios de valor constitucional passaram a ocupar posição hierárquica superior às leis ordinárias, tornando-se de observância obrigatória para os três Poderes do Estado. Especialmente os princípios que decorrem do Título II da Constituição, pertinente aos direitos e garantias fundamentais, são de aplicação imediata, por força do disposto no artigo 5º, § 1º. Por outro lado, os princípios fundamentados apenas em leis infraconstitucionais continuam a constituir fonte subsidiária do direito, nos termos do artigo 4º da Lei de Introdução às Normas do Direito Brasileiro.

3 O papel dos princípios na limitação à discricionariedade administrativa

A discricionariedade, afirma-se, implica liberdade de apreciação, pela Administração Pública, dos aspectos de oportunidade e conveniência que lhe foram conferidos pela lei. É, pois, liberdade limitada pela lei.

Ocorre que, com a superação do Estado *legal* de Direito, apegado ao positivismo jurídico, melhor é afirmar-se que a discricionariedade é liberdade de apreciação limitada pelo Direito e também pela Moral (desde que se reconheça a esta um campo não absorvido por aquele).

Os princípios são de observância obrigatória pela Administração. Se corresponderem a *valores* consagrados no preâmbulo da Constituição ou mesmo decorrerem implícita ou explicitamente de suas normas, o ato administrativo (e também a lei) que os contrarie padecerá do vício de inconstitucionalidade. Se não decorrerem da Constituição mas da legislação ordinária ou mesmo da teoria geral do direito, ainda assim têm que ser cumpridos pela Administração, sob pena de invalidade do ato, corrigível pelo Poder Judiciário. Apenas em caso de conflito entre o princípio geral de direito, sem valor constitucional, e a norma expressa de lei, esta deve prevalecer, porque o artigo 4º da Lei de Introdução às Normas do Direito Brasileiro (aplicável aos vários ramos do direito) coloca os princípios gerais de direito como subsidiários em relação à lei.

Quando a Administração se vê diante de uma situação em que a lei lhe deixou um leque de opções, a escolha há de fazer-se com observância dos princípios gerais do direito.

É o entendimento de Cassagne,[12] que nos parece irrepreensível, ao afirmar que "a discricionariedade não implica um arbítrio ilimitado nem absoluto [...]. Assim é que os princípios gerais do direito operam como garantias que impedem o abuso dos poderes discricionários por parte da Administração, pois se aqueles são a causa ou base do ordenamento jurídico, não pode conceber-se que o exercício dos poderes discricionários pudesse contrariá-los".

O apelo aos princípios gerais de direito é utilizado frequentemente nos tribunais administrativos franceses para reduzir a discricionariedade da Administração Pública. É o que ensinam Vedei e Delvolvé:[13] "Criando o direito, o juiz administrativo aumenta necessariamente o domínio da competência vinculada e da legalidade e diminui ao mesmo tempo aquele do poder discricionário e de oportunidade." Uma das técnicas utilizadas para esse fim é precisamente a da aplicação dos princípios gerais de direito. E citam um exemplo: uma senhora (Trompier-Gravier) interpôs recurso por excesso de poder contra o ato administrativo que lhe retirou a autorização para explorar uma banca de jornal. Embora se tratasse de decisão discricionária, em que a lei não previa qualquer direito de defesa para o interessado, o Conselho de Estado entendeu que a Administração não poderia retirar a autorização sem assegurar o direito de defesa à interessada. A decisão judicial anulou o ato, não por infringência à lei, mas por desrespeito ao princípio geral da ampla defesa. É uma forma de o juiz transformar uma questão de oportunidade e conveniência em uma questão de legalidade.

A jurisdição administrativa continua respeitando o juízo de oportunidade, mas reduz o campo em que o juízo de simples oportunidade é cabível. Como dizem os mesmos autores, "sob o ponto de vista do *direito feito*, não há jamais controle da oportunidade e do poder discricionário; sob o ponto de vista do *direito que se faz*, o juiz assegura o controle de certos elementos de oportunidade e de poder discricionário, criando regras de direito que estendem o domínio da competência vinculada e da legalidade".

No direito brasileiro, conforme assinalado, o juiz não tem a mesma tradição de órgão criador do direito administrativo, ao contrário da França, onde o direito administrativo é de formação essencialmente pretoriana.

---

[12] *Los principios generales del derecho en el derecho administrativo*, 1988:77-78.

[13] *Droit administratif*, 1984:443.

Mas isso não significa que o Judiciário não possa apreciar os atos discricionários, reduzindo também os limites da discricionariedade pela aplicação de princípios. Sempre que a Administração tenha várias opções para atingir a mesma finalidade, ela deve necessariamente optar por solução que esteja em consonância com os princípios informadores do direito administrativo, grande parte deles com fundamento constitucional.

Por isso mesmo, em vez de afirmar-se que a discricionariedade é liberdade de ação limitada pela *lei*, melhor se dirá que a discricionariedade é liberdade de ação limitada pelo *Direito*. O princípio da legalidade há de ser observado, não no sentido estrito, concebido pelo positivismo jurídico e adotado no chamado Estado legal, mas no sentido amplo que abrange os princípios que estão na base do sistema jurídico vigente, e que permitem falar em *Estado de Direito* propriamente dito.

A importância dos princípios no Estado Democrático de Direito foi analisada no item 2.3.3, com exposição sobre o tema da constitucionalização do direito administrativo e seus reflexos sobre o controle judicial dos atos discricionários da Administração Pública.

Embora se reconheça que os princípios, em geral, informadores do direito administrativo, desempenhem o mesmo papel limitador da discricionariedade administrativa, serão analisados a seguir apenas os da moralidade administrativa, o da razoabilidade e o da supremacia do interesse público.

4 Princípio da moralidade administrativa

1 Introdução

1.1 Separação entre Direito e Moral

O mundo atual volta a colocar na ordem do dia o problema das relações entre Direito e Moral.

No direito brasileiro a questão ganha relevância a partir do momento em que a Constituição de 1988 coloca a moralidade entre os princípios a que se submete a Administração Pública e ainda insere como um dos fundamentos da ação popular a lesão à moralidade administrativa.

A preocupação em separar Direito e Moral foi imensa, por razões históricas, num momento, em fins do século XVII, em que o homem, tomando consciência de sua liberdade, pretendeu lhe fosse reservada uma área livre da intromissão do monarca.

Essa tendência de separar a Moral do Direito foi retorçada em fins do século XVIII e começo do século XIX, nos países que adotaram posição liberal, que reduz ao mínimo a interferência do Estado na vida do cidadão.

Para isso muito contribuíram as doutrinas de Kant e Kelsen, expostas, respectivamente, na *metafísica dos costumes e teoria pura do direito*.

Da obra de Kant, tal como foi analisada por Norberto Bobbio,[1] resultam alguns critérios para distinguir o Direito da Moral:

---

[1] *Direito e Estado no pensamento de Emanuel Kant*, 1984:53-66.

1. o critério que considera a *forma* da obrigação: "Tem-se a moralidade quando a ação é cumprida por dever; tem-se a pura e simples legalidade, quando a ação é cumprida em conformidade ao dever, mas segundo alguma inclinação ou interesse diferente de puro respeito ao dever. Em outras palavras, a legislação moral é aquela que não admite que uma ação possa ser cumprida segundo inclinação ou interesse: a legislação jurídica, ao contrário, é a que aceita simplesmente a conformidade da ação à lei e não se interessa pelas inclinações ou interesses que a determinaram";

2. o critério que considera a *interioridade* ou *exterioridade* da ação, do dever, da legislação: "a ação é externa pelo fato de que a legislação jurídica, dita portanto legislação externa, deseja unicamente uma adesão *exterior* às suas próprias leis, ou seja, uma adesão que vale independentemente da pureza da *intenção* com a qual a ação é cumprida, enquanto a legislação moral, que é dita, portanto, interna, deseja uma adesão *íntima* às suas próprias leis, uma adesão dada com intenção pura, ou seja, com a convicção da bondade daquela lei. Disso se segue que o dever jurídico pode ser dito externo, porque legalmente eu sou obrigado somente a conformar a ação, e não também a intenção com a qual cumpro a ação, segundo a lei; enquanto o dever moral é dito interno porque moralmente eu sou obrigado não somente a conformar a ação mas também a agir com pureza de intenção";[2]

3. o critério que considera a interioridade ou exterioridade da *liberdade*: "a legislação moral estabelece deveres por cujo cumprimento somos responsáveis apenas perante nós mesmos; a legislação jurídica prescreve deveres por cujo cumprimento somos responsáveis frente à coletividade..." Neste segundo caso, "surge uma relação *intersubjetiva*, porque à obrigação ou dever de quem se adequa à lei corresponde, no outro ou nos outros, um poder coercitivo pelo qual tenho que cumprir a ação, e este poder é o que comumente se chama *direito*, em sentido subjetivo". Vale dizer que, da distinção entre liberdade externa e liberdade interna surge o conceito de relação jurídica, como característica do direito em oposição à moral.

Segundo Bobbio, ao fazer coincidir a distinção entre moral e direito com a distinção entre interioridade e exterioridade, "Kant se inseria na tradição do jusnaturalismo e iluminismo alemão, da qual o maior representante tinha sido Cristiano Thomasius (1655-1728)". A distinção tem por objetivo deixar um âmbito próprio da personalidade do indivíduo livre de qualquer ingerência por parte do Estado. "Era, portanto, o reconhecimento de que o poder do Estado tinha limites enquanto

---

[2] Norberto Bobbio. *Direito e Estado no pensamento de Emmanuel Kant*, 1984:56-77.

podia, sim, ampliar a sua jurisdição sobre fatos externos do indivíduo, mas não também sobre fatos internos, e existia ainda algo no indivíduo, a *consciência*, que estava completamente excluída desta jurisdição."

Daí a colocação da doutrina de Kant entre as mais significativas expressões do Estado liberal.

Também Kelsen, em sua Teoria Pura do Direito, pretendeu desligar "por completo o conceito de norma jurídica do de norma moral, de que proveio" e assegurar "a legalidade própria do Direito frente à lei moral". Segundo ele,[3] importa "distinguir o Direito tanto da Natureza como de outros fenômenos espirituais, porém, em particular, das normas de outro gênero. Importa, antes de tudo, desligar o Direito daquele contacto em que desde a atinguidade foi posto com a Moral". Ao cuidar da interpretação,[4] ele volta ao assunto, dizendo que "se na raiz da aplicação da lei uma atividade cognoscitiva se estende além da necessária verificação do marco dentro do qual se há de manter o ato a praticar, não há conhecimento do Direito positivo, mas de outras normas que podem desembocar aqui no processo de produção jurídica; normas da Moral, da Justiça, juízos sociais de valor, que costumam ser designados com as frases 'bem do povo', 'bem do Estado', 'progresso' etc. Sob o ponto de vista do Direito positivo não pode enunciar-se acerca de sua validade e de sua possibilidade de verificação. Consideradas sob esse ponto de vista, semelhantes determinações somente se deixam caracterizar negativamente: são determinações que não procedem do Direito positivo mesmo. Com relação a este, a instituição do ato jurídico é livre, quer dizer, fica à livre apreciação da instância autorizada para a realização do ato; a não ser que o mesmo Direito positivo fizesse delegação, em alguma norma metajurídica, como a Moral, a Justiça etc. que, devido a isto, se transformam em normas jurídicas positivas".

1.2 *Relações entre Direito e Moral*

Já no começo deste século, iniciaram-se as reações contra a separação entre Direito e Moral, em especial na Alemanha e França, onde os doutrinadores passaram a contestar a identidade, defendida por Kelsen, entre Estado e Direito e a proclamar os significados políticos e ideológicos das normas jurídicas. Reconhecia-se que a lei é insuficiente para abarcar toda a dinâmica da vida social; daí obras como a de Gaston Morin (*La revolte des faits contre le Code*), e, em especial, a de George Ripert (*La règle morale dans les obligations civiles*).

---

[3] Hans Kelsen. *La teoria pura del derecho*, 1941:37-38.
[4] Hans Kelsen, op. cit. p. 137-138.

Segundo Roberto J. Vernengo,[5] "a moral volta a ser vista como aquele conjunto de critérios que permitem realizar, sob um ponto de vista objetivo, uma crítica do direito". E acrescenta que "somente contando com tais critérios morais objetivos, o indivíduo pode estabelecer-se como um sujeito moral autônomo, frente à heteronomia do Estado e da política. Estamos hoje, pois, em algo assim como perante a imagem invertida da evocada, há séculos, por Thomasius em Dresden. Frente à pretensão de competência universal, moral e jurídica, do Estado absolutista e da igreja católica, pretendia-se então delimitar um território isento de toda coação estatal: o foro íntimo, o pensamento puro, domínios que Igreja e Estado reconheceram como alheios a suas competências... Nós, ao contrário, nos vemos como sujeitos autônomos, como pessoas livres... Enquanto tal, a pessoa individual autônoma é a única fonte aceita de reconhecimento da validade (isto é: da existência socialmente admitida) e da legitimidade (isto é: da não questionabilidade social) de toda norma. O direito produzido pelos órgãos estatais, ainda que se trate de representantes do povo... carece de validade por si. Toda norma de direito positivo, para pretender validade e legitimidade suficientes, tem que poder justificar-se na consciência moral dos indivíduos".

Voltam, pois, os doutrinadores a buscar os pontos de relacionamento entre Moral e Direito. Isto ocorreu de forma muito mais intensa no âmbito do direito civil, embora o direito público também se deixasse levar pela nova tendência.

Georges Ripert,[6] em sua obra sobre "a regra moral nas obrigações civis", logo na introdução, deixa clara sua intenção de opor-se às doutrinas então dominantes que pregavam a separação entre o Direito e a Moral e aquelas que viam no Direito uma realidade autossuficiente. Ele afirma: "Eu me propus a mostrar pela colocação destas questões que o direito, na parte mais técnica, é dominado pela lei moral, demonstração que pode oferecer algum interesse, não pela sua novidade, mas porque ela é construída de novo em uma época em que se ensina, em geral, a rigorosa separação entre moral e direito". Mais além, acrescenta que suas pesquisas sobre a moral têm de original, quando feitas por um jurista, o fato de procurarem "reencontrar o valor da lei moral nas regras, as mais técnicas, do direito".

Ele estuda o tema da moralidade em matéria de obrigações e procura demonstrar a importância da regra moral na *elaboração da lei* e em sua *aplicação pelo juiz*.

No que diz respeito ao primeiro aspecto, ele afirma que "o legislador, porque representa a autoridade, se esforça por fazer triunfar a sua vontade. Mas esta vontade do governante é condicionada por todas as forças que estão em ação na sociedade humana e seria fazer uma análise bem incompleta deixar de levar em

---

[5] *Moral y derecho*: sus relaciones lógicas, 1988:30-31.

[6] *La règle morale dans les obligations civiles*, 1935.

consideração as forças morais". E mais: "se uma lei corresponde ao ideal moral, a sua observância será facilmente assegurada; o respeito pela lei apoiar-se-á sobre a execução voluntária e contente do dever; a sanção será eficaz porque ela atingirá os membros da sociedade reconhecidamente rebeldes ao dever. Se, ao contrário, a lei fere o ideal moral da sociedade, ela não será senão imperfeitamente obedecida até o dia em que, malgrado sua aplicação difícil, ela conseguir deformar o ideal moral e aparecer ela mesma como a tradução de um outro ideal".[7]

Sob o segundo aspecto, o autor ressalta o papel do juiz ao atuar como legislador em determinados casos concretos: "quando a lei é omissa, obscura ou insuficiente, o juiz é soberano para dizer o direito. Quanto mais se defende o poder do juiz e a autoridade da jurisprudência, mais se eleva o poder intelectual contra o poder político. O juiz, escutando as vozes diversas que vão lhe ditar as sentenças, é sensível antes de tudo à consideração da lei moral. Ele tem a convicção de que deve fazer reinar a justiça; ele é menos levado pela utilidade comum do que pela equidade. Frequentemente mesmo, quando o legislador tiver esquecido ou desconhecido que a aplicação de regra jurídica pode em certos casos conduzir à violação da moral, o juiz imporá o respeito desta lei contra a regra de direito".

O autor nada diz sobre a função da regra moral para a aplicação da lei pela Administração Pública, mesmo porque sua obra dedica-se ao estudo do tema dentro das obrigações civis. Parece ter sido Maurice Hauriou o primeiro autor a referir-se à moralidade no âmbito do direito público, como princípio de observância obrigatória pela Administração.

Segundo dados colhidos em artigo sobre a moralidade administrativa, escrito por Antônio José Brandão,[8] Hauriou "em uma de suas magistrais anotações aos acórdãos do Conselho de Estado (caso Gommel, Sirey, 1917, III, 25), desenvolveu, com maior brilhantismo do que transparência, a seguinte tese audaciosa: a legalidade dos atos jurídicos administrativos é fiscalizada pelo recurso baseado na violação da lei; mas a conformidade desses atos aos princípios basilares da "boa administração, é fiscalizada por outro recurso, fundado no desvio de poder, cuja zona de policiamento é a zona da moralidade administrativa".

No entanto, só na 10ª edição de seu *Précis de droit administratif*, ele disse o que entendia por moralidade administrativa: seria "o conjunto de regras de conduta tiradas da disciplina interior da Administração; implica saber distinguir não só o *bem* e o *mal*, o *legal* e o *ilegal*, o *justo* e o *injusto*, o *conveniente* e o *inconveniente*, mas também entre o *honesto* e o *desonesto*; há uma *moral institucional*, contida na lei, imposta pelo Poder Legislativo, e há a moral administrativa, que "é imposta de

---

[7] Georges Ripem. *La règle morale dans les obligations civiles*, 1935:26-27.

[8] In: *RDA* 25/454-467.

dentro e que vigora no próprio ambiente institucional e condiciona a utilização de qualquer poder jurídico, mesmo o discricionário".

Ideias semelhantes foram adotadas por discípulos de Hauriou, como Wetter, com a monografia publicada em 1930 sobre *"Le contrôle juridictionnel de la moralité administrative"*, e Lacherrière, também com uma monografia, esta publicada em 1938, sob o título *"Le contrôle hiérarchique de la Administration dans la forme juridictionnelle"*, na qual um dos capítulos foi dedicado ao tema.[9]

O primeiro distingue a moralidade administrativa da moralidade comum, dizendo que "ela é composta por regras da boa administração, ou seja: pelo conjunto das regras finais e disciplinares suscitadas, não só pela distinção entre o Bem e o Mal, mas também pela ideia geral de administração e pela ideia de função administrativa".

Não tendo encontrado a obra, contentamo-nos em transcrever as impressões colhidas pelo autor português, Antônio José Brandão; para ele, depreende-se da monografia em que o autor cuida da gestão administrativa "que consiste em aplicar normas de direito público, satisfazer interesses gerais mediante serviços burocráticos apropriados, e exercer poderes de polícia dentro dos próprios fins assinalados ao poder público pela função administrativa. É a referida gestão que, por ser 'boa', dos administradores requer, por um lado, o exercício do senso moral com que cada homem é provido, a fim de usar retamente – para o bem, entenda-se, – nas situações concretas trazidas pelo quotidiano, os poderes jurídicos e os meios técnicos; e, por outro lado, exige ainda que o referido bom uso seja feito em condições de não violar a própria ordem institucional, dentro da qual eles terão de atuar, o que implica, sem dúvida, uma sã noção do que a Administração e a função administrativa são".

Entre os publicistas franceses mais recentes, não se nota grande preocupação com a moralidade administrativa. Georges Vedel e Pierre Delvolvé[10] explicam a razão disso: é que, segundo Hauriou, a violação da regra moral corresponde ao *desvio de poder*, que é visto atualmente como uma espécie de *ilegalidade* que pode viciar o ato administrativo. No entanto, eles reconhecem que a ideia de Hauriou não deve ser inteiramente rejeitada, porque o juiz administrativo, como pode criar regras de Direito, dispõe de largos poderes. "Pode acontecer que, sob o manto do 'espírito' da lei, ou sob o manto dos princípios gerais do direito, o juiz administrativo integre diretrizes de moralidade à legalidade. Sob o ponto de vista do *direito feito*, o desvio de poder não é senão uma variedade de ilegalidade; sob o ponto de vista do *direito*

---

[9] Apud Antônio José Brandão. Moralidade administrativa, in: *RDA* 25/459.
[10] *Droit administratif*, 1984:814.

que se faz, o desvio de poder incorpora à legalidade certos princípios de moralidade cujo respeito o juiz considera necessário."

A realidade é que a ideia de moralidade administrativa nasceu vinculada à de desvio de poder, pois se entendia que em ambas as hipóteses a Administração Pública se utiliza de meios lícitos para atingir finalidades metajurídicas irregulares. A imoralidade estaria na intenção do agente. Essa a razão pela qual muitos autores entendem que a imoralidade se reduz a uma das hipóteses de ilegalidade que pode atingir os atos administrativos, ou seja, a ilegalidade quanto aos fins (*desvio de poder*).

Autores mais antigos, considerando a moral administrativa como algo relacionado à *disciplina interna* da Administração, entendiam que seu controle também só podia ser feito internamente, excluída a apreciação pelo Poder Judiciário. Este só examinaria a *legalidade* dos atos da Administração; não o *mérito* ou a *moralidade*.

Certamente com o objetivo de sujeitar ao exame judicial a moralidade administrativa é que o desvio de poder passou a ser visto como hipótese de ilegalidade, sujeita, portanto, ao controle judicial. Ainda que, no desvio de poder, o vício esteja na consciência ou intenção de quem pratica o ato, a matéria passou a inserir-se no próprio conceito de legalidade administrativa. O *direito* ampliou seu círculo para abranger matéria que antes dizia respeito apenas à *moral*.

No direito positivo brasileiro, a lei que rege a ação popular (Lei nº 4.717, de 29-6-65) consagrou a tese que coloca o desvio de poder como uma das hipóteses de ato administrativo *ilegal*, ao defini-lo, no artigo 2º, parágrafo único, alínea "e", como aquele que se verifica "quando o agente pratica o ato visando a fim diverso daquele previsto, explícita ou implicitamente, na regra de competência".

Isso, no entanto, não permite identificar moralidade e legalidade, mesmo porque, tendo a Constituição de 1988, no artigo 37, incluído a moralidade dentre os princípios a que se submete a Administração Pública, cumpre ao intérprete perquirir seu sentido.

É importante realçar que doutrinadores brasileiros, muito antes da atual Constituição, já se referiam à moralidade administrativa como um dos princípios obrigatórios para a Administração Pública. É o caso de Hely Lopes Meirelles, desde a primeira edição de seu *Direito administrativo do Brasil*, isto sem falar na obra que Manoel de Oliveira Franco Sobrinho dedicou ao tema, sob o título de *O controle da moralidade administrativa*.

Nas obras de juristas latino-americanos, em especial argentinos, estuda-se a moralidade dentro do tema dos atos administrativos, ora vinculando-a a um dos seus elementos essenciais, ora considerando-a como elemento autônomo. É o caso de Sayaguès Laso, no *Tratado de derecho administrativo*, tomo I, Fiorini, no *Tratado de la justicia administrativa*, Bullrich, em seus *Princípios generales de derecho administrativo*, Marienhoff, no *Tratado de derecho administrativo*, tomo II.

2 Significado

2.1 Direito e moral

Grande parte da resistência ao reconhecimento da moralidade como princípio norteador da atividade administrativa resulta da própria imprecisão de seu conceito e do fato de muitas das regras morais terem sido absorvidas por regras legais ou por terem assumido a forma de princípios gerais de direito.

Evidentemente, não interessa aqui analisar as regras morais que se transformaram em regras jurídicas porque, aí, passa a imperar o princípio da legalidade. O que interessa é verificar se a moralidade – e até que ponto – está absorvida por normas legais ou se resta ainda alguma esfera em que a distinção é cabível, justificando a previsão do princípio da moralidade como autônomo em relação ao da legalidade.

Para tanto, é necessário partir da distinção entre Direito e Moral, o que não significa penetrar no mundo da Filosofia, mas apenas procurar os dados fundamentais que possam ser úteis às conclusões a serem extraídas dentro deste tema.

Fazendo-se um estudo de sua evolução histórica, vai-se encontrar na Antiguidade, se não uma teoria, pelo menos a intuição de que Moral e Direito se distinguem. Vêm do direito romano os princípios segundo os quais *non omne quod licet honestum est* (nem tudo o que é lícito é honesto) e *cogitationis nemo poenam patitur* (ninguém pode ser punido por aquilo que pensa).

Foi, porém, apenas na época moderna, em razão dos conflitos surgidos entre a Igreja Católica e a Protestante, que passou a haver preocupação com a distinção entre Moral e Direito. Nas palavras de Miguel Reale,[11] "cada chefe de Estado passou a se atribuir o direito de intervir na vida particular do cidadão, a fim de indagar das suas convicções religiosas: uns queriam que seus súditos fossem católicos, outros que fossem protestantes. Houve, então, a necessidade de uma delimitação clara da zona de interferência do poder público – o que só seria possível através de uma distinção entre o mundo jurídico e o mundo moral e religioso".

Segundo o mesmo autor,[12] o mais notável dos estudiosos dessa matéria foi Thomasius, para quem o "foro íntimo" diz respeito à Moral e o "foro externo" interessa ao Direito. Enquanto uma ação não é exteriorizada, fica fora do alcance do Direito.

---

[11] *Lições preliminares de direito*. 1977:53.

[12] Miguel Reale. *Lições preliminares de direito*, 1977:54.

Essa distinção está hoje superada porque se multiplicam os exemplos em que o próprio Direito imprime valor à intenção, como ocorre na diversa forma de punir o crime doloso e o culposo; na importância que a lei confere à *intenção* das partes para a correta interpretação dos contratos; na anulação dos atos em virtude de erro, dolo, coação ou fraude; no reconhecimento da invalidade do ato administrativo praticado com desvio de poder.

A forma comumente empregada para distinguir Direito e Moral é a que se utiliza da referência a dois círculos concêntricos, o maior correspondendo à Moral e, o menor, ao Direito. Parte-se da ideia de que toda regra jurídica tem um conteúdo moral, desta distinguindo-se pela força obrigatória de que é dotada; por outras palavras, a regra simplesmente moral é cumprida espontaneamente, enquanto a regra jurídica é uma regra moral que se tornou obrigatória.

A distinção está longe de ser perfeita, porque existem inúmeros casos em que a Moral é indiferente para o Direito, de modo que neste se encontram normas que não têm qualquer fundamento moral. É da mesma obra de Miguel Reale[13] que se extraem alguns exemplos: uma regra de trânsito que exige que os veículos obedeçam à mão direita ou o estabelecimento de prazos para que determinados atos jurídicos sejam praticados.

Do mesmo modo, é perfeitamente possível a existência de atos jurídicos lícitos, porém imorais. Para dar exemplos extraídos do direito brasileiro, lembramos que, aqui, o Poder Judiciário, graças ao princípio da unidade de jurisdição, decide, em causa própria, assuntos de interesse geral dos Magistrados, contrariando o velho princípio, de fundamento moral, que veda assuma alguém a posição de *juiz* e *parte* ao mesmo tempo. A Constituição permite que Ministros do Tribunal de Contas sejam nomeados pelo Chefe do Poder Executivo cujas contas vai apreciar; além disso, agasalha inúmeras normas que criam dependências entre os três Poderes, desmantelando o sistema de freios e contrapesos idealizado precisamente como forma de detenção do poder, o que acaba por acobertar a ilegalidade e a imoralidade na Administração Pública, deixando-as nascer, evoluir e agigantar-se impunemente, dando margem à afirmação, que aqui se tornou correntia, de que a imoralidade se institucionalizou.

A colocação do Direito como um apêndice da Moral (representada por um círculo menor dentro de um círculo maior) é válida para os países de regime teocrático, como o islâmico; afirma Ballesteros[14] que "em toda teocracia o direito, junto com o poder político, passa a ser um instrumento da religião para o cumprimento

---

[13] Ob. cit., p. 42-43.

[14] Alberto Montoro Ballesteros. *Sobre las relaciones entre moral y derecho*, in: Anales de la Cátedra F. Suárez, Granada, nº 28, 1988. p. 75-76.

de seus fins, ficando reduzido a um mero apêndice, a uma peça subalterna, da religião e da moral".

Outra forma de representar a relação é inscrever a moral em um círculo pequeno e o direito em um círculo maior, situação que seria válida para o Estado totalitário, em que "a moral aparece absorvida pelo direito e reduzida a um mero apêndice ou reflexo do mesmo e da organização política do Estado".[15] Corresponde à concepção que remonta a Platão, em sua República, e a Hegel, para quem "o Estado, como *totalidade ética*, é soberano em sentido absoluto, não estando submetido a princípios anteriores ou superiores a seu próprio querer; o Estado é a fonte suprema do direito e da moralidade".[16]

A terceira forma – a mais correta – de expressar a diferença é mediante a referência a dois círculos secantes. Segundo Ballesteros,[17] "Direito e moral compartilham (essa é a zona de intersecção dos círculos secantes) o conteúdo comum da justiça: tanto o direito como a moral nos obrigam a ser justos, se bem que por razões diferentes e mediante técnicas diversas também. O *direito*, à diferença da moral:

Primeiro: não ordena todas as virtudes nem proíbe todos os vícios, mas somente o *mínimo ético* indispensável para conservar a vida social...

Segundo: o direito ocupa-se de uma outra espécie de comportamentos e temas, eticamente indiferentes (formas negociais, prazos de prescrição etc.), porém que são necessários para a ordem da vida social".

Sobre o *mínimo ético*, o autor cita trecho da *Summa theologica*, de Santo Tomás: "A lei humana não proíbe todos os vícios de que se abstêm os homens virtuosos, mas tão somente os mais graves (*solum graviora*), dos que é possível que se abstenha a maior parte da multidão, e principalmente aqueles que redundam em prejuízo para os demais (*in nocumentum aliorum*), sem cuja proibição não pode conservar-se a sociedade humana."

Além dessa conclusão de que a Moral abarca uma parte não absorvida pelo Direito e de que o Direito tem uma parte indiferente à Moral, algumas diferenças e semelhanças costumam ser apontadas:

1. tanto as regras morais como as jurídicas estabelecem normas de conduta de conteúdo ético, porém as primeiras são de natureza

---

[15] Cf. Alberto Montoro Ballesteros. *Sobre las relaciones entre moral y derecho*, 1988:75-76.
[16] Cf. Alberto Montoro Ballesteros. Ob. cit. p. 76.
[17] Cf. Alberto Montoro Ballesteros. Ob. cit., p. 80.

predominantemente interior, enquanto as segundas são de natureza *predominantemente exterior*;

2. as normas morais são cumpridas espontaneamente e não acarretam qualquer medida coercitiva para impor seu cumprimento, enquanto constitui característica da norma jurídica a *coercibilidade*;
3. as normas jurídicas têm *validade objetiva*, independentemente da vontade, opinião, desejo, convicção, de seus destinatários; daí a afirmação de que a Moral é *autônoma* e o Direito é *heterônomo*, visto ser posto por terceiros aquilo que juridicamente somos obrigados a cumprir.[18]
4. as normas jurídicas têm a característica da *bilateralidade atributiva* a que se refere Miguel Reale,[19] definindo-a como "uma proporção intersubjetiva, em função da qual os sujeitos de uma relação ficam autorizados a pretender, exigir, ou a fazer, garantidamente, algo", e desdobrando-se esse conceito nos seguintes elementos:

   "a) sem relação que una duas ou mais pessoas não há Direito (*bilateralidade em sentido social, como intersubjetividade*);

   b) para que haja Direito é indispensável que a relação entre os sujeitos seja objetiva, isto é, insuscetível de ser reduzida, unilateralmente, a qualquer dos sujeitos da relação (*bilateralidade em sentido axiológico*);

   c) da proporção estabelecida deve resultar a atribuição garantida de uma pretensão ou ação, que podem se limitar aos sujeitos da relação ou estender-se a terceiros (*atributividade*)".

5. ambas estabelecem normas de conduta, mas se diferenciam por sua finalidade última; a Moral visa ao aperfeiçoamento individual, mas no meio social em que vive; assim, "um comportamento é moral e, enquanto tal, aperfeiçoa plenamente o indivíduo, quando responde pura e simplesmente à exigência ética de realizar o bem e evitar o mal".[20] O Direito impõe determinadas normas de conduta com o objetivo de assegurar a ordem e a paz social, o bem comum. Daí a coercibilidade deste, ausente na regra moral.

Outra ideia relevante a assinalar é que a Moral não é um conjunto unitário e perene de normas de conduta, uma vez que, dentro de um grupo social pode haver diferentes concepções de moralidade, variáveis ainda no tempo e no espaço. Por

---

[18] Cf. Miguel Reale. *Lições preliminares de direito*, 1977:49.
[19] Ob. cit. p. 50-51.
[20] Ballesteros, ob. cit. p. 66.

isso mesmo, Ballesteros[21] fala na existência de uma moral *social*, de uma moral *individual* e de uma moral *religiosa* e *profana*. A moral social – a que mais interessa ao direito administrativo – "consiste nas ideias predominantes na sociedade sobre a qualidade moral do comportamento social humano, assim como no conjunto de exigências morais de comportamento, de costumes, que a sociedade dirige a seus membros em cada momento com referência ao bem social. Enquanto tal, a moral social implica a existência de uma *comunidade moral de valores* vigente na sociedade que se manifesta em expectativas e exigências de comportamento (como *standards*, modelos ou ideias de valor e pautas de conduta) dentro do tráfico de um determinado grupo social".

Dentro dessa ordem de ideias, a moralidade administrativa exige do administrador público comportamentos compatíveis com o interesse público que lhe cumpre atingir, voltados para os ideais ou valores presentes no grupo social e que estão expressos, agora, de forma muito nítida, no preâmbulo da Constituição.

2.2 A moral vista em relação aos fins

2.2.1 No direito privado

Uma das características fundamentais da moral é o fato de ser analisada em relação aos fins objetivados pela pessoa. Vicente Ráo[22] deixa clara essa ideia, ao afirmar que "a Moral estabelece os princípios gerais da ordem que deve reinar nos atos resultantes da livre vontade humana, estudando-os em relação aos fins que visam alcançar, ou seja, em relação aos fins naturais do homem". Depois, ao indicar as diversas partes em que se desdobra a Moral, inclui, em primeiro lugar, "o estudo dos fins que os atos voluntários e livres tendem a realizar".

Não é por outra razão que a Moral penetrou no direito administrativo pela teoria do desvio de poder. No entanto, o direito privado já havia se antecipado, pois nele a penetração havia ocorrido, em especial pela doutrina do abuso de poder, construída sobre a ideia de que a utilização de meios legais para alcançar *fins nocivos* constitui abuso de direito. Georges Ripert[23] realça o aspecto moral existente no abuso do Direito. Diz ele que essa teoria "foi inteiramente inspirada pela ideia moral e não penetra no domínio jurídico senão em uma medida limitada. Quando Saleilles propôs à Comissão de revisão do Código Civil a introdução, no título preliminar, de um texto geral proibindo o abuso ao titular de um direito, ele tinha percebido que havia lá, não uma simples aplicação de uma regra de respon-

---

[21] Ballesteros, ob. cit. p. 68-70.

[22] *O direito e a vida dos direitos*, v. I, 1952:67.

[23] *La règle morale dans les obligations civiles*, 1935:168-169.

sabilidade, mas um princípio geral do direito. E se a Comissão se recusou a adotar esse princípio, foi porque ela estava temerosa desta intrusão das ideias morais no mundo jurídico". Acrescenta, depois, o mesmo autor, que se trata, com efeito, "de desarmar o titular de um direito e, por conseguinte, tratar de maneira diferente direitos objetivamente iguais, pronunciando uma espécie de perda contra aquele que é exercido imoralmente. Esse não é um simples problema de responsabilidade civil, mas uma questão geral de moralidade no exercício dos direitos".

O autor português, já citado, Antônio José Brandão[24] analisa, com precisão, a importância da *intenção* do agente no exercício do direito. Ele parte do brocardo que vem do direito romano, segundo o qual *qui juri suo utitur, nemine facit injuriam* (quem usa de seu direito, não pode prejudicar ninguém). Analisando a expressão, ele observa que a lei é a medida-padrão do direito de exigir e do dever de prestar, para concluir que "o exercício dos nossos direitos não poderá ser um qualquer, mas tão só aquele que por ela é mensurado. Há, pois, um limite, cujo respeito se impõe, para que o exercício do direito seja conforme à lei".

A seguir, ele passa para a ideia de que a lei não indica expressamente essa medida. "Ela contenta-se com fixar o nexo normativo que entre si liga duas condutas possíveis; e de tal sorte que a verificação de cada uma delas, provocando diferentes modificações da ordem jurídica, sirva à consecução de um fim concreto metajurídico, resultado final do exercício do direito subjetivo. Entre esses três elementos – condutas juridicamente relevantes, modificações da ordem jurídica, fim metajurídico – há correlação intrínseca, não arbitrária." E essa correlação indica certa *proporção*, "que já se encontra na lei, figurada em abstrato, mas que as condutas juridicamente relevantes terão de reduzir em concreto".

Depois disso, Antônio José Brandão realça o aspecto da intenção: "Ora bem: a intenção de sujeitar o exercício dos próprios direitos subjetivos à medida legal deles não possui natureza exclusivamente jurídica: revela, também, natureza moral. Se assim não fosse, a legalidade do exercício do direito consistiria na mera conformidade exterior às exigências da lei, abstração feita do vínculo interno entre o fim metajurídico, as modificações da ordem jurídica e a conduta." Para ele, "a intenção jurídica manifesta-se pela escolha de uma conduta jurídica legalmente possível, a cuja verificação vai unida a virtualidade de produzir certos efeitos jurídicos; mas a intenção moral dessa conduta revela-se na escolha dela com vista a certo fim metajurídico, cujo logro se pode obter com o aparecimento dos referidos efeitos jurídicos. Está aquele fim em íntima correlação normativa com esses efeitos? Então é juridicamente lícito. Não está? Então, não é, – muito embora, na aparência, a conduta se tenha amoldado à lei".

---

[24] *RDA* 25/462-463.

O exemplo que ele dá é precisamente o do abuso do direito, que ocorre quando alguém, desejoso de prejudicar a outrem, deu à sua conduta a forma do exercício legal de um direito. "Neste caso, pois, o fim metajurídico não corresponde a um dos fins adstritos à esfera dos efeitos jurídicos admissíveis. Por isso, embora legal, o exercício do direito afastou-se do seu fim próprio – é um exercício subtraído à medida da lei. Logo, é um exercício abusivo do direito. A determiná-lo está o intuito imoral de prejudicar, e é semelhante intuito que ocasionou a quebra do nexo normativo entre a conduta, as modificações da ordem jurídica e o fim metajurídico."

2.2.2 No direito administrativo

A mesma importância que desempenham os fins, a intenção do agente, para a configuração do abuso de direito, na órbita civil, revela-se no âmbito do direito administrativo, na figura do desvio de poder.

Existe desvio de poder quando uma autoridade administrativa usa de seus poderes para atingir fim diverso daquele para o qual eles foram conferidos. O substrato moral é o mesmo que está inerente no abuso de direito; o ato apresenta-se sob forma legal, a autoridade é a competente, os motivos são verdadeiros, o objeto é lícito, mas a intenção do agente se desvia dos fins que justificaram a outorga de competência. Enquanto nos demais elementos – competência, forma, motivo e objeto – os dados são objetivamente apurados, na finalidade aparece o elemento subjetivo, a pesquisa da intenção do sujeito que praticou o ato ou se omitiu.

Maurice Hauriou[25] deu um conceito de desvio de poder que o relaciona com a moralidade administrativa: "É o fato de uma autoridade administrativa que, embora praticando um ato de sua competência, observando as formas, não cometendo qualquer violação da lei, usa de seu poder para um fim e por motivos outros que não aqueles em vista dos quais esse poder lhe foi conferido, quer dizer, outros que não os que pretende a moral administrativa."

Acrescenta que "é uma noção aparentada daquela do abuso do direito e, nesse sentido, o desvio de poder é uma espécie de incompetência *ratione materiae*. Pode-se assinalar também que é uma violação da boa-fé, porque a administração deve agir de boa-fé, e isto faz parte de sua moralidade".

Ocorre que a evolução da teoria do desvio de poder acabou por transformar uma regra de conteúdo moral – que manda obedecer aos fins para os quais o poder é conferido – em uma regra jurídica. A construção deve-se ao Conselho de Estado francês que elaborou a doutrina do desvio de poder como forma de limitar a discricionariedade administrativa e ampliar o controle judicial dos atos administrativos.

---

[25] *Précis èlémentaire de droit administratif*, 1938:269.

Houve uma fase, no direito francês, em que se reconhecia a existência dos atos discricionários como limite ao poder de apreciação judicial. Foi apenas paulatinamente que se desenvolveu o controle de tais atos pelo Conselho de Estado: primeiro, abrangeu os vícios de incompetência e de forma; passou depois ao exame dos motivos, para chegar, finalmente, ao exame dos fins.

Como ensina António Francisco de Souza,[26] "o Conselho de Estado francês, que já vinha controlando a manifesta violação da competência, passou a controlar, sobretudo a partir de 1870, o desvio de poder, com base na prossecução de interesses privados em vez de interesses públicos, *"d'un but collectif autre que celui prévue par la loi"* e no caso de 'vengence personelle'". Mais além, afirma que "o reconhecimento, pelo Conselho de Estado francês, de um '*détoumement de la destination du pouvoir*' teve como consequência o controle jurisdicional de muitos atos que antes eram qualificados de atos discricionários".

No direito brasileiro, a colocação do desvio de poder como vício de ilegalidade consta de dispositivo expresso de lei, a saber, o artigo 2º da Lei nº 4.717, de 29 de junho de 1965, que inclui entre os atos nulos os praticados com *desvio de finalidade*, definido no parágrafo único, alínea "e", como o que se verifica "quando o agente pratica o ato visando a fim diverso daquele previsto, explícita ou implicitamente, na regra de competência".

Além disso, a Lei nº 8.429, de 2-6-92, que dispõe sobre as sanções aplicáveis aos agentes públicos nos casos de enriquecimento ilícito no exercício do mandato, cargo, emprego ou função na administração pública direta, indireta ou fundacional, considera como ato de improbidade que atenta contra os princípios da Administração Pública "praticar ato visando fim proibido em lei ou regulamento ou diverso daquele previsto na regra de competência". Isto significa que o desvio de poder constitui ato de improbidade administrativa, sujeito às penalidades previstas no artigo 37, § 4º, da Constituição e às normas da referida lei.

Incluído o desvio de poder entre as hipóteses de ilegalidade, resta verificar onde se localiza a moralidade, como princípio autônomo da Administração Pública.

2.3 *A moral em relação ao objeto do ato administrativo*

Relacionar a moralidade com a intenção do agente significa colocar a questão em termos de legalidade e tirar qualquer sentido às normas constitucionais que revelam a preocupação do constituinte brasileiro, em inserir a moralidade como requisito de validade da atuação administrativa. Mas há ainda outro inconveniente

---
[26] *A discricionariedade administrativa*, 1987:43.

resultante dessa colocação: é o fato de ser extremamente difícil a pesquisa da intenção do agente, de modo a concluir pela ilegalidade do ato.

Por isso mesmo, a moralidade há de estar localizada em outros aspectos que não o da finalidade, ainda que nesta esteja também presente. Sua presença há de ser mais *objetiva* do que *subjetiva*.

O princípio da moralidade tem utilidade na medida em que diz respeito aos próprios meios de ação escolhidos pela Administração Pública. Muito mais do que em qualquer outro elemento do ato administrativo, a moral é identificável no seu *objeto* ou *conteúdo*, ou seja, no efeito jurídico imediato que o ato produz e que, na realidade, expressa o meio de atuação pelo qual opta a Administração para atingir cada uma de suas finalidades.

Não é por outra razão que, tanto no direito privado como no direito público, é frequente mencionar-se moralidade como requisito essencial à validade do objeto.[27] No âmbito do direito civil, Clóvis Beviláqua[28] ensinava que "a declaração da vontade deve ser conforme aos fins éticos do direito, que não pode dar apoio a intuitos imorais, cercar de garantias combinações contrárias aos seus preceitos fundamentais. Consequentemente, se o objeto do ato for ofensivo à moral ou às leis de ordem pública, o direito não lhe reconhece validade".

Não é preciso penetrar na intenção do agente, porque do próprio objeto resulta a imoralidade. Isso ocorre quando o conteúdo de determinado ato contrariar o senso comum de honestidade, retidão, equilíbrio, justiça, respeito à dignidade do ser humano, à boa-fé, ao trabalho, à ética das instituições. A moralidade exige proporcionalidade entre os meios e os fins a atingir; entre os sacrifícios impostos à coletividade e os benefícios por ela auferidos; entre as vantagens usufruídas pelas autoridades públicas e os encargos impostos à maioria dos cidadãos.

Doutrinadores brasileiros relacionam a moralidade administrativa com a ética, com os valores e as pautas de conduta vigentes em determinada sociedade. É o caso de Cármen Lúcia Antunes Rocha,[29] quando afirma que "a moralidade administrativa reflete ou condensa uma moral extraída do conteúdo da ética socialmente afirmada, considerando esta o conjunto de valores que a sociedade expressa e pelos quais se pauta em sua conduta".

---

[27] Cf. Cretella Júnior, *Do ato administrativo*, 1977:31 e 169; Gordillo, *Tratado de derecho administrativo*, t. 3, cap. VIII-18.

[28] *Código Civil dos Estados Unidos do Brasil Comentado*, v. I, 1944:346.

[29] *Princípios constitucionais da administração pública*, 1994:191.

Também Adilson Abreu Dallari[30] afirma que "os atos da Administração devem acompanhar padrões éticos vigentes na sociedade à qual se destinam e à época em que forem praticados, mas nunca contrariando disposições legais".

Do mesmo modo, Juarez Freitas[31] ensina que o princípio da moralidade administrativa "veda condutas eticamente inaceitáveis e transgressoras do senso moral da sociedade, a ponto de não comportarem condescendência". Um pouco além, o autor observa que "um controlador arguto, à base da mencionada submissão do administrador não apenas à lei, mas ao Direito, já conseguiria alcançar resultado idêntico. Igualmente é certo que o princípio da proporcionalidade, ampliada a sua acepção, conduz a resultados semelhantes".[32]

Por sua vez, Weida Zancaner[33] também leciona que o conceito de moralidade "deve ser sacado do próprio conceito de moralidade em uma determinada sociedade em uma determinada época".

Por isso mesmo, a imoralidade salta aos olhos quando a Administração Pública é pródiga em despesas legais, porém inúteis, como propaganda ou mordomia, quando a população precisa de assistência médica, alimentação, moradia, segurança, educação, isso sem falar no mínimo indispensável à existência digna.

Não é preciso, para invalidar despesas desse tipo, entrar na difícil análise dos fins que inspiraram a autoridade; o ato em si, o seu objeto, o seu conteúdo, contraria a ética da instituição, afronta a norma de conduta aceita como legítima pela coletividade administrada. Na aferição da imoralidade administrativa, é essencial o princípio da razoabilidade, a ser analisado no capítulo subsequente.

Note-se que o constituinte deixou abertas as portas para o controle e, portanto, para a invalidação de determinados tipos de atos imorais. De um lado, ao prever ação popular por danos à moralidade administrativa (artigo 5º, LXXIII), o que autoriza o cidadão a pleitear a invalidação de despesas públicas que, pela sua inutilidade para o interesse público e pela desproporção em relação à situação da coletividade, são consideradas *imorais*, ainda que tenham fundamento legal. Por outro lado, ao próprio Tribunal de Contas foi dado, pelo artigo 70 da Constituição, o poder de apreciar, não só a legalidade, mas também a *legitimidade* e a *economicidade* das despesas realizadas, o que envolverá, forçosamente, seu aspecto moral.

Além disso, a Constituição estabelece sanções para a hipótese de improbidade administrativa, estabelecendo, no artigo 37, § 4º, que "os atos de improbidade administrativa importarão a suspensão dos direitos políticos, a perda da função

---

[30] *Aspectos jurídicos da licitação*, 1992:24.

[31] *O controle dos atos administrativos*, 1997:67.

[32] Ob. cit., p. 69.

[33] Razoabilidade e moralidade na Constituição de 1988, In *RTDP*, nº, p. 210.

pública, a indisponibilidade dos bens e o ressarcimento do erário, na forma e gradação previstas em lei, sem prejuízo da ação penal cabível". Segundo José Afonso da Silva,[34] a suspensão dos direitos políticos nesse caso, "pode ser aplicada independentemente de um processo criminal. É o que se extrai da parte final, segundo a qual todas as sanções indicadas antes, são-no sem prejuízo da ação penal. Vale dizer, independentemente dessa ação. Ou seja, a suspensão dos direitos políticos, no caso, não constitui simples pena acessória. O problema é que não pode a suspensão ser aplicada em processo administrativo. Terá que ser em processo judicial, em que se apure a improbidade, quer seja criminal ou não".

A definição dos atos de improbidade está contida na Lei nº 8.429, de 2-6-92, abrangendo três modalidades: os atos que importam enriquecimento ilícito (art. 9º), os que causam prejuízo ao erário (art. 10) e os que atentam contra os princípios da Administração Pública (art. 11).[35]

Também o artigo 85, inciso V, da Constituição considera como crime de responsabilidade do Presidente da República o ato que atenta contra a probidade na administração. Esse crime está definido no artigo 9º da Lei nº 1.079, de 10-4-50.

2.4 A importância da moral na interpretação e na integração da lei

A aplicação da lei exige, em inúmeras circunstâncias, a prévia *interpretação*, com o objetivo de pesquisar o real sentido da regra jurídica, ou a prévia *integração* da norma, para decidir qual o preceito aplicável em caso de lacuna. E nesse trabalho, a moral desempenha papel relevante.

A interpretação surge do fato de que a letra da lei, por vezes, alberga vários sentidos possíveis, cabendo ao intérprete definir o que seja verdadeiro, segundo determinados métodos de exegese.

A interpretação é feita, a todo momento, pelos próprios particulares, em suas relações jurídicas, e pelo Estado, por meio de seus três Poderes.

O Poder Legislativo exerce essa atividade em pelo menos duas situações: ao interpretar as normas constitucionais, como medida prévia à disciplina legislativa complementar; e ao promulgar as chamadas leis interpretativas, que correspondem à interpretação *autêntica* feita pelo próprio órgão que produziu a norma.

No entanto, no Estado de Direito, o intérprete máximo e último da lei, inclusive da lei fundamental, é o Poder Judiciário. Não podendo furtar-se a resolver o caso concreto, o Judiciário, diante da lacuna da lei, terá que decidir, atendendo, no direito brasileiro, à regra do artigo 4º da Lei de Introdução às Normas do Direito

---

[34] *Curso de direito constitucional positivo*, 1990:564.

[35] Cf. Di Pietro. *Direito administrativo*, 2012:896-899.

Brasileiro: "Quando a lei for omissa, o juiz decidirá o caso de acordo com a analogia, os costumes e os princípios gerais de direito."

Não obstante a exclusividade do Judiciário para decidir, em última instância, sobre a correta interpretação da lei, o Poder Executivo ou, melhor dizendo, a Administração Pública, também tem que aplicar a lei e, antes disso, quando for o caso, fazer a sua interpretação ou integração; a diferença está em que sua decisão é sempre passível de revisão judicial.

Sabe-se que o tema referente à interpretação e integração da lei passou por toda uma evolução que, em suas diversas fases, foi criando diferentes métodos de exegese.

Em uma primeira fase, prevaleceu a Escola da Exegese que, partindo da ideia de perfeição do Código Civil Francês de 1804 (Código de Napoleão), entendia possível encontrar na lei solução para todas as ocorrências da vida social; tratava-se apenas de saber interpretá-la.

Dois métodos de interpretação eram defendidos por essa escola: o *literal* ou *gramatical*, que pesquisa a letra da lei para dela extrair seu significado, e o *lógico--sistemático*, que busca o sentido da norma procurando enquadrá-la no ordenamento jurídico em que se insere, para procurar a *intenção do legislador* no momento de sua elaboração. Nessa escola, assume papel relevante a pesquisa das circunstâncias que inspiraram a promulgação da lei.

Com as mudanças sociais produzidas no século XIX em decorrência da revolução industrial, muitas das normas do Código Civil francês, até então considerado monumento sagrado e imutável, passaram a revelar-se inadequadas ou insuficientes para disciplinar as relações jurídicas surgidas sob o influxo dessa nova realidade.

Daí o desenvolvimento da chamada Escola Histórica, inspirada em Savigny e que reconhece a necessidade de a lei ser interpretada em função da realidade histórica considerada no momento de sua *aplicação* e não no de sua elaboração. Cabe ao intérprete pesquisar qual seria a intenção do legislador se a lei fosse promulgada no momento em que ocorre a situação concreta a que ela se aplica. Daí surge a ideia de que a lei promulgada desvincula-se da vontade originária do legislador.

Em ambas as Escolas – da Exegese e Histórica – há um ponto comum: nega-se ao intérprete o papel criador do direito; ele tem que extrair da lei a norma a ser aplicada.

Dentro dessa concepção e com o objetivo de suprir as deficiências das interpretações sistemática e histórica, outras teorias foram elaboradas, como a da *livre pesquisa do Direito*, de Gény, que autoriza o intérprete a pesquisar no campo do *dado* (conjunto das realidades normativas de uma sociedade, independentes da vontade do legislador), que constitui objeto da *ciência*; e no campo do *construído* (conjunto de meios e artifícios para adaptar as realidades da vida aos fins do direito e os preceitos do direito às realidades da vida), que constitui obra do jurista, produto de uma técnica – *a técnica do construído*.

Finalmente, sob influência de Rudolf Von Jhering, surge a *interpretação teleológica*, segundo a qual o sentido da lei deve ser procurado em razão de seus fins.

Sem desprezar a interpretação sistemática – já que a pesquisa dos fins não deve ser feita pelo exame isolado de uma norma, mas dentro do sistema em que se situa – esse método adquire um aspecto *axiológico*, na medida em que se deve procurar qual o valor cujo respeito se pretende assegurar com determinada norma legal.

Segundo Miguel Reale,[36] há na interpretação os seguintes pontos essenciais:

> "a) toda interpretação jurídica é de natureza teleológica (finalística) fundada na *consistência axiológica* (valorativa) do Direito;
>
> b) toda interpretação jurídica dá-se numa *estrutura de significações*. E não de forma isolada;
>
> c) cada preceito significa algo situado no todo do ordenamento jurídico."

Diz o autor que o intérprete pode dar à lei "uma significação imprevista, completamente diversa da esperada ou querida pelo legislador, em virtude de sua correlação com outros dispositivos, ou então pela sua compreensão à luz de novas valorações emergentes no processo histórico". Ressalta de tudo quanto ele diz o caráter criador da hermenêutica jurídica. O intérprete dará à lei a significação que melhor atenda aos valores tutelados pelo Direito e, por que não, os valores tutelados pela Moral.

Pois bem, diante de determinada norma jurídica que exige um trabalho de interpretação, todos esses métodos podem ser utilizados, já que o objetivo é buscar o sentido correto da lei. Mesmo diante da clareza do texto, autoriza-se, por vezes, a interpretação, quando se percebe que a letra da lei não está em consonância com seu espírito. Porém, o uso dos métodos mais desvinculados da letra da lei, se idealizados com o propósito de buscar a melhor interpretação, pode, no entanto, levar a resultados funestos, quando o intérprete usa de seus conhecimentos para dar à lei uma significação que ela na realidade não possui, desrespeitando, frequentemente, aqueles mesmos valores que deveria proteger.

Nesses casos, a interpretação é utilizada como instrumento ou como artifício para escapar ao comando da lei. Este tipo de comportamento amesquinha o trabalho de interpretação, por ofensa aos preceitos éticos da Administração Pública, que lhe atribuem o papel de defesa e garantia da legalidade, da moralidade administrativa e do interesse público.

A tal ponto chega essa dúbia forma de interpretação, que pode levar e realmente leva ao aparecimento de um sistema jurídico paralelo àquele oficialmente

---

[36] *Lições preliminares de direito*, 1977:287.

estabelecido. Agustin A. Gordillo,[37] em sua obra sobre "a administração paralela", realça a existência de uma Constituição formal e, ao lado desta, de uma Constituição real, que equivale a um sistema paraconstitucional; a primeira é a efetivamente promulgada pelo poder constituinte e, a segunda, aquela que, na realidade, se aplica. O mesmo se pode dizer de inúmeras leis ordinárias que, por força de interpretação, acabam tendo significado completamente diverso daquele que seria o ideal.

Promulgada a Constituição Federal de 1988, com os seus valores fundamentais expressos no preâmbulo, começaram a surgir, pouco a pouco, as artificiosas interpretações que implicam burla àqueles mesmos valores, numa franca demonstração de resistência à nova ordem constituída e apego a comodidades já consagradas na vigência da Constituição anterior.

À expressão *administração indireta* atribuiu-se sentido mais restrito para excluir determinadas entidades da incidência da regra que exige concurso público para ingresso; à palavra *vencimento* já se conferiu sentido técnico (que o constituinte certamente não levou em consideração) para fugir à regra que impõe o teto de vencimentos; o princípio da paridade de vencimentos já constitui letra morta pela diversidade de interpretações adotada por cada Poder; a isonomia de vencimentos entre carreiras jurídicas tornou-se norma obsoleta pelas pressões dos que temem que essa igualdade resulte em prejuízo para seus elevados vencimentos; a norma que determina revisão geral na mesma época e sob os mesmos índices (baseada na ideia de que a inflação é igual para todos) tem sido frequentemente ignorada; a situação dos chamados "marajás", criada por força de utilização de formas de cálculo "paralelas" às previstas em lei, continua em grande parte intocada em decorrência da utilização da mesma forma artificiosa de interpretação.

Vale dizer que a imoralidade no manuseio dos métodos de interpretação acaba por gerar atos inválidos perante o direito.

Também o processo de *integração* do direito pode ser utilizado em sentido positivo (benéfico) ou negativo (prejudicial) ao interesse público, na medida em que sejam empregados indevidamente, com o objetivo de dar à lei um sentido que ela na realidade não tem.

Constitui a *integração* do direito o processo pelo qual se preenchem as lacunas da lei, o que é feito, no direito brasileiro, pelo recurso à analogia, aos costumes e aos princípios gerais de direito.

Recorrendo, mais uma vez, à lição de Miguel Reale,[38] pode-se dizer que, pela *analogia*, "estendemos a um caso não previsto aquilo que o legislador previu para outro semelhante, em igualdade de razões. Se o sistema de Direito é um todo

---

[37] *La admnistración paralela*, 1982:60-61.

[38] *Lições preliminares de direito*, 1977:292. I

que obedece a certas finalidades fundamentais, é de se pressupor que, havendo identidade de razão jurídica, haja identidade de disposição nos casos análogos, segundo um antigo e sempre novo ensinamento: *ubi eadem ratio, ibi eadem juris dispositio (onde há a mesma razão deve haver a mesma disposição de direito)*".

A analogia só pode ser utilizada quando a situação não alcançada pela norma legal apresenta tal semelhança com outras, expressamente previstas, que permita concluir que, sendo idênticas as razões, o legislador teria estabelecido a mesma norma.

O *costume* equivale à repetição habitual de determinado comportamento, aceito como válido ou conveniente ao interesse social. Já em Ulpiano se encontrava a definição: "Mores sunt tacitus consensus populi longa consuetudine inveteratus". De modo semelhante, Vicente Ráo[39] define o costume como "a regra de conduta criada espontaneamente pela consciência comum do povo, que a observa por modo constante e uniforme e sob a convicção de corresponder a uma necessidade jurídica".

O costume compreende dois elementos:

1. um objetivo, material, de fato ou externo, que é o uso, a prática, a repetição de determinado comportamento;
2. um subjetivo, interno ou psicológico, que é a *"opinio juris et necessitas"*, ou seja, a convicção de que determinado comportamento corresponde a uma necessidade jurídica, razão pela qual se torna obrigatório.

No direito brasileiro, o costume tem maior aplicação no direito comercial e internacional. No direito administrativo, embora não haja impedimento, é pequena ou nula a sua utilização, mesmo porque o direito administrativo é de formação recente e falta um substrato histórico que permita reconhecer a existência do costume como fonte do direito.

Já com relação aos princípios gerais de direito, desempenham papel da maior relevância, conforme demonstrado no Capítulo 3.

2.5 A moralidade como limite à discricionariedade administrativa

A grande questão suscitada pela constitucionalização do princípio da moralidade diz respeito à possibilidade ou não de ser invalidado um ato administrativo por violação a esse princípio, ainda que possa não existir ilegalidade em sentido estrito.

Márcio Cammarosano, em sua tese de doutorado publicada pela Editora Fórum em 2006, sob o título de *O princípio constitucional da moralidade e o exercício da função administrativa*, entende que esse princípio só pode ser entendido como

---

[39] *O direito e a vida dos direitos*, v. I, 1952:287.

referente à moral jurídica; não deve ser confundido com o conceito de moralidade dado por Hauriou, que "teve por finalidade fundamentar o controle dos atos discricionários pelo Conselho de Estado da França, isto é, dos atos eivados de desvio de poder". E também não está referido à moral comum "ou a este ou aquele ideal de justiça consubstanciado nas convicções pessoais de quem quer que seja, ou numa suposta justiça absoluta, universal".[40]

Mais adiante, o autor acrescenta: "Vê-se, portanto, que não há como pretender, em rigor, que o princípio jurídico da moralidade administrativa esteja reportado direta e imediatamente a esta ou aquela ordem moral, cujos preceitos reputar-se-iam automaticamente juridicizados, e a nível constitucional. Está reportado, sim, a valores albergados no sistema jurídico, e cuja intelecção e aplicação não se pode dar fora desse mesmo sistema, ainda que permeável, pela própria fluidez dos conceitos normativos, às concepções significativas prevalecentes em dada sociedade e em dado momento histórico".[41]

Na realidade, o autor restringe bastante o alcance do princípio da moralidade, quando afirma que "a moralidade administrativa não pode ser dissociada da legalidade; pelo menos *legalidade* em sentido amplo, entendida esta como a qualidade do que está conforme ou compatível com a ordem jurídica, e não apenas com a lei em sentido restrito". E acrescenta que "nem todo ato ilegal é imoral. Mas não se pode reconhecer como ofensivo à moralidade administrativa ato que não seja ilegal. Não existe ato que seja legal e ofensivo à moralidade. Só é ofensivo à moralidade administrativa porque ofende certos valores juridicizados. E porque ofende valores juridicizados, é ilegal. Ofender certos valores torna o ato especialmente viciado. Não será apenas qualificado como ilegal, mas também ofensivo à moralidade administrativa.[42]

Embora o autor procure identificar moralidade com legalidade em sentido amplo (ou com o Direito), na realidade, deduz-se de sua tese que a aproximação é mais com a legalidade em sentido estrito. Ou o valor está previsto no ordenamento jurídico ou ele não existe como moralidade administrativa.

O que nos parece é que identificar moralidade e legalidade significa tornar inútil a previsão constitucional dos dois valores como princípios diversos e autônomos. Ninguém nega que o princípio da moralidade já existia antes da Constituição de 1988, sendo, inclusive, referido por doutrina respeitável do direito brasileiro. Mas não há dúvida de que a Constituição de 1988 imprimiu valor constitucional a esse

---

[40] CAMMAROSANO, Márcio. *O princípio constitucional da moralidade e o exercício da função administrativa*. Belo Horizonte: Fórum, 2006:66.

[41] Ob. cit., p. 82.

[42] Ob. cit., p. 102.

princípio, colocando-o em nível hierárquico superior à lei infraconstitucional. Se esta contrariar a moralidade administrativa, pode ser invalidada pelo Poder Judiciário.

A partir do momento em que a Constituição Federal, no artigo 37, inseriu o princípio da moralidade entre os de observância obrigatória pela Administração Pública e, no artigo 5º, inciso LXXIII, colocou a lesão à moralidade administrativa como um dos fundamentos da ação popular, ela veio permitir duas conclusões: a primeira é a de que o ato administrativo que infrinja a moralidade administrativa é tão inválido quanto o ato administrativo ilegal; a segunda é uma consequência da primeira, ou seja, é a de que, sendo inválido, o ato administrativo imoral pode ser apreciado pelo Poder Judiciário, para fins de decretação de sua invalidade. Não só na ação popular, mas por qualquer modalidade de ação judicial de controle dos atos da Administração Pública.

Mais recentemente, a mesma ideia foi reforçada pela Lei nº 9.784, de 29-1-99, que regula o processo administrativo no âmbito da Administração Pública Federal. No artigo 2º, inclui o princípio da moralidade entre os de observância obrigatória pela Administração Pública. Além disso, o parágrafo único, inciso IV, do mesmo dispositivo exige que, nos processos administrativos, seja observado o critério de "atuação segundo padrões éticos de probidade, decoro e boa-fé".

Também no artigo 3º da Lei nº 8.666, de 21-6-93, está prevista a moralidade entre os princípios da licitação.

É principalmente no âmbito dos atos discricionários que se encontra campo mais fértil para a prática de atos imorais, pois é neles que a Administração Pública tem liberdade de opção entre várias alternativas, todas elas válidas perante o direito. Ora, pode perfeitamente ocorrer que a solução escolhida pela autoridade, embora permitida pela *lei*, em sentido formal, contrarie valores éticos não protegidos diretamente pela regra jurídica, mas passíveis de proteção por estarem subjacentes em determinada coletividade.

Ballesteros,[43] falando sobre a moral social, diz que ela consiste "nas ideias predominantes na sociedade sobre a qualidade moral do comportamento social humano, assim como o conjunto de exigências morais de comportamento, de costumes, que a sociedade dirige a seus membros em cada momento com referência ao bem social. Enquanto tal, a moral social implica a existência de uma *comunidade moral de valores* vigentes na sociedade, que se manifesta em expectativas e exigências de comportamento (como *standards*, modelos ou ideias de valor e pautas de conduta) dentro do tráfico de determinado grupo social. Por isso, a base, o fundamento último de sua validade não reside na consciência individual do sujeito (na chamada voz da consciência), mas no comportamento efetivo do grupo que alcança uma

---

[43] *Sobre las relaciones entre moral y derecho*, 1988:68.

dimensão normativa, enquanto a sociedade espera e exige, de cada um de seus membros, sob o efeito da pressão social (isso aproxima a moral social do direito), um comportamento conforme com a *comunidade moral de valores vigente* nela".

Transpondo-se o mesmo ensinamento para a moral administrativa, pode-se dizer que ela corresponde àquele tipo de comportamento que os administrados esperam da Administração Pública para a consecução de fins de interesse coletivo, segundo uma *comunidade moral de valores*, expressos por meio de *standards*, modelos ou pautas de conduta.

Pode-se argumentar que nem sempre é fácil identificar esse senso moral subjacente em determinada sociedade; e realmente não é, pois os valores são variáveis no tempo e no espaço e nem sempre os padrões de conduta adotados pela maioria seguem os valores ideais. Mas não há dúvida de que é fácil identificar pelo menos aquelas situações extremas (zonas de certeza positiva ou negativa) em que, indubitavelmente, se pode afirmar que a conduta é moral ou imoral, segundo a ética da instituição.

Por isso mesmo, a discricionariedade administrativa, da mesma forma que é limitada pelo Direito, também o é pela Moral; entre as várias soluções *legais* admissíveis, a Administração Pública tem que optar por aquela que assegure o "mínimo ético" da instituição. Tome-se o seguinte exemplo concreto: a Constituição prevê a possibilidade de nomeação, sem concurso, para cargos em comissão declarados, em lei, de livre provimento e exoneração; supondo-se que, para determinados cargos, não haja qualquer exigência ou restrição específica, o Poder Executivo terá um amplo leque de opções, todas elas válidas perante o Direito. Mas, se a sua escolha recair sobre um membro do Ministério Público, por exemplo, estarão solapadas as próprias bases dessa instituição, que não pode, com a necessária independência e isenção, exercer uma função essencialmente política, da confiança do Chefe do Executivo, cujos atos podem vir a ser objeto de denúncia perante a mesma instituição. O exercício de função política pelos membros do Ministério Público fere a Moral administrativa, porque coloca em dúvida a credibilidade de uma instituição que existe para proteger a sociedade contra qualquer tipo de atos ilícitos contra ela praticados. Quem atuará em nome da sociedade contra os atos ilegais praticados pelo Poder Executivo, quando aquele que a devia proteger exerce função da confiança deste último?

Em casos como esse, cabe ao Poder Judiciário a possibilidade de invalidar o ato administrativo de nomeação. Seu papel é de fundamental importância no controle da moralidade administrativa, a que a Administração está sujeita por força do artigo 37 da Constituição.

A respeito do assunto, Juan Igartua Salaverria,[44] em interessante trabalho sobre "a moral na justificação das decisões judiciais", realça o fato de que "os elementos morais gravitam sobremaneira no campo da interpretação das normas do qual é tributário principal o aplicador do direito". Ele parte da ideia de que o trabalho de interpretação pode seguir determinado modelo que permite enumerar as fases logicamente distinguíveis na justificação (ou motivação) judicial, de tal modo a identificar os pontos em que ela dá ensejo à fundamentação de ordem moral. Para ele, esse modelo comporta cinco fases para aplicação do direito pelo juiz: a *validade* da norma aplicável ao caso; a *significação* dessa norma; a *evidência* dos fatos tidos como provados; a *subsunção* dos fatos aos fundamentos da norma interpretada; a determinação das consequências que o direito impõe a esses fatos já qualificados juridicamente. Entre essas fases não há separação absoluta, mas mútua relação. É principalmente ao definir a validade da norma e suas consequências formais, que o juiz faz uma apreciação axiológica da norma; é aí que ele pode e deve levar em consideração os valores morais; são esses tipos de apreciação que levam às mudanças de orientação da jurisprudência.

Nessas valorações axiológicas é que o juiz "às vezes apela a instâncias exteriores ao universo estritamente normativo, como a 'fatores morais', a 'exigências da vida real', às 'necessidades e ao espírito da comunidade' etc.", para buscar um sentido novo para a mesma regra jurídica, anteriormente aplicada com significado diverso. "Em outras ocasiões, ao contrário, os critérios julgadores que legitimam uma mudança de orientação encontram suas raízes nos valores que consagram a Constituição mesma e que, como se sabe, são numerosos, nem sempre bem colocados, indeterminados e, por isso, de uma fertilidade interpretativa incontida e imprevisível".

Também na determinação de consequências decorrentes da lei, o juízo de valor é importante naqueles casos em que o direito indica o máximo e o mínimo das consequências legais e oferece critérios imprecisos de escolha (com menção a conceitos indeterminados) ou não oferece critério algum; esse campo é também aberto aos juízos de valor.

Em se tratando de direito administrativo, ocorre o mesmo: a lei, em inúmeros casos, deixa que a Administração extraia da norma suas consequências, segundo juízo de valor a ser feito em cada caso concreto; nessa apreciação, terão que prevalecer os valores éticos da instituição, que constituem limites à discricionariedade administrativa, os quais, se transpostos, ensejam correção pelo Poder Judiciário.

---

[44] In *Anales de la Cátedra F. Suárez*, no 28, 1988:165-191.

Manoel de Oliveira Franco Sobrinho[45] realça a presença da moralidade administrativa no exercício do poder discricionário: "Há e não pode deixar de haver, no exercício da discricionariedade, um juízo de valor imanente da ordem jurídica. Um juízo de função social e moral em seu melhor sentido normativo. Sensível ao fato e à lei, ponderado entre o direito *formado* e a realidade, traduzido numa expressão, não de antinomias flagrantes, mas de harmonia entre a ação administrativa e o objeto do ato administrativo."

Mesmo antes da atual Constituição incluir a lesão à moralidade como fundamento da ação popular, o autor já havia dedicado um capítulo de sua obra à "moralidade administrativa na ação popular constitucional". Atribuindo à ação popular o objetivo de invalidar atos ou contratos *lesivos* ao patrimônio público e o papel de instrumento constitucional de defesa dos interesses coletivos ou comunitários, o autor acrescenta que "o beneficiário direto da ação nunca é o administrado. Mas a coletividade, como titular do direito subjetivo. Não se trata apenas de examinar a legitimidade dos atos administrativos. Procura, na evidência, exaltar as regras de *boa administração*. Não a legalidade, mas a moralidade administrativa. Ou melhor, proteger a *ordem moral* na Administração".

Infelizmente, nossos tribunais vinham dando sentido mais restrito à ação popular, exigindo como seu fundamento, além da lesividade ao patrimônio público, também a *ilegalidade* do ato. Tirou-se da ação popular grande parte de sua utilidade, reconhecida desde as origens, no direito romano, como meio de amparar a moralidade administrativa. A atual Constituição corrige essa falha de nossa jurisprudência.

Sob certo aspecto, pode-se até afirmar que a lei de improbidade administrativa (Lei nº 8.429/92) inseriu a Moral no âmbito do Direito, ao considerar como atos de improbidade os que atentem contra os princípios da Administração (art. 11). Com isso, a lesão à moralidade administrativa constitui ato de improbidade sancionado pela lei.

---

[45] *O controle da moralidade administrativa*, 1974:161.

5 Princípio da razoabilidade

1 Noções gerais

O princípio da razoabilidade é de fundamental importância no que diz respeito aos limites da discricionariedade, apesar de pouco estudado no direito brasileiro, antes da década de noventa.

A Constituição do Estado de São Paulo, promulgada em 1989, no artigo 111, inclui esse princípio entre aqueles a que se submete a Administração Pública direta e indireta.

A Constituição Federal não o menciona, embora tivesse sido incluído no projeto original, dentro do dispositivo de que resultou o artigo 37. Nem por isso deixa de existir o princípio da razoabilidade como inerente a toda atividade estatal, desde que se parta da ideia de "princípio" como uma proposição que se coloca na base do sistema jurídico. As Constituições anteriores não mencionavam os princípios que hoje estão expressos no artigo 37; não obstante, sempre foram mencionados e reconhecidos pela doutrina e jurisprudência, da mesma forma como o são os princípios da finalidade pública, da autotutela, da hierarquia, da especialidade, da continuidade do serviço público, da presunção de legitimidade, todos eles tidos como de observância obrigatória pela Administração Pública.

Na legislação infraconstitucional, o princípio é mencionado expressamente no artigo 2º da Lei federal nº 9.784, de 29-1-99, que disciplina o processo administrativo no âmbito da Administração Pública federal.

É curioso que o princípio da razoabilidade, embora considerado como limite à discricionariedade, quer do legislador quer do administrador público, encerra, ele mesmo, um conceito indeterminado, uma vez que não há critérios objetivos que permitam diferenciar uma lei ou ato administrativo razoável de uma lei ou ato administrativo irrazoável.

É certo, no entanto, que, em pontos extremos, é possível afirmar-se o que constitui medida razoável ou não; mas, em uma faixa intermediária, permanece uma zona cinzenta, de incerteza, em que a mesma conclusão não é possível. Vale dizer que a mesma imprecisão e flexibilidade que existe nos chamados conceitos legais indeterminados, utilizados pelo legislador, dificultando a demarcação dos confins da discricionariedade administrativa, está presente no princípio da razoabilidade.

Gordillo[1] realça o aspecto indefinido de certos princípios que se erigem como limites à discricionariedade administrativa: "Em nenhum momento pode-se pensar atualmente que uma porção da atividade administrativa possa estar fora ou acima do ordenamento jurídico e é por isso que se enuncia uma série de princípios de direito, que se constituem em limite à discricionariedade administrativa; esses limites à discricionariedade administrativa diferenciam-se das faculdades regradas por constituírem em geral limitações mais ou menos elásticas, vagas, imprecisas, necessitadas de uma investigação de fato, no caso concreto, a fim de determinar sua transgressão, a par de que a violação das faculdades regradas é usualmente mais clara, ao resultar da mera confrontação do ato com a norma legal; assim, a regulação é limite concreto, os princípios que freiam a discricionariedade são limites relativos ou elásticos."

Isso, no entanto, não impede que o princípio seja com frequência invocado para declarar a invalidade de atos administrativos e até a inconstitucionalidade de leis, apreciáveis e passíveis de correção pelo Poder Judiciário. No direito estrangeiro encontram-se inúmeros exemplos desse tipo de aplicação do princípio, dos quais examinaremos mais detidamente o direito argentino, o francês e o norte-americano.

2 Direito argentino

Juan Francisco Linares[2] aprofunda-se no exame do tema, mostrando que a garantia da razoabilidade ou "devido processo legal substantivo" existe para o particular em face dos Poderes Legislativo e Executivo. Serão a seguir apontadas algumas das suas principais colocações a respeito do assunto:

---

[1] Princípios gerais de direito público, 1977:183.

[2] *Poder discricional administrativo*, 1958:183 ss.

1. o Poder Judiciário pode rever as leis sob o ponto de vista de sua razoabilidade e declará-las inconstitucionais quando careçam dessa qualidade; essa possibilidade só existe quando se trata de leis *manifestamente* irrazoáveis, como, por exemplo, as confiscatórias ou evidentemente discriminatórias ou manifestamente absurdas;

2. a razoabilidade, embora tenha certo caráter autônomo, é uma decorrência do princípio da legalidade; a prestação legislativa não se satisfaz com qualquer legislação, mas somente com a razoável, ou seja, a que atenda ao "conteúdo dogmático" que se encerra na norma constitucional; trata-se da garantia do "devido processo substantivo", também adotada no direito norte-americano, como se verá além;

3. o princípio da razoabilidade informa não só a atividade do órgão legislativo, mas também, e com mais razão, a do órgão administrativo, o que se reconhece de muitas maneiras: (1ª) pela possibilidade de anulação de atos administrativos irrazoáveis, dos quais constitui exemplo a anulação por desvio de poder; (2ª) pela possibilidade de se reconhecer competência a órgãos judiciais especiais ou comuns para anular ou sancionar atos como os referidos no item anterior; (3ª) pela possibilidade reconhecida aos juízes para declararem ilegais ou inconstitucionais atos de caráter geral ou individual, ditados no exercício do poder de polícia, com arbítrio extraordinário, violando direitos ou liberdades individuais; é o que ocorre quando os tribunais afirmam que tal lei ou ato afeta ou não o direito constitucional de propriedade, que nenhuma norma constitucional, a rigor, define; é com base no princípio da razoabilidade que se decide, ainda que a sentença não o mencione; (4ª) pela possibilidade de obter judicialmente ou administrativamente indenização dos entes públicos, quando tenha havido exercício arbitrário do poder, de modo irrazoável;

4. se, perante a Constituição, as normas jurídicas editadas com base nela têm que ser razoáveis, a mesma qualidade devem revestir os atos normativos do Poder Executivo; por outras palavras, todas as normas subconstitucionais devem ser razoáveis; o conteúdo dogmático que informa a norma constitucional passa a integrar a norma legal que condiciona o comportamento da Administração; ou seja, a mesma qualidade axiológica que está presente na norma constitucional condiciona também a conduta do agente administrativo. Assim, o conteúdo da norma geral condiciona o comportamento do funcionário não só em relação a certos "fins" expressos ou implícitos, "modos de ação", como também em seu sentido axiológico. Segundo o autor, "o conceito de razoabilidade é mais amplo que o de 'retidão de fins', porque implica não só a existência dessa retidão, mas também a de proporcionalidade axiológica, quer dizer a racionalidade

entre os fins e certas modalidades de agir que às vezes fixa a lei, à guisa de complemento de prestação. Pode, assim, haver irrazoabilidade sem desvio de finalidade, como ocorreria se uma norma dispusesse, para evitar acidentes de trânsito na via pública, que os pedestres levassem uma pata de coelho no bolso".

5. o autor considera, depois, a existência de um arbítrio *ordinário* e *extraordinário*; o primeiro é visto, a seu ver erroneamente, como simples aplicação da legalidade, enquanto o segundo é que ficaria com as inquietudes que a razoabilidade, o mérito e a oportunidade do ato administrativo provocam.

Mas, para o autor, a razoabilidade existe também no chamado "arbítrio" ordinário e, para demonstrá-lo, ele faz uma análise dos três momentos em que, dentro do processo de interpretação da lei, pode localizar-se o dever de razoabilidade:

6. o primeiro momento é aquele em que se trata de verificar se uma lei é ou não aplicável ao caso concreto; aqui existe já uma alternativa de exercício racional ou irracional do "arbítrio ordinário";

7. o segundo momento ocorre quando, inaplicável a lei em questão, tem-se que determinar qual a que rege a matéria ou, na sua falta, proceder à *integração* do direito pelo recurso à analogia e aos princípios gerais de direito; aqui é grande a liberdade do juiz e do administrador porque "atuam, de certa maneira, como legisladores do caso, não obstante os eufemismos que a lei, a doutrina e a jurisprudência dos tribunais utilizam para ocultá-lo"; essa liberdade pode ser exercida com ou sem razoabilidade;

8. finalmente, no último momento, ao se declarar qual a lei aplicável ao caso concreto, ainda é preciso considerar "os conceitos universais, em sua universal extensão", o que equivale a consagrar uma solução axiologicamente correta, ou seja, razoável. A irrazoabilidade, nessa fase, pode estar na escolha do momento, nos meios de atuação, na finalidade ou no tratamento desigual de situações iguais.

Quanto ao "arbítrio extraordinário', existem os mesmos momentos já assinalados com relação à interpretação, porém com algo mais, a saber, o emprego de *fórmulas elásticas*; nesse caso, a função da razoabilidade seria a de colocar um limite axiológico ao arbítrio que decorra dos outros conteúdos dogmáticos da referida norma. Essas fórmulas elásticas, que outros autores denominam de conceitos jurídicos indeterminados ou conceitos legais indeterminados, exigem uma *valoração jurídica* efetuada sobre conceitos que nem sempre são jurídicos, pois podem ter um valor moral, econômico, estético etc. Em qualquer hipótese, o intérprete terá que fazer uma valoração procurando, com base em aspectos jurídicos, fixar o perfil do conceito indeterminado. O exemplo que o autor dá é o de uma norma legal que se refira a atos imorais de um espetáculo público; o conceito de moralidade a ser adotado não pode ser nem aquele próprio dos círculos artísticos, nem os pregados pela religião como ideal, mas sim uma noção intermediária vigente na comunidade, enquanto tenha, para o caso, um sentido jurídico de ordem, segurança, poder, paz, justiça.

Nesse caso de arbítrio extraordinário, a irrazoabilidade pode estar também na escolha do momento de atuação ou dos fins e, ainda, no tratamento desigual de situações iguais.

Na conclusão de sua obra, Linares afirma que "o exercício do arbítrio assinalado à Administração deve ser razoável. Trata-se de um dever jurídico e não moral... Ele é imposto aos órgãos administrativos e aos legislativos pelos artigos 19 e 28 da Constituição de 1853. Não desconhecemos o fato de que, ainda sem essas normas, pode-se fundamentar o dever da Administração de administrar 'bem', pois assim como o juiz deve ser um bom juiz, por essência, o administrador deve ser um bom administrador. Porém, atemo-nos no mais imediato fundamento que no direito argentino existe para esse dever de razoabilidade: em uma norma constitucional que incide sobre todo o ordenamento jurídico argentino e que é a referida". No último parágrafo da obra, ele explica que "o núcleo do que o direito positivo entende por poder discricionário administrativo coincide, em parte, com o que ele denomina de *arbítrio administrativo extraordinário*.

O que há de mais importante a realçar é o fato de que o princípio da razoabilidade, tal como analisado pelo autor, com base inclusive na jurisprudência, corresponde ao princípio do *devido processo legal substantivo*; ou seja, ao lado do devido processo legal, em sentido formal, que exige obediência a determinadas normas de procedimento, em especial o contraditório e a ampla defesa, exige-se também conformidade da lei e dos atos administrativos com o "espírito" da lei, com o conteúdo axiológico da lei. A consequência é que, se uma lei ou ato administrativo contrariar o conteúdo axiológico da Constituição ou de outra lei hierarquicamente superior, ela será invalidada pelo Poder Judiciário.

Para mencionar uma obra mais atual do direito argentino, escolhemos a de Gordillo.[3] Ele trata da irrazoabilidade como um vício do ato administrativo, que abrange várias hipóteses, algumas das quais coincidindo com os vícios de vontade, entre os quais ele realça a *contradição* do ato, a *falta de proporcionalidade* e o *absurdo do objeto*.

A *contradição* do ato é, para ele, "um caso típico e insanável de irrazoabilidade, que atenta contra o princípio lógico elementar da não contradição. Tão irrazoável,

---

[3] *Tratado de derecho administrativo*, t. 3, cap. VIII-12 a 18.

por contraditório consigo mesmo, é o ato que em seu próprio articulado enuncia proposições ou decisões contraditórias".

Também torna nulo o ato "a *falta de proporcionalidade* entre os meios que o ato adota e os fins que persegue a lei que deu ao administrador as faculdades que este exerce no caso, ou entre os fatos ocorridos e a decisão que com base neles se adota". O autor mostra que a Corte Suprema já tem invocado esse princípio ao analisar atos praticados em virtude de estado de sítio. Cita pelo menos duas normas legais que no direito argentino consagram o princípio: a do artigo 954 do Código Civil, que permite obter a anulação dos atos jurídicos nos quais uma das partes obteve "uma vantagem patrimonial evidentemente desproporcional"; e o artigo 7º, inciso *f*, do Decreto-lei 19.549/72, segundo o qual "as medidas que o ato envolve devem ser proporcionalmente adequadas" à finalidade que resulte das normas respectivas que outorguem as faculdades pertinentes ao órgão competente. Essa desproporção pode dizer respeito à relação entre a *norma* e os *fins* por ela objetivados, ou à relação entre os *fatos* que determinam o ato e seu *objeto*, como ocorre no caso em que a punição é excessiva em relação à infração praticada.

A ofensa ao princípio da proporcionalidade constitui, segundo o autor, vício relativo ao *objeto* (que é inadequado para a consecução da finalidade pretendida) ou à *vontade*. Não seria vício equiparável ao desvio de poder porque a autoridade age de acordo com os fins indicados na lei, mas erra quanto aos meios adotados; ele cita o caso em que o Poder Executivo, para impedir a publicação de um jornal ou revista durante o estado de sítio, determine também a detenção de todos os que foram responsáveis por sua impressão ou circulação; a finalidade está correta, ou seja, diz respeito à preservação da ordem, porém os meios é que são excessivos.

Quanto aos atos *absurdos*, o vício tem maior importância do que pode parecer, porque "às vezes o absurdo parece revestir formas externas de racionalidade", como ocorre quando se pretende que um funcionário possa impugnar o ato que o afeta sem que lhe conceda vista dos fundamentos e provas que levaram à sua emissão. Assim, todo ato contrário às regras da lógica ou que resulte de fundamentos falsos é absurdo e irrazoável e, portanto, nulo.

Gordillo[4] volta a tratar do assunto ao cuidar dos vícios relativos à vontade, entre os quais inclui a *arbitrariedade*, que é tratada como descumprimento da exigência de razoabilidade. O tema tem sido analisado em decisões judiciais da Corte Suprema argentina, no que diz respeito a *sentenças arbitrárias* em matéria de garantia de defesa em juízo, como ocorre quando o juiz decide coisas não submetidas a decisão ou se omite quanto a questões invocadas pelas partes, ou quando decide prescindindo dos fatos provados etc. Mas também a mesma argumentação

---

[4] *Tratado de derecho administrativo*, t. 3, cap. IX-26 a 44.

é adotada para anular atos administrativos em que a autoridade administrativa, agindo arbitrariamente, ofende o direito de defesa; o autor cita caso concreto em que aquele colegiado reconheceu aos juízes "o poder de revogar ou anular a decisão administrativa sobre os fatos controvertidos, *se ela foi suficientemente irrazoável, ou se apoiou tão só na vontade arbitrária ou no capricho dos funcionários, ou implicou denegação da defesa em juízo*".

Resumindo seu pensamento quanto à *arbitrariedade* como vício relativo à vontade, Gordillo afirma: "trata-se, nestes casos, de um vício de tipo subjetivo, em que o administrador prescinde da sujeição à lei ou à prova, faz falsa motivação, com o que o ato se funda somente em sua vontade, em seu capricho ou veleidade pessoal. Por mais que o funcionário tenha, em certos casos, uma margem de discricionariedade, isto não significa que possa atuar caprichosamente ou arbitrariamente: deve, pois, decidir as questões propostas, ater-se aos fatos comprovados, não fundar-se em provas inexistentes, ter uma fundamentação normativa séria, não estar motivado de forma ilógica etc."

E acrescenta que, "embora se trate de vício do tipo subjetivo, sua apreciação é objetiva, pois surge do fato de ter o funcionário se afastado daquilo que é objetivamente determinado pela razão e pelo direito: afasta-se da razão objetiva, dos fatos comprovados, não expressa fundamentos sérios que explicitem adequadamente os motivos concretos da decisão".

Em outra obra, Gordillo,[5] ao tratar dos limites à atividade discricionária, inclui entre eles, ao lado do desvio de poder e da boa-fé, o princípio da razoabilidade. Afirma que "a decisão 'discricionária' do funcionário será ilegítima, apesar de não transgredir nenhuma norma concreta expressa, se é 'irrazoável', o que pode ocorrer, principalmente, quando: (a) não dê os fundamentos de fato ou de direito que a sustentam; ou (b) não leve em conta os fatos constantes do expediente ou públicos e notórios; ou se funde em fatos ou provas inexistentes; ou (c) não guarde uma proporção adequada entre os meios que emprega e o fim que a lei deseja alcançar, ou seja, que se trate de uma medida desproporcionada, excessiva em relação ao que se quer alcançar".

3 Direito francês

No direito francês tem grande aplicação o princípio da proporcionalidade dos meios aos fins, que seria um dos aspectos do princípio da razoabilidade.

---

[5] *Princípios gerais de direito público*, 1977:183-184.

Ao tratarmos da discricionariedade no direito francês, já vimos que o Conselho de Estado admite o controle judicial sobre os elementos de fato do ato administrativo, em três graus diferentes: (a) o controle da *materialidade* dos fatos, que envolve uma simples constatação de que os fatos existiram ou não; (b) o controle sobre a *qualificação dos fatos*, que implica verificar se os fatos produzidos são de natureza a justificar determinada decisão; e (c) o controle da *adequação da decisão aos fatos*, pelo qual o juiz verifica se, entre as medidas cabíveis, a autoridade adotou a mais adequada.

Este último tipo de controle, que é o *controle máximo*, não se exerce em qualquer tipo de ato da administração, mas especialmente naqueles que envolvem medidas restritivas das liberdades públicas, com base no poder de polícia do Estado.

Nas palavras de Georges Vedel e Pierre Delvolvé,[6] "tratando-se de liberdades públicas, as medidas de polícia não são legais senão quando, à vista das circunstâncias concretas, principalmente de lugar e de tempo, elas podem ser consideradas como *necessárias*, *adaptadas* e *proporcionais* ao resultado que, sob o ponto de vista da ordem pública, a autoridade de polícia deve procurar". Eles resumem da seguinte forma as regras aplicáveis:

1. *em princípio, quando se aplicam a atividades lícitas e sobretudo a liberdades, as medidas de intervenção absoluta são ilegais*, pois a interdição absoluta equivale à supressão de direitos, poder de que não dispõe a autoridade de polícia; além disso, não é necessária, para a maioria dos casos, essa medida radical para atingir um resultado benéfico para a ordem pública;
2. *as regulamentações devem ser limitadas àquilo que é necessário para obter o resultado de ordem pública e não ir além*;
3. *quando se trata de liberdades públicas, é necessário admitir que a autoridade de polícia não é autorizada a regulamentar ou a interditar senão quando ela experimentou todos os outros meios*.

Também Laubadère[7] realça a regra da proporcionalidade que deve ser observada na imposição das medidas de polícia. Para ele, "a ideia fundamental é que as medidas da polícia administrativa, quando dizem respeito ao exercício de liberdades públicas, só são justificadas quando se tornam necessárias para a manutenção da ordem pública. Devem, pois, ser adaptadas às exigências desta última e o juiz administrativo reconhece a si mesmo o poder de apreciar não apenas se a medida

---

[6] *Droit administratif*, 1984:1079-1081.

[7] *Direito público econômico*, 1985:258.

tomada era, deste modo, justificada, mas também se ela não trazia uma restrição excessiva à liberdade em relação ao que a manutenção da ordem exigia".

Intimamente ligada ao princípio da proporcionalidade é a doutrina do erro manifesto que permite à jurisdição administrativa apreciar os atos administrativos eivados de erros que podem facilmente ser constatados sem necessidade de conhecimento técnico sobre a matéria. Há uma grande semelhança entre as duas teorias nos casos em que o juiz administrativo aprecia a graduação de sanções disciplinares aplicadas pela administração. Essa foi a grande conquista do Conselho de Estado francês; durante longo período, o órgão entendeu que não era de sua competência analisar esse aspecto do ato de punição; mas a partir de determinado momento, passou a apreciá-lo, mediante aplicação da doutrina do erro manifesto que, nesse caso específico, se confunde com o princípio da proporcionalidade dos meios aos fins, que é um dos aspectos do princípio da razoabilidade. Vedel e Delvolvé[8] citam alguns acórdãos em que essa orientação foi adotada: (a) por uma decisão de 9-6-78, o Conselho de Estado rejeitou um recurso interposto contra uma sanção disciplinar, alegando que a mesma não estava inquinada de erro manifesto; vale dizer que, *a contrario sensu*, tê-la-ia anulado se aquele erro estivesse presente; (b) posteriormente, em 26-7-78, anulou uma sanção disciplinar imposta a um servidor, sob o fundamento de que "se as faltas às regras de uma boa administração... eram legalmente de natureza a justificar uma sanção disciplinar, elas não poderiam legalmente embasar, sem erro manifesto de apreciação, uma medida de demissão que constitui a mais severa das sanções que figuram na escala das penalidades.

Outro tema em que o Conselho de Estado restringe a discricionariedade administrativa é o relativo à desapropriação. Até determinado momento, a tese que adotava era a de que, em se tratando de desapropriação por utilidade pública, o juiz deveria limitar-se a constatar se o ato se enquadrava nas hipóteses em que a utilização desse instituto era justificada, sem poder apreciar se, nas condições concretas da espécie, o custo e as desvantagens da operação não eram excessivas. No entanto, em um aresto de 1971, o Conselho de Estado elaborou o princípio segundo o qual "uma operação não pode ser legalmente declarada de utilidade pública senão quando os avanços sobre a propriedade privada, o custo financeiro e eventualmente os inconvenientes de ordem social que ela comporta não são excessivos para o interesse que ela apresenta".[9] O mesmo princípio foi sucessivamente aplicado em inúmeros outros acórdãos.

Em matéria de competência vinculada, o direito francês refere-se à *razoabilidade quanto à escolha do momento* para a prática do ato administrativo. Assim como

---

[8] *Droit administratif*, 1984:801.

[9] George Vedel e Pierre Delvolvé. *Droit administratif*, 1984:431.

se nega a existência de ato administrativo em que o poder discricionário seja total, também se nega que a vinculação à lei seja integral; reconhece-se que, neste último caso, há discricionariedade em relação à escolha do momento de praticar o ato. Segundo Vedel e Delvolvé,[10] "mesmo admitindo que a autoridade administrativa esteja em uma situação de competência vinculada, quando se trata do emprego da força pública para a execução das decisões judiciais (sob a reserva de que não existam ameaças graves para a ordem pública), o juiz administrativo concede um *prazo razoável* para a Administração agir. Do mesmo modo, se a Administração está obrigada a adotar medidas regulamentares necessárias à aplicação de tal ou qual lei, sob pena de responder por sua inércia, ele lhe concede, para agir, um prazo razoável.

Esse avanço do direito francês não significa que tenha desaparecido a distinção entre legalidade e oportunidade do ato administrativo. Tanto a doutrina como a jurisprudência reconhecem a distinção e entendem impossível a apreciação judicial dos aspectos concernentes à oportunidade. No entanto, o que acontece é que a jurisdição administrativa francesa desempenha papel fundamental no que diz respeito à criação do direito e, à medida que o faz, diminui o campo da discricionariedade e aumenta o da vinculação. Vedel e Delvolvé[11] demonstram claramente esse dado, ao afirmarem que "é perfeitamente verdade que jamais o juiz do excesso de poder anula um ato que, sem ser ilegal, seria simplesmente inoportuno. Mas é também verdade que os amplos poderes de criação do direito que possui o juiz administrativo lhe permitem colocar regras de direito novas que integram à legalidade numerosos elementos que se relacionam com a oportunidade do ato. Por outras palavras, sob o ponto de vista do *direito feito*, não há jamais controle da oportunidade do ato e do poder discricionário; sob o ponto de vista do *direito que se faz*, o juiz garante o controle de certos elementos de oportunidade e de poder discricionário forjando regras de direito que ampliam o domínio da competência vinculada e da legalidade".

Os mesmos autores mostram que as técnicas utilizadas pelo juiz administrativo são as seguintes: (a) recurso aos princípios gerais de direito; (b) invocação a uma suposta intenção do legislador; (c) apelo ao *standard*.

Para ilustrar a primeira técnica, cite-se acórdão do Conselho de Estado francês em que se aplicou o princípio da igualdade de todos perante os serviços públicos: a *Société des Concerts du Conservatoire* tinha, no limite de seus direitos, proibido a seus músicos de faltar em suas apresentações para tomar parte nas atividades da radiodifusão francesa; o serviço de radiodifusão, em represália, recusou-se a

---

[10] *Droit administratif*, 1984:439.

[11] *Droit administratif*, 1984:444.

continuar a difundir os concertos dessa orquestra, contrariamente ao que havia feito até então para esse grupo. Este último pediu uma indenização à Administração da radiodifusão. O comissário do Governo mostrou que a responsabilidade da Administração não podia ser vinculada à violação de um contrato, no caso inexistente, nem a de uma lei ou de um regulamento. Mas um princípio geral de direito impõe a igualdade dos cidadãos e dos grupos perante os serviços públicos.[12]

Em outra hipótese, o Conselho de Estado recorreu a uma suposta intenção do legislador para decidir um caso de decisão discricionária da Administração: uma lei de 1940 tinha submetido à autorização governamental as mudanças imobiliárias e as vendas de imóveis, sem prever qualquer condição para a outorga ou recusa da autorização, deixando à Administração o poder discricionário de apreciação. Mas o Conselho de Estado, entendendo que o objetivo do legislador era o de impedir a especulação imobiliária, anulou várias recusas de autorização que não tinham sido inspiradas por esse fim preciso. Desse modo, ao criar uma regra de direito (necessidade para o prefeito de perseguir o fim de luta contra a especulação imobiliária) sob o pretexto da intenção do legislador, o Conselho de Estado transforma uma questão de oportunidade em uma questão de legalidade.[13]

4 Direito norte-americano

Foi nos Estados Unidos que o princípio do *due process of law*, inicialmente vigorando em matéria apenas processual, foi evoluindo para adquirir um sentido substantivo, vinculado ao princípio da igualdade. Constitui fundamento para controle judicial dos atos normativos, sejam eles emanados do Legislativo ou da Administração Pública, quando os mesmos sejam *irrazoáveis*, ou seja, quando estabeleçam discriminações injustificáveis, irrelevantes em relação aos fins visados pela Constituição.

A cláusula do devido processo legal, sob a fórmula *law of the land*, teve origem na Inglaterra, com a Magna Carta de João "Sem Terra", de 1215, cujo artigo 39 determinava que "nenhum homem será preso ou detido em prisão ou privado de suas terras ou posto fora da lei ou banido ou de qualquer maneira molestado; e não procederemos contra ele, nem o faremos vir a menos que por julgamento legítimo de seus pares e pela lei da terra".

Muitas das colônias inglesas da América do Norte, em suas declarações de direitos, repetiam a mesma garantia da *law of the land*, que somente apareceu sob

---

[12] Cf. Vedel e Delvolvé, *Droit administratif*, 1984:389.
[13] Cf. George Vedel e Pierre Delvolvé, *Droit administratif*, 1984:443.

a fórmula do devido processo legal na 5ª Emenda à Constituição dos Estados Unidos. Nela se estabeleceu que "nenhuma pessoa será levada a responder por crime capital, ou de outro modo infamante, a não ser por declarações sob juramento ou acusação formal de um júri de instrução, exceto em casos surgidos nas forças terrestres ou navais, ou na milícia, quando em serviço em tempo de guerra ou de perigo público; da mesma forma, nenhuma pessoa estará sujeita, pelo mesmo crime, a correr por duas vezes perigo de vida; nem será obrigada, em nenhum caso criminal, a depor contra si mesma, *nem será privada da vida, liberdade* ou *propriedade, sem o devido processo legal*; nem a propriedade privada será desapropriada para uso público sem justa compensação".

Posteriormente, com a abolição da escravatura, o Congresso aprovou, em 1863, as emendas nos 13, 14 e 15, que visavam assegurar as liberdades públicas aos negros. Na 14ª emenda, ficou determinado que "todas as pessoas nascidas ou naturalizadas nos Estados Unidos e sujeitas à sua jurisdição são cidadãos dos Estados Unidos e do Estado onde residam. Nenhum Estado editará ou aplicará qualquer lei que prejudique os privilégios e imunidades dos cidadãos americanos; *também nenhum Estado privará qualquer pessoa de sua vida, liberdade* ou *propriedade sem o devido processo legal*, nem negará a qualquer pessoa dentro de sua jurisdição a igual proteção da lei".

Inicialmente, o princípio teve aplicação apenas no processo penal, passando depois para o processo civil e o administrativo, tornando-se em princípio inerente à teoria geral do processo. Sua aplicação, na área processual, exige "instrução contraditória, o direito de defesa, a assistência judiciária, o duplo grau de jurisdição, a publicidade das audiências e outros".[14]

O princípio do devido processo legal teve ampla aplicação no que diz respeito ao *police power*, entendendo a jurisprudência norte-americana que esse poder somente se reveste de validade se respeitar os direitos individuais, em especial o da livre iniciativa.

Caio Tácito,[15] em seu trabalho sobre o equilíbrio financeiro na concessão de serviço público, faz uma análise do tema relativo ao devido processo legal substantivo e ao princípio da razoabilidade, aplicados, nos Estados Unidos, com relação à fixação de tarifas. Em uma primeira fase, ainda em fins do século XIX, as Cortes norte-americanas reconheceram poder às Assembleias estaduais para estabelecerem normas reguladoras das tarifas fixadas para os serviços considerados de utilidade pública (*public utilities*). Logo a seguir, os Tribunais passaram a apreciar as medidas reguladoras, invocando a cláusula do *devido processo legal substantivo*

---

[14] Cf. Ada Pellegrini Grinover. *As garantias constitucionais do direito de ação*, 1973:40.

[15] O equilíbrio financeiro na concessão de serviço público. *RDA* 64:15-35.

(*substantive due process*) como forma de limitar a discricionariedade do legislador e garantir os direitos individuais, em especial o da livre empresa. Como diz Caio Tácito, a "*regulation* opera tanto no sentido de impedir a fixação de tarifas discriminatórias ou excessivas, defendendo os interesses dos consumidores ou usuários, como no propósito de assegurar às empresas uma remuneração apropriada, afastando a possibilidade de tarifas confiscatórias ou deficitárias". E menciona a decisão proferida no Smyth v. Ames, em 1898, "o mais alto e duradouro fruto dessa tendência, no campo dos serviços públicos" e na qual "sob o manto do *due process*, em seu conteúdo substantivo, a Corte Suprema assumiu a condição de árbitro final dos processos básicos de avaliação do investimento e de estipulação de preços de serviço. O princípio jurídico (e não somente econômico) da razoabilidade das tarifas estratificou-se, naquele julgado, na concepção de que o Poder Público pode rever os critérios técnicos de modo a assegurar a justa remuneração, à base do justo valor da propriedade aplicada ao serviço público".

Esse posicionamento dos tribunais norte-americanos insere-se no período conhecido como de *governo dos juízes*, caracterizado por ampla ingerência do Poder Judiciário nas funções legislativas atinentes à fixação de tarifas *razoáveis*, assim consideradas aquelas em que se conciliam, de um lado, o interesse das empresas – que devem ser remuneradas de forma justa, para que possam manter seu equilíbrio econômico-financeiro – e, de outro lado, o interesse do usuário, que faz jus a serviços adequados, mediante tarifas satisfatórias.

Ressalte-se o fato de que a Administração Pública, nos Estados Unidos, dispõe de função de legislar, delegada pelo Poder Legislativo. Nas palavras de Bernard Schwartz,[16] "o poder legislativo pode ser conferido ao ramo executivo, desde que a outorga de autoridade seja limitada por determinados padrões... O arbítrio conferido não pode ser tão amplo que se torne impossível discernir os seus limites. Outrossim, precisa haver certa intenção legislativa com a qual se deve harmonizar o exercício do poder delegado".

Inicialmente, exigia-se, para validade das delegações, que fossem definidos limites precisos, que evitassem o arbítrio. Mas a tendência cresceu no sentido de reconhecer a validade das delegações que estabelecessem *standards*, ou seja, padrões gerais, amplos, sem grandes especificações. Esse foi o sentido da decisão proferida no caso Lichter v. United States,[17] em que os peticionários impugnavam a validade da Lei de Renegociação, que permitia ao governo renegociar os contratos celebrados durante a guerra e autorizava os funcionários do Executivo a reaver os lucros que eles determinassem ser "extraordinários". Embora a lei não definisse a

---
[16] *Direito Constitucional Americano*, 1966:350.
[17] Cf. Bernard Schwartz. *Direito Constitucional Americano*, 1966:351-352.

expressão "lucro extraordinário", deixando grande margem de discricionariedade à Administração Pública, a Corte Suprema confirmou sua constitucionalidade, sob o argumento, utilizado pelo Juiz Burton, de que "não é necessário que o Congresso forneça aos funcionários do Executivo uma fórmula específica para eles se orientarem num campo onde a flexibilidade e adaptação da política do Congresso a condições infinitamente variáveis constituem a essência do programa... A expressão legal 'lucro extraordinário', no seu contexto, era uma expressão suficiente, do ponto de vista da política e dos padrões do Legislativo, para torná-lo constitucional".

Decisões semelhantes foram adotadas para confirmar a constitucionalidade da lei de Empréstimo aos Proprietários de Casa Própria, de 1933, que autorizou a Administração a estabelecer em regulamento os termos e condições em que poderia ser nomeado um curador para a associação federal de empréstimos e depósitos. Embora na lei não estivessem previstos padrões legais explícitos, a decisão foi por sua validade. Do mesmo modo, quanto à Lei de Comunicações de 1934, que concedeu à Comissão Federal de Comunicações ampla autoridade para regulamentar as transmissões radiofônicas, segundo os critérios da *"conveniência, necessidade* ou *interesse público"*; decidiu a Corte Suprema que o Congresso frustraria "as finalidades para as quais foi criada a Lei de Comunicações de 1934, procurando descrever detalhadamente as manifestações específicas dos problemas gerais para a solução do que era estabelecer uma entidade reguramentadora. Isso estereotiparia os poderes da Comissão a detalhes específicos, ao regulamentar um campo de empreendimento cuja característica dominante era o ritmo adequado de sua expansão".[18]

No entanto, o fato de a jurisprudência ter reconhecido grande margem de discricionariedade administrativa nos casos de regulamentos dessa natureza não significou que considerasse ilimitado esse poder. É nessa matéria que teve grande aplicação o princípio da razoabilidade, que exige que o regulamento estabeleça normas que estejam em consonância com os desígnios do legislador.

Bernard Schwartz, em outra obra, na qual compara o direito administrativo francês e o norte-americano,[19] diz que "segundo a doutrina americana, é aos tribunais que cabe dizer se há ou não relações racionais entre um regulamento particular e a autoridade delegada pela lei". Cita decisão judicial no sentido de que "os regulamentos administrativos devem ser razoavelmente apropriados e calculados a fim de realizar o desígnio do legislativo, e devem se conter nos limites do poder conferido". E outra em que a Corte Suprema estabelece que "o poder de um agente ou de uma comissão administrativa de aplicar uma lei federal e de prescrever regulamentos com essa finalidade não é o poder de legislar – porque esse poder não

---

[18] Cf. Bernard Schwartz. *Direito Constitucional Americano*, 1966:352-353.

[19] *Le droit administratif américain*, 1952:174.

pode ser delegado pelo Congresso – mas o poder de adotar regulamentos destinados a realizar a vontade do Congresso tal como ela é expressa pela lei. Um regulamento que não cumpre esta função mas cria uma regra em desacordo com a lei é nulo e não existente. E para ser válido, um regulamento não deve estar somente de acordo com a lei, mas deve ser *razoável*".

Da mesma forma que examinam a razoabilidade dos regulamentos em face da lei, os tribunais norte-americanos também apreciam a razoabilidade das leis diante da Constituição. Para avaliar a razoabilidade dos atos normativos é que se utilizou, como instrumento de controle, o princípio do devido processo legal, dando-se-lhe um caráter nitidamente substantivo, que permite ao Judiciário apreciar o próprio mérito dos atos normativos. A ideia é a de que o princípio do devido processo legal exige que a lei e seus regulamentos estejam conformes, não com a letra pura e simples da Constituição, mas sim com os princípios superiores que formam a base do ordenamento jurídico positivo, na proteção dos direitos individuais.

Note-se que a teoria se desenvolveu em pleno período liberal, em que chegou a extremos a preocupação com a tutela da liberdade individual perante o arbítrio do poder. Colocava-se o *due process of law* como freio aos avanços do *police power* sobre os direitos individuais.

Carlos Roberto de Siqueira Castro,[20] em sua monografia sobre "o devido processo legal e a razoabilidade das leis na nova Constituição do Brasil", ao fazer uma análise da evolução do princípio do devido processo legal nos Estados Unidos, demonstra que "foi com base nessa compreensão estrutural dos valores da liberdade e da riqueza, que encarnam o liberalismo econômico e que foram sacralizados pelo sistema constitucional norte-americano, que o Tribunal Maior dos Estados Unidos passou a vislumbrar na cláusula *due process of law* a fórmula *judicial review*, a ponto de controlar a 'razoabilidade' e a 'racionalidade' das leis e dos atos de governo em geral. A dicção indefinida e até mesmo enigmática dessa locução constitucional muito colaboraram para a prodigalização de seu manuseio pretoriano, o que fez resultar, como sói acontecer com os temas constitucionais nos modelos de *common law*, uma impossibilidade de sua conceituação apriorística. A bem dizer, somente através da aplicação casuística, segundo o método de 'inclusão' e 'exclusão' que caracteriza o *case system*, poder-se-á concluir, em cada hipótese, o que seja, e o que não seja, um ato normativo ou decisão administrativa consentânea com a exigência do *devido processo legal*".

Foi justamente a imprecisão dessa fórmula, aliada aos princípios liberais e democráticos, que sempre inspiraram o povo norte-americano, que permitiu ao Poder Judiciário rever e anular inúmeros atos legislativos e decisões governamentais

---

[20] *O devido processo legal e a razoabilidade das leis na nova Constituição do Brasil*, 1989:55.

considerados contrários ao devido processo legal. Como diz Siqueira Castro,[21] "estimulada pela fluidez redacional da cláusula *due process of law* e reverente aos princípios liberais e ao preconceito antiarbítrio que subjazem a ideia do contrato social (*social compact*) formador da federação americana, a justiça estadunidense não teve cerimônia em passar em revista a legislação econômico-social editada em profusão a partir da segunda década do presente século, resultando do conjunto de suas decisões o axioma de que uma lei não pode ser considerada *law of the land*, ou consentânea com o *due process of law*, quando incorrer na falta de 'razoabilidade' ou de 'racionalidade', ou seja, em suma, quando for arbitrária".

Esse período, conhecido como o do governo dos juízes, alcançou seu apogeu na primeira metade deste século, em especial na década de trinta, quando foram invalidados cerca de duzentos textos legislativos inseridos na política do New Deal, de Roosevelt, "tendo essa intervenção judicial recrudescido ainda ao tempo do *Warren Court*, que nos anos 50 exerceu inovador e decisivo papel na ordem constitucional norte-americana em defesa das minorias étnicas e econômicas".[22]

No entanto, na medida em que o Estado liberal foi-se transformando em Estado Social, a Suprema Corte norte-americana abandona sua posição restritiva em relação às medidas de natureza econômica, consideradas limitadoras das liberdades individuais, e passa a prestigiar a legislação federal e estadual de cunho intervencionista.

Paralelamente, a cláusula do devido processo legal passou a ser invocada para proteção de outras liberdades públicas, que não as de ordem econômica. Somente se considera respeitado o devido processo legal, em seu sentido substantivo, quando o ato normativo ou a decisão governamental respeita os princípios e direitos fundamentais consagrados pelo ordenamento jurídico. É considerada irrazoável e, portanto, arbitrária qualquer lei ou regulamento que contenha exigência não consentânea com os princípios fundamentais agasalhados pela Constituição; e também é irrazoável qualquer regulamento que contenha exigência não consentânea com o espírito que norteou o legislador ao elaborar a lei a ser regulamentada. Vale dizer que, "sob o influxo da interpretação construtiva (*constructive interpretation*) do *substantive due process of law*, essa garantia acabou por transformar-se num amálgama entre o princípio da 'legalidade' (*rufe of law*) e o da 'razoabilidade' (*rufe of reasonableness*) para o controle da validade dos atos normativos e da generalidade das decisões estatais".[23]

---

[21] Ob. cit. p. 56-57.
[22] Carlos Roberto de Siqueira Castro. Ob. cit. p. 59.
[23] Carlos Roberto de Siqueira Castro. Ob. cit. p. 76-77.

Desse modo, verifica-se que o devido processo legal, em seu aspecto substantivo, era invocado em proteção das liberdades públicas, inicialmente de natureza econômica, contra o arbítrio do poder; posteriormente, passou a ser aplicado na defesa de outras liberdades individuais de natureza não econômica. Siqueira Castro[24] cita inúmeras decisões judiciais nesse sentido, entre as quais as mais expressivas seriam os casos Griswold v. Connecticut, de 1965, e Roe v. Wade, de 1973. No primeiro, a Corte Suprema declarou inconstitucional a proibição legislativa da utilização de métodos anticoncepcionais, porque foi considerada lesiva do direito de privacidade que deve reger as relações conjugais; no segundo, a mesma Corte considerou inconstitucional a legislação do Estado do Texas que punia criminalmente as práticas de aborto, entendendo caber à mulher o direito de decidir sobre ter ou não ter filho, decisão essa também enquadrável no direito à privacidade.

Outras decisões foram proferidas, protegendo ora o direito à livre informação, ora o direito de procriar, ora o direito de reunião, de associação, de opinião e tantos outros. O objetivo é sempre o mesmo: o de proteger os direitos individuais contra o arbítrio do poder, evitando as exigências ou discriminações que sejam *irrazoáveis*, ou seja, sem qualquer relação com os ideais de justiça emanados da Constituição e sempre renovados pela função criadora dos Tribunais norte-americanos, em face da constante evolução da sociedade em que atua.

5 Direito brasileiro

O princípio da razoabilidade não está previsto expressamente na Constituição de 1988. Embora constasse do projeto, o princípio foi retirado na votação final.[25] O mesmo ocorreu com o princípio da motivação.

No entanto, é possível afirmar que ele está implicitamente previsto na Constituição, como decorrência da própria ideia de Estado de Direito Democrático e do princípio da legalidade, agora considerado em seu sentido amplo, que abrange o aspecto formal (lei em sentido estrito) e o aspecto material, axiológico, substancial, que abriga os valores e princípios essenciais à justiça e à dignidade da pessoa humana. É o caso dos princípios da razoabilidade, da proporcionalidade, da motivação, da reserva do possível, da segurança jurídica (no aspecto objetivo, que diz respeito à estabilidade das relações jurídicas, e no aspecto subjetivo, que diz respeito à proteção da confiança).

---

[24] Ob. cit. p. 72-73.

[25] Sobre as Emendas que sugeriram a inclusão do princípio e a tramitação das mesmas, com a final exclusão, v. José Roberto Pimenta Oliveira, em seu livro *Os princípios da razoabilidade e da proporcionalidade no direito administrativo brasileiro*, 2006:201-204.

No caso do princípio da razoabilidade, a sua própria configuração, a exigir relação, adequação, proporção entre *meios e fins*, torna incontestável o seu fundamento constitucional, sempre que o Poder Público tenha que escolher a melhor solução diante dos valores e princípios agasalhados pela Constituição, tais como os previstos no preâmbulo, ou no Título I (sobre os princípios fundamentais), ou no Título II (referente aos direitos e garantias fundamentais), ou no Título VII (que prevê os princípios gerais da ordem econômica), ou no Título VIII (sobre a ordem social). Qualquer lei, qualquer ato normativo expedido pelo Poder Executivo ou por órgãos e entidades da Administração direta ou indireta, qualquer ato administrativo tem que observar a razoabilidade – relação entre meios e fins – diante dos princípios, das diretrizes, dos *standards* contidos na Constituição. A ausência de previsão expressa da razoabilidade (e da proporcionalidade) na Constituição não retira o seu fundamento constitucional. No sentido ora exposto, o princípio corresponde ao princípio do devido processo legal substantivo elaborado pela jurisprudência da Corte Suprema no direito norte-americano, conforme exposto no item 4 deste capítulo.[26]

Também é possível extrair do artigo 5º, LIV, da Constituição Federal (segundo o qual ninguém será privado da liberdade ou de seus bens sem o devido processo legal) uma interpretação mais lata para considerar que está nele implícito o princípio do devido processo legal, não só no sentido processual, mas também no sentido substantivo. Foi a interpretação adotada no Supremo Tribunal Federal, pelo voto, como Relator, do Ministro Celso de Mello, na ADI 1.158-8/AM (de 19-12-1994, *DJ* 26-5-95, p. 51). Na ação direta de inconstitucionalidade questionava-se a validade de lei do Estado do Amazonas que conferia o acréscimo de 1/3 do valor da remuneração aos servidores aposentados. Em seu voto, o Ministro entendeu que "a cláusula do devido processo legal, objeto de expressa proclamação pelo art. 5º, LIV, da Constituição, deve ser entendida na abrangência de noção conceitual, não só sob o aspecto formal, mas, sobretudo, em sua dimensão material, que atua como decisivo obstáculo à edição de atos legislativos de conteúdo arbitrário ou irrazoável. A essência do *substantive due process of law* reside na necessidade de proteger os direitos e as liberdades das pessoas contra qualquer modalidade de legislação que se revele opressiva ou, como no caso, destituída do necessário coeficiente de razoabilidade. Isso significa, dentro da perspectiva da extensão da teoria do desvio de poder ao plano das atividades legislativas do Estado, que este não dispõe de competência para legislar ilimitadamente, de forma imoderada e irresponsável,

---

[26] José Roberto Pimenta Oliveira, na ob. cit., p. 209-229, procura o fundamento constitucional do princípio da razoabilidade nas ideias de Estado de Direito, em sua vertente material democrática, no princípio do devido processo legal, no princípio da dignidade da pessoa humana e no princípio da legalidade considerado em sentido amplo.

gerando, com o seu comportamento institucional, situações normativas de absoluta distorção e, até mesmo, de subversão dos fins que regem o desempenho da função estatal".

Na realidade, o que se verifica é que a ausência, na Constituição, de previsão expressa do princípio da razoabilidade das leis e atos administrativos não impediu a doutrina e a jurisprudência de encontrarem o fundamento constitucional para o mesmo.

Mais felizes foram os constituintes de vários Estados brasileiros, ao ampliarem, em suas Constituições, o rol dos princípios previstos no artigo 37 da Constituição Federal, com a inclusão de outros princípios, como os da razoabilidade, da motivação, do interesse público. Foi o que ocorreu na Constituição do Estado de São Paulo (art. 111), Minas Gerais (art. 13), Rio Grande do Sul (art. 19), Sergipe (art. 25), Tocantins (art. 9º), Distrito Federal (art. 19). O mesmo ocorreu em algumas leis orgânicas de Municípios, como a de São Paulo (art. 81).

Além de serem razoáveis em relação aos comandos constitucionais, as decisões administrativas também têm que ser razoáveis diante dos princípios, das diretrizes, dos *standards* contidos nas leis infraconstitucionais. Daí a sua previsão no artigo 2º da Lei nº 9.784, de 29-1-99 (que regula o processo administrativo no âmbito da Administração Pública) e no artigo 3º da Lei nº 8.666, de 21-6-93 (sobre licitações e contratos administrativos). Também na Lei nº 4.717, de 19-6-65, que, ao dispor sobre ação popular, considera inexistente o motivo quando a matéria de fato ou de direito em que se fundamenta o ato é materialmente inexistente ou *juridicamente inadequada ao resultado obtido* (art. 2º, parágrafo único, alínea *d*).

Quanto à doutrina, o princípio da razoabilidade, no direito brasileiro, começou a ser tratado muito antes de sua previsão no direito positivo. O mesmo ocorreu no âmbito da jurisprudência, em que se encontram inúmeras decisões baseadas no princípio da razoabilidade, ainda que nem sempre mencionado expressamente, como se verá no item subsequente. No entanto, durante muito tempo, o tema não teve o mesmo desenvolvimento que o verificado no direito estrangeiro. Mais recentemente, em especial a partir da década de noventa, a doutrina passou a analisar de forma aprofundada o princípio da razoabilidade e, paralelamente, o princípio da proporcionalidade, com trabalhos que tiveram o mérito de aprofundar e sistematizar o estudo do tema.[27]

---

[27] Merecem referência, entre outros autores: Carlos Roberto de Siqueira Castro (*O devido processo legal e a razoabilidade das leis na nova constituição do Brasil*. 2. ed. Rio de Janeiro: Forense, 1989); Suzana de Toledo Barros (*O princípio da proporcionalidade e o controle de constitucionalidade das leis restritivas de direitos fundamentais*. Brasília: Livraria e Editora Brasília Jurídica, 1996). Irene Patrícia Nohara (*Limites à razoabilidade nos atos administrativos*. São Paulo: Atlas, 2006), José Roberto Pimenta Oliveira (*Os princípios da razoabilidade e da proporcionalidade no direito administrativo*

Pelo tratamento dado à matéria, verifica-se que alguns autores, mais influenciados pela jurisprudência norte-americana, ligam o princípio da razoabilidade ao do *devido processo legal* e ao da *isonomia*; é o caso, como se verá, de San Tiago Dantas, Ada Pellegrini Grinover, Carlos Roberto de Siqueira Castro, Caio Tácito, Suzana de Toledo Barros. Outros seguem mais a linha do direito francês, espanhol e argentino e identificam a razoabilidade com o princípio da *proporcionalidade entre os meios e os fins*; é o caso de Diogo de Figueiredo Moreira Neto, Celso Antônio Bandeira de Mello e Lúcia Valle Figueiredo. Ver-se-á que, embora a linha de raciocínio possa ser um pouco diversa, o resultado final é o mesmo, pois o que se quer é que haja compatibilidade, relação, proporção entre as medidas impostas pelo Legislativo ou Executivo e os fins objetivados, de forma implícita ou explícita, pela Constituição ou pela lei. Há que se observar, contudo, que quando se associa a razoabilidade ao devido processo legal, o princípio se coloca mais como limite à discricionariedade na *função legislativa*; e quando se associa a razoabilidade com a proporcionalidade dos meios aos fins, o princípio se coloca mais como limite à discricionariedade administrativa. Outros, ainda, analisam os dois aspectos do princípio, ou seja, em relação às leis e atos normativos em geral e em relação aos atos administrativos. É o caso de Irene Patrícia Nohara e José Roberto Pimenta de Oliveira.[28]

San Tiago Dantas,[29] que trata do tema da razoabilidade mais em função dos *atos normativos* do que dos atos administrativos propriamente ditos, parte da ideia do princípio da igualdade, que deve ser observado como limite à função do legislador. Ele reconhece que "a intervenção do Estado nas relações econômicas – a economia planificada ou dirigida – acentua a necessidade de cingir a norma legislativa ao caso concreto, obriga a proceder para com os particulares com diferentes pesos e medidas. O Estado bloqueia os preços de um produto, e deixa livres os de outro. Permite a um fazendeiro que empreenda certa lavoura (a da cana de açúcar, por exemplo), e proíbe atividade idêntica a seu vizinho. De sorte que, ou afirmamos a natureza ilimitada dos poderes conferidos ao Legislativo, e para isso reduzimos o princípio constitucional da igualdade a simples preceito programático, com eficácia vinculativa para os órgãos administrativos e judiciários, ou temos de firmar doutrina sobre os limites constitucionais da função legislativa, excluindo dela as leis que não podem ser feitas, e que, se forem, não podem lograr aplicação". No entanto, afirma a necessidade de que as discriminações, ainda que necessárias,

---

brasileiro. São Paulo: Malheiros, 2006), Paulo Arminio Tavares Buechele (*O princípio da razoabilidade e da proporcionalidade no direito administrativo brasileiro*, Rio de Janeiro: Forense: 1999), Raquel Denise Stumm (*Princípio da proporcionalidade no direito constitucional brasileiro*. Porto Alegre: Livraria do Advogado, 1995).

[28] Obras referidas na nota anterior.

[29] Igualdade perante a lei e due process of law. *RF* 116/21-22.

sejam plausíveis, racionais, razoáveis em relação aos fins que o ordenamento jurídico impõe; com isso, "abre-se ao Poder Judiciário a porta por onde lhe vai ser dado examinar o próprio mérito da disposição legislativa; repelindo como '*undue process of law*', a lei caprichosa, arbitrária no diferenciar o tratamento jurídico dado a uma classe de indivíduos, o tribunal faz o cotejo da lei especial com as normas gerais do direito, e repele o direito de exceção que não lhe parece justificado".

Também Francisco Campos[30] segue essa linha de pensamento ao afirmar que "a cláusula relativa ao '*due process of law*' tem sido interpretada, sem discrepância, como incluindo a proibição ao Poder Legislativo de editar leis discriminatórias, ou em que sejam negócios, coisas ou pessoas tratados com desigualdade em pontos sobre os quais não haja entre eles diferenças razoáveis, ou que exijam, por sua natureza, medidas singulares ou diferenciais. A lei não poderá discriminar senão quando haja fundadas razões de fato, que indiquem a existência de diferenças reais..."

Celso Antônio Bandeira de Mello,[31] analisando em profundidade o princípio da igualdade, embora sem referência expressa à razoabilidade ou ao devido processo legal, adota o mesmo entendimento, quando afirma que "as discriminações são recebidas como *compatíveis com a cláusula igualitária apenas e tão somente quando existe um vínculo de correlação lógica* entre a peculiaridade diferencial acolhida, por residente no objeto, e a desigualdade de tratamento em função dela conferida". E acrescenta que, por via do princípio da igualdade, o que a ordem jurídica pretende firmar é a "impossibilidade de desequiparações fortuitas ou injustificadas".

Ada Pellegrini Grinover[32] também anota a relação entre os princípios do devido processo legal, igualdade perante a lei e razoabilidade. Para ela, a cláusula *due process of law*, "convenientemente vaga em sua expressão literal, proibindo a infringência de direitos relativos à vida, liberdade e propriedade, constituiu-se, portanto, no fundamento constitucional para permitir ao Judiciário o controle do Poder Legislativo. Malgrado o nítido sentido processual que à cláusula se imprimiria, em sua tradição histórica, foi-se impondo um conceito substantivo de '*due process of law*', emergente do amplo significado por ela subsumido, quando foi reconduzida a um critério de razoabilidade".

Diogo de Figueiredo Moreira Neto,[33] já mais preocupado com a razoabilidade como limite ao poder discricionário da Administração Pública, entende que "o que se pretende é considerar se determinada decisão, atribuída ao Poder Público, de integrar discricionariamente uma norma, contribuirá efetivamente para um

---

[30] Igualdade de todos perante a lei. *RDA* 10/376-417.

[31] *O conteúdo jurídico do princípio da igualdade*, 1978:24.

[32] *As garantias constitucionais do direito de ação*, 1973:35.

[33] *Legitimidade e discricionariedade*, 1989:40.

satisfatório atendimento dos *interesses públicos*". Ele realça o aspecto *teleológico* da discricionariedade; tem que haver uma relação de pertinência entre oportunidade e conveniência, de um lado, e a finalidade, de outro. Para esse autor, "a razoabilidade, agindo como um limite à discrição na avaliação dos motivos, exige que sejam eles adequáveis, compatíveis e proporcionais, de modo a que o ato atenda a sua finalidade pública específica; agindo também como um limite à discrição na escolha do objeto, exige que ele se conforme fielmente à finalidade e contribua eficientemente para que ela seja atingida".

Também se refere a esse princípio Lúcia Valle Figueiredo,[34] para quem "discricionariedade é a competência-dever do administrador, no caso concreto, após a interpretação, valorar, dentro de um *critério de razoabilidade*, e afastado de seus próprios *standards* ou *ideologias*, portanto, dentro do critério de razoabilidade geral, qual a melhor maneira de concretizar a utilidade pública postulada pela norma".

Celso Antônio Bandeira de Mello[35] também analisa o princípio da razoabilidade como limite à discricionariedade administrativa. Parte ele da ideia de que, se a lei outorga poderes discricionários à Administração Pública, é porque quer que ela, diante do caso concreto, encontre a *melhor solução* para atender ao interesse público. "Sobremodo no Estado-de-Direito, repugnaria ao senso normal dos homens que a existência de discrição administrativa fosse um salvo conduto para a Administração agir de modo incoerente, ilógico, desarrazoado e o fizesse precisamente a título de cumprir uma finalidade legal, quando – conforme se viu – a discrição representa, justamente, margem de liberdade para eleger a conduta mais clarividente, mais percuciente ante as circunstâncias concretas, de modo a satisfazer com a máxima precisão o escopo da norma que outorgou esta liberdade. Também não se poderiam admitir medidas *desproporcionadas* em relação às circunstâncias que suscitaram o ato – e, portanto, assintônicas com o fim legal – não apenas porque conduta desproporcional é, em si mesma, comportamento desarrazoado, mas também porque representaria um extravasamento da competência."[36] Mais adiante, Celso Antônio acrescenta que "se o poder conferido é meramente *instrumental*, se é tão só *serviente* de um fim... só se justifica, só existe, *na medida necessária*. Ergo, em todo ato desproporcionado, excessivo, há por definição um *excesso em relação à competência*, pois não guarda a indispensável correlação com ela. Em outras palavras: o agente, em tais casos, supera a demarcação de seu 'poder', porque ultrapassa o necessário para se desincumbir do *dever* de bem cumprir a lei. Eis porque todo excesso, toda

---

[34] Discricionariedade: poder ou dever? *Curso de Direito Administrativo*, 1986:128-129.

[35] Controle judicial dos atos administrativos. *RDP* 65/27-38; e Legalidade, Discricionariedade. Seus limites e controles. *RDP* 86/42-59.

[36] Celso Antônio Bandeira de Mello. *RDP* 86/55-56.

demasia é inválida, viciando o ato". Termina com uma citação de Jesús González Pérez, no sentido de que o princípio da proporcionalidade "*no postula otra cosa que una adecuación entre medios y fines*".

O autor brasileiro que mais se aprofundou no exame do assunto, no que diz respeito à razoabilidade das lei, foi incontestavelmente Carlos Roberto de Siqueira Castro, na obra já referida, dedicada especificamente ao tema "o devido processo legal e a razoabilidade das leis na nova Constituição do Brasil". Ele mostra a evolução do '*due process of law*', desde suas origens na Magna Carta de 1215 e sua adoção pelas colônias inglesas na América do Norte, evidenciando que "a fantástica evolução desse instituto no Direito Constitucional estadunidense foi ao ponto de transmudar uma garantia na origem destinada a assegurar a regularidade do processo penal, depois estendida ao processo civil e administrativo, em particular no que tange ao princípio do contraditório e da ampla defesa (*procedural due process*), capaz de condicionar, no mérito, a validade das leis e da generalidade das ações (e omissões) do Poder Público. A cláusula erigiu-se, com isso, num requisito de 'razoabilidade' (*reasonableness*) e de 'racionalidade' (*racionality*) dos atos estatais, o que importa num papel de termômetro axiológico acerca da justiça das regras de direito".[37]

Depois, o autor estuda o tema no direito brasileiro, demonstrando o pouco desenvolvimento do princípio, que tem sido invocado mais pela jurisprudência do que pela doutrina e, assim mesmo, em seu aspecto adjetivo ou processual. Para mencionar suas próprias palavras, "em virtude do forte preconceito vigorante entre nós e contrário ao controle jurisdicional sobre a zona de mérito dos atos ditos 'discricionários' do Poder Público, do qual o ato legislativo é a expressão mais autêntica, não logramos confeccionar um perfil 'substantivo' dessa garantia constitucional, que vem a ser o estágio mais moderno e avançado na sua longa e vibrante evolução".[38]

Após lembrar que a atual Constituição prevê, no artigo 5º, inciso LIV, a garantia do devido processo legal, o autor conclui seu livro proclamando sua "esperança de que a garantia do *devido processo legal* e o princípio da 'razoabilidade' dos atos do Poder Público possam ser doravante o manancial inesgotável de energia constitucional de que tanto precisamos para ascender a um patamar de proteção das liberdades públicas compatível com as conquistas do humanismo solidarista neste apagar das luzes do século XX".

José Afonso da Silva, no prefácio à obra de Siqueira Castro, esclarece ter sido este o autor da proposta de inclusão do princípio do devido processo legal na

---

[37] Carlos Roberto de Siqueira Castro. *O devido processo legal e a razoabilidade das leis na nova Constituição do Brasil*, 1989:383.

[38] Carlos Roberto de Siqueira Castro. Ob. cit. p. 384.

Constituição de 1988, o que se formalizou mediante proposta constitucional do Deputado Vivaldo Barbosa, com a fórmula sugerida por seu autor: "*ninguém será privado da liberdade ou de seus bens sem o devido processo legal*", que foi aprovada e inserida no artigo 5º, LIV, da Constituição.

6 Princípio da razoabilidade como limite à discricionariedade do legislador

A longa exposição a respeito do desenvolvimento do princípio do devido processo legal, aliado ao da igualdade e ao da razoabilidade, foi necessária para demonstrar as diferentes facetas com que o tema deste capítulo tem sido analisado, em especial no direito estrangeiro.

Um primeiro dado que salta aos olhos é o de que o princípio da razoabilidade tanto serve de limite à discricionariedade do legislador como à do administrador público, merecendo ser o tema analisado sob os dois aspectos separadamente.

Quando encontra raízes no princípio do devido processo legal, a razoabilidade erige-se de forma mais intensa como limite à emanação de atos de natureza normativa, sejam estes emanados do Poder Legislativo ou do Poder Executivo.

Nesse caso é que tem maior relevância a doutrina do *devido processo legal substantivo*, quando associada com o princípio da igualdade jurídica.

Celso Antônio Bandeira de Mello,[39] sem mencionar especificamente essa doutrina ou mesmo os princípios em questão, coloca de forma muito precisa a matéria. Depois de reconhecer que o princípio da igualdade dirige-se não só ao aplicador da lei, mas também ao próprio legislador, aponta critérios para identificação do respeito à isonomia, dividindo-os em três questões:

1. a primeira diz com o elemento tomado como fator de desigualação: a lei não pode erigir em critério diferencial um traço tão específico que singularize no *presente* e *definitivamente*, de modo absoluto, um sujeito a ser colhido pelo regime peculiar;
2. a segunda reporta-se à correlação lógica abstrata existente entre o fator erigido em critério de *discrimen* e a disparidade estabelecida no tratamento jurídico diversificado: "a discriminação não pode ser gratuita ou fortuita. Impende que exista uma adequação racional entre o tratamento diferençado construído e a razão diferençal que lhe serviu de supedâneo. Segue-se que se o fator diferenciado não guardar conexão lógica com a

---
[39] *O conteúdo jurídico do princípio da igualdade*, 1978:27 ss.

disparidade de tratamentos jurídicos dispensados com a distinção estabelecida afronta o princípio da isonomia";
3. a terceira refere-se à consonância desta correlação lógica com os interesses absorvidos no sistema constitucional e destarte juridicizados.

Sua colocação não é diversa daquela aceita pelo direito argentino e pelo direito norte-americano, e que permitem ao Judiciário invalidar, por inconstitucionalidade, atos normativos considerados *irrazoáveis* precisamente pela falta de relação entre o fator considerado como critério de discriminação (por exemplo, idade, sexo, cor, altura, peso, profissão, escolaridade) e a regra legal discriminadora; ou por desrespeitarem outros princípios, como os da liberdade de profissão, de reunião, de pensamento, de livre iniciativa e tantos outros consagrados, expressa ou implicitamente, na Constituição, já a partir do seu preâmbulo.

A mesma ideia extrai-se da obra de Carlos Roberto de Siqueira Castro,[40] para quem "o princípio da igualdade, em sua conjugação com a cláusula do *devido processo legal*, desempenha, em nível de controle meritório da legislação, papel semelhante àquele desenvolvido pela teoria francesa do desvio de poder (*détournement de pouvoir*), no que concerne à afirmação da legalidade e da moralidade dos atos ditos discricionários da Administração Pública". Baseado na lição de Bernard Schwartz, ele acrescenta que "ao se impugnar uma classificação jurídica, o importante não é demonstrar que o legislador estabeleceu diferenciação entre os jurisdicionados, porquanto essas em princípio podem ser válidas, mas sim que o fez de maneira 'irrazoável' e 'irracional', ante a míngua de congruência entre o objetivo visado pela norma classificadora e o meio que ela mesma se constitui, para o seu adequado atingimento".

O mesmo autor[41] demonstra que os tribunais brasileiros não estão inteiramente alheios ao princípio da razoabilidade das leis, merecendo ser citados alguns acórdãos ilustrativos desse posicionamento:

1. na Remessa *ex officio* nº 110.873-DF, julgada em 19-8-86, o TFR entendeu ser irrazoável a exigência de prova de desforço físico, exigida pela Lei nº 4.878/65, para o exercício da função de delegado: "Administrativo – concurso público – delegado de polícia federal – prova de desforço físico – teste de Cooper – 1) Candidato que comprovou gozar de boa saúde física e psíquica, nos termos do artigo 9º, inciso V, da Lei nº 4.878/65. A prova de desforço físico deve ser aferida nos termos legais e de forma razoável, pois

---
[40] *O devido processo legal e a razoabilidade das leis na nova Constituição do Brasil*, 1989:160-161.
[41] Ob. cit. p. 192 ss.

Delegado manda e os agentes, em regra, é que executam as ordens; trabalha, usualmente, em gabinete e dificilmente, mesmo em diligência, teria ele próprio de sair correndo atrás de delinquentes. Procedentes do TFR. 2) Remessa de ofício denegada" (*Diário de Justiça* de 26-2-87, p. 2783).

2. no Mandado de Segurança nº 101.898-DF, ao examinar a Portaria nº 474/78, do Ministério das Relações Exteriores, que estabelece normas para admissão na carreira de diplomata, o Tribunal Federal de Recursos entendeu irrazoável a exigência de "entrevistas para verificar as características pessoais que devem ser adequadas à carreira de diplomata", sob o argumento de que, "ao seu término, aqueles que a realizaram se limitaram a afirmar, sem qualquer justificativa, de maneira dogmática, não considerar o candidato como possuidor de aptidão necessária ao exercício da carreira diplomática. A afirmação assim feita torna insuscetíveis de exame, quer pelos próprios candidatos, como pelo Judiciário, os reais motivos que determinaram, tanto podendo possibilitar a prática de arbítrio ou de odiosa discriminação, a ensejar se torne letra morta o disposto no art. 153 §§ 4º e 15, da Lei fundamental. Mandado de segurança que se concede" (*Diário de Justiça* de 22-5-86);

3. no Recurso Extraordinário nº 11.4118-RJ, o Supremo Tribunal Federal considerou inaceitável o "julgamento de consciência" feito por uma comissão administrativa como condição de ingresso na magistratura, dizendo que, além de ofender à regra constitucional que exige concurso *público*, a exigência "esvazia e frauda outra garantia básica da Constituição, qual seja a da universalidade da jurisdição do Poder Judiciário. Tanto vale proibir explicitamente a apreciação judicial de um ato administrativo, quanto disciplina-lo de tal modo que se faça impossível verificar em juízo a sua eventual nulidade". Embora reconhecendo a presença de certo grau de discricionariedade, o acórdão deixa expresso ser também "patente que a discricionariedade do ato não elide, em nosso sistema, o controle jurisdicional da inexistência material e da inadequação jurídica de seus motivos, assim como do eventual desvio de finalidade. Ora, o sistema da norma regulamentar impugnada individualiza esse controle, na medida em que dispensa, não só a motivação conceitual do ato, mas também a própria existência de motivos – o que é intolerável – ou, pelo menos – o que é equivalente – torna inviável a revelação ao Judiciário dos motivos em que se haja fundado o ato" (*RTJ* 122/1130);

4. jurisprudência farta do Tribunal Federal de Recursos no sentido de proibir a utilização, pelo Fisco, de sanções de natureza administrativa como meio coercitivo para obter-se o pagamento de tributos federais; exemplo dela consta da Remessa *ex officio* nº 87.155-MG, na qual se entendeu que,

"dispondo a União Federal de meio específico para cobrar seus créditos, devidamente constituídos, isto é, a execução fiscal, não se justifica que use de outro processo, também provido de coercibilidade, com o mesmo objetivo, mas que fere o princípio constitucional, que consagra a liberdade de escolha do exercício de profissão".

Assinale-se que no próprio Supremo Tribunal Federal existe jurisprudência uniforme, objeto das súmulas 70, 323 e 547, todas elas impedindo o exercício do poder sancionatório, de forma irrazoável, ainda que fundado na lei. Pela primeira súmula indicada, "é inadmissível a interdição de estabelecimento como meio coercitivo para cobrança de tributo"; a súmula 323 estabelece ser "inadmissível a apreensão de mercadorias como meio coercitivo para pagamento de tributos"; pela súmula 547, "não é lícito à autoridade proibir que o contribuinte em débito adquira estampilhas, despache mercadorias nas alfândegas e exerça suas atividades profissionais". A ideia básica é no sentido da irrazoabilidade de sanções de polícia que impeçam o exercício de direitos fundamentais, como a liberdade de profissão. Haveria, no caso, desproporção entre *meio* de coação e o *fim* proposto.

Comentando a jurisprudência dos tribunais a respeito do assunto, Régis Fernandes de Oliveira[42] observa que "a dosagem da penalidade a ser imposta atenderá à finalidade objetivada pela lei. Será discricionária dentro dos limites legais, mas vinculada à finalidade a ser alcançada. *Em Direito os fins não justificam todos os meios*. Em síntese, as sanções devem guardar proporção com a finalidade buscada. O excesso de poder deve ser evitado e, em casos de exacerbação, o Judiciário reconhecerá a ilegalidade ou inconstitucionalidade da punição".

O autor[43] cita doutrina estrangeira sobre o assunto, em especial o ensinamento de García de Enterría, para quem, "pelo jogo combinado e sistemático de outros princípios do ordenamento, não pode admitir-se, pois, uma interpretação simplista dessas leis que facultam multas ilimitadas"; e o de Montoro Puerto, que demonstra ser da essência do conceito da pena a "sua adequação ao ato, a proporcionalidade entre delito e pena. Quando falta a proporcionalidade ao ato ou ao autor, ficará desvirtuado o conceito de pena"; esta, em sentido técnico, será: "(1) retribuição; (2) proporcionada ao ato e à culpabilidade do autor, por consequência do próprio conceito de retribuição; (3) devida a uma infração penal; e (4) constitutiva de um poder do Estado e, portanto, irrenunciável".

Trata-se da razoabilidade aplicada ao poder de polícia, o que abrange não só a parcela exercida pela Administração Pública, mas também a parte que incumbe

---

[42] *Infrações e sanções administrativas*, 1985:73.

[43] Régis Fernandes de Oliveira. *Infrações e sanções disciplinares*, 1985:71-72.

ao Poder Legislativo; este, ao prever as sanções de polícia, deve observar a adequação, a correlação e a proporcionalidade entre os meios e os fins, sem desrespeitar direitos fundamentais consagrados pelo ordenamento jurídico.

Quando o Poder Legislativo promulga lei infringindo o princípio da razoabilidade, cabe ao Poder Judiciário declará-la inconstitucional.

Não há dúvida, pois, de que se trata de princípio que restringe a discricionariedade do legislador na imposição de normas limitadoras do exercício de direitos individuais.

7 Princípio da razoabilidade como limite à discricionariedade da administração pública

No que diz respeito à Administração Pública, há que se considerar dois tipos de atos: os de *natureza normativa* (decretos regulamentares, portarias, resoluções, instruções) e os de *efeito concreto* (atos administrativos propriamente ditos).

Quanto aos atos normativos, cabe assinalar que, no direito brasileiro, a Constituição de 1988 revela uma tendência para restringir a função normativa do Poder Executivo, em especial pela regra do artigo 25 do Ato das Disposições Constitucionais Transitórias, que revogou, a partir de 180 dias da promulgação da Constituição, sujeito esse prazo à prorrogação por lei, todos os dispositivos legais que atribuíssem ou delegassem a órgão do Poder Executivo competência assinalada pela Constituição ao Congresso Nacional, especialmente no que tange a ação normativa (inciso I). Além disso, outorgou ao Congresso Nacional competência exclusiva para sustar os atos normativos do Poder Executivo que exorbitem do poder regulamentar ou dos limites da delegação legislativa (artigo 49, V). Não deixou espaço para os chamados regulamentos autônomos, que permitem ao Executivo criar normas inovadoras, sem prévia previsão legal; a própria competência para dispor sobre "a organização e o funcionamento da Administração Federal" far-se-á "na forma da lei", conforme determina o artigo 84, VI, ao contrário do que estabelecia o artigo 81 da Constituição de 1967, sem a restrição contida agora na parte final do referido inciso. Basicamente, a função normativa do Poder Executivo é *derivada*, ou seja, subordinada à lei, seguindo o mesmo destino que esta, se a norma for impugnada por ofensa à Constituição.

Remanesce para o Poder Executivo competência normativa *originária* (subordinada diretamente à Constituição), quando participa do processo de elaboração da lei, quer nas matérias em que lhe cabe competência para iniciar o processo legislativo, quer nos casos de leis delegadas e medidas provisórias. Em qualquer caso, aplica-se o que foi dito no item anterior, a respeito do princípio da razoabilidade como limite à discricionariedade do legislador.

Além disso, inúmeros órgãos e entidades integrantes da Administração direta e indireta dispõem de competência normativa exercida em relação ao seu âmbito de atuação. É o caso dos Ministérios, que têm competência outorgada pelo artigo 87, parágrafo único, inciso II, da Constituição, para "expedir instrução para execução das leis, decretos e regulamentos. É o caso também das agências reguladoras, às quais tem sido outorgada função normativa pelas respectivas leis instituidoras. Aos seus atos normativos também se aplica o princípio da razoabilidade, tal como exposto no item anterior. Seus regulamentos devem observar os parâmetros, os princípios, os *standards*, as diretrizes definidas por normas legais de hierarquia superior.

O que importa analisar neste item é a regra da razoabilidade aplicada ao *ato administrativo*, como tal considerada "a declaração do Estado ou de quem o represente, que produz efeitos jurídicos imediatos, com observância da lei, sob regime jurídico de direito público e sujeita a controle pelo Poder Judiciário".[44]

Aqui não mais se cogita da discricionariedade do legislador em face da Constituição, mas da discricionariedade do administrador público diante da lei.

A irrazoabilidade, basicamente, corresponde à falta de proporcionalidade, de correlação ou de adequação entre os meios e os fins, diante dos fatos (motivos) ensejadores da decisão administrativa. O princípio tem grande aplicação no direito estrangeiro, como o francês, argentino, o direito espanhol, o alemão, o português, dentre outros, onde, com frequência, o Judiciário anula atos administrativos que contrariem o princípio da razoabilidade ou o da proporcionalidade, precisamente pela inexistência daqueles requisitos. A matéria é particularmente relevante quando se trata de sanções disciplinares ou de medidas de polícia, umas e outras excessivas ou sem qualquer correlação com os fins visados pelo ordenamento jurídico.

Ele está agasalhado no direito positivo, não apenas no artigo 111 da Constituição paulista, como também no artigo 2º, parágrafo único, alínea d, da Lei nº 4.717, de 29-6-65, que dispõe sobre ação popular. Ali se considera inexistente o motivo quando a matéria de fato ou de direito em que se fundamenta o ato é materialmente inexistente ou juridicamente *inadequada ao resultado obtido*.

Está ainda previsto no artigo 3º da Lei nº 8.666, de 21-6-93, entre os princípios da licitação.[45]

Também no artigo 2º da Lei nº 9.784, de 29-1-99, que disciplina o processo administrativo federal, está inserida a razoabilidade entre os princípios de observância obrigatória.

Embora a Lei nº 9.784 faça referência aos princípios da razoabilidade e da proporcionalidade, separadamente, na realidade, o segundo constitui um dos aspectos

---

[44] Maria Sylvia Zanella Di Pietro. *Direito administrativo*, 2012:203.

[45] Sobre o princípio da razoabilidade na lei de licitações, v. DI PIETRO, Maria Sylvia Zanella, in *Temas polêmicos sobre licitações e contratos*, 2001, p. 30-38.

contidos no primeiro. Isso porque o princípio da razoabilidade (de conteúdo mais elástico) exige, entre outras coisas, **proporcionalidade** entre os meios de que se utiliza a Administração e os fins que ela tem que alcançar. E essa proporcionalidade deve ser medida não pelos critérios pessoais do administrador, mas segundo padrões comuns na sociedade em que vive; e não pode ser medida diante dos termos frios da lei, mas diante do caso concreto. Com efeito, embora a norma legal deixe um espaço livre para decisão administrativa, segundo critérios de oportunidade e conveniência, essa liberdade às vezes se reduz no caso concreto, onde os fatos podem apontar para o administrador a melhor solução (cf. Celso Antônio Bandeira de Mello, in *RDP* 65/27). Se a decisão é **manifestamente inadequada** para alcançar a finalidade legal, a Administração terá exorbitado dos limites da discricionariedade e o Poder Judiciário poderá corrigir a ilegalidade.

Parte da doutrina entende que proporcionalidade e razoabilidade são princípios diversos. É o caso de Luís Virgílio Afonso da Silva[46] que, inspirado na jurisprudência desenvolvida pelo Tribunal Constitucional alemão, entende que a proporcionalidade tem "estrutura racionalmente definida, com subelementos independentes – análise da adequação, da necessidade e da proporcionalidade em sentido estrito, que são aplicados em uma ordem predefinida, em que conferem à regra da proporcionalidade a individualidade que a diferencia, claramente, da mera exigência de razoabilidade".

Já Odete Medauar[47] entende que a *razoabilidade* é termo utilizado pelos doutrinadores norte-americanos, argentinos, enquanto *proporcionalidade* é termo preferido pelos doutrinadores franceses, espanhóis e alemães. No entanto, acrescenta que "parece melhor englobar no princípio da proporcionalidade o sentido da razoabilidade." Para a autora, "o princípio da proporcionalidade consiste, principalmente, no dever de não serem impostas, aos indivíduos em geral, obrigações, restrições ou sanções em medida superior àquela estritamente necessária ao atendimento do interesse público, segundo critério de razoável adequação dos meios aos fins".

Para outros autores, as duas expressões – *razoabilidade* e *proporcionalidade* – são fungíveis entre si. É o pensamento, dentre outros, de Irene Patrícia Nohara,[48] José Roberto Pimenta Oliveira,[49] Luís Roberto Barroso[50] e Suzana de Toledo Barros.[51]

---

[46] O proporcional e o razoável. *RT*, v. 798, p. 30.

[47] Poder de polícia. *RDA,* v. 199, p. 95.

[48] *Limites à razoabilidade nos atos administrativos*, 2006:92-96 e 200.

[49] *Os princípios da razoabilidade e da proporcionalidade no direito administrativo brasileiro*, 2006:192-199.

[50] Apud Irene Patrícia Nohara, ob. cit., p. 96.

[51] *O princípio da proporcionalidade e o controle de constitucionalidade das leis restritivas de direitos fundamentais,*, 2003:214.

A questão foi bem resumida por Irene Patrícia Nohara,[52] ao afirmar que "o controle de adequação das medidas públicas adotadas na Europa, em geral, é processado sob a nomenclatura do princípio da proporcionalidade que, conforme construção majoritária da doutrina e da jurisprudência alemãs, é dissociado em três subprincípios: a adequação, a necessidade e a proporcionalidade em sentido estrito. As construções germânicas influenciaram (e influenciam) o Direito Constitucional de inúmeros países. Ressalte-se, porém, que na Espanha, diferentemente, por exemplo, de Portugal, o princípio da proporcionalidade foi desenvolvido no regime franquista, como limitação à intervenção administrativa sobre as esferas jurídico-privadas, tendo migrado posteriormente do Direito Administrativo para o Constitucional". E acrescenta a autora: "Enquanto a Europa continental fala em princípio da proporcionalidade, utilizado para que as medidas estatais não violem o núcleo ou conteúdo essencial dos direitos fundamentais, isto é, para que sejam adequadas, necessárias e proporcionais em sentido estrito, os Estados Unidos e a Argentina se utilizam do termo *princípio da razoabilidade*, associado à cláusula do devido processo legal, para que o gozo dos direitos fundamentais não seja restringido de forma arbitrária". Para a autora, "não há distinção ontológica, nem pragmática, entre os conceitos de razoabilidade e proporcionalidade. Na realidade, do ponto de vista dos resultados, a diferença das tendências jurisprudenciais nos diversos países se situa menos na adoção de uma ou outra noção do que no grau de abertura que os intérpretes autorizados dão aos seus respectivos ordenamentos, no que tange à argumentação e à possibilidade de questionamento valorativo-normativo das ações estatais".

O princípio da razoabilidade, sob a feição de proporcionalidade entre meios e fins, está contido implicitamente no artigo 2º, parágrafo único, da Lei nº 9.784/99, que impõe à Administração Pública: adequação entre meios e fins, vedada a imposição de obrigações, restrições e sanções em medida superior àquelas estritamente necessárias ao atendimento do interesse público (inciso VI); observância das formalidades essenciais à garantia dos direitos dos administrados (inciso VIII); adoção de formas simples, suficientes para propiciar adequado grau de certeza, segurança e respeito aos direitos dos administrados (inciso IX); e também está previsto no artigo 29, § 2º, segundo o qual "os atos de instrução que exijam a atuação dos interessados devem realizar-se do modo menos oneroso para estes".

A jurisprudência brasileira tem incorporado esse princípio, especialmente em matéria de sanções disciplinares e de polícia, às vezes até exorbitando de seu poder, ao reduzir as penalidades aplicadas, em vez de simplesmente decretar sua nulidade. Exemplos de decisões desse tipo encontram-se in *RT* 318/256 e 221, 454/162, 401/269 e 409/262. Evidentemente, errava o Judiciário ao substituir uma

---

[52] Ob. cit., p. 199-200.

penalidade por outra, porque invade área de competência da Administração Pública; mas acerta ao reconhecer os excessos desta última, quando ela aplica sanções desproporcionais ou inadequadas em relação às infrações praticadas; isso ocorre especialmente no caso de penas pecuniárias, que devem ser fixadas em limites razoáveis, de modo a não assumir caráter confiscatório, nem onerar excessivamente a atividade profissional exercida licitamente. Mas, evidentemente, não é só nessas matérias que se aplica o princípio.

Note-se que, no direito francês, a jurisprudência admite até o exame dos pressupostos da desapropriação, apreciando a utilidade pública da mesma com base no princípio da proporcionalidade dos meios aos fins. Em uma decisão de 28-5-71, o Conselho de Estado colocou como princípio "que uma operação não pode ser legalmente declarada de utilidade pública senão quando a lesão à propriedade privada, o custo financeiro e eventualmente os inconvenientes de ordem social que ela comporta não sejam excessivos em face do interesse que ela apresenta". A partir daí, o mesmo entendimento foi adotado em inúmeros outros casos concretos.[53]

Mas não é somente a *desproporção* entre os meios e os fins que torna irrazoável a decisão. Também produz o mesmo efeito a medida que não tenha qualquer *correlação* com a finalidade almejada. É o que ocorreu no caso, já analisado, da exigência de prova de desforço físico para ingresso na carreira de Delegado; o tipo de atividade por este exercida não exige esse tipo de capacidade. O mesmo ocorreria se acaso fosse exigida prova de datilografia, de proficiência em língua estrangeira ou de conhecimentos jurídicos em um concurso para admissão de servente em repartição pública.

Quando se fala em falta de proporcionalidade ou de correlação entre meios e fins, não se está confundindo a hipótese com o desvio de poder; nesta, a autoridade usa de uma competência legal para praticar um ato contrário ao interesse público ou com finalidade diversa daquela prevista em lei; trata-se de vício relativo à *finalidade* do ato; na irrazoabilidade, os fins legais são observados, porém os meios utilizados para atingi-los são inadequados ou desproporcionais.

Também se considera irrazoável a medida *arbitrária*, assim entendida aquela que é adotada por capricho, por motivos pessoais ou sem um motivo preciso que possa ter embasamento na ordem jurídica. Exemplo disso é a hipótese, já apreciada pelo Tribunal Federal de Recursos, citada anteriormente, em que se entende inválida a entrevista realizada para ingresso na magistratura, pelo fato de não permitir ao Judiciário o conhecimento e apreciação dos *motivos* que levaram à aprovação ou desaprovação do candidato. Essa entrevista gera uma presunção de arbítrio da decisão, a qual é, por isso mesmo, irrazoável e, portanto, inválida perante o Direito.

---

[53] Apud Georges Vedel e Pierre Delvolvé. *Droit administratif*, 1984:431.

Para adquirir validade, uma tal entrevista deveria ficar documentada, com adequada *motivação*, para demonstrar as razões que fundamentaram a decisão.

Outra forma que pode assumir a irrazoabilidade – esta de mais difícil apreciação – é a da medida que, embora esteja aparentemente de acordo com a lei e nos limites da discricionariedade, contraria, inteiramente e de forma manifesta, o senso comum do que é certo, justo, adequado e consentâneo com o interesse público. É o que acontece, em especial, quando a lei usa os chamados conceitos legais indeterminados, como interesse público, segurança, perigo público iminente, moralidade, notório saber jurídico etc.

Em tais casos, a discricionariedade poderá ou não existir, conforme os dados de que dependa a Administração para adotar sua decisão; se forem dados puramente técnicos ou dados extraídos da experiência, a discricionariedade poderá desaparecer ou, pelo menos, reduzir-se; mas, se forem dados de valor, a discricionariedade remanescerá, embora nem sempre com a amplitude que se lhe costuma atribuir.

Não se pode chegar ao ponto de admitir que *qualquer medida* adotada seja válida para conseguir determinada finalidade, ainda que esta esteja indicada com o uso de expressões indeterminadas. Haverá medidas que, se adotadas, serão *manifestamente contrárias ao interesse público protegido pela lei*; e haverá outras que serão *manifestamente adequadas* para a consecução daquele mesmo interesse público; e poderá haver outras tantas medidas que se situem em uma zona intermediária em que não haja a mesma adequação ou inadequação manifestas. Para usar terminologia de Saintz Moreno,[54] fala-se em "zona de certeza positiva" e "zona de certeza negativa".

Quando se está nessas zonas de certeza, não se pode falar em discricionariedade, razão pela qual pode o Judiciário invalidar a decisão manifestamente contrária ao interesse público.

Quanto à zona intermediária, de incerteza, alguns entendem que não há também discricionariedade, pois, pelo trabalho de interpretação, pode o juiz chegar à única solução possível. Esse entendimento é aceito no direito espanhol, entre outros, por García de Enterría e Ramón Fernández,[55] que citam jurisprudência nesse sentido. Segundo seu entendimento, a aplicação dos conceitos indeterminados "não admite mais que uma solução: ou se dá ou não se dá o conceito; ou há ou não há boa-fé; ou o preço é justo ou não é; ou se faltou ou não se faltou à probidade. *Tertium non datur*... Sendo um caso de aplicação e interpretação da lei que criou o conceito, o juiz pode fiscalizar sem esforço algum tal aplicação, valorando se a solução a que se chegou é a única solução justa que a Lei permite. Esta valoração

---

[54] *Conceptos jurídicos, interpretación y discrecionalidad administrativa*, 1976:70-71.
[55] *Curso de derecho administrativo*, 1988, t. I, p. 433-443.

parte de uma situação de fato determinada, a que a prova lhe oferece, porém sua apreciação jurídica é feita a partir do conceito legal e é, portanto, uma aplicação da lei".[56]

No direito brasileiro, essa doutrina tão restritiva da discricionariedade não tem grande aceitação. O que se aceita é o princípio da razoabilidade como limite à discricionariedade administrativa. Já mencionamos as opiniões de Lúcia Valle Figueiredo, Diogo de Figueiredo Moreira Neto e Celso Antônio Bandeira de Mello. Este último[57] admite que o Poder Judiciário possa tentar reconduzir os casos concretos a uma zona de certeza (positiva ou negativa), mas reconhece que "casos haverá em que tal procedimento só será possível *até um certo ponto*, além do qual as dúvidas são ineliminável e o juízo administrativo haverá de prevalecer, por ser o administrador o encarregado de sopesar com exclusividade as circunstâncias do caso, ante a impossibilidade do juiz pretender que a intelecção dada pela autoridade administrativa desbordou dos limites do direito – ressalvada sempre a hipótese de identificação de desvio de poder". E acrescenta que "de toda sorte, ao Judiciário caberá, *quando menos*, verificar se a intelecção administrativa se manteve ou não dentro dos limites do razoável perante o caso concreto e fulminá-la sempre que se vislumbre ter havido uma imprópria qualificação dos motivos à face da lei, uma abusiva dilatação do sentido da norma, uma desproporcional extensão do sentido extraível do conceito legal ante os fatos a que se quer aplicá-lo". E termina lembrando a lição de Laubadère no sentido de que à autoridade jurisdicional se reconhece o direito "não apenas de perquirir se os motivos legais realmente existiram, mas, ainda, se eram *suficientes* para justificar a medida editada e se a gravidade dela era *proporcionada* à importância e às características (...dos fatos...) que a provocaram".

O que nos parece verdadeiro é que a discricionariedade, diante do caso concreto, pode ser mais reduzida do que aquela prevista, em tese, na lei. O legislador, como não tem condições de prever todas as situações possíveis, deixará uma esfera de apreciação para a Administração fazer diante dos casos concretos que tenha que decidir. Ocorrendo estes, pode acontecer que a situação de fato permita reduzir o leque de opções previstas na lei. Por exemplo, o Estatuto dos Funcionários Públicos Civis do Estado de São Paulo (Lei nº 10.261, de 28-10-68) prevê três tipos de infrações – a *falta grave, o procedimento irregular e a incontinência pública e escandalosa* –, dando margem respectivamente às penas de suspensão, demissão e demissão a bem do serviço público. Como a lei não define essas infrações, tem-se a impressão de que a Administração é inteiramente livre para enquadrar determinadas faltas funcionais em uma ou outra categoria. Mas, diante do caso concreto, a

---

[56] Sobre o tema dos conceitos jurídicos indeterminados, v. item 5.3.

[57] Celso Antônio Bandeira de Mello. Legalidade. Discricionariedade. Limites e controle. In *RDP* 86/51.

discricionariedade será bastante reduzida pelo exame do motivo, ou seja, dos fatos que cercaram a prática do ato ilícito; circunstâncias como o cargo, as consequências para o serviço público, as repercussões sociais influirão necessariamente na decisão administrativa. O mesmo fato que seria considerado de pequena gravidade quando praticado por um servente, um datilógrafo, uma secretária, poderia assumir proporções muito maiores se praticado por um juiz, um professor, um promotor público, um policial, que têm responsabilidades muito maiores inerentes à própria dignidade da instituição a que pertencem. Os valores lesados são diferentes, razão pela qual os atos punitivos têm que ser diversos. Não se pode dizer que a Administração possa basear-se em razões de *oportunidade* ou *conveniência* para decidir qual a penalidade a ser aplicada; ela terá que escolher, diante dos *fatos*, qual a sanção cabível para punir o servidor, cumprindo a finalidade punitiva prevista na lei. A discricionariedade que resulta da regra jurídica desaparece diante do caso concreto; repugnaria aos mais elementares sentimentos de justiça admitir-se que a Administração pudesse escolher livremente, entre as várias penas previstas na lei, aquela que lhe parecesse mais conveniente ou oportuna. Ninguém pode ser punido por razões de mérito (oportunidade e conveniência). Se a Administração, ao qualificar os fatos, o fizer de forma que acarrete desproporção entre o motivo (infração) e o objeto (sanção), ao Judiciário caberá invalidar a decisão, sem que isso implique exame do mérito.

Outro exemplo: nos casos em que a nomeação para certos cargos públicos tem que incidir sobre pessoa de notório saber jurídico, não há dúvida de que a norma legal encerra uma grande margem de discricionariedade, pois a Administração poderá selecionar entre um número grande de pessoas que preencham o mesmo requisito. Mas isso não significa que sua decisão seja insindicável pelo Poder Judiciário, pois sua escolha poderá recair sobre pessoa que, manifestamente, não tem notório saber jurídico, o que, em determinados casos, até poderá ser facilmente comprovado. Em hipóteses como essa, a discricionariedade reduz-se nos casos concretos, desaparecendo inteiramente nas chamadas zonas de certeza positiva ou negativa.

Esse aspecto da redução ou desaparecimento da discricionariedade diante do caso concreto é colocado de maneira muito precisa por Celso Antônio Bandeira de Mello,[58] em lição que merece ser transcrita: "... o campo de liberdade discricionária, abstratamente fixado na regra legal, *não coincide com o possível campo de liberdade do administrador diante das situações concretas*. Perante as circunstâncias fáticas reais esta liberdade será *sempre muito menor e pode até desaparecer*. Ou seja, pode ocorrer que ante uma situação real, específica, exigente de pronúncia administrativa, só um comportamento seja, a toda evidência, capaz de preencher a finalidade

---

[58] Controle judicial dos atos administrativos. *RDP* 65/33.

legal". Desse modo, ainda que a discricionariedade resulte da lei, será a decisão administrativa passível de apreciação judicial se as circunstâncias de fato conduzirem para uma única solução possível ou para um campo mais reduzido de opções; o Judiciário terá que respeitar o ato que implique opção entre duas ou mais soluções possíveis de serem adotadas segundo critérios puramente administrativos, de conveniência e oportunidade; qualquer das opções será válida e o juiz não poderá substituir a apreciação. Mas se a opção administrativa recair sobre hipótese *irrazoável*, ela se tornará inválida e, portanto, suscetível de ser anulada judicialmente.

Daí a razoabilidade inserir-se como um dos principais limites à discricionariedade administrativa.

8 Razoabilidade e motivação do ato administrativo

Pelo que foi dito no item anterior, fácil é deduzir-se a íntima correlação entre os princípios da razoabilidade e da motivação do ato administrativo, ambos previstos expressamente no artigo 111 da Constituição do Estado de São Paulo, de 1989.

É imprescindível, para avaliação da razoabilidade, conhecer os motivos que levaram a Administração a adotar determinada medida (objeto do ato administrativo) para alcançar a finalidade que decorre implícita ou explicitamente da lei. Daí a necessidade de *motivação*. Não se exige fórmula sacramental para a motivação; o que se entende necessário é que fiquem documentados, de algum modo, os motivos, para posterior apreciação, seja pela própria Administração, seja pelos demais Poderes do Estado, nos limites de suas competências constitucionais.

A motivação é necessária tanto para verificação da existência ou veracidade dos motivos invocados, como para verificação da adequação entre os motivos e o resultado obtido.

No direito brasileiro, está consagrada a inclusão do motivo entre os elementos essenciais à validade do ato. O artigo 2º da Lei nº 4.717, de 29-6-65, estabelece serem nulos os atos lesivos ao patrimônio das entidades mencionadas no artigo 1º, nos casos de incompetência, vício de forma, ilegalidade do objeto, *inexistência dos motivos* e desvio de finalidade. E no parágrafo único, alínea *d*, diz que "a inexistência dos motivos se verifica quando a matéria de fato ou de direito, em que se fundamenta o ato, é materialmente inexistente ou *juridicamente inadequada ao resultado obtido*". O próprio princípio da razoabilidade, como adequação jurídica entre motivo e objeto, tendo em vista a finalidade legal, está contido expressamente na parte final do conceito.

A única maneira de verificar-se a observância daquele princípio é pelo exame da motivação. Por isso mesmo, a motivação não pode limitar-se a indicar a norma legal em que se fundamentam o ato (*pressuposto de direito*) e os fatos (*pressuposto de fato*). É necessário que na motivação se contenham os elementos indispensáveis para controle da legalidade do ato, inclusive no que diz respeito aos limites da discricionariedade. É pela motivação que se verifica se o ato decorre da vontade pessoal e arbitrária da autoridade administrativa e se observou a regra da proporcionalidade e da adequação entre os meios e os fins.

Antonio Carlos de Araújo Cintra[59] mostra a divergência doutrinária sobre a abrangência da motivação. De um lado, aqueles que veem na motivação apenas uma explicitação dos motivos; nessa corrente inclui Cretella Júnior, Themístocles Brandão Cavalcanti, Hely Lopes Meirelles, Laubadère, Maria Rivalta, Guy Isaac, Vallina Velarde. De outro lado, os que lhe dão maior abrangência; é o caso de Stassinopoulos, para quem a motivação é a "menção das circunstâncias ou das considerações que fundaram o ato, ou a sua legalidade"; a mesma tese é adotada por Manuel María Diez, Cassagne e Taruffo; para este último, que trata do assunto a propósito da sentença judicial, "a ideia de motivação deve partir da constatação de que ela constitui 'um discurso, ou seja, um conjunto de proposições ligadas entre si e inseridas num contexto autonomamente identificável... A motivação se caracteriza por sua intencionalidade, apresentando-se como um discurso destinado a justificar racionalmente o ato motivado".

Na mesma linha de raciocínio – que nos parece a mais adequada – Araújo Cintra manifesta seu entendimento no sentido de que "se torna necessário aderir a uma visão mais abrangente da motivação, do que a geralmente acolhida, aproximando-nos da linha preconizada por Stassinopoulos, para fazê-la incidir não apenas nos motivos da decisão administrativa, mas em todos os seus aspectos de legalidade e de oportunidade e conveniência".

A motivação, embora não inserida expressamente na Constituição Federal entre os princípios impostos à Administração Pública, está nela implícita, porque é inerente ao princípio da legalidade, ao da publicidade[60] e, em especial, ao do devido processo legal; e é indispensável até para que os cidadãos possam exercer seu direito à informação, pois, sem a motivação, não lhes é possível conhecer as razões que serviram de fundamento à decisão administrativa; é essencial para o exercício do direito de defesa e para a garantia do contraditório, além de ser elemento indispensável a servir de base para o controle dos atos administrativos, seja para fins de controle interno pela própria Administração, seja para fins de controle

---

[59] *Motivo e motivação do ato administrativo*, 1979:105-110.
[60] Sobre o assunto, v. Wallace. Paiva Martins Júnior. *Transparência administrativa*. São Paulo: Saraiva, 2001.

externo exercido pelo Poder Legislativo, seja, ainda, para fins de controle judicial. Em síntese, a *motivação constitui garantia de legalidade dos atos administrativos*.

Além disso, é possível, na busca do fundamento constitucional do princípio da motivação, invocar a norma dos artigos 93 e 129, § 4º, da Constituição, que exigem motivação para as decisões administrativos dos Tribunais e do Ministério Público. Entende-se que, se a exigência de motivação é feita com relação a essas duas instituições, que exercem indiscutível função de controle, com muito mais razão aplica-se aos órgãos administrativos.

6 Princípio da supremacia do interesse público

1 Noção de interesse público

No âmbito do direito administrativo, tanto se fala em princípio do interesse público como em princípio da supremacia do interesse público.

O princípio da supremacia do interesse público constitui, sem dúvida alguma, um dos alicerces de todo o direito público e, consequentemente, também do direito administrativo. Embora este último só tivesse surgido, como ramo autônomo, em fins do século XVIII e início do século XIX, a ideia da existência de interesses gerais, diversos dos interesses individuais, vai buscar suas origens na antiguidade greco-romana.

Atualmente, muito se discute a sobrevivência desse princípio. Alega-se a inviabilidade de falar-se em supremacia do interesse público sobre o particular diante da existência dos direitos fundamentais constitucionalmente garantidos. Critica-se a indeterminação do conceito de interesse público. Defende-se a necessidade de uma ponderação de interesses, para verificar, em cada caso, qual deve prevalecer. Prega-se a substituição do princípio da supremacia do interesse público pelo princípio da razoabilidade. Há até quem lhe negue a natureza de princípio.

O fato é que as discussões doutrinárias acabaram por gerar a produção de inúmeros textos sobre o tema.[1]

---
[1] Dentre outros, citem-se: SARMENTO, Daniel (Org.) *Interesses públicos versus interesses privados*: desconstruindo o princípio de supremacia do interesse público. Rio de Janeiro: Lumen Juris, 2007;

A grande dificuldade começa na definição do que seja interesse público. O jurista argentino Guillermo Andrés Muñoz,[2] em artigo com o instigante título de *"el interés público es como el amor"*, depois de salientar a dificuldade de definir o interesse público, faz uma comparação com o amor: "um pouco do que ocorre com o interesse público se passa com o amor: quem não se anima a dizer que sentiu, que conhece o que é o amor, que suas veias latiram através do amor, que o ritmo de seu pulso se moveu através dessa coisa ancestral que é o amor? No entanto, quando se quer definir o amor, é como se desaparecesse, como se perdesse força, como se se perdesse todo. Então, é melhor não defini-lo". O mesmo autor menciona os vários aspectos em que o princípio é analisado na França, na Espanha, na Alemanha, na Itália. A grande preocupação não é a de extinguir a noção de interesse público, mas a de definir os limites de sua aplicação.

Tem havido preocupação com a delimitação da noção de interesse público em diferentes áreas, como se verá neste item, antes de analisá-la no sentido político e no sentido jurídico.

Não é tarefa fácil definir o interesse público.

Carl J. Friedrich[3] compilou vários artigos de autores de diversas áreas a respeito do interesse público, assinalando no prólogo da obra que "os pontos de vista expressados nos diversos ensaios variam enormemente em perspectiva e metodologia, flutuando desde uma convicção justificada de que o interesse público é uma preocupação central da filosofia política e legal, até o seu repúdio categórico como mera fachada dos interesses especiais e da posição de seus adeptos na batalha política [...]. Não se pode discernir neles (ensaios) nenhuma tendência claramente filosófica, legal ou científico-política, ainda que alguns se inclinem mais em uma direção e alguns se inclinem em outra. Não se chega a um acordo a respeito do alcance da aplicação desse conceito".

Dalmo de Abreu Dallari[4] realça também as dificuldades na definição do interesse público e a variedade de opiniões a respeito: "Muitos dizem que o interesse público é uma noção vaga, imprecisa e, inclusive, mutável. É uma noção que varia

---

DI PIETRO, Maria Sylvia Zanella e RIBEIRO, Carlos Vinícius Alves (Coordenadores). *Supremacia do interesse público e outros temas relevantes do direito administrativo*. São Paulo: Atlas, 2010; BACELLAR FILHO, Romeu Felipe e HACHEM, Daniel Wunder (Coordenadores). *Direito administrativo e interesse público*. Belo Horizonte: Fórum, 2010; HACHEM, Daniel Wunder. *Princípio constitucional da supremacia do interesse público*. Belo Horizonte: Fórum, 2011.

[2] El interés público es como el amor. In BACELLAR FILHO, Romeu Felipe e HACHEM, Daniel Wunder. *Direito administrativo e interesse público*, 2010:21-31.

[3] *El interés público*, 1967:9.

[4] Interesse público na contratação das entidades da administração descentralizada. *Cadernos Fundap* 16:22.

segundo circunstâncias de tempo e lugar". Lembra o risco de considerar-se o *público* como sinônimo de *oficial*. "Outra dificuldade que muitos autores ressaltam diz respeito à consideração subjetiva do que seja interesse público, uma vez que os dados de fato podem ser os mesmos e, no entanto, um agente da Administração, a partir daqueles fatos, chega à conclusão de que determinada orientação é de interesse público e outro agente da Administração, utilizando os mesmos fatos, chega à conclusão de que o rumo oposto é que é do interesse público".

Dalmo de Abreu Dallari aponta alguns critérios aceitos pela maioria para identificação e consideração do que seja interesse público: em primeiro lugar, considera-se como tal *aquilo que o povo quer ver preservado ou promovido*, segundo uma escala prévia de valores ou uma síntese previamente estabelecida; para verificar-se o que o povo quer, há necessidade de amplos debates públicos a respeito das decisões públicas. Em segundo lugar, também a maioria entende que o interesse público é algo vago e impreciso, ideia que Dallari rebate parcialmente por entender que "pela visão concreta, perante uma situação real, num contexto específico", há mais possibilidades de concluir a respeito do que é o interesse público.

Outro autor que mostra as dificuldades na conceituação do interesse público é Ernst S. Griffith.[5] Ele aponta a opinião dos que negam a existência do interesse público; dos que o identificam com o bem-estar geral; e indica principalmente três métodos – o *legalista*, o do *economista* e o do *sociólogo* – utilizados para definir o interesse público. O primeiro é utilizado pelos positivistas, que praticamente aplicam a palavra *público* quase exclusivamente a questões relacionadas com o procedimento; tudo o que observe um procedimento legítimo atende ao interesse público. Os economistas consideram a "livre opção do consumidor" como o objetivo de interesse público que o governo deve perseguir. Para o sociólogo, o interesse público em uma sociedade específica em um momento dado é o que se ajusta aos costumes da sociedade.

O autor prefere identificar o interesse público pelos seus fundamentos éticos. Para ele, "o homem exige sentido, mais do que realidade; significação do mesmo modo que consequência [...]. O conceito de interesse público nos leva iniludivelmente a investigar os critérios acerca do bem-estar geral e este último postula valores". Por exemplo, para quem adota os critérios cristãos do bem-estar geral, o interesse público significa "o desenvolvimento da espécie de sociedade em que os valores cristãos têm maior oportunidade de prosperar livremente [...]. A criação de um meio ambiente sadio e edificante para a criança e a juventude seria indubitavelmente de interesse e proveito público em termos cristãos. Isto implicaria uma alimentação adequada, oportunidades de educação e desenvolvimento das

---
[5] Los fundamentos éticos del interés público, 1967:27-37.

capacidades artísticas e intelectuais, proteção contra o dano físico e a corrupção moral, condições adequadas para a saúde e o corpo e uma educação do caráter, que inclua questões tais como a compreensão de culturas opostas, aceitação da responsabilidade e oportunidade de prestar serviços não remunerados..."

Note-se que a sua ideia de interesse público coincide com a ideia de bem comum, incorporada pelo chamado Estado Social de Direito, como reação à concepção utilitarista própria do individualismo que caracterizou o período do Estado liberal.

Importa mencionar ainda o pensamento de Gerhard Colm,[6] que indica quatro pontos de vista sob os quais se pode analisar o conceito de interesse público: o *metassociológico*, o *sociológico*, o *judicial* ou *legal* e o *econômico*.

O *metassociológico* considera um sistema unitário de valores, como acontece na sociedade teocrática ou monolítica; nesse caso, só é de interesse público aquilo que está em consonância com esse valor supremo, que pode ser, por exemplo, o estabelecimento do Reino de Deus na Terra ou o triunfo do comunismo. É uma perspectiva própria dos regimes totalitários.

No plano *sociológico*, os sistemas de valores manifestam-se unicamente por meio das articulações sociológicas, as quais são expressões pessoais ou de grupos. Apesar da diversidade de interesses de uma pessoa ou grupo para outro, "a mescla de interesses pessoais e gerais difere nos vários grupos e indivíduos, porém destas variações na importância atribuída aos valores surge um consenso acerca do que constitui o interesse público dentro do marco de referência da sociedade particular e de sua cultura". Seria uma perspectiva mais adequada para uma democracia pluralista. Segundo ele, "uma das principais funções dos processos políticos em uma democracia é a de insistir nesta compreensão comum daquilo que todos estão de acordo em aceitar como de interesse público". Ele realça o fato de que "é por meio do 'debate' político, do voto e da influência dos grupos de pressão que o interesse público evolui como um conjunto de objetivos concretos que devem ser perseguidos por meio da política propriamente dita. Graças a estas articulações 'sociológicas' do interesse público, os sistemas de valores se transformam em estruturas de poder".

Sob o ponto de vista *legal* ou *judicial*, Colm refere-se precisamente à supremacia do interesse público sobre o particular, que é invocada como fundamento das medidas restritivas e sancionatórias das atividades pessoais e coletivas. "O uso do conceito de interesse público nesse sentido permite considerações que são superiores aos interesses particulares, e inclusive permite à interpretação judicial das leis positivas marchar ao compasso dos desenvolvimentos efetivos no conteúdo do conceito."

---

[6] *El interés público*: clave esencial de la política pública, 1967:131-144.

Quanto ao aspecto *econômico*, considera-se o interesse público já sob uma perspectiva mais específica, de vez que se definem determinadas *metas* de execução e de realização. As *metas de execução* têm por objetivo assegurar o regular funcionamento da economia, o que significa um nível reduzido de desemprego, uma estabilidade razoável nos preços e um quociente adequado de desenvolvimento econômico; as *metas de realização* referem-se ao conteúdo específico do conceito de interesse público, tal como um nível adequado de vida para o povo, educação, defesa, conservação e desenvolvimento dos recursos mais apropriados e uma contribuição justa às necessidades dos países em desenvolvimento.

O autor espanhol Fernando Sainz Moreno,[7] em conhecida obra sobre conceitos jurídicos indeterminados, interpretação e discricionariedade administrativa, dedica um item da obra ao tema do interesse público como conceito jurídico. Segundo o autor, a noção de interesse público costuma ser vista e analisada sob dois aspectos:

a) como *princípio político* da organização estatal, ora aproximando-se, ora afastando-se da ideia de bem comum;
b) como *princípio jurídico* a ser observado na decisão de casos concretos; de sua interpretação depende a legalidade da atuação administrativa.

2 Interesse público como princípio político

Como princípio político, o interesse público coloca-se como o próprio fim do Estado. Conforme o tipo de Estado, conforme a ideologia, a noção do que seja o interesse público foi variando no decurso do tempo. Na Idade Média, sob influência do cristianismo, o interesse público identificava-se com o bem comum, em cuja base inseria-se a ideia de solidariedade social. Posteriormente, com as teses contratualistas e o triunfo do individualismo, desaparece a ideia de solidariedade, substituída pela de interesse geral, de cunho utilitarista.

2.1 A ideia de bem comum na Idade Média

Segundo Norberto Bobbio,[8] a ideia do primado do público, que se desenvolveu como forma de reação contra a concepção liberal do Estado e que se funda sobre a "irredutibilidade do bem comum à soma dos bens individuais", pode assumir

---

[7] *Conceptos jurídicos indeterminados, interpretación e discricionalidad administrativa*, 1976:316 ss.
[8] *Estado, governo e sociedade*: para uma teoria geral da política, 1987:24-25.

diversas formas "segundo o diverso modo através do qual é entendido o ente coletivo – a nação, a classe, a comunidade do povo – a favor do qual o indivíduo deve renunciar à própria autonomia"; em todas essas formas, "é comum a ideia que as guia, resolvível no seguinte princípio: o todo vem antes das partes". Acrescenta o autor que se trata de "uma ideia aristotélica e mais tarde, séculos depois, hegeliana (de um Hegel que nesta circunstância cita expressamente Aristóteles); segundo ela, a totalidade tem fins não reduzíveis à soma dos fins dos membros singulares que a compõem e o bem da totalidade, uma vez alcançado, transforma-se no bem das suas partes, ou, com outras palavras, o máximo bem dos sujeitos é o efeito não da perseguição, através do esforço pessoal e do antagonismo, do próprio bem por parte de cada um, mas da contribuição que cada um juntamente com os demais dá solidariamente ao bem comum segundo as regras que a comunidade toda, ou o grupo dirigente que a representa (por simulação ou na realidade), se impôs através de seus órgãos autocráticos ou órgãos democráticos".

Em Aristóteles aparecia nítida a ideia de bem comum; para ele, todo organismo vivo tende para o bem; tanto o homem como a sociedade que ele constitui tendem para o bem. Na *Política*, em que defende a sua teoria das formas de governo, ele coloca como critério distintivo entre as formas boas e as formas más o *interesse comum* ou o *interesse pessoal*; as formas boas são as que visam o interesse comum e as formas más são as que visam o interesse próprio. Se os indivíduos se reúnem nas cidades (*polis*) é porque querem "viver bem"; para que alcancem esse objetivo, é necessário que os cidadãos visem o interesse comum, ou em conjunto ou por intermédio dos seus governantes.[9]

Na Idade Média, a ideia de bem comum floresceu, em especial por influência do cristianismo. Santo Tomás de Aquino, na sua *Summa Theologica*, colocava o bem como tudo aquilo que o homem deseja, seja de que natureza for: bem material, moral, espiritual, intelectual. Mas, sendo o homem um ser social, ele procura não só o seu próprio bem, mas também aquele do grupo a que pertence. Cada grupo tem o seu próprio bem comum. Ao Estado cabe perseguir o bem comum, visto sob dois aspectos:

1. para os particulares, é o conjunto das condições comuns próprias à organização e à conservação de seus bens. Bem do todo (formalmente distinto de cada uma das partes), ele é, portanto, ao mesmo tempo, bem próprio de cada pessoa; para os particulares, o bem comum é a *causa*;

---

[9] Apud Norberto Bobbio. *A teoria das formas de governo*, 1976:50.

2. para a sociedade, ele é um *fim*. Ele determina a orientação dos indivíduos na sociedade, mas também os unifica. Dir-se-á que ele é ao mesmo tempo *fim* e *forma*. [10]

Note-se que, pela doutrina tomista, acrescenta-se à bipartição da justiça (comutativa distributiva), inspirada em Aristóteles, a ideia de *justiça legal* ou *justiça social*, que traça as obrigações das partes para com o todo, o que é feito por meio da lei; daí a ideia de que a justiça envolve sempre um *alter*, uma vez que ninguém pode ser justo consigo mesmo.

Ainda na Idade Média, merece menção a doutrina de Jean Bodin (século XVI), que, ao dar o seu conceito de República, dá ideia do que considera o fim principal e o meio de alcançar o *reto governo*. Para ele, "República é um *reto governo* de muitos lares e do que lhes é comum, com poder soberano". Ao falar em "muitos lares", ele está-se referindo ao aspecto orgânico da sociedade, à comunidade política como um todo, cuja finalidade principal é a consecução de um *reto governo*, ou seja, o que proporciona não só bens materiais, mas também a realização de valores, como razão, justiça e ordem; a tarefa de administrar uma comunidade política incumbe ao Estado, poder soberano.

Trata-se de concepção que, como outras da Idade Média, estava presa à ideia de solidariedade social como forma de justificar a comunidade política; os homens se unem para conseguir o bem comum.

2.2 As teses contratualistas e o triunfo do individualismo

As concepções que se preocupavam com o bem comum começam a mudar com as teses contratualistas e liberais de fins do século XVII e do século XVIII. Já em Locke verifica-se que a base da sociedade política se encontra não mais em fatores comuns a todos os homens, mas nas necessidades e aspirações individuais. O objetivo dos homens ao se associarem não é proteger o interesse público, mas o interesse privado de cada qual e que se resume basicamente na aquisição de bens materiais; a vida em sociedade alcança melhor esse objetivo do que seria possível em uma situação de anarquia.

A Revolução Francesa significa o triunfo do individualismo. Partindo do reconhecimento da existência de direitos indissociáveis da condição humana e, por isso mesmo, inalienáveis e imprescritíveis, a doutrina individualista serviu de inspiração para os postulados básicos – igualdade e liberdade – com que se elaborou o direito em geral, em fins do século XVIII. Pela escola do direito natural, sob cuja

---

[10] Apud Marie-Pauline Deswarte. Intérêt général, bien commun. *Revue de Droit Public*, 5, 1988:1294.

influência se constituiu o individualismo, todos os homens nascem livres e iguais. Se assim é, todos devem ser iguais perante a lei e devem ter plena liberdade de agir, observando como limite apenas o direito igual de seu semelhante.

A Declaração dos Direitos do Homem, de 1789, começa, em seu artigo 1º, por declarar que "os homens nascem livres", praticamente repetindo a frase com que Rousseau inicia o seu Contrato Social.

Em consequência, nesse contexto, desaparece a ideia de solidariedade social como causa de união dos homens em sociedade. O seu fim único passa a ser o de assegurar essa liberdade natural do homem; também a lei, como expressão da vontade geral, não poderia ser instrumento de opressão, mas de garantia dessa liberdade.

Nas palavras de Marie-Pauline Deswarte, "o Bem Comum perdia assim toda significação. Dentro desta perspectiva, a sociedade não era, com efeito, mais um corpo orgânico tendendo para seu bem. Ela era vontade soberana, absoluta. Nenhum fim, nenhuma finalidade lhe podia, por consequência, ser assinalada do exterior". Lembra a lição de Rousseau, segundo a qual "não pode haver nenhuma espécie de lei fundamental obrigatória para o povo, nem mesmo o contrato social".[11]

Mas a necessidade de explicar e garantir a subsistência da sociedade levou o contratualismo a buscar na vontade individual a fonte da soberania. O bem comum deixa de estar na base da ordem social e é substituído pela ideia de utilitarismo; os homens se unem, pelo contrato, porque isso lhes seria vantajoso. Substitui-se a ideia de bem comum, impregnada de cunho moral e ideológico, pela ideia de *interesse geral*, de cunho utilitarista. É o que nos ensina Marie-Pauline Deswarte,[12] baseada na lição de Rivero e Clément: para alguns, "o Bem Comum seria a perspectiva filosófica do interesse geral. Ora, a filosofia dá uma primeira resposta à questão quando ela afirma: 'O bem está no nível dos fins honestos, o interesse – mesmo geral – no nível dos fins úteis'. O interesse geral seria todo impregnado de utilitarismo, o Bem Comum dele se distinguiria por sua referência à moral". E acrescenta que "hoje se percebem os inconvenientes de um poder muito acantonado no plano utilitário. A utilidade não é um bem em si e a presença do interesse geral, mito estatal para alguns, pareceria a muitos o sinal de um verdadeiro abuso de democracia".

Para alguns contratualistas, como Hobbes, o interesse geral não se distingue do interesse individual; o soberano tem que satisfazer o interesse comum, que consiste apenas em satisfazer os interesses particulares.

Foi com Rousseau que renasceu a ideia de interesse geral diverso da soma dos interesses individuais. Em sua obra, a liberdade e a igualdade individuais aparecem

---

[11] Cf. Marie-Pauline Deswarte. Intérêt général, bien commun. *Revue de Droit Public*, 5, 1988:1298.

[12] Ob. cit. p. 1292.

transformadas no estado de sociedade. Pela convenção, "*cada um de nós coloca em comum a sua pessoa e todo o seu poder sob a suprema direção da vontade geral, e nós recebemos em corpo cada membro como parte indivisível do todo*". Chevallier,[13] comentando esse trecho de Rousseau, explica que "cada associado se aliena totalmente e sem reserva, com todos os seus direitos, à comunidade. Assim, a condição é igual para todos. Cada um se compromete com todos. Cada um, dando-se a todos, a ninguém se dá". A respeito da vontade geral, diz Chevallier que ela "não é, de forma alguma, condição pura e simples de vontades particulares. *Vontade geral* não é simplesmente vontade de todos ou da maioria. Aqui se deve fazer intervir um elemento de 'moralidade', palavra cara a Rousseau. Este último parece distinguir dois mundos, comparáveis, um ao mundo do Pecado, outro ao da Redenção. De um lado, o mundo suspeito do interesse *particular*, das vontades particulares, dos atos particulares. Do outro, o mundo do interesse geral, da *vontade geral* (a que quer o interesse geral e não o particular), dos atos gerais (as leis)... Ora, o povo em conjunto, 'o soberano', não poderia querer senão o interesse geral, não poderia ter senão uma *vontade geral*. Enquanto cada um dos membros, sendo simultaneamente, em consequência do contrato, homem individual e homem social, pode ter duas espécies de vontade. Como homem individual, é tentado a perseguir, de acordo com o instinto natural, egoísta, o seu interesse particular. Mas o homem social que nele existe, o cidadão, procura e quer o interesse geral".

Quais as consequências desse tipo de colocação, incorporada na Declaração de 1789?

De um lado, sendo o interesse geral o fundamento do Poder estatal, este passa a encarnar a vontade de todos; o consentimento passa a ser a fonte de legitimidade do Poder. A vontade geral é manifestada por meio da lei; esta deriva da natureza das coisas e encontra seu fundamento na razão, segundo pensamento de Rousseau. Precisamente por ser a expressão da vontade geral, a lei adquire um caráter sagrado, incontestável, inteiramente desvinculado de qualquer conteúdo axiológico; ela vale por si mesma. Idealizada como instrumento de proteção das liberdades individuais, acaba por colocar em risco essas mesmas liberdades, tornando-se instrumento de opressão.

Se a lei tem fundamento na vontade geral, só ela é que conta; quando o Estado estabelece uma lei, é porque quer manter a sociedade e ele deve fazê-lo o mínimo possível para atingir essa finalidade, sem ofender a liberdade do indivíduo. A liberdade de uns acabou por gerar a opressão de outros, até que começaram as reações em fins do século XIX, provocadas pelas desigualdades sociais resultantes da revolução industrial.

---

[13] *As grandes obras políticas de Maquiavel a nossos dias*. 1976:163-164.

2.3 A luta pelo bem comum no Estado Social de Direito

Com as teses individualistas, a liberdade de uns acabou por gerar a opressão de outros. A situação agravou-se com a Revolução Industrial, provocando profunda desigualdade social.

As reações começaram em fins do século XIX. Começa uma luta pelo *social*, na qual a Igreja representa papel dos mais relevantes. Na encíclica *Rerum Novarum*, de 15-5-1891, o Papa Leão XIII lembra que, na sociedade, patrões e empregados são destinados, por natureza, a se unirem harmoniosamente e a se manterem mutuamente em perfeito equilíbrio.

O Papa Pio XII, por sua vez, em 1941, também inspirado em Santo Tomás de Aquino, preocupa-se em atribuir ao Estado a proteção dos direitos da pessoa humana, dando-lhe os meios para que possa levar "uma vida digna, regular, feliz, segundo a lei de Deus".

Dentro da mesma linha, João XXIII dá, na encíclica *Pacem in Terris*, o seu conhecido conceito de bem comum, como "o conjunto das condições sociais que permitem tanto aos grupos como a cada um de seus membros, atingir a sua perfeição de maneira mais total e mais fácil".

Com tais ideias, o interesse público volta a identificar-se com o bem comum. O interesse público perde o caráter utilitário adquirido com o liberalismo e volta a revestir-se de aspectos axiológicos. A nova concepção revela preocupação com a dignidade do ser humano.

Marie-Pauline Deswarte[14] indica as características do bem comum:

1. ele se fundamenta na natureza humana, sendo por isso mesmo universal: ele considera um conjunto de valores humanos feitos de *direitos* e *deveres*, que não podem privilegiar uns em detrimento de outros;
2. ele deve ser adaptável segundo o progresso da época, dinâmico, voltado para o futuro, porque ele deve enraizar-se no concreto e oferecer aos indivíduos valores de ordem e de justiça; isso traz algumas consequências: (b.1) o interesse geral não é apanágio do Estado, porque cada indivíduo e cada pessoa jurídica tem uma parcela de responsabilidade social; (b.2) isto supõe que a sociedade não seja considerada como um sujeito à parte, transcendente, que fará cumprir a vontade do grupo; (b.3) isto supõe também que se trate de um verdadeiro bem, de conteúdo moral, e não de simples interesse utilitário, pois este gera o egoísmo;

---

[14] Intérêt général, bien commun. *Revue de Droit Public*, 5. 1988:1301 ss.

3. o bem comum é superior ao bem individual; a dignidade de todo homem quer que ele possa participar de um bem maior que seu próprio bem: é isto que o torna um ser social;
4. o bem comum é *fundamento* e *limitação* ao poder político; *fundamento*, porque o poder se constitui para atingir o bem comum; e *limitação*, porque, sendo seu objetivo o bem da pessoa humana, o Estado só deve intervir na esfera da liberdade individual, atendendo ao *princípio da subsidiariedade*, respeitando o equilíbrio entre a liberdade do indivíduo e a autoridade do Estado. Sempre que o indivíduo ou o grupo sozinhos possam agir, o Estado não deve intervir; o bem comum se exprime por meio da *lei*, não uma lei puramente formal, mas sim uma lei que atenda ao bem comum.

Essa concepção foi incorporada à Lei Fundamental da República Federal da Alemanha, promulgada em 8-5-1949. Na Introdução dessa Constituição, publicada pelo Departamento da Imprensa e Informação do Governo Federal de Bonn, de 1966, afirma-se que "suas normas não se esgotam com princípios sobre estrutura e função da organização pública. A Lei Fundamental é bem mais do que isso, um ordenamento de valores que reconhece na defesa da liberdade e da dignidade humana o seu mais elevado bem jurídico. Sua concepção do homem, contudo, não é a do indivíduo autocrático, mas a da personalidade integrada na comunidade e a esta vinculada de múltiplas formas. Como expressão de que seja tarefa do Estado servir ao ser humano, os direitos fundamentais abrem a Lei Fundamental.

É também a concepção presente na Constituição do Brasil, de 1988, que adota os princípios do Estado Social de Direito, fundado na dignidade da pessoa humana e nos valores sociais do trabalho e da livre iniciativa e confirmado no artigo 3º, que atribui à República, entre outros objetivos, o de garantir o desenvolvimento nacional, erradicar a pobreza e a marginalização e reduzir as desigualdade sociais e regionais, promover o bem de todos, sem preconceitos de origem, raça, sexo, cor, idade e quaisquer outras formas de discriminação; além disso, no Título VIII, a Constituição coloca como base da ordem social o primado do trabalho e como objetivo o bem-estar e a justiça sociais (art. 193), com normas voltadas para a seguridade social, educação, cultura, desportos, ciência e tecnologia, comunicação social, meio ambiente, família, criança, adolescente, idosos e índios. Essas normas, segundo concepção atualmente aceita, não têm caráter puramente programático, porque têm que ter um mínimo de efetividade decorrente da própria Constituição.

Por isso mesmo, quando a Constituição fala em dignidade da pessoa humana, ela não está levando em consideração o indivíduo isoladamente considerado, mas o indivíduo integrado na sociedade, que aspira pelo bem comum, do qual todos devem ter oportunidade de participar. Isto exige a atuação do Estado. E, quando o preâmbulo da Constituição fala em *sociedade pluralista*, ela quer uma sociedade em que todas as classes sociais participem do bem comum.

E a Constituição contém, implícita, a ideia de *participação* de todos nas riquezas sociais, quando contempla, por exemplo, a função social da propriedade, de modo a exigir que o direito individual de propriedade seja exercido de modo a garantir a todos o bem-estar social; quando prevê o caráter democrático da administração da seguridade social (saúde, previdência e assistência social), mediante gestão quadripartite, com participação dos trabalhadores, dos empregadores, dos aposentados e do Governo nos órgãos colegiados (art. 194, VII); quando determina a colaboração do Estado e da sociedade na educação (art. 205). Estes são apenas alguns exemplos da ideia de participação ou de democracia participativa.

Nesse tipo de concepção, o *interesse público* identifica-se com a ideia de *bem comum* e reveste-se, mais uma vez, de aspectos axiológicos, na medida em que se preocupa com a dignidade do ser humano.

Esse é o tipo de colocação que melhor se adapta à noção de *Estado Social de Direito*, que veio substituir o *Estado Liberal de Direito*. Nas palavras de Ernst Forsthoff,[15] "o Estado Social, à diferença do Estado autoritário e do Estado liberal de Direito, é um Estado que garante a subsistência e, portanto, é Estado de prestações e de redistribuição de riqueza... Desta maneira, o homem moderno não somente vive no Estado, mas do Estado. A perda do espaço vital dominado e das reservas existenciais que este encerra, entregam o indivíduo às mãos do Estado. Sente-se na dependência do Estado e transfere a ele a exigência de segurança e a garantia de sua existência, às quais não pode fazer frente devido à instabilidade de seu âmbito pessoal. Os Estados modernos têm todos oportunidade de responder a esta necessidade em grande medida, já que, de outro modo, as massas correm o risco de cair em uma crise de pânico de todo tipo, o que é politicamente muito perigoso, devido a essa angústia existencial".

Vale dizer que o Estado Social tem que assegurar aos indivíduos condições no campo da saúde, do trabalho, da educação, da moradia, da alimentação, que lhes permitam viver com dignidade e realizar plenamente a sua liberdade.

Na realidade, o interesse público, quando identificado com o bem comum, pode ser considerado princípio dos princípios, porque serve de fundamento ao próprio Estado; e serve de limite à sua atuação. Trata-se de interesse público no sentido de bem comum, o qual, nas palavras de Sainz Moreno,[16] "cumpre a função de harmonizar os interesses públicos contrapostos". Trata-se de interesse público dotado do caráter de indisponibilidade, porque não diz respeito nem à estrutura

---

[15] Problemas constitucionales del Estado Social. In: Vários autores. *El estado social*, 1986:49-50.

[16] Ob. cit., p. 317.

estatal, nem aos interesse privados. Lembra o mesmo autor, citando sentença proferida pelo Tribunal Supremo, em 21-11-1970, que "não são admissíveis pactos ou convenções que celebrados entre os particulares disponham de tais interesses como se de direitos privados se tratasse". E acrescenta que "só nesse sentido há que se entender a superioridade dos interesses públicos ou gerais sobre os interesses particulares. Não se trata de interesses distintos dos privados, senão de interesses que, sendo de todos, ninguém pode dispor deles como se fossem seus".

Hector Jorge Escola[17] coloca o tema de forma muito precisa, ao afirmar que "a noção de bem-estar geral... encontra seu correlato jurídico na ideia de 'interesse público', a qual pode ser concretizada, agora, sob o fundamento de que existe o interesse público quando, nele, uma maioria de indivíduos, e em definitivo, cada um pode reconhecer e extrair do mesmo seu interesse individual (Gordillo), pessoal, direto e atual ou potencial. O interesse público, assim entendido, é não só a soma de uma maioria de interesses coincidentes, pessoais, diretos, atuais ou eventuais, mas também o resultado de um interesse emergente da existência da vida em comunidade, no qual a maioria dos indivíduos reconhece, também, um interesse próprio e direto".

3 O interesse público como princípio jurídico

Ao lado do interesse público como princípio político, existe o interesse público como princípio jurídico. O primeiro, como visto, constitui a própria justificativa para a existência do Estado. Ele serve de critério, de fundamento e de inspiração à aplicação do direito. O segundo "cumpre a função de dar solução concreta a casos singulares".[18]

Nesse sentido, o princípio aparece mencionado em inúmeras leis que outorgam competências à Administração Pública; às vezes, não é mencionado de maneira expressa, mas é evidente que está presente de forma implícita. Nesses casos, trata-se de princípio a ser levado em consideração pelo agente público no momento de adotar soluções para os casos concretos que lhe são colocados. Em todas as suas decisões, a Administração Pública tem que levar em conta o interesse público. A Lei nº 9.784, de 29-1-99 (que regula o processo administrativo no âmbito da Administração Pública Federal) inclui o princípio do interesse público entre os princípios de observância obrigatória pela Administração Pública (art. 2º). No parágrafo único, incisos II e III, prevê a observância dos critérios de "atendimento a fins de

---

[17] *El interés público como fundamento del derecho administrativo*, 1989:31.

[18] Cf. Sainz Moreno, ob. cit., p. 318.

interesse geral, vedada a renúncia total ou parcial de poderes ou competências, salvo autorização em lei" e a "objetividade no atendimento do interesse público, veda a promoção pessoal de agentes ou autoridades".[19] Esse princípio desdobra-se em outros, como o da indisponibilidade do interesse público e o da supremacia do interesse público sobre o particular.

Veja-se que a Constituição, em inúmeras normas, prevê institutos fundados no princípio da supremacia do interesse público, mesmo no capítulo dos direitos fundamentais do homem. É o caso do princípio da *função social da propriedade*, previsto no artigo 5º da Constituição, que serve de fundamento para as desapropriações de caráter sancionatório (arts. 182 e 184) e que convive pacificamente com os princípios da propriedade privada e da livre concorrência, inseridos entre os princípios que têm por fim *"assegurar a todos existência digna, conforme os ditames da justiça social"* (art. 170). É o caso da requisição de propriedade particular pela autoridade competente *"no caso de perigo público iminente"* (art. 5º, XXV), da proteção do sigilo imprescindível à segurança da sociedade e do Estado (art. 5º, LXX), da ação popular (art. 5º, XXXIII). É o caso das ações coletivas para proteção do patrimônio público e social, do meio ambiente e de outros interesses difusos e coletivos (art. 129, III). No próprio título da ordem econômica, coexiste a proteção do interesse econômico individual com a proteção do interesse público: de um lado, a previsão da propriedade privada, da livre concorrência, da livre iniciativa, do tratamento favorecido para as empresas de pequeno porte, de outro, a justiça social, a função social da propriedade, a defesa do consumidor, a defesa do meio ambiente, a redução das desigualdades regionais e sociais (art. 170).

Em todos esses exemplos, trata-se do interesse público em sentido político; ele está presente de forma abstrata na Constituição, como critério orientador da atuação concreta a ser posta em prática pela Administração Pública e pela lei em que ela se funda. Porém, no momento de efetuar uma desapropriação, de fazer uma requisição, de efetuar um tombamento, de alterar ou rescindir unilateralmente um contrato, de revogar um ato administrativo válido, de defender o consumidor, o meio ambiente e outros interesses públicos, a Administração tem que avaliar a aplicação do princípio no caso concreto. Aí o interesse público aparece como conceito jurídico que tem que ser interpretado pela Administração diante da situação de fato que se lhe apresenta.

No âmbito do direito administrativo, o tema do interesse público é de grande relevância porque gera o seguinte questionamento: como conceito jurídico indeterminado, o interesse público gera discricionariedade administrativa?

---

[19] A Constituição do Estado de São Paulo, no artigo 111, também prevê expressamente o princípio do interesse público entre os princípios da Administração Pública.

4 A ideia de interesse público no direito administrativo

Costuma-se dizer que o direito administrativo nasceu das Revoluções que acabaram com o velho regime absolutista que vinha da Idade Média. Segundo Oswaldo Aranha Bandeira de Mello,[20] "constitui disciplina própria do Estado Moderno, ou melhor, do chamado Estado de Direito, porque só então se cogitou de normas delimitadoras da organização do Estado-poder e da sua ação, estabelecendo balizas às prerrogativas dos governantes nas suas relações recíprocas, e, outrossim, nas relações com os governados. Na verdade, o Direito Administrativo só se plasmou como disciplina autônoma quando se prescreveu processo jurídico para atuação do Estado-poder, através de programas e comportas na realização das suas funções".

Nas origens, o conteúdo do direito administrativo era bem restrito, porque no período do Estado liberal, é pequena a interferência do Estado no domínio da atividade privada, limitando-se apenas a alguns serviços essenciais e à manutenção da ordem pública. À medida que foi se transformando em Estado prestador de serviços, ele passou a desenvolver inúmeras atividades nas áreas da saúde, educação, assistência e previdência social, sempre com o objetivo de promover o bem-estar geral. Cresce a máquina estatal e o campo de incidência da burocracia administrativa. O próprio conceito de serviço público amplia-se, porque o Estado assume e submete a regime jurídico publicístico atividades antes reservadas aos particulares. Além disso, a substituição do Estado liberal, baseado na livre iniciativa, pelo Estado-Providência ampliou, em muito, a atuação estatal no domínio econômico, criando novos instrumentos de ação do poder público, quer para disciplinar e fiscalizar a iniciativa privada, com base no poder de polícia do Estado, quer para exercer atividade econômica, diretamente, na qualidade de empresário.

Nascendo com o Estado liberal, o direito administrativo impregnou-se, em parte, do cunho individualista que dominava as várias ciências humanas, inclusive o direito. Mas, paradoxalmente, o direito administrativo trouxe em si traços de autoridade, de supremacia sobre o indivíduo, com vistas à consecução de fins de interesse público.

Como diz Garrido Falla,[21] "é curioso observar que fosse o próprio fenômeno histórico-político da Revolução Francesa o que tenha dado lugar simultaneamente a dois ordenamentos distintos entre si: a ordem jurídica individualista e o regime administrativo. O regime individualista foi se alojando no campo do direito civil, enquanto o regime administrativo formou a base do direito público administrativo".

---

[20] *Princípios gerais de direito administrativo*, 1979, v. I:52.
[21] *Las transformaciones del régimen administrativo*, 1962:44-45.

Já realçamos esse aspecto em outra oportunidade, quando afirmávamos[22] que o direito administrativo nasceu e desenvolveu-se baseado em duas ideias opostas: de um lado, a da *proteção aos direitos individuais* diante do Estado, que serve de fundamento ao princípio da legalidade, um dos esteios do Estado de Direito; de outro lado, a da necessidade de *satisfação de interesses públicos*, que conduz à outorga de prerrogativas e privilégios para a Administração Pública, quer para limitar o exercício dos direitos individuais em benefício do bem-estar coletivo (poder de polícia), quer para a prestação de serviços públicos. Daí a bipolaridade do direito administrativo: liberdade do indivíduo e autoridade da Administração; restrições e prerrogativas. Para assegurar-se a liberdade, sujeita-se o Estado à observância da lei; é a aplicação, ao direito público, do princípio da legalidade. Para assegurar-se a autoridade da Administração Pública, necessária à consecução de seus fins, são-lhe outorgadas prerrogativas e privilégios que lhe permitem assegurar a *supremacia do interesse público sobre o particular*.

Esses são os dois princípios básicos do direito administrativo desde as suas origens. Só que eles não permaneceram estáticos no decurso do tempo. Eles acompanharam as transformações do Estado e assumiram nova feição no momento atual. Assim como o princípio da legalidade saiu de uma fórmula rígida e formalista, própria do Estado legal, e chegou a uma fórmula muito mais ampla que se ajusta ao Estado de Direito propriamente dito, também o princípio do interesse público começou como proposição adequada ao Estado *liberal*, não intervencionista, e assume cunho diverso, para adaptar-se ao Estado *social* e *democrático* de direito, hoje adotado na Constituição brasileira.

Isto significa que, em sua fase inicial, o interesse público a ser protegido pelo direito administrativo era aquele de feição utilitarista, inspirado nas doutrinas contratualistas liberais do século XVIII e reforçadas pelas doutrinas de economistas como Adam Smith e Stuart Mill. O direito administrativo tinha que servir à finalidade de proteger as liberdades individuais como instrumento de tutela do bem-estar geral.

Com o *Estado Social*, o interesse público a ser alcançado pelo direito administrativo humaniza-se, na medida em que passa a preocupar-se não só com os bens materiais que a liberdade de iniciativa almeja, mas com valores considerados essenciais à existência digna; quer-se liberdade com dignidade, o que exige maior intervenção do Estado para diminuir as desigualdades sociais e levar a toda a coletividade o bem-estar social. O *interesse público*, considerado sob o aspecto político, reveste-se de um aspecto ideológico e se aproxima da ideia de *bem comum*.

É para o interesse público, assim entendido, que converge o direito administrativo e, em consequência, toda a atividade desenvolvida pela Administração Pública.

---

[22] Maria Sylvia Zanella Di Pietro. *Do direito privado na Administração Pública*, 1989:71.

Como diz Escola,[23] "a afirmação do sentido teleológico do direito administrativo dá lugar a que se entenda que se este direito realmente restringe e limita, ele o faz para possibilitar e assegurar o interesse próprio de cada um de nós, como indivíduos e como componentes de uma comunidade, e serve para fundar um sistema protetor de nossas liberdades e direitos contra os possíveis avanços injustificados de um poder público concebido para preservá-los e não para desconhecê-los". Essa concepção é que permitirá "o ressurgimento do indivíduo, como centro de liberdades e direitos, através da sociedade em que vive e à qual não deseja renunciar, que deve procurar permitir-lhe gozar efetivamente desses direitos e liberdades, em um jogo de razoável e justa conveniência".

O princípio do interesse público está presente tanto no momento da *elaboração da lei*, como no da sua *execução* em concreto pela Administração Pública. Ele inspira o legislador e vincula a autoridade administrativa em toda a sua atuação.

Quanto à sua influência sobre o legislador, anote-se que uma das diferenças que se costuma fazer entre o direito privado e o público (e que vem desde o direito romano) é precisamente a que leva em conta o interesse que se tem em vista proteger; o direito privado contém normas de interesse individual e, o direito público, normas de interesse público. O critério é, evidentemente, criticável, porque existem normas de direito privado que objetivam defender o interesse público (como as concernentes ao direito de família) e normas de direito público que defendem também interesses individuais (como as normas de segurança, saúde pública, censura, normas em geral atinentes ao poder de polícia do Estado e disposições contidas no capítulo da Constituição consagrado aos direitos humanos fundamentais).

Apesar das críticas a esse critério, que realmente não é absoluto, algumas verdades permanecem: em primeiro lugar, as normas de direito público, embora protejam reflexamente o interesse individual, têm o objetivo primordial de atender ao interesse público, ao bem-estar geral. Além disso, pode-se dizer que o direito público somente começou a desenvolver-se quando, depois de superados o primado do direito civil (que durou muitos séculos) e o individualismo que tomou conta dos vários setores da ciência, inclusive a do Direito, substituiu-se a ideia do homem como fim único do direito pelo princípio que hoje serve de fundamento para todo o direito público e que vincula a Administração em todas as suas decisões: o de que *os interesses públicos têm supremacia sobre os individuais*.

Além de inspirar o legislador, inclusive na criação de novos institutos, o princípio vincula a Administração Pública ao aplicar a lei, no exercício da função administrativa. Assim é que, se a lei dá à Administração os poderes de desapropriar, de requisitar, de intervir, de policiar, de punir, é porque tem em vista atender ao

---

[23] *El interés público como fundamento del derecho administrativo*. 1989:32.

interesse público. Em consequência, se, ao usar desses poderes, a autoridade administrativa objetiva prejudicar um inimigo político, beneficiar um amigo, conseguir vantagens pessoais para si ou para terceiros, estará fazendo prevalecer o interesse individual sobre o interesse público e, em consequência, estará praticando ato ilegal, por desvio de poder.

5 Delimitação do princípio da supremacia do interesse público no direito administrativo

5.1 *Da inaceitável generalização de seu conteúdo*

Como realçado no início deste capítulo, muitas críticas vêm sendo feitas ao princípio da supremacia do interesse público, ou por sua indeterminação, ou por sua incompatibilidade com os direitos fundamentais, ou por falta de fundamentação jurídica. Daí a necessidade de delimitação do princípio no âmbito do direito admninistrativo.

Há de se ressaltar, em primeiro lugar, que a ideia de interesse público *sempre* predominante sobre o particular jamais teve aplicação (a não ser, talvez, em regimes totalitários).

Em verdade, existe uma tendência a generalizar excessivamente determinados atributos do regime jurídico administrativo, que não correspondem à verdade.

Fala-se, por exemplo, nos atributos da imperatividade e da autoexecutoriedade dos atos administrativos como se fossem aplicáveis a todos os atos administrativos. No entanto, é sabido que nem todos os atos administrativos têm esses atributos. Os chamados *atos negociais* não são imperativos. Do mesmo modo, atos autoexecutórios são apenas aqueles a que a lei confere esse atributo ou aqueles de que a Administração tem que se socorrer em situações de emergência (aliás, por razões de interesse público).

Também se diz que, pelo princípio da legalidade, a Administração Pública só pode fazer o que a lei permite, o que também não corresponde inteiramente à verdade, até porque a lei não tem condições de prever todas as situações possíveis de ocorrer e apontar as respectivas decisões. O importante é extrair do ordenamento jurídico o fundamento para as decisões administrativas. Não é por outra razão que se fala em poderes implícitos e explícitos; também não é por outra razão que se reconhece à Administração Pública certa margem de discricionariedade para decidir segundo critérios de oportunidade e conveniência; e também não é por outra razão que o princípio da legalidade tem hoje uma amplitude muito maior do que em suas origens, porque abrange, não apenas a lei, mas também os atos normativos do Executivo e Judiciário, além dos princípios e valores previstos implícita ou explicitamente no ordenamento jurídico.

O mesmo ocorre com o princípio da supremacia do interesse público. Ele está na base de todas as funções do Estado e não só da função administrativa. Por isso mesmo, ele constitui fundamento essencial de todos os ramos do direito público. Para ficarmos apenas com o direito administrativo, podemos dizer que o princípio da supremacia do interesse público está na base dos quatro tipos de atividade que se compreendem no conceito de *função administrativa* do Estado: *serviço público, fomento, intervenção* e *polícia administrativa*. E para quem considera a *regulação* como nova modalidade de função administrativa do Estado, é possível afirmar, sem receio de errar, que o princípio do interesse público também está na base desse tipo de atividade e faz parte de seu próprio conceito.

Senão vejamos.

Com relação ao *serviço público*, pode-se dizer que ele é *público*, em dois sentidos: porque é de titularidade do Estado e porque é prestado para atender ao interesse público (representado pelas necessidades coletivas essenciais). Tanto isso é verdade que, ao definir-se o serviço público, costuma-se apontar três aspectos: o *subjetivo* (titularidade do Estado), o *objetivo* (atendimento ao interesse público) e o *formal* (submissão a normas de direito público).

Note-se que nos dois momentos históricos em que se falou em crise na noção de serviço público, não foi o elemento objetivo, pertinente ao interesse público, que se colocou em risco. No primeiro momento, criticou-se o elemento subjetivo e o formal, pelo reconhecimento de que nem sempre o serviço público é prestado diretamente pelo Estado; pode ser prestado por particulares, sob regime privado (ainda que em grande parte derrogado por normas de direito público). No segundo momento (o atual), ainda é o elemento subjetivo que sofre ataques, em decorrência da falsa ideia de que a existência de atividades de titularidade exclusiva do Estado é incompatível com os princípios da liberdade de iniciativa e de livre competição. No entanto, essa ideia, que levou à supressão do conceito de serviço público nos países membros da Comunidade Europeia, acabou por retroceder parcialmente, pela imposição, a empresas privadas, das chamadas **obrigações de serviço público**. O que ocorreu foi a prevalência do princípio da supremacia do interesse público, ou seja, da ideia (que inspirou a criação do instituto do serviço público, no direito francês) de que determinadas necessidades coletivas têm que ser prestadas com o caráter de universalidade, gratuidade, continuidade, ainda que exercidas por particulares.

Nem se pode aceitar como válida a ideia de que a existência de serviço público exclusivo do Estado conflita com os princípios da livre iniciativa e da livre competição. É perfeitamente possível a convivência, no âmbito constitucional, da livre iniciativa, de um lado, como regra geral, e, de outro, a reserva de determinadas atividades à titularidade exclusiva do Estado. Trata-se de opção do legislador constituinte. Ele é que vai decidir quais as atividades que, por sua relevância, têm que ser subtraídas à livre iniciativa. Essas duas ideias sempre conviveram nas várias Constituições brasileiras.

O princípio do interesse púbico também constitui o próprio fundamento da atividade de *fomento*, pela qual o Estado subsidia, incentiva, ajuda a iniciativa privada, exatamente por considerar que o particular merece essa ajuda porque está exercendo atividades que atendem às necessidade coletivas, paralelamente ao Estado.

A proteção do interesse público também se constitui em fundamento do *poder de polícia* do Estado e da atividade de *intervenção indireta no domínio econômico* (esta última como manifestação do poder de polícia exercido na área econômica). Por meio dessas atividades, o Estado impõe restrições ao exercício de direitos individuais para beneficiar o interesse da coletividade. E a própria *intervenção direta* no domínio econômico (pelo exercício de atividade econômica pelo Estado, por meio de empresas estatais) também tem por objetivo o interesse público, seja para proteger a segurança nacional, seja para proteger "*relevante interesse coletivo*", tal como previsto expressamente na Constituição (art. 173, *caput*). Trata-se de hipóteses em que a própria Constituição está dando fundamento para que o interesse público (ainda que de natureza econômica) prevaleça sobre o particular.

Também na atividade de *regulação*, o objetivo de proteção do interesse público está presente. Para utilizar um conceito de Vital Moreira, pode-se definir a regulação como "*o estabelecimento e a implementação de regras para a atividade econômica destinadas a garantir o seu funcionamento equilibrado, de acordo com determinados objetivos públicos*".[24] Embora o autor considere apenas a *regulação econômica*, ele introduz no conceito a presença dos *objetivos públicos*.

Quando se considera a *regulação social*, o conceito de regulação econômica não se adapta inteiramente, porque a finalidade não é de ordem econômica. Nesse caso, em que a regulação abrange a fixação de regras de conduta e controle (nas áreas de saúde, ensino, assistência etc.), o objetivo é mais amplo, porque diz respeito à organização dos vários aspectos da vida social, também para proteger o interesse público.

A defesa do interesse público corresponde ao próprio fim do Estado. O Estado tem que defender os interesses da coletividade. Tem que atuar no sentido de favorecer o bem-estar social. Para esse fim, tem que fazer prevalecer o interesse público em detrimento do individual, *nas hipóteses agasalhadas pelo ordenamento*

---

[24] *Auto-regulação profissional e administração pública*, 1997.

jurídico. Negar a existência do princípio da supremacia do interesse público é negar o próprio papel do Estado.

Conforme mencionado no item 3 deste capítulo, a Constituição é rica em institutos fundados no princípio da supremacia do interesse público, mesmo no capítulo dos direitos fundamentais do homem. É o caso do princípio da *função social da propriedade*, previsto no artigo 5º da Constituição, que serve de fundamento para desapropriações de caráter sancionatório (arts. 182 e 184) e que convive pacificamente com os princípios da propriedade privada, da livre concorrência, inseridos entre os princípios que têm por fim *"assegurar a todos existência digna, conforme os ditames da justiça social"* (art. 170). É o caso da requisição de propriedade particular pela autoridade competente *"no caso de perigo público iminente"* (art. 5º, XXV), da proteção do sigilo imprescindível à segurança da sociedade e do Estado (art. 5º, XXXIII), do mandado de segurança coletivo (art. 5º, LXX), da ação popular (art. 5º, LXXIII). É o caso das ações coletivas para proteção do patrimônio público e social, do meio ambiente e de outros interesses difusos e coletivos (art. 129, III). No próprio título da ordem econômica, coexiste a proteção do interesse econômico individual com a proteção do interesse público: de um lado, a previsão da propriedade privada, da livre concorrência, da livre iniciativa, do tratamento favorecido para as empresas de pequeno porte, de outro, a justiça social, a função social da propriedade, a defesa do consumidor, a defesa do meio ambiente, a redução das desigualdades regionais e sociais (art. 170). Confira-se ainda o capítulo da política urbana, onde se encontra a ideia de *função social da cidade e de bem-estar de seus habitantes* (art. 182). É o interesse público que se procura defender com a norma do artigo 192, quando se estabelece que o sistema financeiro nacional deve ser estruturado de forma a promover o desenvolvimento equilibrado do País e a servir aos interesses da coletividade. Por sua vez, o título pertinente à ordem social começa com a regra de que o seu objetivo é o bem-estar e a justiça sociais (art. 193). O artigo 225 coloca o meio ambiente ecologicamente equilibrado como direito de todos e o define como bem de uso comum do povo.

São inúmeras as hipóteses em que o direito individual cede diante do interesse público. E isso não ocorre por decisão única da Administração Pública. Ocorre porque a Constituição o permite, a legislação o disciplina e o direito administrativo o aplica. A proteção do interesse público, mesmo que feita em detrimento do interesse particular, é possível porque o ordenamento o permite e outorga os instrumentos à Administração Pública.

5.2 Da indeterminação do conceito de interesse público

A *indeterminação do conceito de interesse público* não pode servir de empecilho à aplicação das normas constitucionais. Sendo conceitos jurídicos, são passíveis de interpretação. Existe hoje toda uma doutrina dos conceitos jurídicos indeterminados, exatamente para permitir ao intérprete a sua definição e ampliar a possibilidade de controle judicial sobre os atos administrativos.[25]

Se a indeterminação do conceito de interesse público fosse empecilho para sua aplicação, o mesmo ocorreria com inúmeros outros princípios constitucionais, como os da moralidade, eficiência, razoabilidade, segurança jurídica e tantos outros. As ideias de utilidade pública, interesse social, perigo iminente e outras semelhantes, de que são ricos todos os ramos do direito, ficariam sem aplicação.

Além disso, nem sempre a ideia de interesse público tem sentido indeterminado. Existem diferentes graus de indeterminação. Quando se considera o interesse público como sinônimo de bem comum, ou seja, como fim do Estado, a indeterminação atinge o seu grau mais elevado. Essa indeterminação diminui quando o princípio é considerado nos diferentes ramos do direito, porque cada qual tem em vista proteger valores específicos. Também diminui quando se consideram os diferentes setores de atuação do Estado, como saúde, educação, justiça, segurança, transportes, cada qual com um interesse público delimitado pela Constituição e pela legislação infraconstitucional. A indeterminação ainda se restringe de forma mais intensa em relação a determinados institutos, como, exemplificativamente, os contratos administrativos, as diferentes formas de intervenção na propriedade e na economia, as licitações. Não se pode dizer que seja indeterminado o interesse público presente na rescisão unilateral de um contrato administrativo que cause danos ao meio ambiente, ao consumidor ou ao patrimônio público; ou que seja indeterminado o interesse público inspirador de um tombamento ou de uma desapropriação; ou que seja indeterminado o interesse público a ser protegido em um procedimento de licitação. Em todos esses exemplos, é o princípio da supremacia do interesse público, em sentido jurídico, que está na base da atuação administrativa. Não o princípio aplicado livremente pela Administração, mas o princípio aplicado pela forma como está delimitado pelo ordenamento jurídico.

Seria de difícil aplicação o princípio se deixado inteiramente à apreciação da Administração Pública. Mas não é o que ocorre, porque o princípio tem que ser aplicado em consonância com os demais princípios administrativos, em especial o da legalidade.

Nem tem sentido discutir se o interesse público corresponde ou não à soma dos interesses individuais. Como visto no item 2.2 deste capítulo, nasceu com Rousseau a ideia de interesse geral diverso da soma dos interesses individuais. Ideia diferente encontra-se em Hector Jorge Escola, em obra que trata especificamente do

---

[25] V. item 5.3.

interesse público como fundamento do direito administrativo.[26] Afirma ele que "*existe interesse público quando, nele, uma maioria de indivíduos, e em definitivo, cada um pode reconhecer e extrair do mesmo seu interesse individual, pessoal, direto e atual ou potencial. O interesse público, assim entendido, é não só a soma de uma maioria de interesses coincidentes, pessoais, diretos, atuais ou eventuais, mas também o resultado de um interesse emergente da existência da vida em comunidade, no qual a maioria dos indivíduos reconhece, também, um interesse próprio e direto*".

É difícil ocorrer que todos os indivíduos tenham interesse comum, cuja soma corresponda a um interesse público único. Talvez por isso Hector Escola fale em "*maioria de indivíduos*". Pode nem ser a maioria de indivíduos. Pode haver interesses públicos conflitantes, como ocorre com a construção de rodovias e de usinas nucleares, cujo interesse, em regra, conflita com o interesse na proteção do meio ambiente. Nesse caso, cabe à Administração Pública decidir, motivadamente, em decisão passível de controle judicial, qual o interesse a proteger.

O importante é que existem interesses públicos que merecem a proteção do Estado, ainda que em detrimento de interesses individuais. É do ordenamento jurídico que se extrai o conteúdo do interesse público e quais os interesses públicos a proteger. Interesses públicos, correspondentes ou não à soma de interesses individuais, sempre existiram e sempre vão existir, a menos que se queira negar o papel do Estado como garantidor do bem comum.

5.3 *A supremacia do interesse público em confronto com os direitos fundamentais: a ponderação de interesses*

O princípio da supremacia do interesse público, ao contrário do que se afirma, não coloca em risco os direitos fundamentais do homem. Pelo contrário, ele os protege. Veja-se que o direito administrativo nasceu justamente no período do Estado liberal, cuja preocupação maior era a de proteger os direitos individuais frente aos abusos do poder. Protegeu tanto a liberdade, que acabou por gerar profunda desigualdade social, porque, afinal, os homens não nascem tão livres e iguais como pretendia Rousseau e foi afirmado no artigo 1º da Declaração dos Homens e do Cidadão de 1789.

O princípio do interesse público desenvolveu-se com o Estado Social de Direito. E não como um interesse público único. Ele nasceu para proteger os vários interesses das várias camadas sociais. Ele não afetou os direitos individuais. Pelo contrário, paralelamente a esse princípio nasceram os direitos sociais e econômicos.

---

[26] *El interés público como fundamento del derecho administrativo*, 198:31.

Por isso mesmo, o direito administrativo se caracteriza pelo binômio autoridade-liberdade. A Administração Pública tem que ter prerrogativas que lhe garantam a autoridade necessária para a consecução do interesse público. Ao mesmo tempo, o cidadão tem que ter garantias de observância de seus direitos fundamentais contra os abusos do poder.

Esse binômio – *autoridade* e *liberdade* – está presente em todos os institutos do direito administrativo. Na evolução desse ramo do direito, pode o pêndulo do relógio pender mais para um lado do que para o outro. O ideal é que haja um equilíbrio entre ambos.

Por isso se fala em princípio da razoabilidade. Porém, falar em razoabilidade não implica negar o princípio do interesse público. A razoabilidade exige relação, proporção, adequação entre *meios* e *fins*. Quais fins? Os que dizem respeito ao interesse público.

A exigência de razoabilidade – que está sendo apontada por alguns pretensos inovadores – está presente desde longa data na aplicação do princípio da supremacia do interesse público. Se forem consultados livros de direito administrativo, vai-se encontrar a afirmação, desde longa data, de que o poder de polícia (cuja própria razão de ser decorre do princípio da supremacia do interesse público) tem as características da *necessidade*, da *eficácia* e da *proporcionalidade*.

Isto não é novidade. Isto é doutrina velha, que se conserva nova, atual, porque é indispensável para a busca do equilíbrio entre o direito individual e o interesse público. Isto já tem sido aplicado pela jurisprudência desde longa data, mesmo quando não se invoca a expressão razoabilidade. O antigo Tribunal Federal de Recursos, extinto há quase 20 anos, é rico na aplicação do princípio.[27]

Não há dúvida de que qualquer conceito jurídico indeterminado (não apenas o de interesse público), ao ser aplicado aos casos concretos, exige ponderação de interesses, avaliação de custo-benefício, utilização de critérios de interpretação, na tentativa de diminuir ou mesmo de acabar com a indeterminação e encontrar a solução mais adequada.

6 Distinções necessárias

6.1 Interesse público e interesse da Administração Pública

Algumas ideias são essenciais para a noção de interesse público.

---

[27] Cf. Carlos Roberto de Siqueira Castro, *O devido processo legal e a razoabilidade das leis na nova Constituição do Brasil*, 1989:192 ss.

Em primeiro lugar, não se pode dizer que o interesse público seja sempre aquele próprio da Administração Pública; embora o vocábulo *público* seja equívoco, pode-se dizer que, quando utilizado na expressão *interesse público*, ele se refere aos beneficiários da atividade administrativa e não aos entes que a exercem. A Administração Pública não é a titular do interesse público, mas apenas a sua guardiã; ela tem que zelar pela sua proteção. Daí a *indisponibilidade* do interesse público.

Cirne Lima,[28] dizendo ser a palavra *administração* designativa da atividade de quem não é proprietário, de quem não é senhor absoluto, faz a seguinte distinção: "Propriedade *lato sensu* pode dizer-se o direito que vincula à nossa vontade ou à nossa personalidade um bem determinado em todas as suas relações. Opõe-se a noção de administração à de propriedade, visto que, sob administração, o bem se não entende à vontade ou personalidade do administrador, porém à finalidade a que essa vontade deve servir".

Se a Administração não é titular dos interesses que administra, ela não pode deles dispor; nas palavras de Celso Antônio Bandeira de Mello,[29] "sendo interesses qualificados como próprios da coletividade – internos ao setor público – não se encontram à livre disposição de quem quer que seja, por inapropriáveis. O próprio órgão administrativo que os representa não tem disponibilidade sobre eles, no sentido de que lhe incumbe apenas curá-lo – o que é também um dever – na estrita conformidade do que predispuser a *intentio legis*".

Precisa, a respeito do assunto, é a lição de Renato Alessi,[30] com a sua distinção, baseada em Carnelutti, entre interesses *primários* e *secundários*: "Estes interesses públicos, coletivos, cuja satisfação está a cargo da Administração, não são simplesmente o interesse da Administração entendida como 'aparato organizativo', mas o que se chamou de interesse coletivo *primário*, formado pelo conjunto de interesses individuais preponderantes em uma determinada organização jurídica da coletividade, enquanto o interesse do aparelhamento (se é que se pode conceber um interesse do aparelhamento unitariamente considerado) seria simplesmente um dos interesses secundários que se fazem sentir na coletividade, e que podem ser realizados somente em caso de coincidência com o interesse coletivo primário e dentro dos limites de dita coincidência. A peculiaridade da posição da Administração Pública reside precisamente nisto, em que sua função consiste na realização do interesse coletivo, público, primário."

---

[28] *Princípios de direito administrativo*, 1982:20.

[29] *Curso de direito administrativo*, 2000:34.

[30] *Instituciones de derecho administrativo*, t. I, 1970:184-185.

Vale dizer que, em caso de conflito, o interesse público primário deve prevalecer sobre o interesse público secundário, que diz respeito ao aparelhamento administrativo do Estado.

6.2 Interesse público e interesse comum

Não se pode também dizer que o interesse público coincida sempre com o interesse da totalidade dos cidadãos que compõem determinada comunidade, uma vez que os interesses são, em regra, conflitantes. Em um Estado que adota, a partir do preâmbulo da Constituição, a ideia de uma sociedade *pluralista*, está afirmada a existência de diversidade de opiniões, de ideais, de culturas, de religião, de classes sociais, cada qual com seus próprios interesses. Como diz José Afonso da Silva,[31] "optar por uma sociedade *pluralista* significa acolher uma sociedade conflitiva, de interesses contraditórios e antinômicos. O problema do pluralismo está precisamente em construir o equilíbrio entre as tensões múltiplas e por vezes contraditórias, em conciliar a sociabilidade e o particularismo, em administrar os antagonismos e evitar decisões irredutíveis".

Assim, quando se diz que a Administração Pública deve observar o interesse público, não significa que deve atender ao interesse comum a todos os cidadãos, porque isto seria difícil, senão impossível. Ela deve atuar, justificadamente, de modo a beneficiar uma coletividade de pessoas que tenham interesses comuns, ainda que esses interesses não correspondam à soma de todos os interesses individuais; como diz Hector Jorge Escola,[32] o interesse público "é não só a soma de uma maioria de interesses individuais coincidentes, pessoais, diretos, atuais ou eventuais, como também o resultado de um interesse emergente da existência da vida em comunidade, no qual a maioria dos indivíduos reconhece, também, um interesse próprio e direto". Vale dizer que o interesse público é um interesse despersonalizado.

Em certos tipos de atividade, determinados indivíduos podem ter interesse direto e pessoal em alguns serviços, como transportes, por exemplo, já que dele dependem na sua vida cotidiana. Às vezes, esse interesse é atual, como o que acaba de ser citado; outras vezes é *eventual*, como o serviço de saúde, de segurança, de defesa nacional; mas nem por isso deixa de ser interesse público que emerge da vida em sociedade.

6.3 Interesse público, interesse coletivo e interesse difuso

A expressão *interesse público*, em sentido amplo, constitui o gênero que compreende várias modalidades: o *interesse geral*, afeto a toda a sociedade; o *interesse*

---

[31] *Curso de direito constitucional positivo*, 1990:127.

[32] *Tratado integral de los contratos administrativos*, v. I, 1977:127.

difuso, pertinente a um grupo de pessoas caracterizadas pela indeterminação e indivisibilidade; e o *interesse coletivo*, que diz respeito a um grupo de pessoas determinadas ou determináveis.

No direito brasileiro, a necessidade de distinguir interesse público, interesse coletivo e interesse difuso decorre da existência de determinados institutos jurídicos de proteção aos interesses metaindividuais, ou seja, aos que transcendem a esfera dos direitos individuais.

O interesse coletivo diz respeito ao agrupamento de pessoas determinadas ou determináveis, que se unem precisamente porque têm algum tipo de interesse comum. Segundo ensinamento de Ada Pellegrini Grinover,[33] "por *interesses coletivos* entendem-se os interesses comuns a uma coletividade de pessoas e apenas a elas, mas ainda repousando sobre um vínculo jurídico definido que as congrega. A sociedade comercial, o condomínio, a família dão margem ao surgimento de interesses comuns, nascidos em função da relação-base que congrega seus componentes, mas não são confundidos com os interesses individuais".

Significa dizer que uma das características do interesse coletivo é precisamente a base jurídica sobre a qual se apoia o agrupamento.

Lúcia Valle Figueiredo[34] indica, além da "relação-base de fundo", mais algumas características do interesse coletivo, como a *impossibilidade de ser fruído individualmente com exclusividade e a disponibilidade relativa*.

Quanto à primeira característica, o que se verifica é que, ainda que o titular do interesse possa exercê-lo individualmente, não poderá fazê-lo de forma exclusiva, já que os outros titulares usufruem do mesmo direito.

Além disso, os interesse coletivos são, *em regra*, indisponíveis, mas em determinadas situações tornam-se disponíveis, podendo ser objeto até de transação; é o que ocorre quando as decisões de determinada coletividade são tomadas por maioria de votos.

O interesse coletivo nem sempre corresponde à somatória dos interesses individuais; embora as pessoas se unam precisamente para melhor proteger seus direitos individuais, uma vez constituído o agrupamento, pode dele emergir um interesse coletivo com características próprias e que não existiria se não surgisse o agrupamento.

Já no *interesse difuso*, inexiste uma relação-base jurídica que una as pessoas; trata-se de grupo de interesses também metaindividuais, "reduzindo-se o vínculo entre as pessoas a fatores conjunturais ou extremamente genéricos, a dados de fato

---

[33] *O processo em sua unidade* – II, 1984:89.

[34] *Direitos difusos e coletivos*, 1989:12-14.

frequentemente acidentais e mutáveis: habitar a mesma região, consumir o mesmo produto, viver sob determinadas condições socioeconômicas, sujeitar-se a determinados empreendimentos etc. Trata-se de interesses espalhados e informais à tutela de necessidades, também coletivas, sinteticamente referidas à 'qualidade de vida'. E essas necessidades e esses interesses de massa sofrem constantes investidas, frequentemente também de massa, contrapondo grupo *versus* grupo, em conflitos que se coletivizam em ambos os polos".[35]

Lúcia Valle Figueiredo aponta como características dos interesses difusos a *indivisibilidade* (porque dizem respeito a todos e a cada um, como o patrimônio ecológico, o meio ambiente hígido, as paisagens notáveis, as reservas ecológicas), a *indeterminação dos indivíduos* que deles se beneficiam e a *indisponibilidade* (já que não há um titular identificável com poderes para dele dispor).

Ada Pellegrini Grinover aponta também essas características e ressalta o aspecto do conflito entre interesses difusos e a necessidade de uma solução pacífica. Afirma ela que "exatamente por sua configuração coletiva e de massa, caracterizam-se (os interesses difusos) por uma conflituosidade, também de massa, que não se coloca no clássico contraste indivíduo *versus* autoridade, mas que é típica das escolhas políticas... Ao grupo titular de um interesse costuma-se contrapor o interesse de outro grupo. O interesse à contenção dos custos de produção e dos preços contrapõe-se ao interesse à criação de novos postos de trabalho, à duração dos bens colocados no comércio etc. O interesse à preservação das belezas naturais contrapõe-se ao interesse da indústria edilícia, ou à destinação das áreas verdes a outras finalidades... A maneira de resolver tais conflitos é criar novos tipos de *participação*, o que se dá por meio dos chamados corpos intermediários, como as particulares associações para defesa dos direitos civis, associações de consumidores, de defesa do meio ambiente, de amigos do bairro etc.; isto tudo além de atribuir-se ao Ministério Público também a função institucional de proteger esse tipo de interesse".

Embora se faça essa distinção entre interesse coletivo e interesse difuso, constituem, ambos, modalidades de interesse público, já que em todas as hipóteses configuradas trata-se de interesse emergente da vida em comunidade, que nem sempre corresponde à soma dos interesses individuais, mas no qual a maioria dos indivíduos reconhece um interesse próprio e direto. Por outras palavras, em todas as hipóteses de interesse público, seja geral, coletivo ou difuso, emerge da vida em sociedade o reconhecimento da necessidade de sua proteção.

---

[35] Cf. Ada Pellegrini Grinover. *O processo em sua unidade* – II, 1984:89-90.

7 Controle judicial do interesse público

A distinção feita no item anterior tem fundamental importância, tendo em vista que se criaram institutos específicos de proteção dos interesses coletivos e interesses difusos na esfera judicial. O direito brasileiro instituiu três tipos de ações para proteção desses tipos de interesse: a ação popular, o mandado de segurança coletivo e a ação civil pública, que fogem aos esquemas tradicionais do direito de ação, estruturado para proteger o direito individual. Nas três modalidades de ação, o que se protege são os interesses metaindividuais: pela ação popular, prevista no artigo 5º, LXXIII, da Constituição Federal, o interesse geral (patrimônio público e moralidade administrativa) ou determinados interesses difusos (patrimônio histórico e cultural e meio ambiente); pela ação pública, referida no artigo 129, III, da Constituição, protegem-se o patrimônio público e social, o meio ambiente e outros interesses difusos e coletivos; pelo mandado de segurança coletivo, instituído pelo artigo 5º, LXX, também da Constituição, pode-se proteger o interesse geral, cuja tutela esteja inserida entre as atribuições dos partidos políticos, ou o interesse coletivo das organizações sindicais, entidades de classe ou associações legalmente constituídas.

Afora essas hipóteses, em que as ações têm por objeto precípuo provocar a função jurisdicional para a proteção do interesse público, ainda o mesmo objeto pode ser alcançado, indiretamente, por meio de ações em que o objeto seja proteger o direito individual. Isto ocorre naquelas hipóteses em que os administrados são lesados por atos da Administração praticados com desvio de poder, definido no artigo 2º, parágrafo único, alínea "e", da Lei nº 4.717, de 29-6-1965, como aquele que se verifica quando "o agente pratica o ato visando a fim diverso daquele previsto, explícita ou implicitamente, na regra de competência".

O conceito legal está incompleto. Quando se fala em *finalidade* do ato administrativo como um dos elementos essenciais à sua própria existência e validade, consideram-se dois sentidos: 1) em sentido amplo, corresponde a um resultado de interesse público; nesse sentido se diz que o ato administrativo tem que ter sempre finalidade pública, ou seja, tem que atender ao interesse público; 2) em sentido estrito, finalidade é o resultado específico que cada ato deve produzir, conforme definido na lei; nesse sentido se diz que a finalidade do ato administrativo é sempre a que decorre explícita ou implicitamente da lei.

Partindo-se dessa ideia do duplo sentido da finalidade do ato administrativo, pode-se dizer que ocorre o desvio de poder[36] quando o agente pratica o ato com inobservância do interesse público ou com objetivo diverso daquele previsto

---

[36] Cf. José Cretella Júnior. *Do desvio de poder*, 1964.

explícita ou implicitamente na lei. O agente *desvia-se* ou *afasta-se* da finalidade que deveria atingir para alcançar resultado diverso, não amparado pela lei.

Ao cuidarmos da moralidade administrativa, já vimos que o desvio de poder, antes fora do campo da legalidade, por dizer respeito à intenção do agente (e, portanto, à moralidade administrativa), foi depois inserido no campo jurídico, por trabalho do Conselho de Estado francês, que elaborou a doutrina do desvio de poder precisamente para permitir ao Poder Judiciário a invalidação do ato administrativo por vício quanto à finalidade.

Essa doutrina, amplamente incorporada ao direito brasileiro, permite ao Poder Judiciário anular atos administrativos contrários ao interesse público, mesmo quando se trate de ação judicial provocada para proteção de direitos individuais. Quando, a pretexto de atingir o interesse público, a Administração atua para proteger ou beneficiar pessoas determinadas, o ato administrativo é nulo e passível de controle judicial.

Outro dado a ressaltar é que a proteção do interesse público não é mais vista como incumbência exclusiva do Estado. Existe hoje uma multiplicidade de interesses públicos, coletivos, difusos, cuja proteção incumbe a outras instituições, inclusive particulares.

Um dos princípios em que se baseia a Reforma do Estado é o da subsidiariedade, que aconselha que o Estado respeite a autonomia dos indivíduos, das famílias, das associações de classe, dos grupos econômicos, dos partidos políticos, na busca do bem comum. Aconselha-se, inclusive, que as decisões que envolvam interesses comuns da coletividade sejam tomadas preferencialmente por instituições mais vizinhas do cidadão.

Por outras palavras, para a consecução dos fins de interesse público, intervêm outras entidades que não a própria Administração. E a multiplicidade de interesses faz com que haja interesses opostos e contraditórios de coletividades diferentes. Se o direito positivo dá a entidades privadas, a partidos políticos, ao Ministério Público, a entes da Administração Indireta, o poder de defender o interesse público, não há dúvida de que pode haver conflitos entre interesses públicos de diferentes entes. Ao Judiciário caberá decidir qual o interesse a proteger.

Se antes o Judiciário se limitava a resolver conflitos entre *interesses individuais*, hoje ele pode ter que resolver conflitos entre diferentes *interesses públicos*.

Também não se pode dizer que o interesse público envolve discricionariedade, em qualquer hipótese. Muitas vezes, o próprio legislador já indica qual o interesse público a atingir. É o caso, por exemplo, do artigo 33, parágrafo único, das Disposições Constitucionais Transitórias, que autorizou a emissão, em cada ano, de títulos da dívida pública não computáveis para efeito do limite global de endividamento. No entanto, já estabeleceu, no *caput*, a finalidade única a que se destinaria o montante assim obtido: o pagamento dos precatórios judiciais pendentes de pagamento na data da promulgação da Constituição. Qualquer outra finalidade dada a esse montante, ainda que de interesse público, seria ilícita, por contrariar o dispositivo constitucional. Não se pode dizer que houvesse discricionariedade, no caso, para apreciar o interesse público a atingir.

Outro exemplo seria o da possibilidade de alteração unilateral dos contratos administrativos pela Administração, por motivo de interesse público, tal como previsto no artigo 58, I, da Lei nº 8.666, de 21-6-93; porém, a discricionariedade não é total, porque limitada às duas hipóteses previstas na lei (art. 65, inciso I).

Um pouco maior é a discricionariedade para a rescisão unilateral dos contratos administrativos por motivo de interesse público, prevista no artigo 78, inciso XII, da Lei nº 8.666/93, porque nesse caso a lei não indica as hipóteses possíveis, ampliando o leque de opções para a Administração; apenas exige motivação adequada.

Esses exemplos servem para ilustrar a afirmação de que a apreciação do interesse público pode ou não gerar discricionariedade. Existem graus na discricionariedade, podendo até não existir, como no primeiro exemplo citado. Portanto, não é possível, *a priori*, afirmar que o exame do interesse público escapa à apreciação do Poder Judiciário. Há que se ter em conta, também, que se trata de conceito jurídico indeterminado, que, implicando apreciação valorativa, pode ou não gerar discricionariedade, como visto no item 5.3.8 do Capítulo 2.

8 Interesse público e impessoalidade

A Constituição de 1988, que inovou ao mencionar expressamente alguns dos princípios a que se submete a Administração Pública (artigo 37), deixou de mencionar o princípio concernente à proteção do interesse público. Mas, na realidade, ele está inserido quer no princípio da legalidade, quer no da impessoalidade. No primeiro, porque, quando da lei resulta claramente qual o interesse público a proteger, a atuação administrativa que o contrarie estará, na realidade, contrariando a lei, ofendendo, pois, o princípio da legalidade.

Mas é especificamente no princípio da impessoalidade que está embutido o princípio da observância obrigatória do interesse público. Precisamente por constituir novidade no direito brasileiro, o princípio da impessoalidade está dando margem a controvérsias no que diz respeito a sua interpretação. Exigir impessoalidade da Administração tanto pode significar que esse atributo deve ser observado em relação aos administrados como à própria Administração. No primeiro sentido, a impessoalidade significa que os atos praticados pelos agentes públicos não são a eles imputáveis, pessoalmente, mas ao órgão ou à entidade administrativa em que se inserem. Como diz José Afonso da Silva,[37] "as realizações governamentais não são do funcionário ou autoridade, mas da entidade pública em nome de quem as produzira. A própria Constituição dá uma consequência expressa a essa regra, quando, no § 1º do artigo 37, proíbe que constem *nomes*, *símbolos* ou *imagens* que caracterizem promoção pessoal de autoridades ou servidores públicos em publicidade de atos, programas, obras, serviços e campanhas dos órgãos públicos".

Outra aplicação do princípio seria o artigo 37, § 6º, que atribui às *pessoas jurídicas* prestadoras de serviços públicos a responsabilidade civil por danos causados por seus agentes.

No segundo sentido, que ora interessa, a impessoalidade está relacionada com a finalidade pública que deve nortear toda a atividade administrativa. Significa que a Administração não pode atuar com vistas a prejudicar ou beneficiar pessoas determinadas, uma vez que é sempre o interesse público, despersonalizado, que tem que nortear o seu comportamento. Às vezes, esse objetivo vem expresso em determinadas normas constitucionais dirigidas à Administração Pública; é o que ocorre no caso de desapropriação, que há de ser sempre por necessidade pública, utilidade pública ou interesse social (artigo 5º, XXIV), ou no caso de requisição de propriedade particular, que só pode dar-se por perigo público iminente (artigo 5º, XXV), ou ainda no caso de sigilo assegurado para proteção da segurança da sociedade e do Estado (artigo 5º, XXXIII). Mas mesmo nos casos em que a Constituição nada diz, o interesse público constitui limite à atuação administrativa, já que ele tem que ser sempre *impessoal* quanto aos beneficiários de sua atividade.

9 O interesse público como limite à discricionariedade administrativa

Ainda que a lei não use expressamente a expressão *interesse público*, sabe-se que, em toda a atividade administrativa, deve ele ser observado. Quando a atividade é *vinculada*, o legislador já definiu, na norma jurídica, os meios de ação aptos ao atendimento adequado daquele objetivo. Porém, quando o legislador não faz essa opção, cabe à Administração Pública fazê-lo diante do caso concreto; a sua liberdade, nesse caso, nunca é total na escolha dos meios de ação, pois estará limitada não apenas por normas legais sobre competência, finalidade e forma, como também pelos princípios da razoabilidade, moralidade, motivação: a autoridade competente deverá demonstrar, mediante a necessária motivação, que a sua escolha atende a este ou àquele interesse público. A discricionariedade que, aparentemente, é

---

[37] *Curso de direito constitucional positivo*, 1990:562.

ampla, pode reduzir-se sensivelmente diante do caso concreto. É o que afirma Dalmo de Abreu Dallari:[38] "perante uma situação real, num contexto específico, tenho muito mais possibilidades de concluir a respeito do que é o interesse público". E é também o que demonstra com muita clareza Celso Antônio Bandeira de Mello;[39] ele parte da ideia de que, se a lei dá à Administração certa margem de discricionariedade, é precisamente porque quer que ela escolha, para cada caso concreto, a solução mais adequada para atingir os objetivos fixados pelo legislador; "é a certeza de que os *objetivos almejados*, para serem *efetivamente atendidos 'em concreto'*, dependeriam de um juízo mais acertado das circunstâncias fáticas, aquilo que leva a lei – em nome destes mesmos objetivos – a deferir discricionariedade".

Então, ocorre que a discricionariedade existente, em abstrato, na norma legal, não corresponde à mesma amplitude de discricionariedade no caso concreto; "perante as circunstâncias fáticas reais esta liberdade será *sempre muito menor* e *pode até desaparecer*. Ou seja, pode ocorrer que ante uma situação real, exigente de pronúncia administrativa, só um comportamento seja, a toda evidência, capaz de preencher a finalidade legal".[40]

Daí a ideia de que o interesse público, ao invés de implicar, necessariamente, discricionariedade administrativa, constitui um dos princípios limitadores dessa discricionariedade.

---

[38] Interesse público na contratação das entidades da administração descentralizada. *Cadernos Fundap* 11/23.

[39] Controle judicial dos atos administrativos. *RDP*, 65/32.

[40] Cf. Celso Antônio Bandeira de Mello. Controle judicial dos atos administrativos. *RDP*, 65/33.

Conclusões

Analisando-se o direito administrativo sob uma perspectiva histórica, pode-se resumir a sua evolução acompanhando os próprios adjetivos que as Constituições foram acrescentando à ideia de Estado; primeiro, este foi um Estado de Direito, no qual o direito administrativo se fundava essencialmente no princípio da legalidade, considerada a lei em sentido puramente formal; em um segundo momento, o Estado de Direito passou a ser também Social, com o que o direito administrativo ampliou o seu conteúdo, pois adquiriu o encargo de desenvolver e aplicar os princípios constitucionais consagradores dos direitos sociais e econômicos; posteriormente, não se contentando em ser Social, o Estado de Direito passou a ser Democrático, à medida que a participação popular se tornou elemento obrigatório – pelo menos em nível constitucional – nas decisões e no controle da Administração Pública. Hoje, deu-se novo passo nessa evolução, em decorrência dos princípios que estão na base da Reforma do Estado; intensifica-se a ideia de participação do cidadão, incentiva-se a iniciativa privada, amplia-se a técnica do fomento, privatiza-se, em muitos casos, a gestão dos serviços públicos, busca-se a consensualidade nas relações da Administração com o particular, recorre-se com mais frequência a técnicas próprias do direito privado.

Toda essa evolução no conceito de Estado de Direito foi sempre acompanhada de mudanças nos princípios da legalidade e da discricionariedade administrativa.

Aquele se ampliou, porque hoje alberga, não mais a lei, formalmente considerada, mas o *Direito*, impregnado de todo o conteúdo axiológico inspirador do preâmbulo da Constituição de 1988, que se incorpora ao seu texto como diretriz fundamental a ser observada na elaboração das leis e na sua aplicação e exegese.

Em contrapartida, a discricionariedade administrativa que, no período do *jus politiae*, tinha conteúdo puramente político, inapreciável pelo Poder Judiciário, e assumiu no Estado de Direito, uma feição jurídica, já que passou a ser limitada pela lei, mantém hoje o caráter jurídico, porém bastante alterado pela nova concepção do princípio da legalidade, compatível com o Estado de Direito Social e Democrático.

A discricionariedade não é mais a liberdade de atuação limitada pela *lei*, mas a liberdade de atuação limitada pelo *Direito*.

Hoje, pode-se definir a discricionariedade administrativa como a *faculdade que a lei confere à Administração para apreciar os casos concretos, segundo critérios de oportunidade e conveniência, e escolher uma dentre duas ou mais soluções, todas válidas perante o Direito*.

À medida que o princípio da legalidade adquire conteúdo material antes desconhecido, aos limites puramente formais à discricionariedade administrativa, concernentes à competência e à forma, outros foram sendo acrescentados principalmente pela jurisprudência dos países em que o papel do Poder Judiciário não se resume à aplicação pura e simples da lei formal, mas se estende à tarefa de criação do direito. Disso constituem exemplos vivos a Corte Suprema dos Estados Unidos da América do Norte e o Conselho de Estado francês.

Muitas teorias e princípios de origem pretoriana foram incorporados pela doutrina do direito administrativo estrangeiro e, por intermédio deste, ao direito brasileiro e consagrados, em grande parte, pelo direito positivo, inclusive, agora, pela Constituição.

Primeiramente, pela teoria do *desvio de poder*, elementos de moralidade administrativa foram incorporados à ideia de legalidade, para invalidar os atos praticados com finalidade diversa daquela que justificou a regra de competência.

Depois, a teoria dos motivos determinantes tornou possível o exame dos *motivos* pelo Poder Judiciário, para invalidar atos administrativos baseados em motivos falsos ou inexistentes.

Hoje, o controle judicial amplia-se pelo acolhimento de vários princípios de origem pretoriana.

O *princípio da razoabilidade*, de inspiração norte-americana, quando vinculado ao do devido processo legal substantivo, ou de inspiração europeia, quando confundido com o princípio da proporcionalidade dos meios aos fins, permite ao Poder Judiciário invalidar, por inconstitucionalidade, leis e atos administrativos cujo conteúdo contenha discriminações injustificadas ou medidas que não guardem relação ou proporção com os fins objetivados pelo legislador. Com base nele, aumenta a tarefa do Poder Judiciário, que tem que apreciar o conteúdo axiológico das normas constitucionais e legais e invalidar os atos administrativos que estejam em desconformidade com o mesmo.

O *princípio da moralidade administrativa* adquire conteúdo novo, inconfundível com aquele idealizado por Hauriou, e que já foi em grande parte absorvido pela teoria do desvio de poder. Tal como hoje é visto, ele exige da Administração Pública comportamentos compatíveis com o interesse público que lhe cumpre tutelar, voltados para os ideais expressos, agora, de forma muito nítida, no preâmbulo da Constituição; a moralidade tem que estar não só na intenção do agente, mas também e principalmente no próprio *objeto* do ato e na *interpretação* que da lei faça o Administrador para aplicá-la aos casos concretos. Em muitos casos, confunde-se com o princípio da razoabilidade, pois a inobservância deste configura, em geral, uma imoralidade administrativa, já que não há ofensa direta à letra da lei.

Também os *princípios gerais de direito* – sejam eles extraídos do direito positivo, ou da ciência do direito pesquisada no direito comparado, ou deduzidos de valores permanentes, imutáveis, universais, que transcendem o direito positivo – constituem limites à discricionariedade administrativa, pois, ainda que a norma, abstratamente considerada, possa aparentemente deixar larga margem de opções para a Administração Pública, as alternativas podem reduzir-se consideravelmente pela aplicação de princípios como os do devido processo legal, da vedação de enriquecimento ilícito, da igualdade dos administrados diante dos serviços públicos, da continuidade dos serviços públicos, da mutabilidade dos contratos.

Finalmente, o *princípio da supremacia do interesse público* exige da Administração comportamentos que atendam às necessidades emergentes da vida em comunidade e não aos interesses dos entes que exercem a função administrativa, interesses estes que são secundários e só podem ser atendidos quando não conflitem com os interesses da coletividade.

Todos esses princípios foram acolhidos implícita ou explicitamente na Constituição de 1988. Eles limitam a discricionariedade administrativa, norteiam a tarefa do legislador e ampliam a ação do Poder Judiciário, que não poderá cingir-se ao exame puramente formal da lei e do ato administrativo, pois terá que confrontá-los com os valores consagrados como dogmas na Constituição.

Bibliografia

ABENDROTH, Wolfgang. *El Estado del derecho democratico y social como proyecto politico*. In: Vários autores. *El estado social*. Centro de Estudios Constitucionales, 1986. p. 9-40.

ALESSI, Renato. *Diritto amministrativo*. Milão: Giuffré, 1949.

_____. *Instituciones de derecho administrativo*. Buenos Aires: Bosch, 1970. t. I e II.

ALMEIDA, Fernando Dias Menezes de. Mecanismos de consenso no direito administrativo. In: ARAGÃO, Alexandre dos Santos; MARQUES NETO, Floriano de Azevedo (Org). *Direito administrativo e seus novos paradigmas*. Belo Horizonte: Fórum, 2008.

AMORTH, Antonio. *Il merito dell'atto amministrativo*. Milão: Giuffré, 1939.

AZZARITI, Gaetano. *Dalla discrezionalitá al potere*. Pádua: Cedam – Casa Editrice Dott. Antonio Milani, 1989.

BALLESTEROS, Alberto Montoro. Sobre las relaciones entre moral y derecho. *Anales de la Cátedra F. Suárez*, Granada, nº 28, p. 65-102, 1988.

BARROS, Suzana de Toledo. *O princípio da proporcionalidade e o controle de constitucionalidade das leis restritivas de direitos fundamentais*. Brasília: Livraria e Editora Brasília Jurídica, 1996 e 2003.

BEDENDI, Luís Felipe Ferrari. Ainda existe o conceito de mérito do ato administrativo como limite ao controle jurisdicional dos atos praticados pela Administração? In: DI PIETRO, Maria Sylvia Zanella; RIBEIRO, Carlos Vinícius (Org.), *Supremacia do interesse público e outros temas relevantes do direito administrativo*. São Paulo: Atlas, 2010. p. 278-302.

BEVILÁQUA, Clóvis. *Código Civil dos Estados Unidos do Brasil comentado*. São Paulo: Livraria Francisco Alves, 1944. t. I.

BOBBIO, Norberto. *A teoria das formas de governo*. Brasília: Universidade de Brasília, 1976.

_____. *Direito e Estado no pensamento de Emmanuel Kant*. Brasília: Universidade de Brasília, 1984.

_____. *Estado, governo, sociedade*: para uma teoria geral da política. São Paulo: Paz e Terra, 1987.

BONAVIDES, Paulo. *Do estado liberal ao estado social*. Rio de Janeiro: Forense, 1980.

BONNARD, Roger. *Le contrôle juridictionnel de L'administration*. Paris: Librairie Delagrave, 1934.

_____. Le pouvoir discrétionnaire des autorités administratives et le recours pour excês de pouvoir. *Revue du Droit Public et de la Science Politique*, v. 40, 1923.

BORGES, Alice Gonzalez. Reflexões sobre a judicialização de políticas públicas. *Revista Brasileira de Direito Público* – RBDP, Belo Horizonte, ano 7, nº 25, p. 9-44, abr./jun. 2009.

BUCCI, Maria Paula Dallari. *Direito administrativo e políticas públicas*. São Paulo: Saraiva, 2002.

BRANDÃO, Antônio José. Moralidade administrativa. *RDA* 25/454-467.

BULLINGER, Martin. A discricionariedade da Administração Pública. *Revista de Ciência Política 2*, v. 30, FGV, p. 3-23, abr./jun. 1987.

CAMMAROSANO, Márcio. *O princípio constitucional da moralidade e o exercício da função administrativa*. Belo Horizonte: Fórum, 2006.

CAMPOS, Francisco. Igualdade de todos perante a lei. *RDA* 10/376-417.

CANOTILHO, José Joaquim Gomes. *Direito constitucional*. Coimbra: Almedina, 1989.

CARVALHO, Raquel Melo Urbano. Controle judicial dos atos políticos e administrativos na saúde pública. *Interesse público*. Belo Horizonte, ano XII, nº 59, p. 83-124, jan./fev. 2010.

CARVALHO, Virgílio de Jesus Miranda. *Os valores constitucionais fundamentais*: esboço de uma análise axiológico-normativa. Coimbra: Coimbra Editora, 1982.

CASSAGNE, Juan Carlos. *Los principios generales del derecho en el derecho administrativo*. Buenos Aires: Abeledo-Perrot, 1988.

CASTRO, Carlos Roberto de Siqueira. *O devido processo legal e a razoabilidade das leis na nova constituição do Brasil*. Rio de Janeiro: Forense, 1989.

CATALÁ, Joan Prats I. Direito e gerenciamento nas administrações públicas: notas sobre a crise e renovação dos respectivos paradigmas. *Revista do Serviço Público*, ano 47, v. 120, nº 2, p. 23-46, maio/agosto 1996.

CHEVALLIER, Jean-Jacques. *As grandes obras políticas de Maquiavel a nossos dias*. Rio de Janeiro: Agir, 1976.

CHEVALLIER, Jean-Jacques. L' état de droit. *Revue du Droit Public et de la Science Politique en France et a L' étranger*, v. 2, p. 313-380, mars./avr. 1988.

_____. A reforma do Estado e a concepção francesa do serviço público. *Revista do Serviço Público*, ano 47, v. 120, nº 3, p. 35-57, set./dez. 1996.

CINTRA, Antonio Carlos de Araújo. *Motivo e motivação do ato administrativo*. São Paulo: Revista dos Tribunais, 1974.

COLM, Gerhard. El interés público: clave esencial de la politica pública. In: FRIEDRICH, Carl (Coord.). *El interés público*. México: Roble, 1967. p. 131-144.

COSTA, Regina Helena. Conceitos jurídicos indeterminados e discricionariedade administrativa. *Revista da Procuradoria Geral do Estado*, São Paulo, v. 29/79.

COTRIM NETO, A. B. Intervenção do Estado no domínio econômico. In: *Enciclopédia Saraiva do Direito*, v. 46/45-51.

CRETELLA JÚNIOR, José. *Do desvio de poder*. 1964. Tese (Livre-docência) – Faculdade de Direito, Universidade de São Paulo, São Paulo.

_____. *Tratado de direito administrativo*. Rio-São Paulo: Forense, 1972. v. X.

_____. *Do ato administrativo*. São Paulo: José Bushatsky, 1977.

_____. *Controle jurisdicional do ato administrativo*. Rio de Janeiro: Forense, 1984.

_____. *Curso de direito administrativo*. Rio de Janeiro: Forense, 1989.

_____. *Comentários à Constituição de 1988*. Rio de Janeiro: Forense Universitária, 1989-1990. v. I, II e III.

_____. O mérito do ato administrativo. *RDA* 79/23.

_____. Princípios informativos do direito administrativo. *RDA* 93/1.

_____. Tridimensão da discricionariedade. *RDA* 119/33.

_____. Sintomas denunciadores do "desvio de poder". *Revista da Procuradoria Geral do Estado*, v. 9/24-44.

_____. Os cânones do dircito administrativo. *Revista de Informação Legislativa*, a. 25, nº 97, p. 5-82, jan./mar. 1988.

DALLARI, Adilson Abreu. *Aspectos jurídicos da licitação*. São Paulo: Saraiva, 1992.

DALLARI, Dalmo de Abreu. *O renascer do direito*: direito e vida social; aplicação do direito; direito e política. São Paulo: José Bushatsky, 1976.

_____. Interesse público na contratação das entidades da Administração Descentralizada. *Cadernos Fundap*, São Paulo, ano 5, nº 16, p. 17-26, jul./set. 1985.

DANTAS, San Tiago. Igualdade perante a lei e due process of law. *RF*, 116/357.

DELVOLVÉ, Pierre; VEDEL, Georges. *Droit administratif*. Paris: Presses Universitaires de France, 1984.

DESWARTE, Marie-Pauline. Intérét général, bien commun. *Revue du Droit Public et de la Science Politique en France et a L' étranger*. p. 1289-1313, sept./oct. 1988.

DI PIETRO, Maria Sylvia Zanella. *Do direito privado na Administração Pública*. São Paulo: Atlas, 1989.

_____. *Direito administrativo*. 13. ed. São Paulo: Atlas, 2001; e 25. ed., 2012.

_____. *Parcerias na administração pública*: concessão, permissão, franquia, terceirização e outras formas. 3. ed. São Paulo: Atlas, 1999; e 8. ed., 2011.

_____; RAMOS, Dora Maria de Oliveira; SANTOS, Márcia Walquiria Batista dos Santos; D'AVILA, Vera Lúcia Machado. *Temas polêmicos sobre licitações e contratos*. 5. ed. São Paulo: Malheiros, 2001.

_____. Discricionariedade técnica e discricionariedade administrativa. In FIGUEIREDO, Marcelo Figueiredo; PONTES FILHO, Valmir (Org.), *Estudos de direito público em homenagem a Celso Antônio Bandeira de Mello*. São Paulo: Malheiros, 2006. p. 480-504.

_____. Da constitucionalização do direito administrativo: reflexos sobre o princípio da legalidade e a discricionariedade administrativa. In: DI PIETRO, Maria Sylvia Zanella; RIBEIRO, Carlos Vinícius Alves Ribeiro (Org.), *Supremacia do interesse público e outros temas relevantes do direito administrativo*. São Paulo: Atlas, 2010. p. 175-196.

DOEHRING, Karl. Estado social, Estado del derecho y orden democrático. In: Vários autores. *El Estado Social*. Madri: Centro de Estudios Constitucionales, 1986. p. 107-208.

DUPUIS, Georges; GUÉDON, Marie-José; CHRÉTIEN, Patrice. *Droit administratif*. 12. ed. Paris: Sirey, 2011.

ESCOLA, Hector Jorge. *El interés público como fundamento del derecho administrativo*. Buenos Aires: Depalma, 1989.

_____. *Tratado integral de los contratos administrativos*. Buenos Aires: Depalma, 1977. v. 1.

FRIER, Pierre-Laurent; PETIT, Jacques. *Précis de droit administratif*. 6. ed. Paris: Montchrestien, 2010.

FAGUNDES, M. Seabra. *O controle dos atos administrativos pelo Poder Judiciário*. São Paulo: Saraiva, 1984.

_____. Conceito de mérito administrativo. *RDA*, 23/1-16.

FALLA, Fernando Garrido. *Tratado del derecho administrativo*. Madri: Instituto de Estudios Políticos, 1970. v. 1.

_____. *Las transformaciones del regimen administrativo*. Madri: Instituto de Estudios, 1962.

FARIA, Edimur Ferreira de. *Controle do mérito do ato administrativo pelo Judiciário*. Belo Horizonte: Fórum, 2011.

FARIA, José Eduardo. *Eficácia jurídica e violência simbólica*: o direito como instrumento de transformação social. São Paulo: Edusp, 1988.

_____. A magistratura em face dos conflitos coletivos. *Revista da Procuradoria Geral do Estado*, v. 31, p. 137-170, jun. 1989.

FERRAZ JÚNIOR, Tercio Sampaio. Legitimidade na Constituição de 1988. In: *Constituição de 1988*: legitimidade, vigência e eficácia. Supremacia. São Paulo: Atlas, 1989.

FERREIRA FILHO, Manoel Gonçalves. O poder e seu controle. *Revista da Faculdade de Direito da USP*, v. LXXIX, p. 113-139, jan./dez. 1984.

_____. *Estado de direito e Constituição*. São Paulo: Saraiva, 1988.

FIGUEIREDO, Lúcia Valle. Discricionariedade: poder ou dever? In: MELLO, Celso Antônio Bandeira de (Coord.). *Curso de direito administrativo*. São Paulo: Revista dos Tribunais, 1986. p. 120-135.

_____. *Direitos difusos e coletivos*. São Paulo: Revista dos Tribunais, 1989.

FIORINI, Bartolome A. *La discrecionalidad en la administración pública*. Buenos Aires: Alfa, 1952.

FORSTHOFF, Ernst. Problemas constitucionales del estado social. In: Vários autores. *El estado social*. Madri: Centro de Estudios Constitucionales, 1986. p. 43-68.

_____. Concepto y esencia del Estado Social de Derecho. In: Vários autores. *El estado social*. Madri: Centro de Estudios Constitucionales, 1986. p. 69-106.

FORTINI, Cristiana; ESTEVES, Júlio César dos Santos; DIAS, Maria Tereza Fonseca Dias (Org.). *Políticas públicas*: possibilidades e limites. Belo Horizonte: Fórum, 2008.

FRANCO SOBRINHO, Manoel de Oliveira. *O controle da moralidade administrativa*. São Paulo: Saravia, 1974.

FREITAS, Juarez. *O controle dos atos administrativos*. São Paulo: Malheiros, 1997.

_____. *Discricionariedade administrativa e o direito fundamental à boa administração*. São Paulo: Malheiros, 2007.

FRIEDRICH, Carl J. *El interés público*. México: Roble, 1967.

FRISCHEISEN, Luiza Cristina Fonseca. *Políticas públicas*: a responsabilidade do administrador e do ministério público. São Paulo: Max Limonad, 2000.

GALVÃO, José Pedro. O Estado de direito e o direito natural. In: _____. *Estado de direito*. São Paulo: Revista dos Tribunais, 1980.

GARCIA, J. A.; FOS, Trevijano. *Tratado de derecho administrativo*. Madri: Editorial Revista del Derecho Privado, 1968. t. 1.

GARCÍA DE ENTERRÍA, Eduardo. O princípio da legalidade na Constituição Espanhola. *RDP*, 86/5.

_____ ; FERNÁNDEZ, Tomás-Ramón. *Curso de derecho administrativo*. Madri: Civitas, 1988. t. 1.

GIANNINI, Massimo Severo. *Diritto amministrativo*. Milão: Giuffré, 1970. v. 1.

_____. *Il potere discrezionale della pubblica amministrazione*. Milão: Giuffré, 1939.

GORDILLO, Agustin. *Princípios gerais de direito público*. São Paulo: Revista dos Tribunais, 1977.

_____. *Tratado de derecho administrativo*. Buenos Aires: Macchi, 1979. t. 3.

_____. *La administración paralela*. Buenos Aires: Civitas, 1982.

GRAU, Eros Roberto. *Contribuição para a interpretação e a crítica da ordem econômica na Constituição de 1988*. 1990. Tese. Faculdade de Direito, Universidade de São Paulo, São Paulo.

_____. Algumas notas para a reconstrução do princípio da legalidade. *Revista da Faculdade de Direito da USP*, v. LXXVIII, p. 161-166, jan./dez. 1983.

_____. Notas sobre os conceitos jurídicos. *RDP*, 74/217-221.

GRIFITH, Ernst S. Los fundamentos éticos del interés público. Apud *El interés público*. Carl Friedrich. (Coord.). México: Roble, 1967. p. 27-37.

GRINOVER, Ada Pellegrini. *As garantias constitucionais do direito de ação*. São Paulo: Revista dos Tribunais, 1973.

_____. *O processo em sua unidade – II*. Rio de Janeiro: Forense, 1984.

HAURIOU, Maurice. *Précis élémentaire de droit administratif*. Paris: Recueil Sirey, 1938.

KELSEN, Hans. *La Teoria pura del derecho*. Buenos Aires: Losada, 1941.

LAUBADÈRE, André de. *Direito público econômico*. Coimbra: Almedina, 1985.

LEITE, Luciano Ferreira. *Discricionariedade administrativa e controle judicial*. São Paulo: Revista dos Tribunais, 1981.

LIMA, Ruy Cirne. *Princípios de direito administrativo*. São Paulo: Revista dos Tribunais, 1982.

LINARES, Juan Francisco. *Poder discrecional administrativo*. Buenos Aires: Abeledo-Perrot, 1958.

LUÑO, Antônio Enrique Pérez. *Derechos humanos*: Estado de derecho y Constitución. Madri: Tecnos, 1986.

MARTIN, Carlos de Cabo. *Sobre el concepto de ley*. Madri: Editorial Trotta, 2000.

MARTINS JÚNIOR, Wallace Paiva. *Transparência administrativa*. São Paulo: Saraiva, 2004.

MEDAUAR, Odete. *Direito administrativo moderno*. São Paulo: Revista dos Tribunais, 1996.

MEIRELLES, Hely Lopes. *Direito administrativo brasileiro*. São Paulo: Revista dos Tribunais, 1989.

MELLO, Celso Antônio Bandeira de. *O conteúdo jurídico do princípio da igualdade*. São Paulo: Revista dos Tribunais, 1978.

_____. *Ato administrativo e direitos dos administrados*. São Paulo: Revista dos Tribunais, 1981.

_____. *Curso de direito administrativo*. São Paulo: Malheiros, 2000.

_____. Controle judicial dos atos administrativos. *RDP*, 65/27-38.

_____. Legalidade – Discricionariedade – Seus limites e controle. *RDP*, 86/42-59.

_____. *Discricionariedade e controle jurisdicional*. São Paulo: Malheiros, 1992.

MELLO, Oswaldo Aranha Bandeira de. *Princípios gerais de direito administrativo*. Rio de Janeiro: Forense, 1979. v. 1.

MERKL, Adolfo. *Teoria general del derecho administrativo*. México: Nacional, 1980.

MOREIRA, Vital. *Auto-regulação profissional e administração pública*. Coimbra: Almedina, 1997.

MORENO, Fernando Sainz. *Conceptos jurídicos, interpretación y discrecionalidad administrativa*. Madri: Editorial Civitas, 1976.

MOREIRA NETO, Diogo de Figueiredo. *Legitimidade e discricionariedade*. Rio de Janeiro: Forense, 1989.

_____. *Mutações do direito administrativo*. Rio de Janeiro: Renovar, 2000.

NOHARA, Irene Patrícia. *Limites à razoabilidade nos atos administrativos*. São Paulo: Atlas, 2006.

OLIVEIRA, José Roberto Pimenta. *Os princípios da razoabilidade e da proporcionalidade no direito administrativo brasileiro*. São Paulo: Malheiros, 2006.

OLIVEIRA, Régis Fernandes de. *Ato administrativo*. São Paulo: Revista dos Tribunais, 1978.

_____. *Infrações e sanções administrativas*. São Paulo: Revista dos Tribunais, 1985.

ORTS, Adela Cortina. Limites y virtualidades del procedimiento moral y jurídico. *Anales de la Cátedral F. Suárez,* Granada, nº 28, p. 43-63, 1988.

PECORARO, Luiz Nunes. *Controle jurisdicional dos atos administrativos discricionários*. Campinas: Servanda, 2010.

PÉREZ, Jesús González. *El principio general de la buena fe en el derecho administrativo*. Madri: Civitas, 1989.

PINTO, Elida Graziane; MAGALHÃES, Gustavo Alexandre (Org.). *Judicialização, orçamento público e democratização do controle de políticas públicas*. Belo Horizonte: O Lutador, 2010.

PIRES, Luis Manuel Fonseca. *Controle judicial da discricionariedade administrativa*: dos conceitos jurídicos indeterminados às políticas públicas. Rio de Janeiro: Elsevier, 2008.

QUEIRÓ, Afonso Rodrigues. *O poder discricionário da administração*. Coimbra: Coimbra Editora, 1948.

_____. A teoria do "desvio de poder" em direito administrativo. *RDA*, 6/41-78 e 7/52-80.

_____. Os limites do poder discricionário das autoridades administrativas. *RDA*, 92/2.

RÁO, Vicente. *O direito e a vida dos direitos*. São Paulo: Max Limonad, 1952. v. 1.

REALE, Miguel. *Lições preliminares de direito*. São Paulo: Saraiva, 1977.

RIBEIRO, Vinício. *O estado de direito e o princípio da legalidade da administração*. Coimbra: Coimbra Editora, 1981.

RIPERT, Georges. *La règle morale dans les obligations civiles*. Paris: Librairie Générale de Droit et de Jurisprudence, 1935.

RIVERO, Jean. *Direito administrativo*. Coimbra: Almedina, 1981.

_____. Existe-t-il un critère du droit administratif? In: *Pages de Doctrine*. Paris: Librairie Générale de Droit et de Jurisprudence, 1980. p. 187-202.

ROCHA, Carmen Lúcia Antunes. *Princípios constitucionais da Administração Pública*. Belo Horizonte: Del Rey, 1994.

SAINZ MORENO, Fernando. *Conceptos jurídicos, interpretación y discrecionalidad administrativa*. Madri: Civitas, 1976.

SALAVERRIA, Juan Igartua. La moral en la justificación de las decisiones judiciales. *Anales de la Cátedra F. Suárez*, Granada, nº 28. p. 165-192, 1988.

SARRIA, Consuelo. Discrecionalidad administrativa. In: *Acto administrativo*. Vários autores. Tucuman: Unsta, 1982. p. 97-123.

SCHWARTZ, Bernard. *Direito constitucional americano*. Rio de Janeiro: Forense, 1966.

_____. *Le droit administratif américain*: motions générales. Paris: Librairie du Recueil Sirey, 1952.

SILVA, Luís Virgílio Afonso da. O proporcional e o razoável. *Revista dos Tribunais*, São Paulo, ano 91, v. 798, abr. 2002.

SILVA, José Afonso da. *Curso de direito constitucional positivo*. São Paulo: Revista dos Tribunais, 1990.

_____. O Estado democrático de direito. *Revista da Procuradoria Geral do Estado*, São Paulo, v. 30, p. 61-74, dez. 1988.

SOUSA, Antônio Francisco de. *A discricionariedade administrativa*. Lisboa: Danúbio, 1987.

SOUZA, Guilherme Carvalho e. Quanto à insuficiência do direito para correta averiguação de políticas públicas: interdependência com outras disciplinas e limitações ao controle exercido pelo Poder Judiciário. *Fórum Administrativo*, Belo Horizonte, ano 10, nº 118, p. 9-18, dez. 2010.

STASSINOPOULOS, Michel. *Traité des actes administratifs*. Paris: Librairie Générale de Droit et de Jurisprudence, 1973.

TÁCITO, Caio. *Desvio de poder em matéria administrativa*, 1951. (Tese.)

———. *Direito administrativo*. São Paulo: Saraiva, 1975.

———. O poder de polícia e seus limites. *RDA*, 27/9.

———. O equilíbrio econômico-financeiro na concessão de serviço público. *RDA*, 64/15.

———. O princípio da razoabilidade das leis. In: *Temas de direito público (Estudos e Pareceres)*. Rio de Janeiro: Renovar, 1997. v. 1, p. 487-495.

TORRES, Ricardo Lobo. A cidadania muldidimensional na era dos direitos. In: TORRES, Ricardo Lobo (Org.). *Teoria dos direitos fundamentais*. Rio de Janeiro: Forense, 239-325.

TRUCHET, Didier. *Droit administratif*. 4. ed. Paris: Presses Universitaires de France, 2011.

VEDEL, Georges; DELVOLVÉ, Pierre. *Droit administratif*. Paris: Presses Universitaires de France, 1984.

VEDE, Georges. Discontinuité du droit constitutionnel et continuité du droit administratif: le rôle du juge. In: *Pages de doctrine*. Paris: Librairie Générale de Droit et de Jurisprudence, 1980. p. 203-217.

VENEZIA, Jean-Claude. *Le pouvoir discrétionnaire*. Paris: Librairie Générale de Droit et de Jurisprudence, 1959.

VERNENGO, Robert. J. Moral y derecho: sus relaciones lógicas. *Anales de la Cátedra F. Suárez*, Granada, nº 28, p. 29-42, 1988.

VILLA, Jesús Leguina. A Constituição Espanhola e a fuga do direito administrativo. *Revista de Direito Administrativo Aplicado*, ano 2, nº 6, set. 1995.

ZANCANER, Weida. Razoabilidade e moralidade na Constituição de 1988. *RTDP*, nº 2, 1993.

ZANOBINI, Guido. *Corso di diritto amministrativo*. Milão: Giuffré, 1946. v. 2.

Formato	17 x 24 cm
Tipologia	Charter 11/14
Papel	Alta Alvura 75 g/m² (miolo)
	Supremo 250 g/m² (capa)
Número de páginas	296
Impressão	RR Donnelley

Sim. Quero fazer parte do banco de dados seletivo da Editora Atlas para receber informações sobre lançamentos na(s) área(s) de meu interesse.

Nome: _____
_____ CPF: _____ Sexo: ○ Masc. ○ Fem.
Data de Nascimento: _____ Est. Civil: ○ Solteiro ○ Casado

End. Residencial: _____
Cidade: _____ CEP: _____
Tel. Res.: _____ Fax: _____ E-mail: _____

End. Comercial: _____
Cidade: _____ CEP: _____
Tel. Com.: _____ Fax: _____ E-mail: _____

De que forma tomou conhecimento deste livro?
☐ Jornal   ☐ Revista   ☐ Internet   ☐ Rádio   ☐ TV   ☐ Mala Direta
☐ Indicação de Professores   ☐ Outros: _____

Remeter correspondência para o endereço: ○ Residencial   ○ Comercial

Indique sua(s) área(s) de interesse:

○ Direito Civil / Processual Civil
○ Direito Penal / Processual Penal
○ Direito do Trabalho / Processual do Trabalho
○ Direito Financeiro Tributário / Processual Tributário
○ Direito Comercial
○ Direito Administrativo
○ Direito Constitucional
○ Direito Difusos e Coletivos
○ Outras Áreas _____

Comentários

_____
_____
_____
_____

ISR-40-2373/83

U.P.A.C Bom Retiro

DR / São Paulo

CARTA - RESPOSTA
Não é necessário selar

O selo será pago por:

01216-999 - São Paulo - SP